1

Taro Nogizaka

Arata & Shinju

Bis dass der Tod sie scheidet

INHALT

Dank an:
Hiroyuki Matsuo für Beratung in Rechts- und Gerichtsangelegenheiten, Yuki Takahashi.

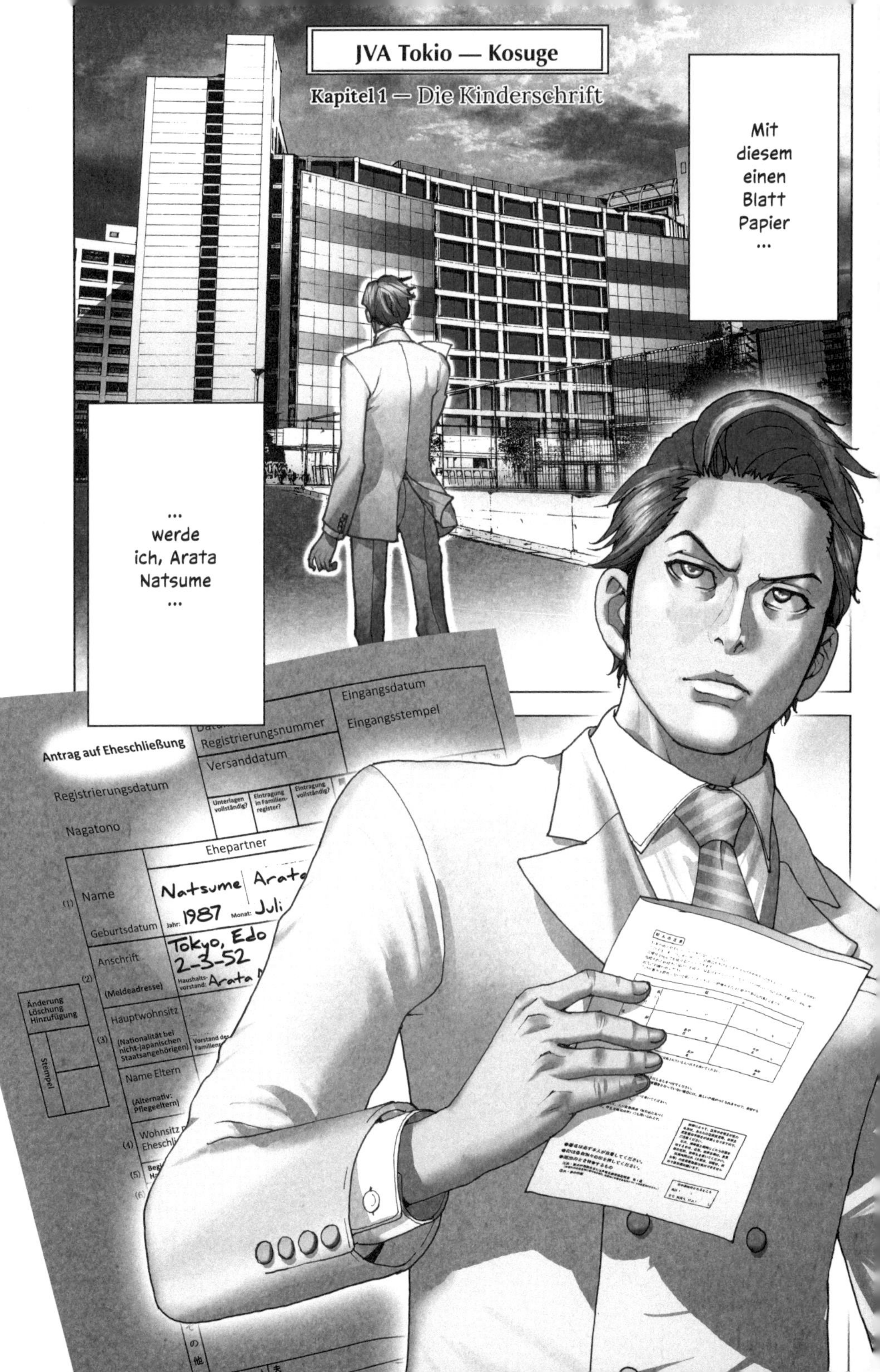
JVA Tokio — Kosuge
Kapitel 1 — Die Kinderschrift
Mit diesem einen Blatt Papier …
… werde ich, Arata Natsume …
Antrag auf Eheschließung
Registrierungsdatum
Nagatono
Registrierungsnummer
Versanddatum
Eingangsdatum
Eingangsstempel
Unterlagen vollständig?
Eintragung in Familienregister?
Eintragung vollständig?
Ehepartner
(1) Name
Natsume Arata
Geburtsdatum
Jahr: 1987 Monat: Juli
(2) Anschrift (Meldeadresse)
Tokyo, Edo 2-3-52
Haushaltsvorstand: Arata
Änderung Löschung Hinzufügung
Stempel
(3) Hauptwohnsitz (Nationalität bei nicht-japanischen Staatsangehörigen)
Name Eltern (Alternativ: Pflegeeltern)
(4)
(5)
(6)

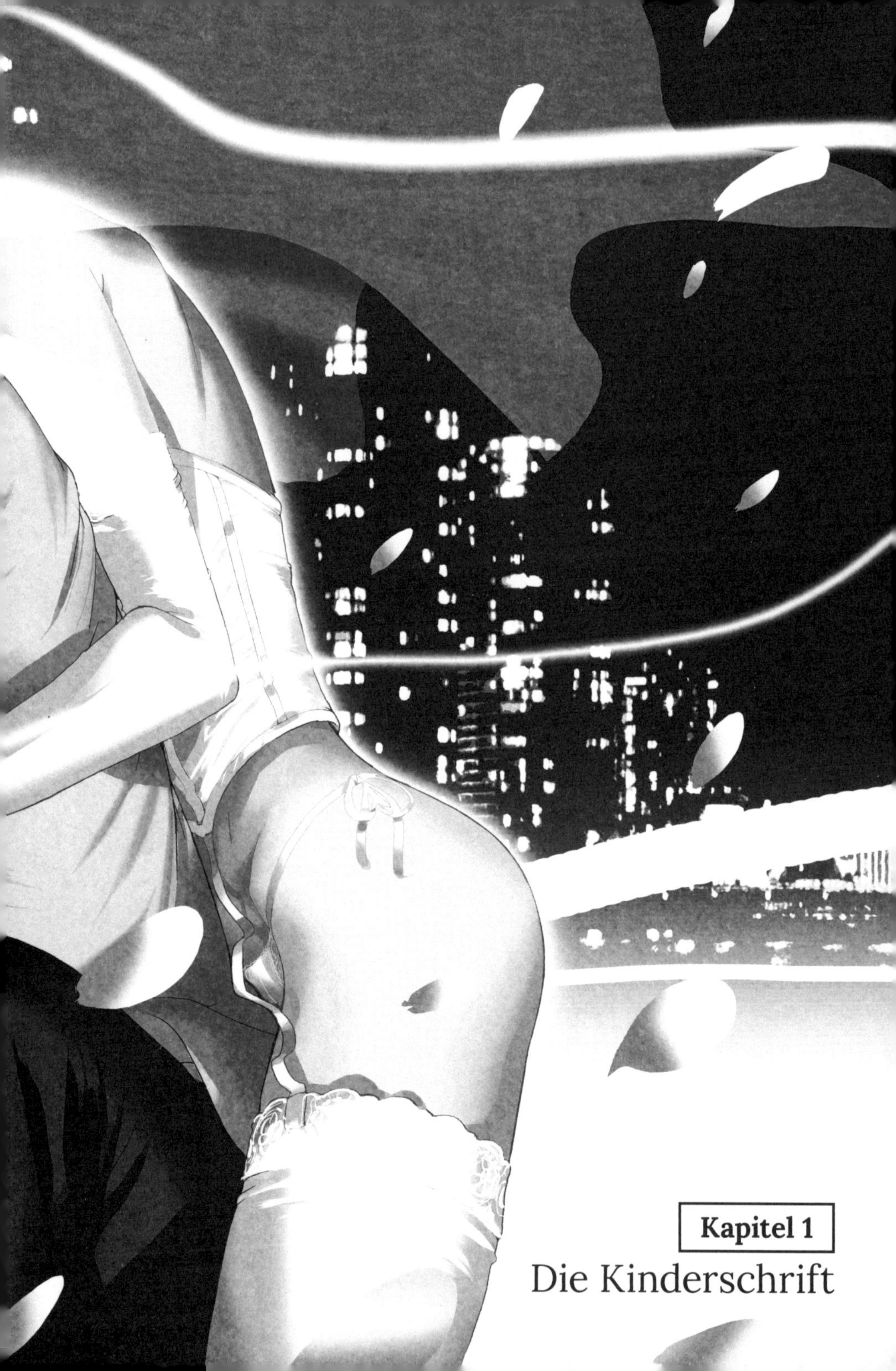

Kapitel 1
Die Kinderschrift

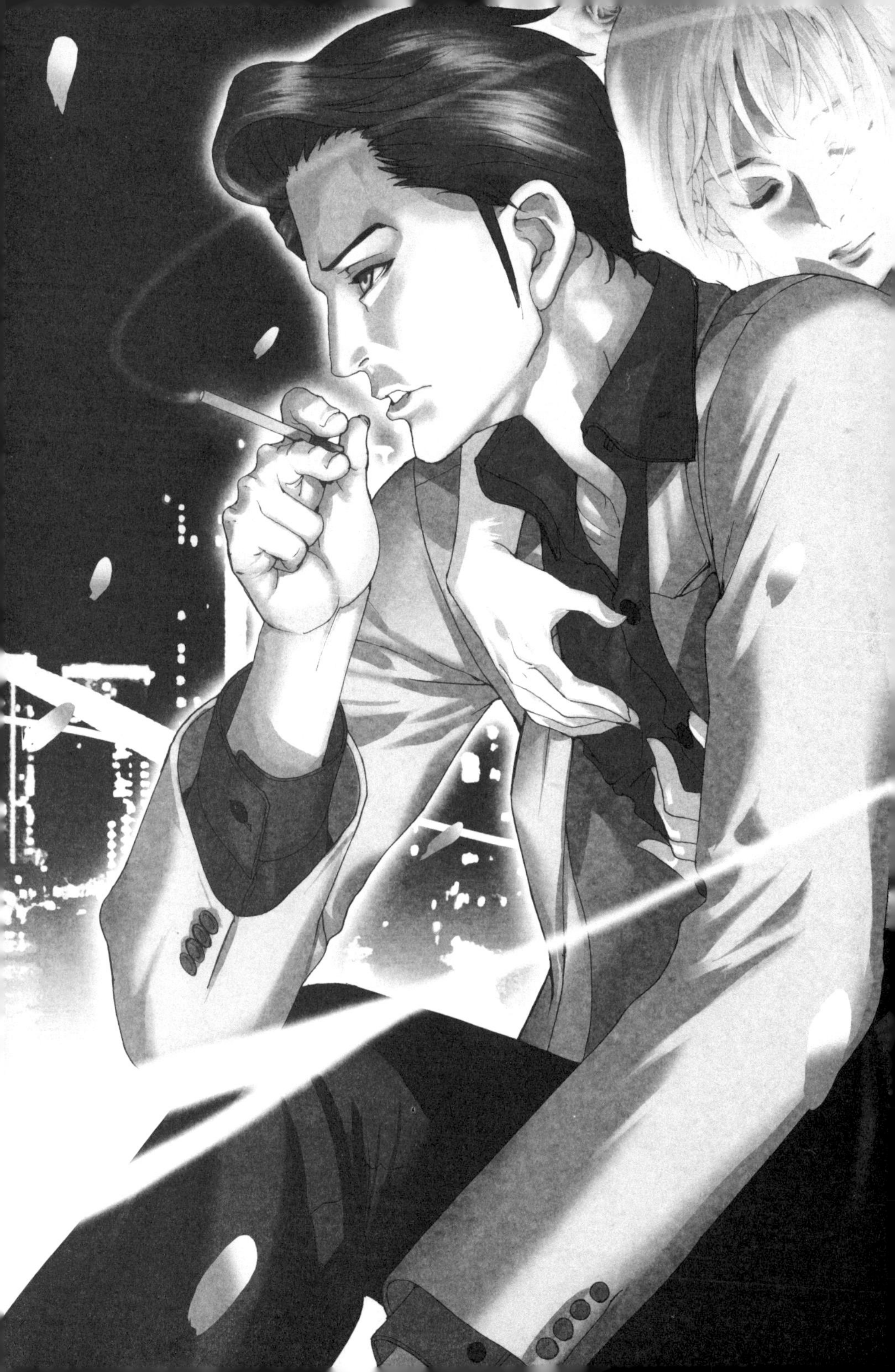

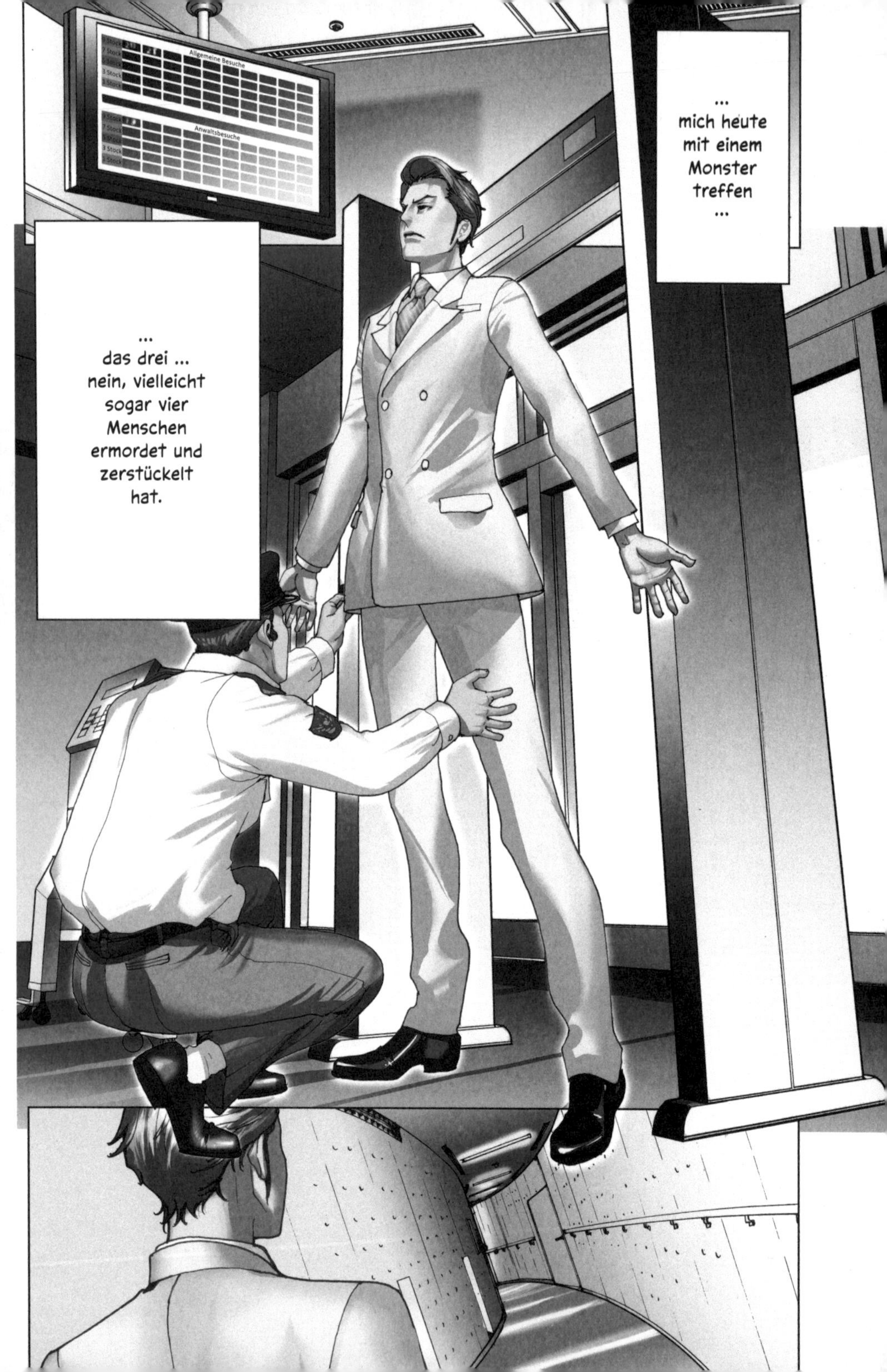
... mich heute mit einem Monster treffen ...
... das drei ... nein, vielleicht sogar vier Menschen ermordet und zerstückelt hat.
Allgemeine Besuche
Anwaltsbesuche

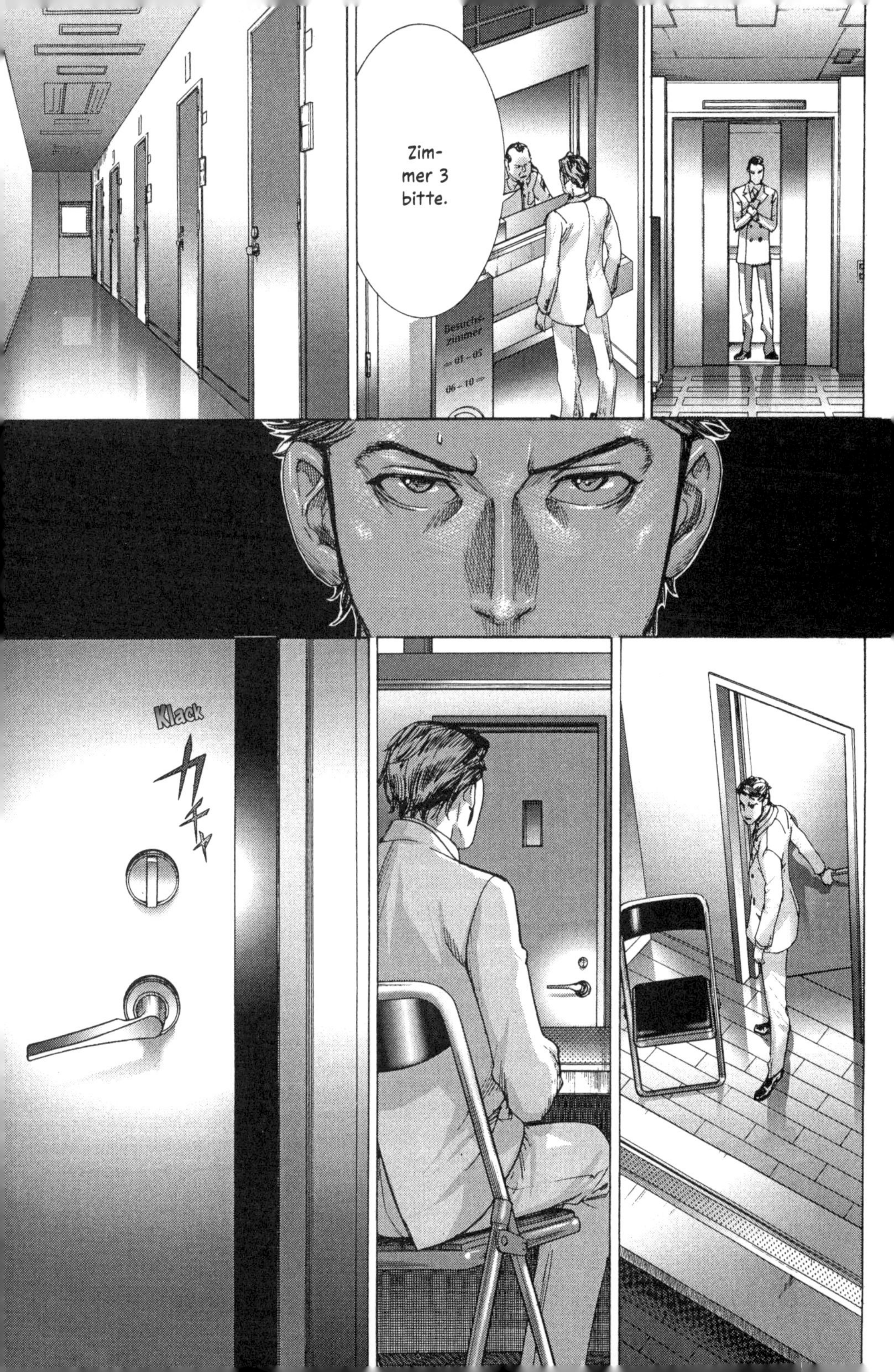
Zim-
mer 3
bitte.
Besuchs-
zimmer
01 – 05
06 – 10
Klack
カチャ

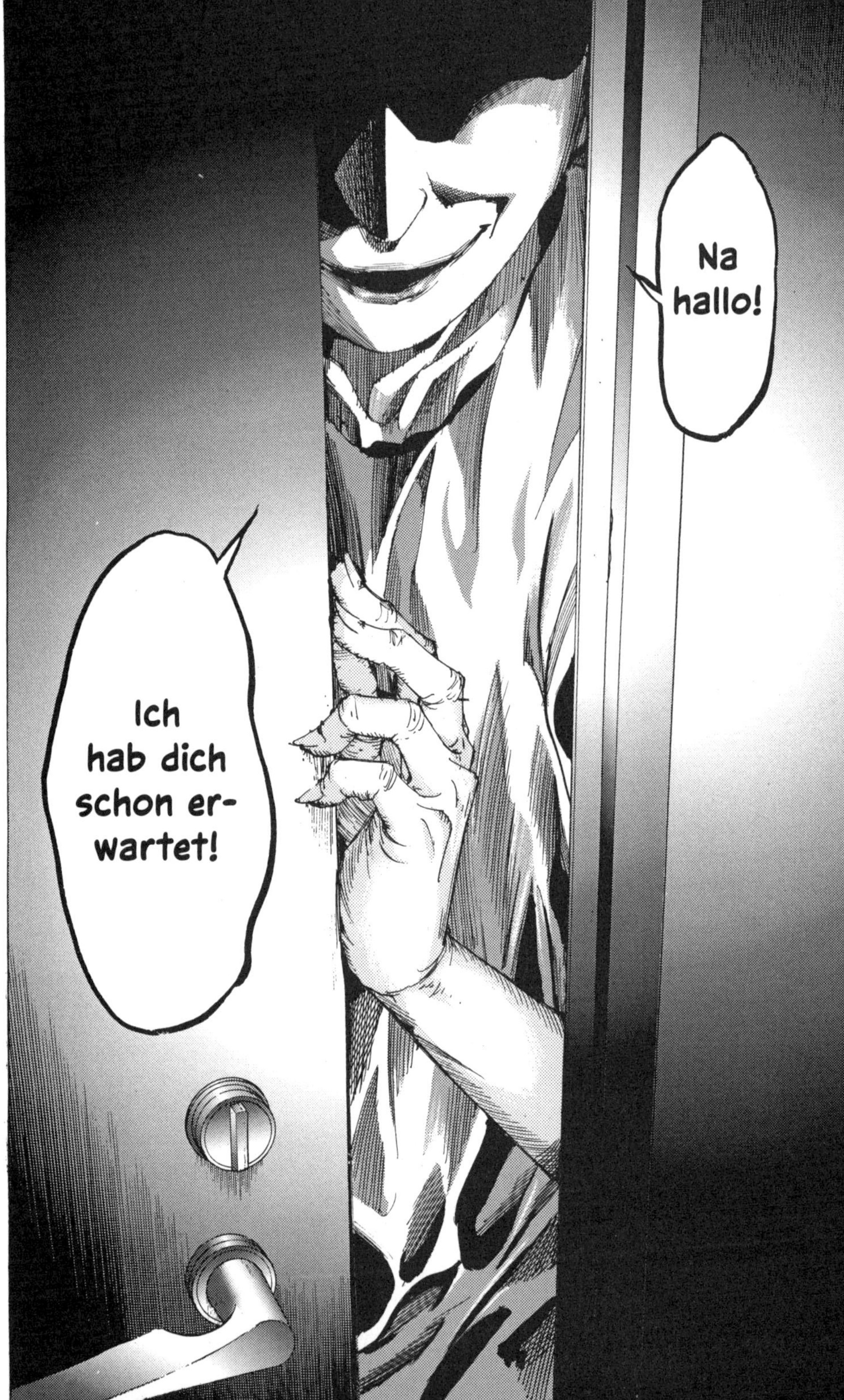
Na hallo!
Ich hab dich schon er-wartet!

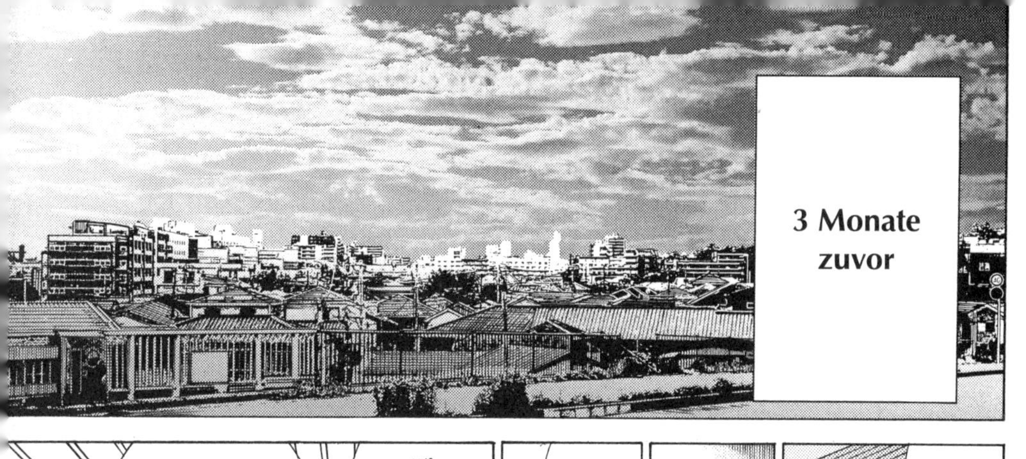
3 Monate zuvor

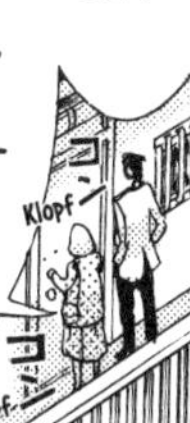
Bitte machen Sie die Tür auf!
Mein Name ist Momoyama. Ich bin von der Jugendberatung!
Klopf
Klopf

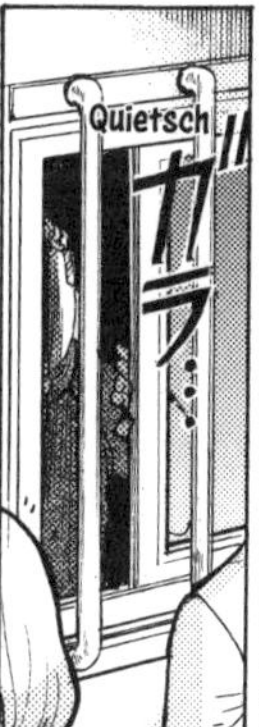
Quietsch

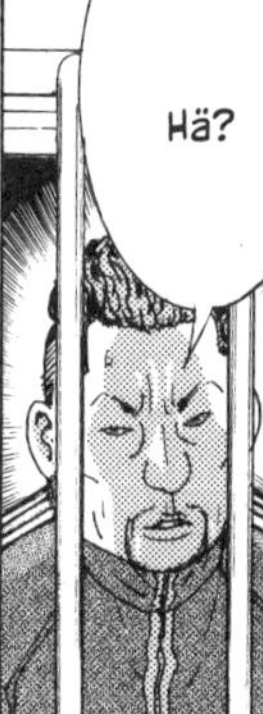
Hä?

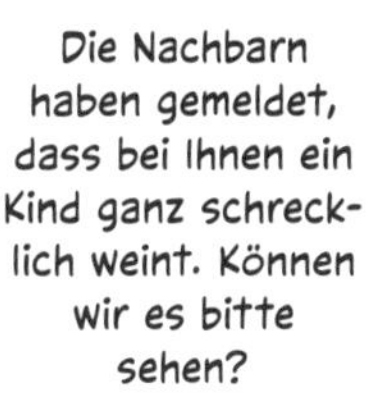
Wir hatten Ihnen ein Schreiben an die Tür gesteckt. Haben Sie es gelesen?
Die Nachbarn haben gemeldet, dass bei Ihnen ein Kind ganz schrecklich weint. Können wir es bitte sehen?

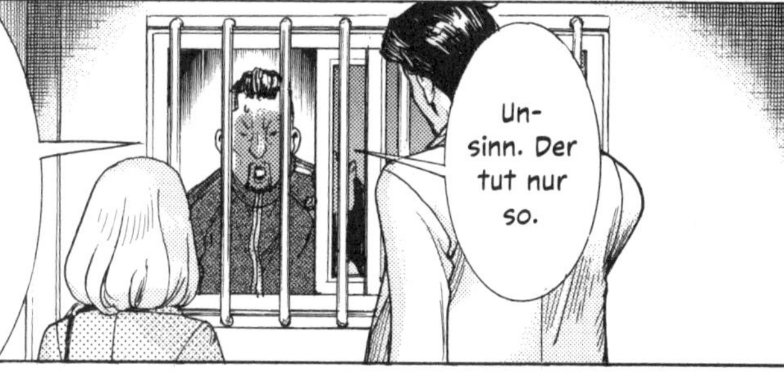
Unsinn. Der tut nur so.
Wenn er heult, glaubt er, dass ihm Wildfremde helfen, seinen Willen zu bekommen. **Verschwinden Sie!**

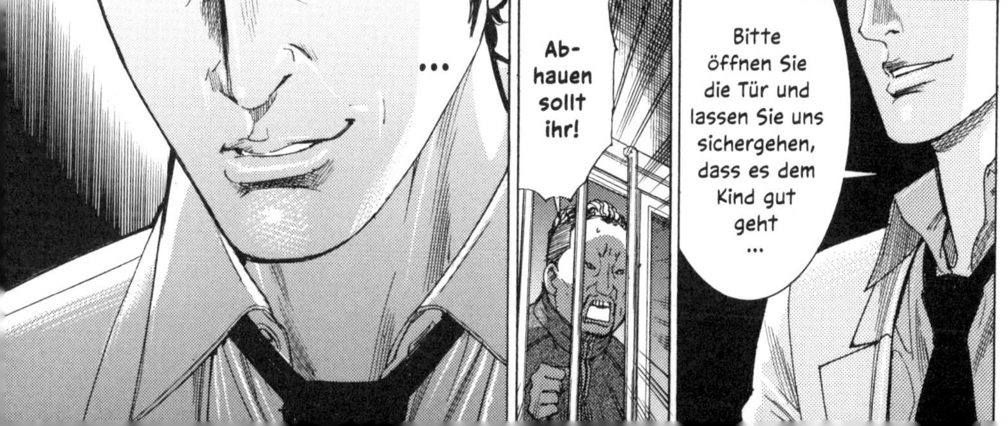
Bitte öffnen Sie die Tür und lassen Sie uns sichergehen, dass es dem Kind gut geht ...
Abhauen sollt ihr!
...

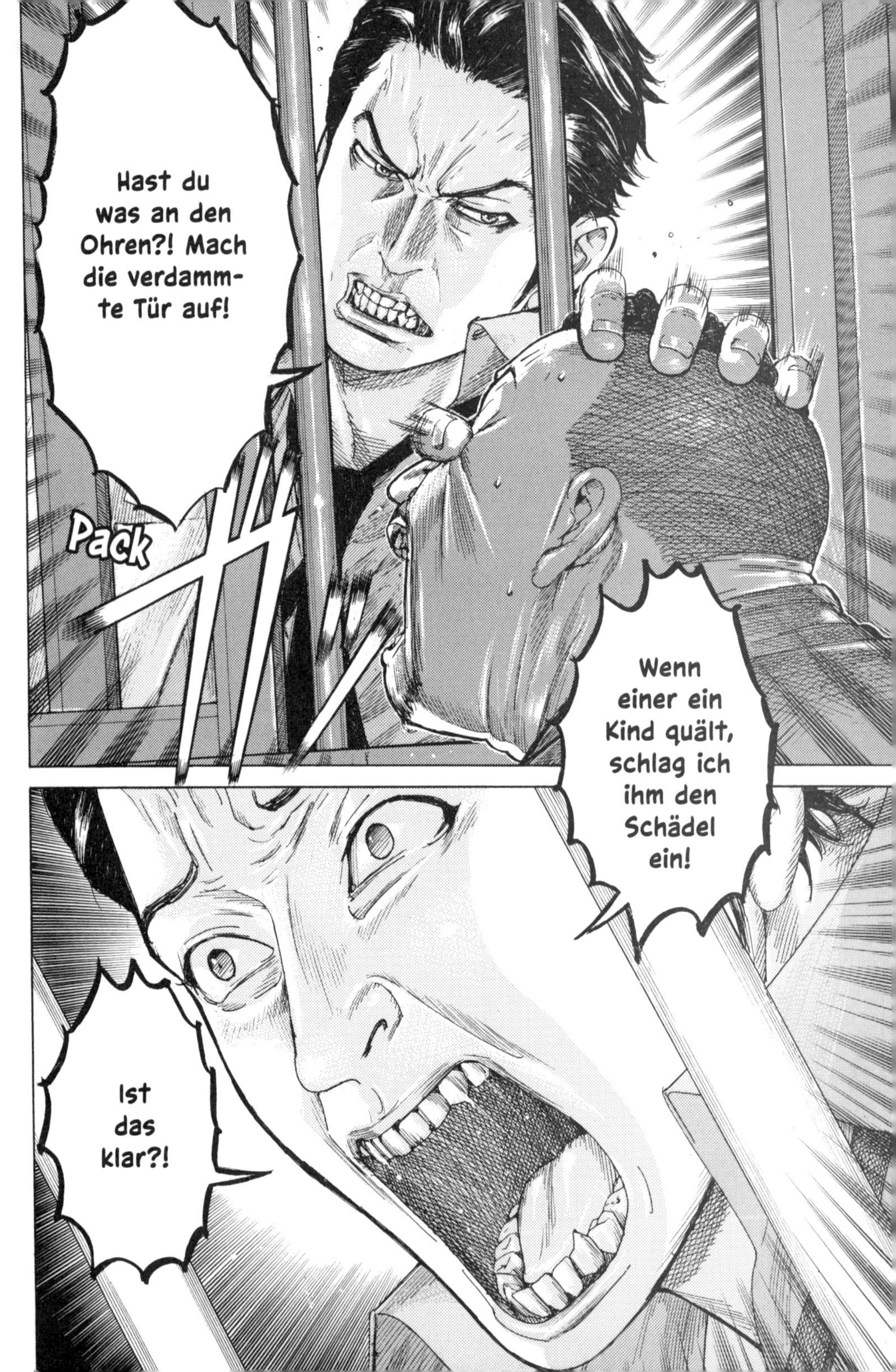
Hast du was an den Ohren?! Mach die verdammte Tür auf!
Pack
Wenn einer ein Kind quält, schlag ich ihm den Schädel ein!
Ist das klar?!

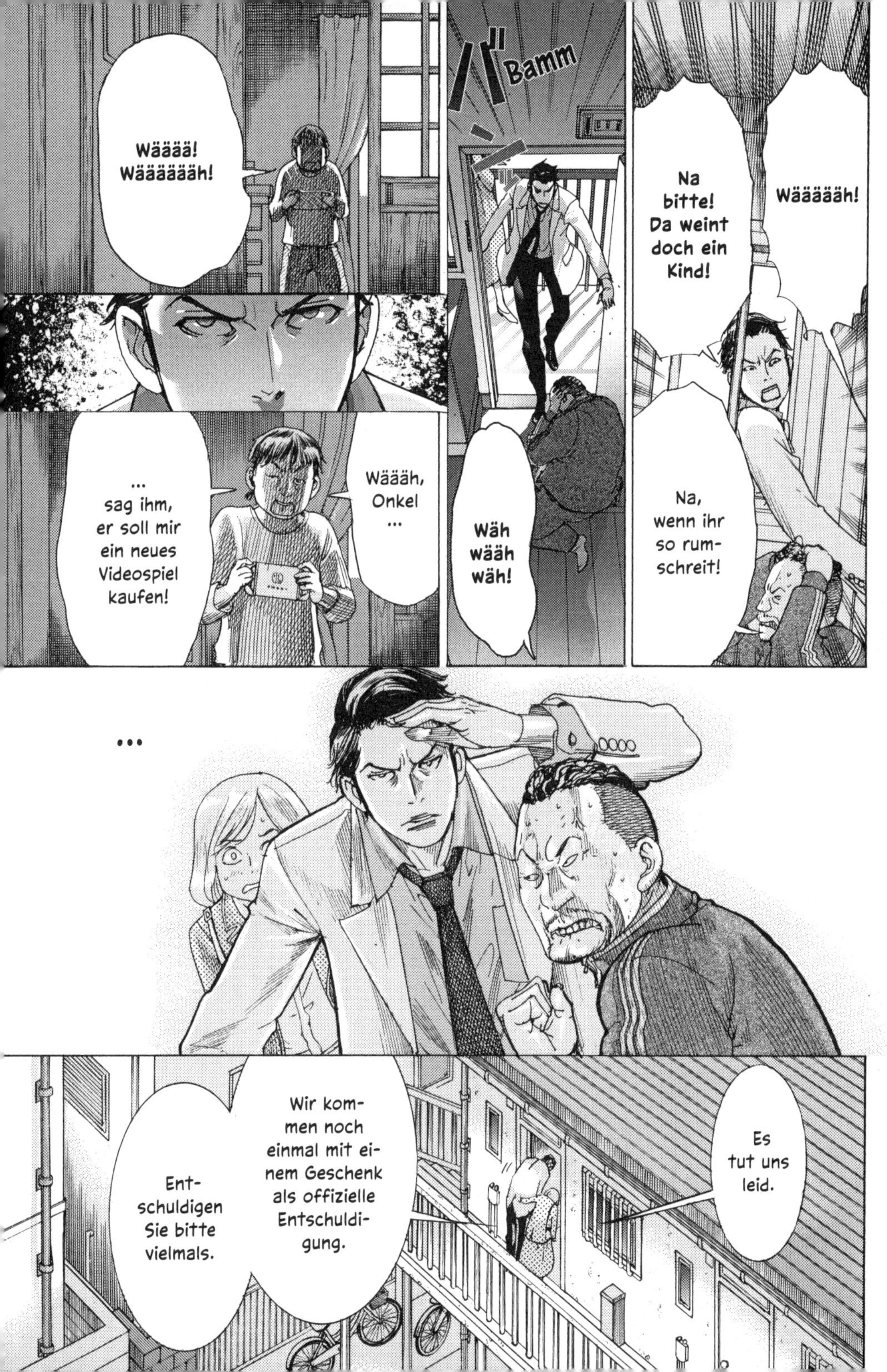
Na bitte! Da weint doch ein Kind!
Wääääh!
Na, wenn ihr so rum-schreit!
Bamm
Wäh wääh wäh!
Wäääää! Wääääääh!
Wäääh, Onkel ...
... sag ihm, er soll mir ein neues Videospiel kaufen!
...
Es tut uns leid.
Wir kom-men noch einmal mit ei-nem Geschenk als offizielle Entschuldi-gung.
Ent-schuldigen Sie bitte vielmals.

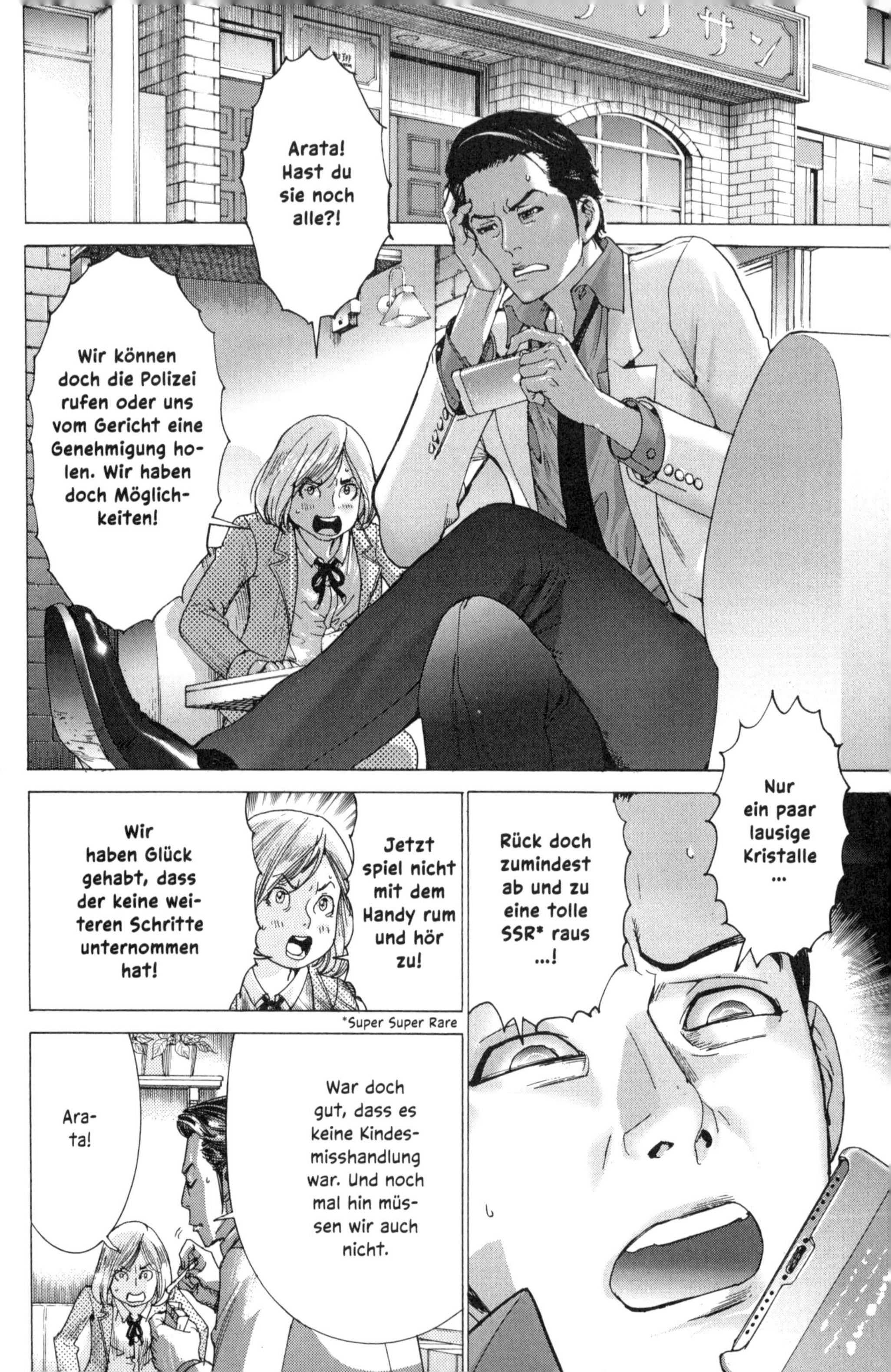
Arata! Hast du sie noch alle?!
Wir können doch die Polizei rufen oder uns vom Gericht eine Genehmigung holen. Wir haben doch Möglichkeiten!
Nur ein paar lausige Kristalle ...
Rück doch zumindest ab und zu eine tolle SSR* raus ...!
Jetzt spiel nicht mit dem Handy rum und hör zu!
Wir haben Glück gehabt, dass der keine weiteren Schritte unternommen hat!
*Super Super Rare
War doch gut, dass es keine Kindesmisshandlung war. Und noch mal hin müssen wir auch nicht.
Arata!

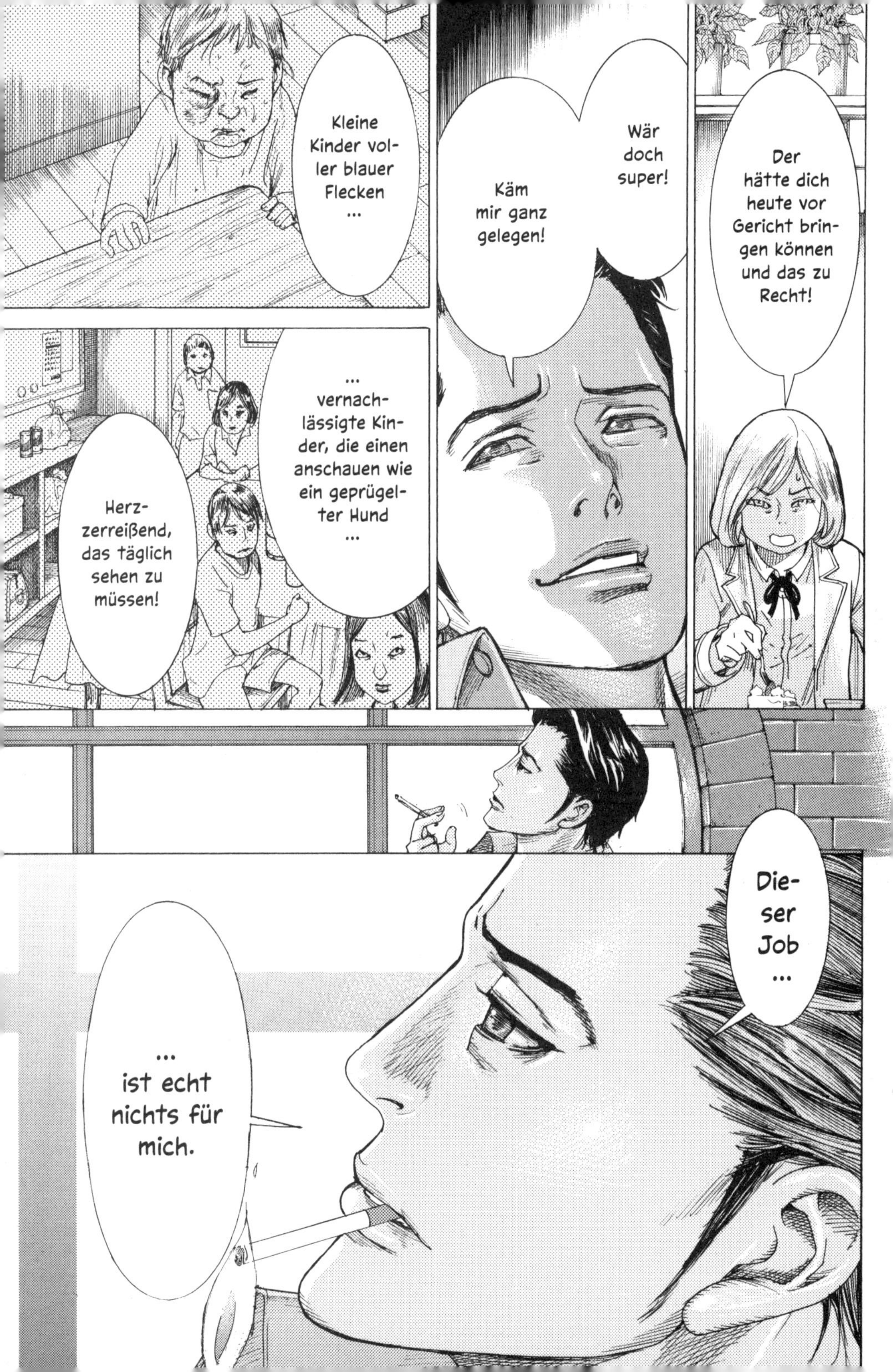
Der hätte dich heute vor Gericht bringen können und das zu Recht!
Wär doch super!
Käm mir ganz gelegen!
Kleine Kinder voller blauer Flecken ...
... vernachlässigte Kinder, die einen anschauen wie ein geprügelter Hund ...
Herzzerreißend, das täglich sehen zu müssen!
Dieser Job ...
... ist echt nichts für mich.

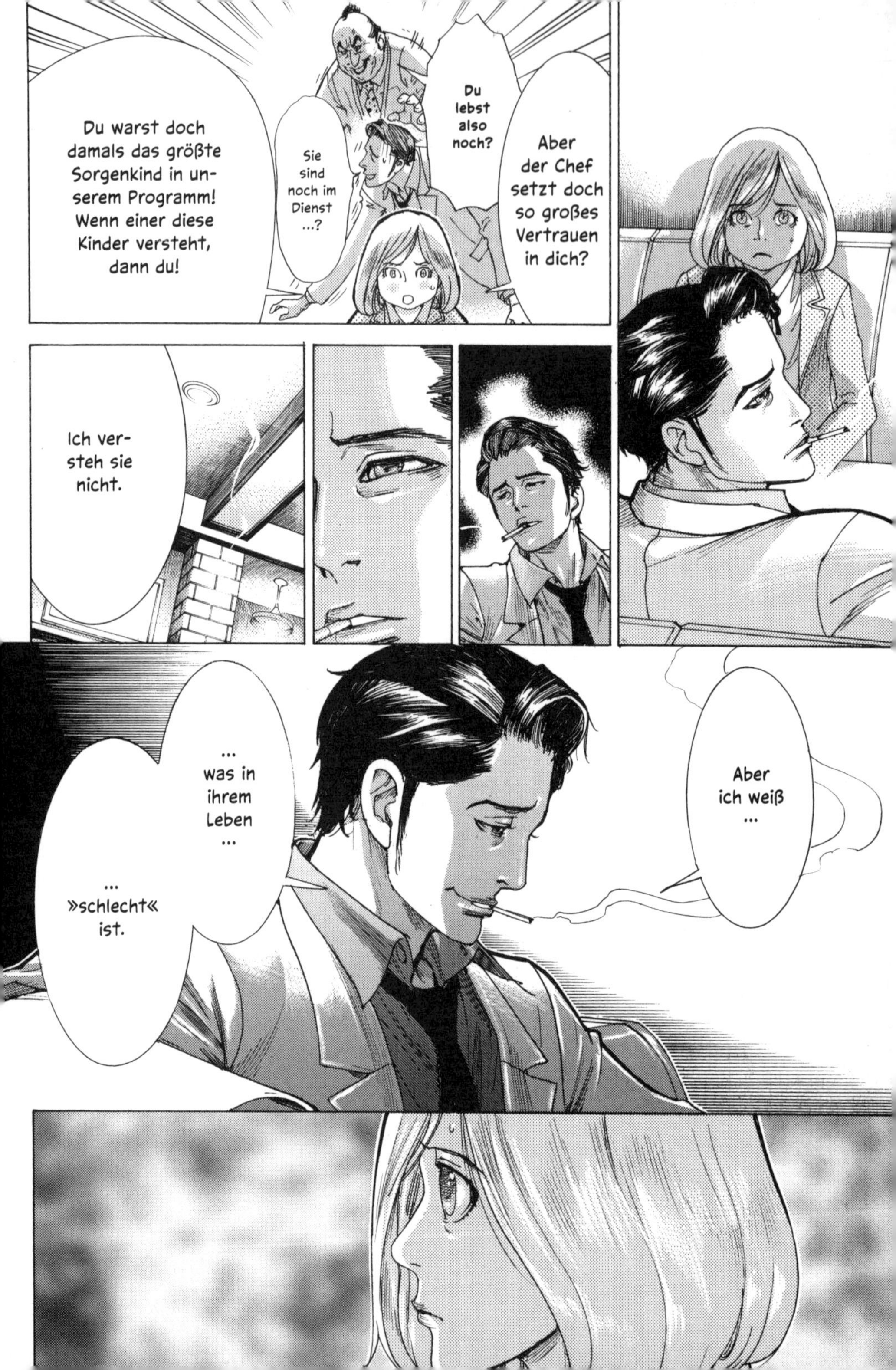

Aber der Chef setzt doch so großes Vertrauen in dich?
Du lebst also noch?
Sie sind noch im Dienst …?
Du warst doch damals das größte Sorgenkind in unserem Programm! Wenn einer diese Kinder versteht, dann du!
Ich versteh sie nicht.
Aber ich weiß …
… was in ihrem Leben …
… »schlecht« ist.

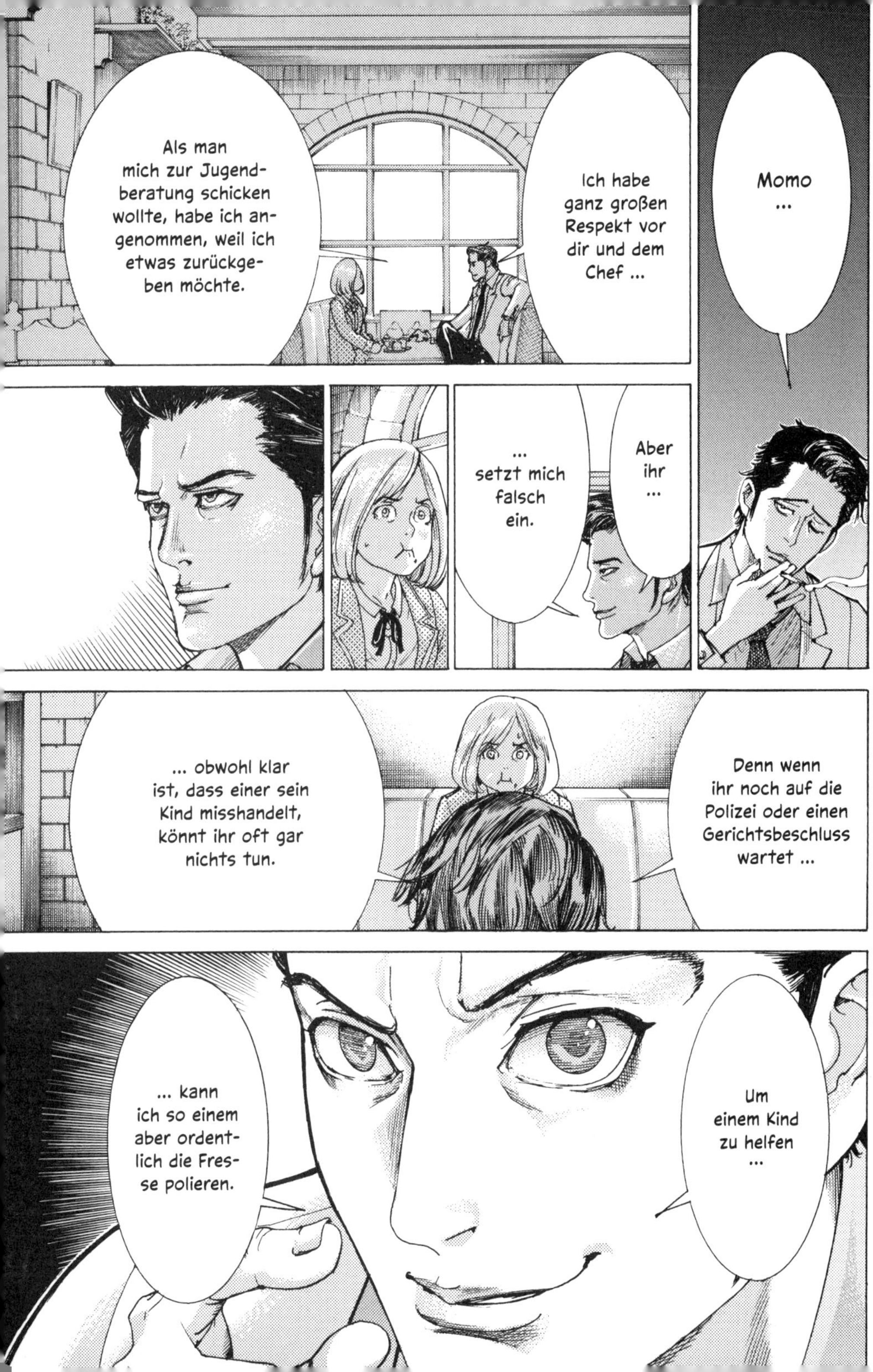

Momo ...
Ich habe ganz großen Respekt vor dir und dem Chef ...
Als man mich zur Jugendberatung schicken wollte, habe ich angenommen, weil ich etwas zurückgeben möchte.
Aber ihr ...
... setzt mich falsch ein.
Denn wenn ihr noch auf die Polizei oder einen Gerichtsbeschluss wartet ...
... obwohl klar ist, dass einer sein Kind misshandelt, könnt ihr oft gar nichts tun.

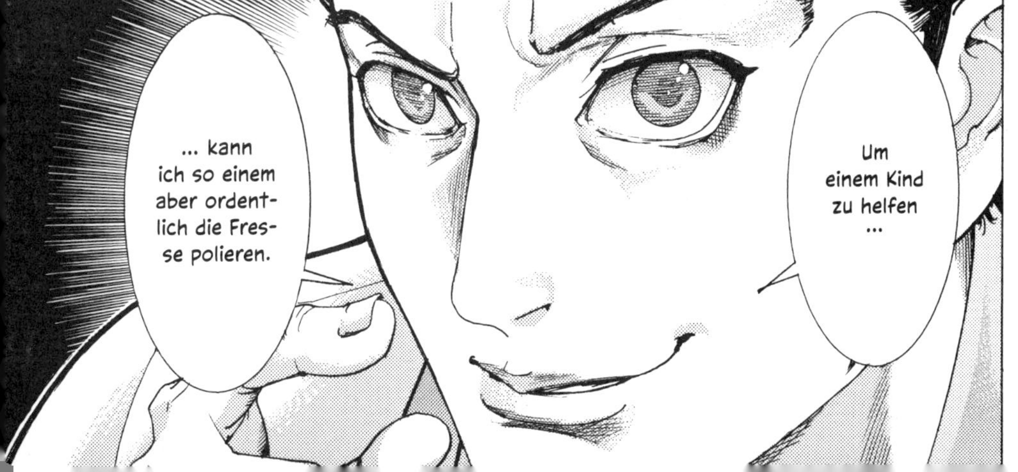

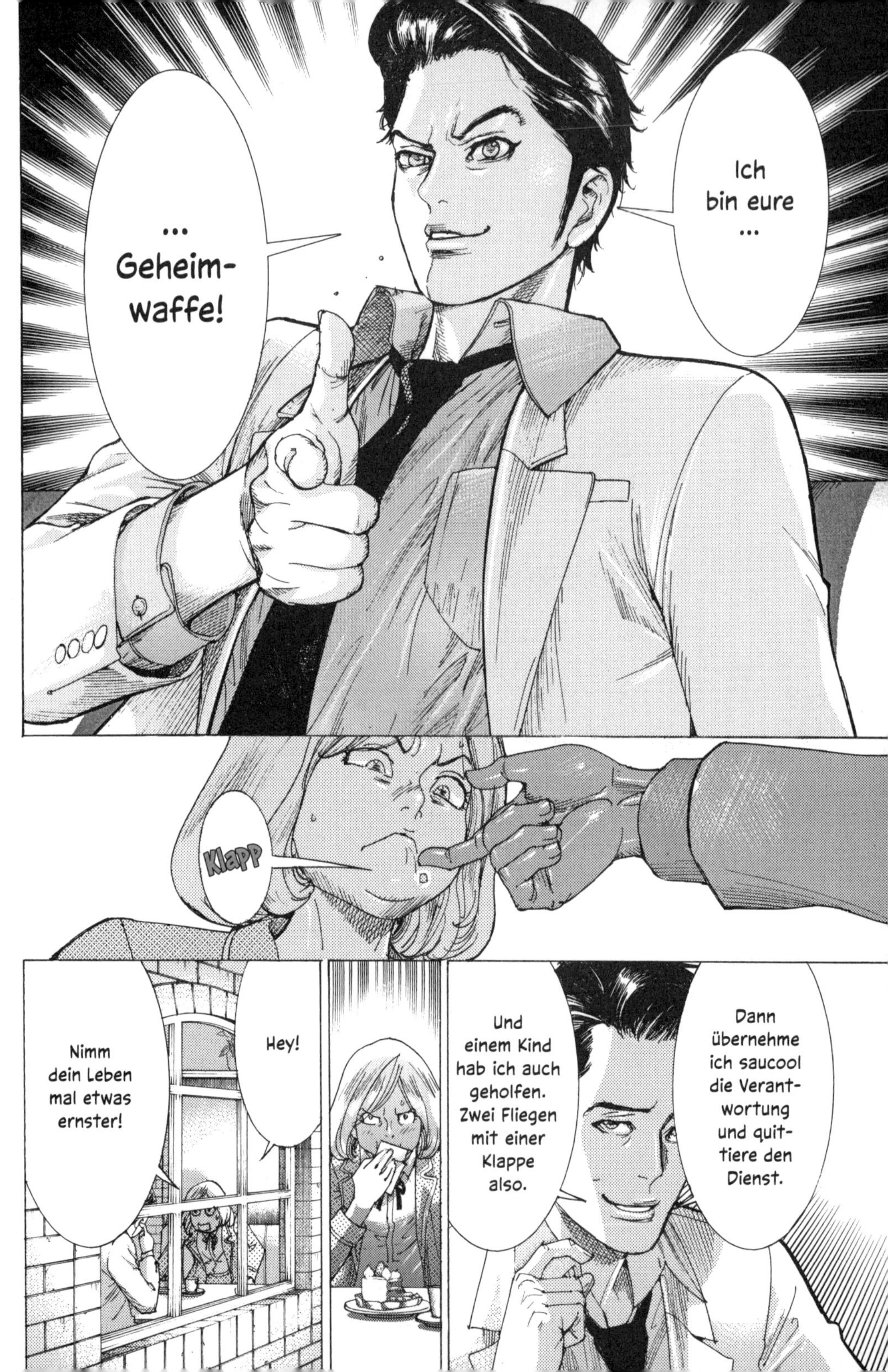
Ich bin eure ...
... Geheimwaffe!
Klapp
Dann übernehme ich saucool die Verantwortung und quittiere den Dienst.
Und einem Kind hab ich auch geholfen. Zwei Fliegen mit einer Klappe also.
Hey!
Nimm dein Leben mal etwas ernster!

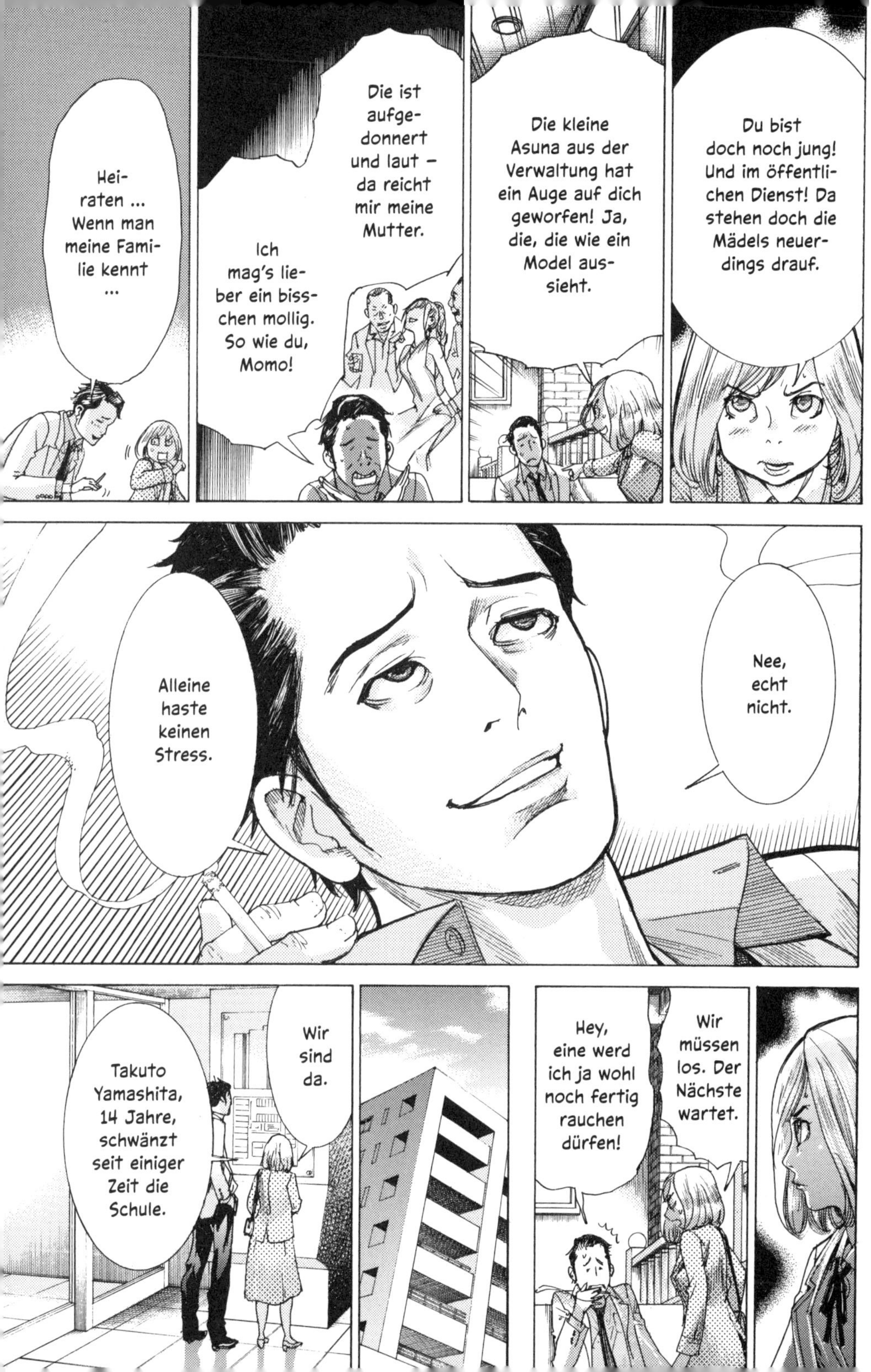

Du bist doch noch jung! Und im öffentlichen Dienst! Da stehen doch die Mädels neuerdings drauf.

Die kleine Asuna aus der Verwaltung hat ein Auge auf dich geworfen! Ja, die, die wie ein Model aussieht.

Die ist aufgedonnert und laut – da reicht mir meine Mutter.

Ich mag's lieber ein bisschen mollig. So wie du, Momo!

Heiraten ... Wenn man meine Familie kennt ...

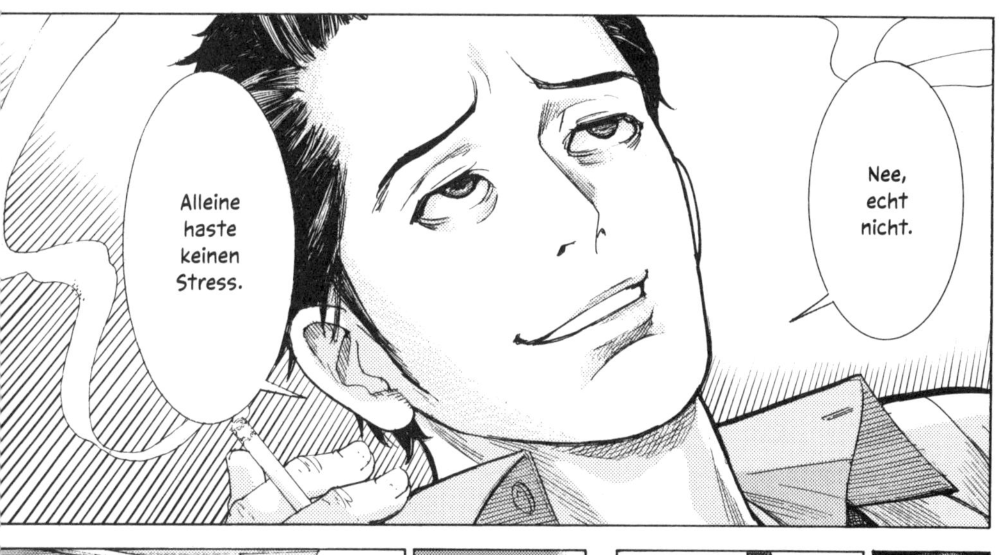

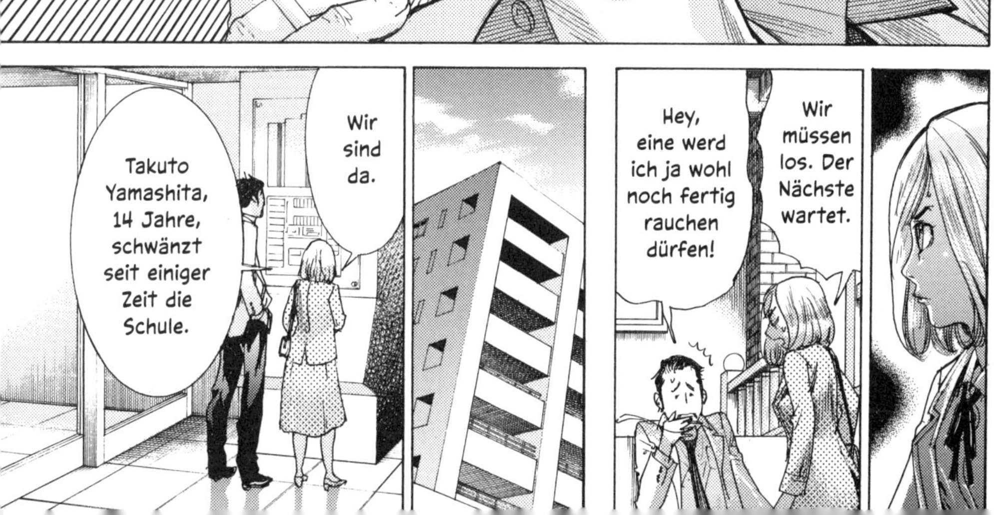

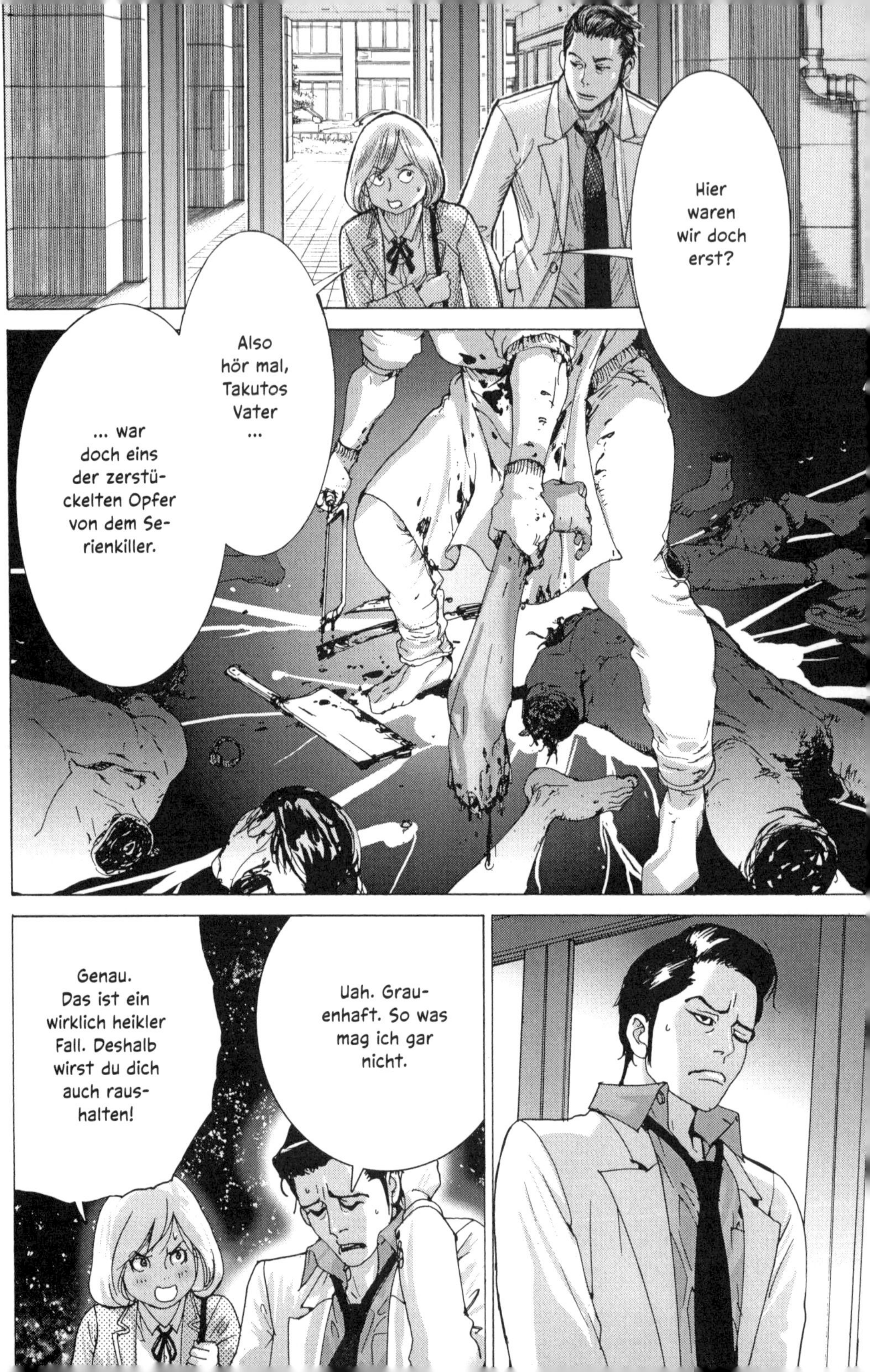

Hier waren wir doch erst?

Also hör mal, Takutos Vater ...

... war doch eins der zerstückelten Opfer von dem Serienkiller.

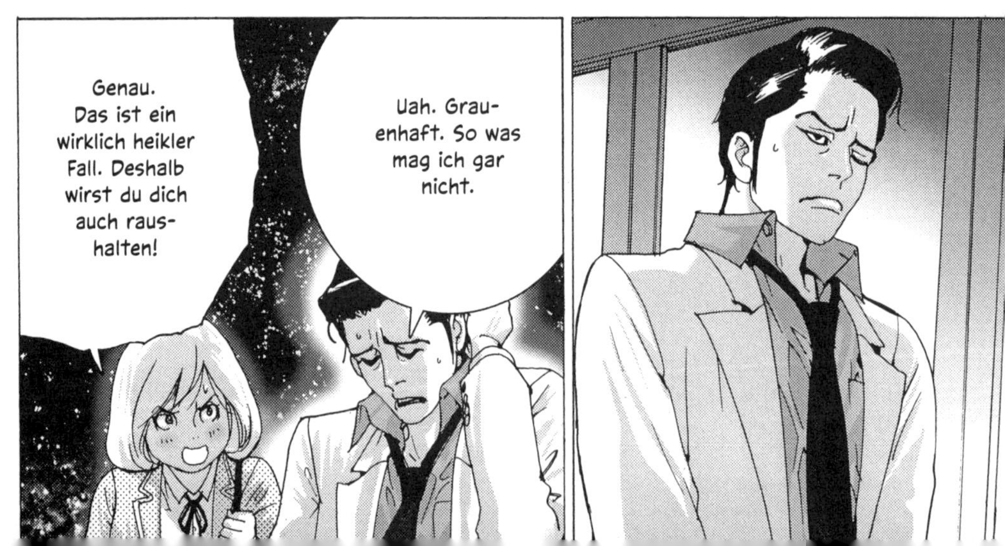

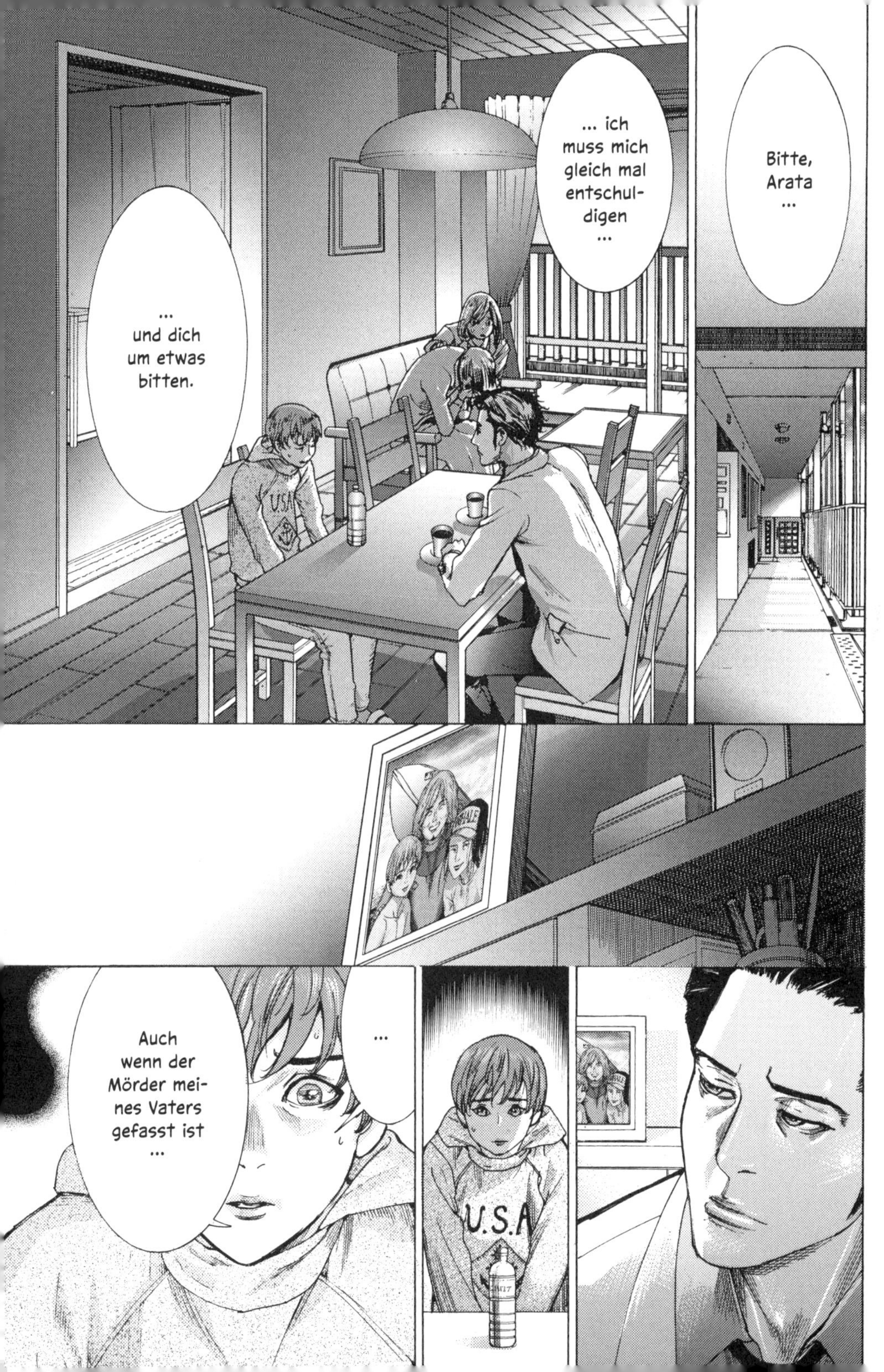
Bitte, Arata ...
... ich muss mich gleich mal entschuldigen ...
... und dich um etwas bitten.
...
Auch wenn der Mörder meines Vaters gefasst ist ...

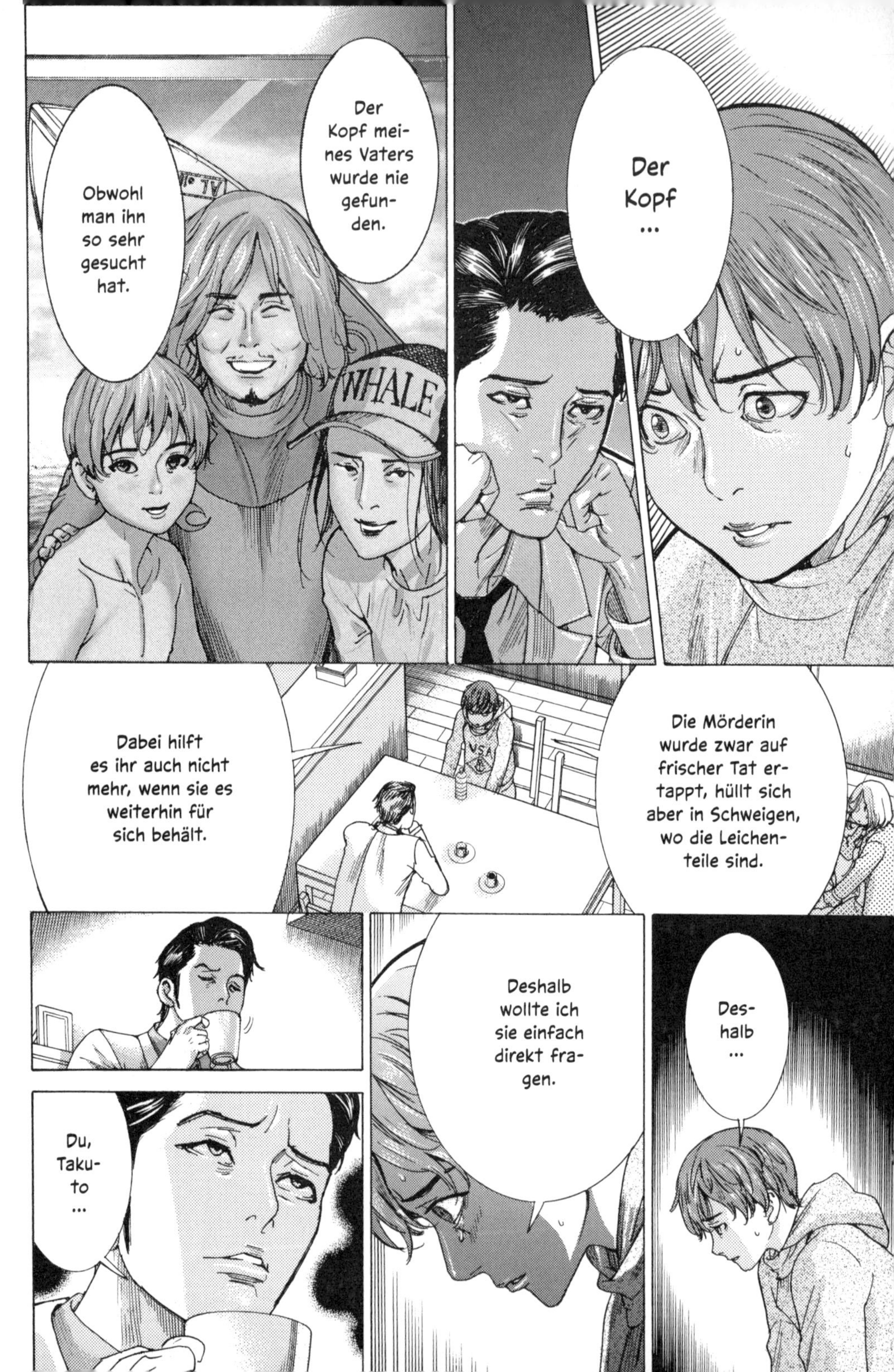

Der Kopf ...
Der Kopf meines Vaters wurde nie gefunden.
Obwohl man ihn so sehr gesucht hat.
WHALE
Die Mörderin wurde zwar auf frischer Tat ertappt, hüllt sich aber in Schweigen, wo die Leichenteile sind.
Dabei hilft es ihr auch nicht mehr, wenn sie es weiterhin für sich behält.
Deshalb ...
Deshalb wollte ich sie einfach direkt fragen.
Du, Takuto ...

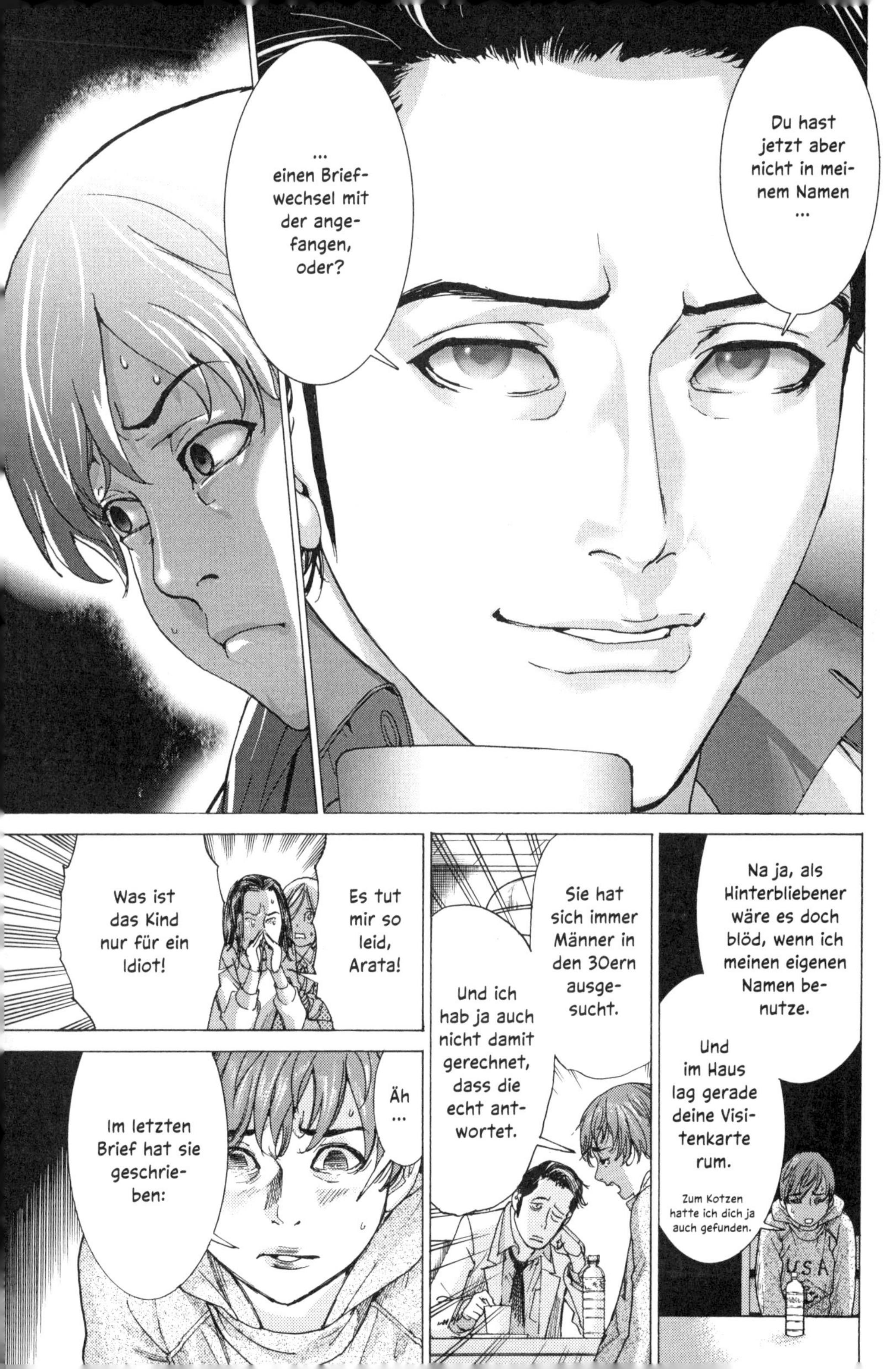

Du hast jetzt aber nicht in meinem Namen ...
... einen Briefwechsel mit der angefangen, oder?
Na ja, als Hinterbliebener wäre es doch blöd, wenn ich meinen eigenen Namen benutze.
Und im Haus lag gerade deine Visitenkarte rum.
Zum Kotzen hatte ich dich ja auch gefunden.
Sie hat sich immer Männer in den 30ern ausgesucht.
Und ich hab ja auch nicht damit gerechnet, dass die echt antwortet.
Es tut mir so leid, Arata!
Was ist das Kind nur für ein Idiot!
Äh ...
Im letzten Brief hat sie geschrieben:

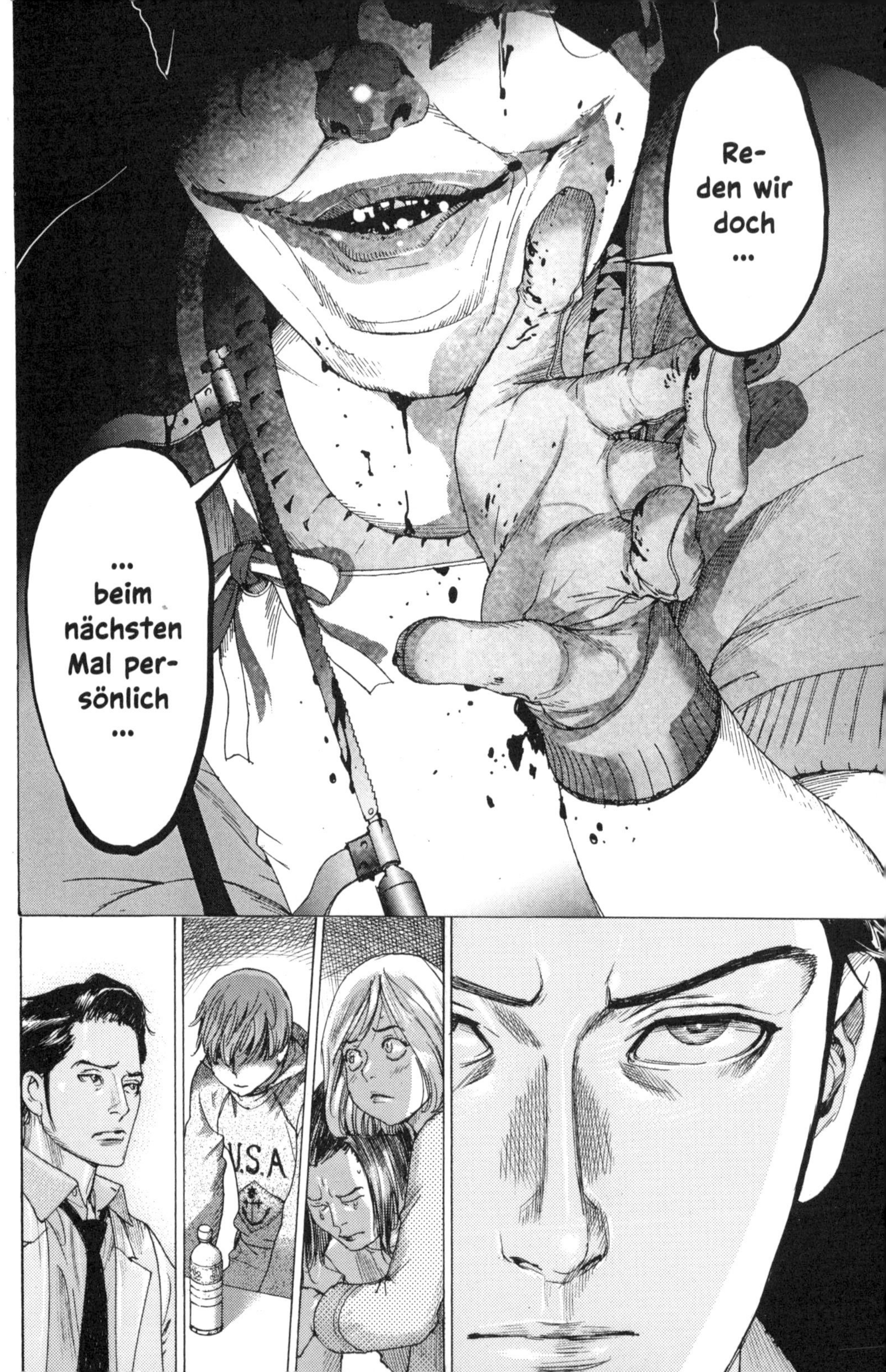
Reden wir doch ...
... beim nächsten Mal persönlich ...

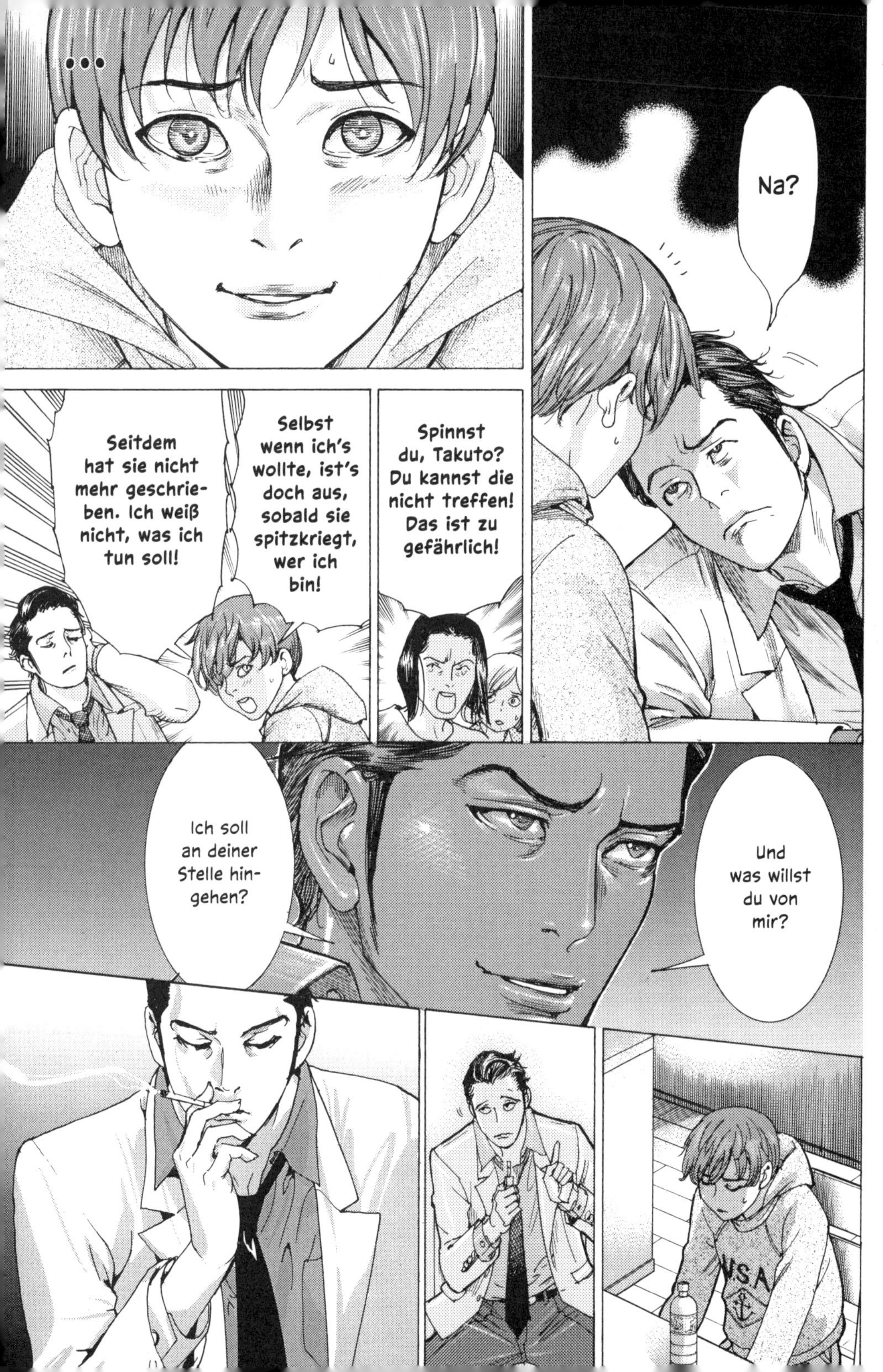
Na?
...
Spinnst du, Takuto? Du kannst die nicht treffen! Das ist zu gefährlich!
Selbst wenn ich's wollte, ist's doch aus, sobald sie spitzkriegt, wer ich bin!
Seitdem hat sie nicht mehr geschrieben. Ich weiß nicht, was ich tun soll!
Und was willst du von mir?
Ich soll an deiner Stelle hingehen?

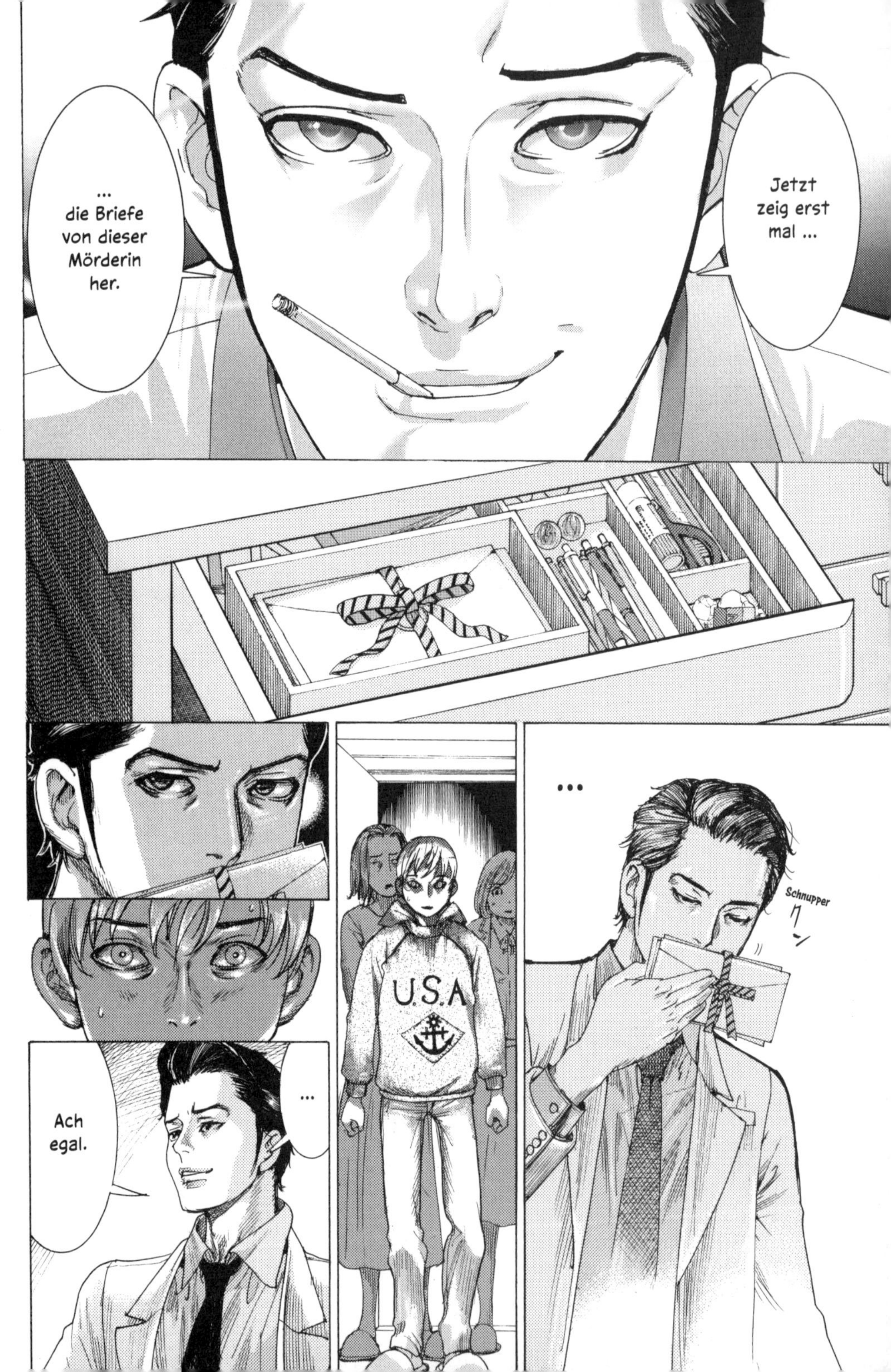
Jetzt zeig erst mal ...
... die Briefe von dieser Mörderin her.
...
Schnupper
...
Ach egal.

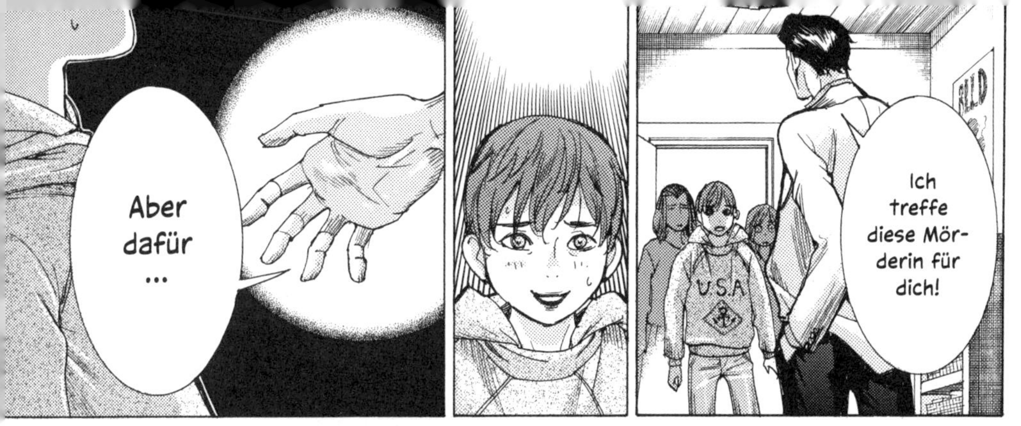

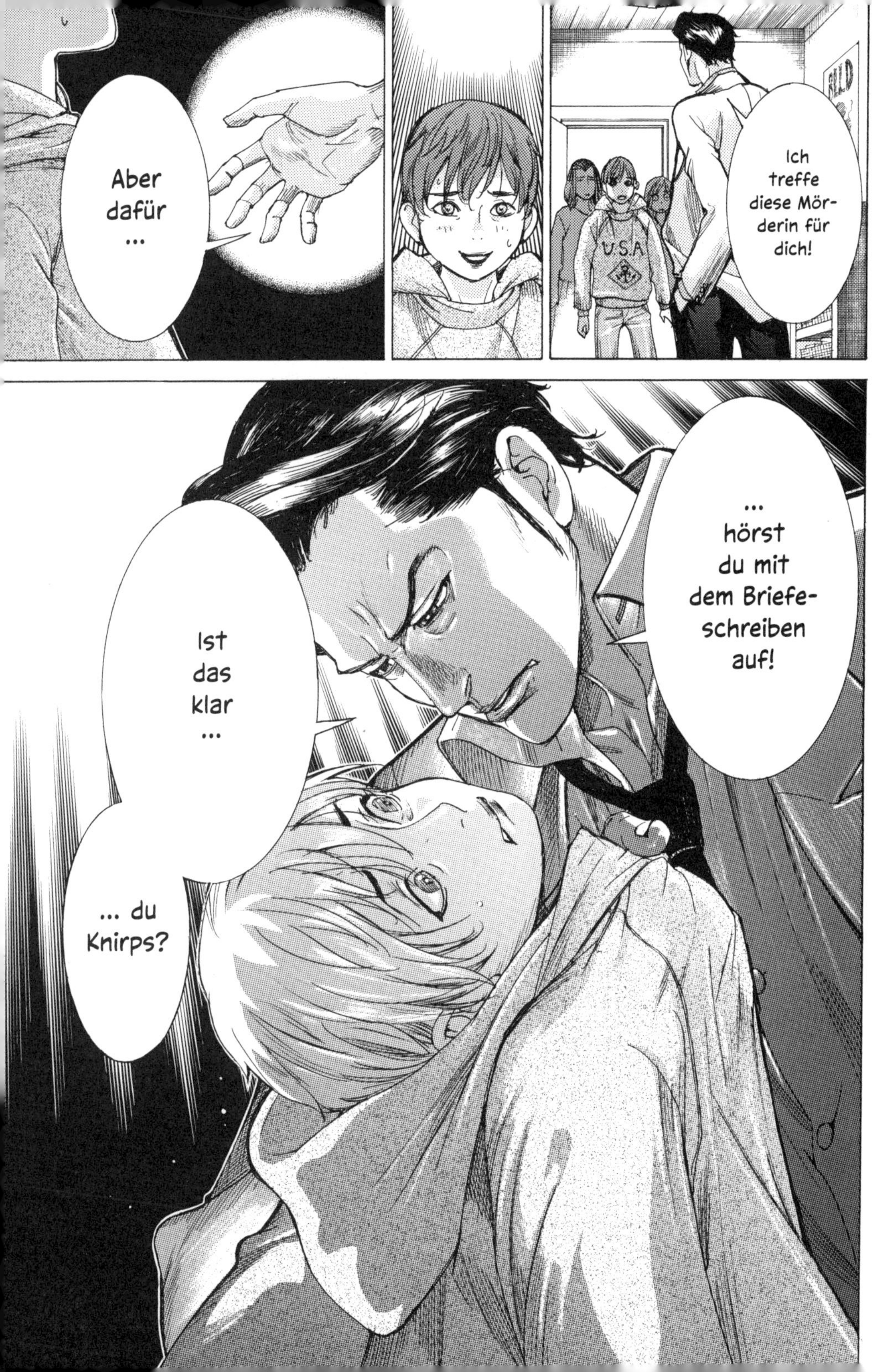

... hörst du mit dem Briefeschreiben auf!

Ist das klar ...

... du Knirps?

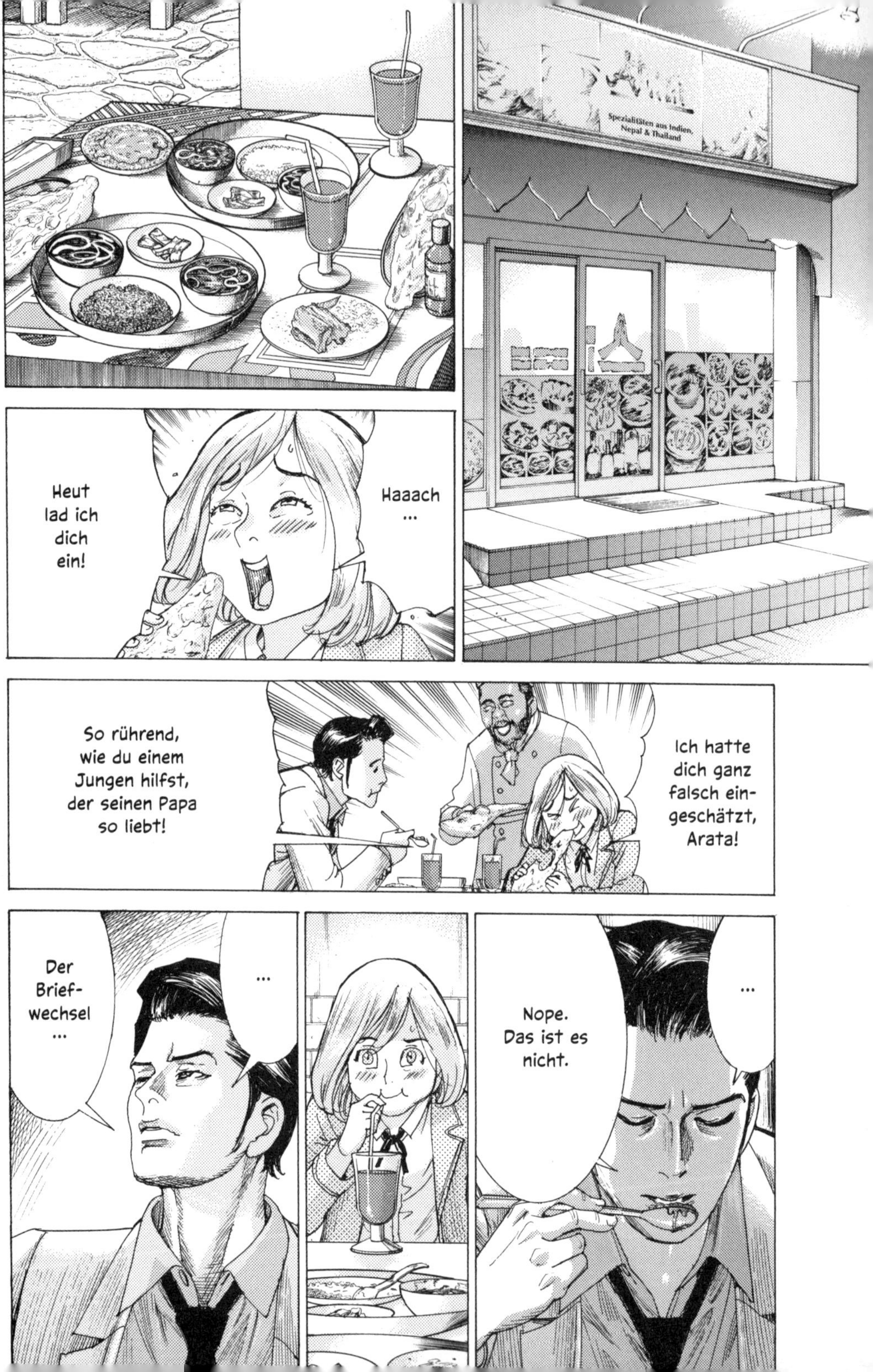

Spezialitäten aus Indien, Nepal & Thailand

Haaach ...

Heut lad ich dich ein!

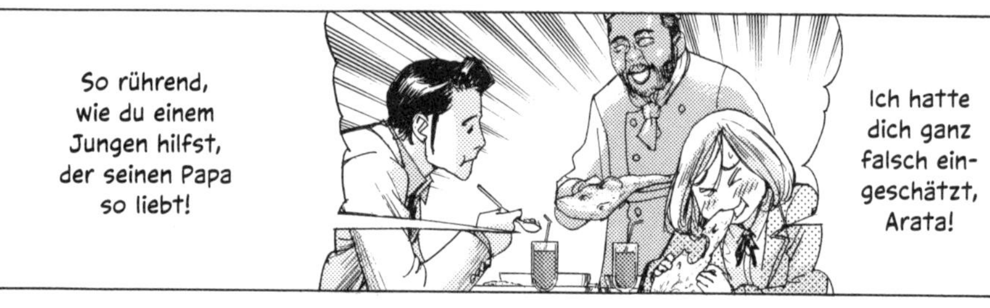

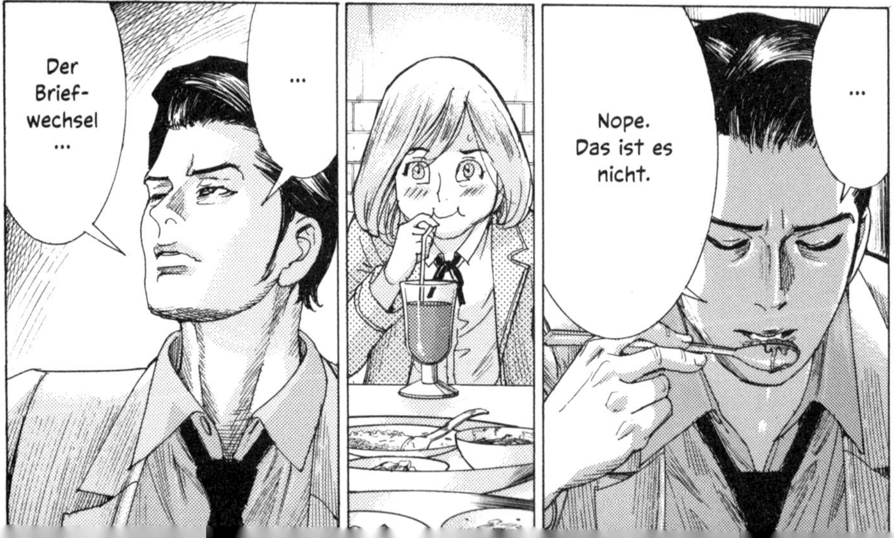

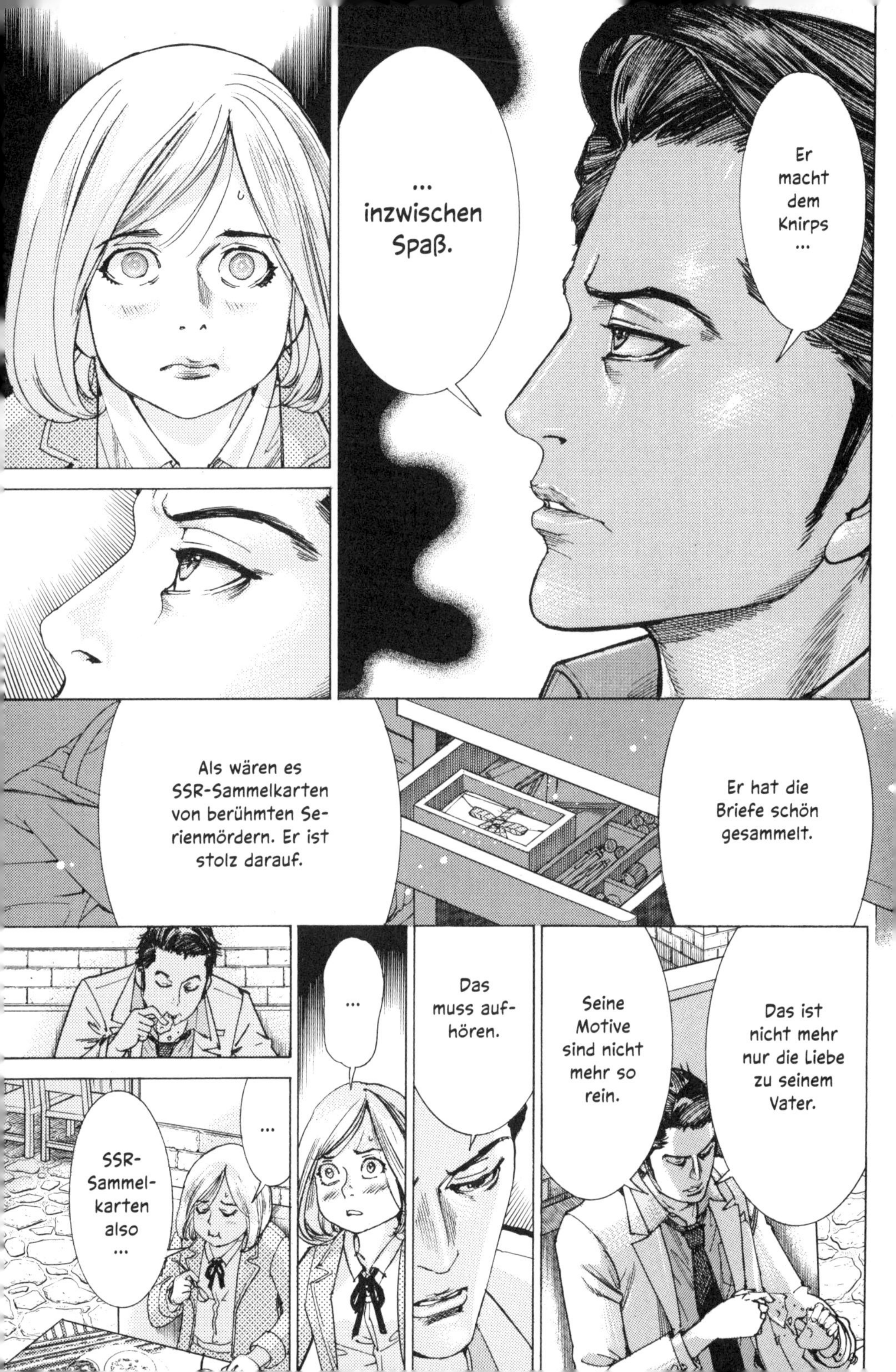
Er macht dem Knirps ...
... inzwischen Spaß.
Er hat die Briefe schön gesammelt.
Als wären es SSR-Sammelkarten von berühmten Serienmördern. Er ist stolz darauf.
Das ist nicht mehr nur die Liebe zu seinem Vater.
Seine Motive sind nicht mehr so rein.
Das muss aufhören.
...
...
SSR-Sammelkarten also ...

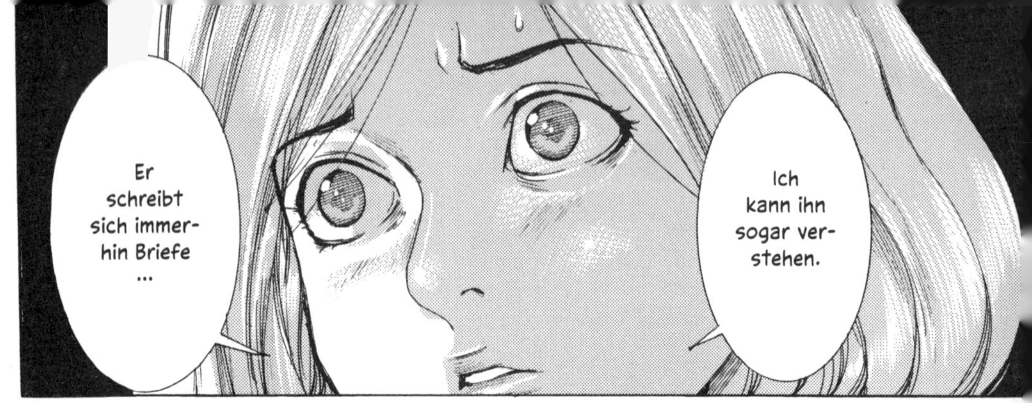

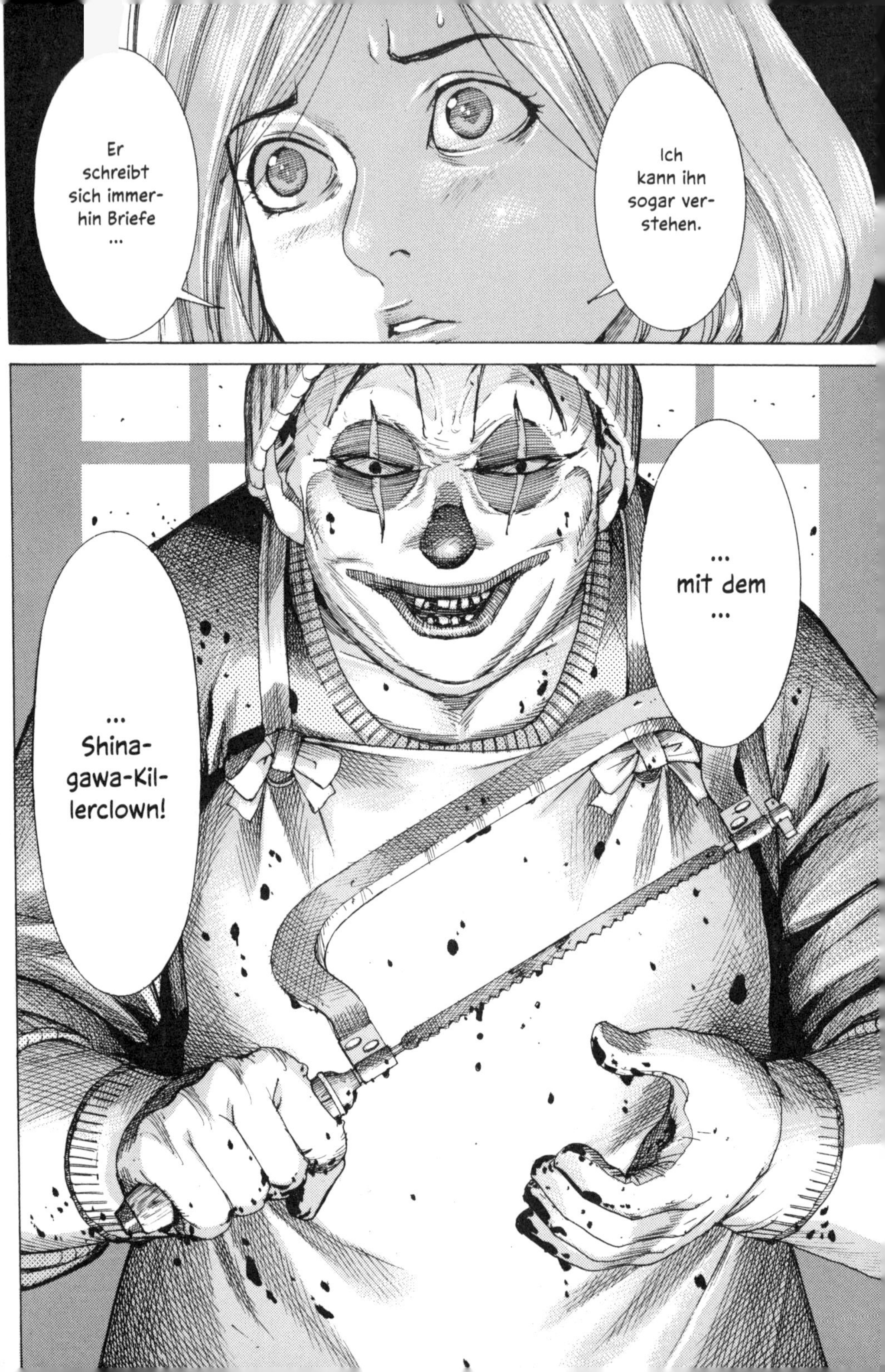

... mit dem ...

... Shinagawa-Killerclown!

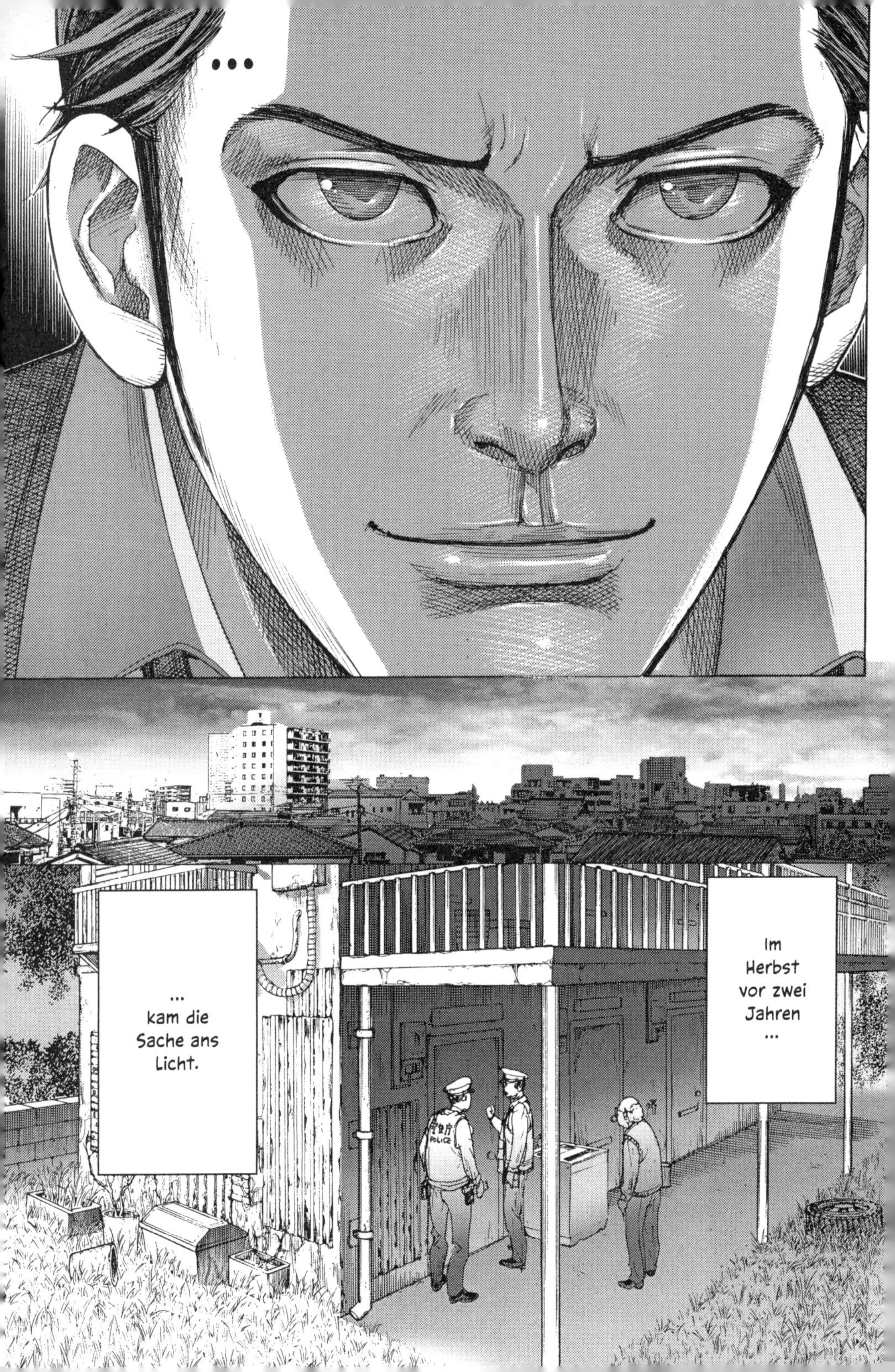
...
Im Herbst vor zwei Jahren ...
... kam die Sache ans Licht.
POLICE

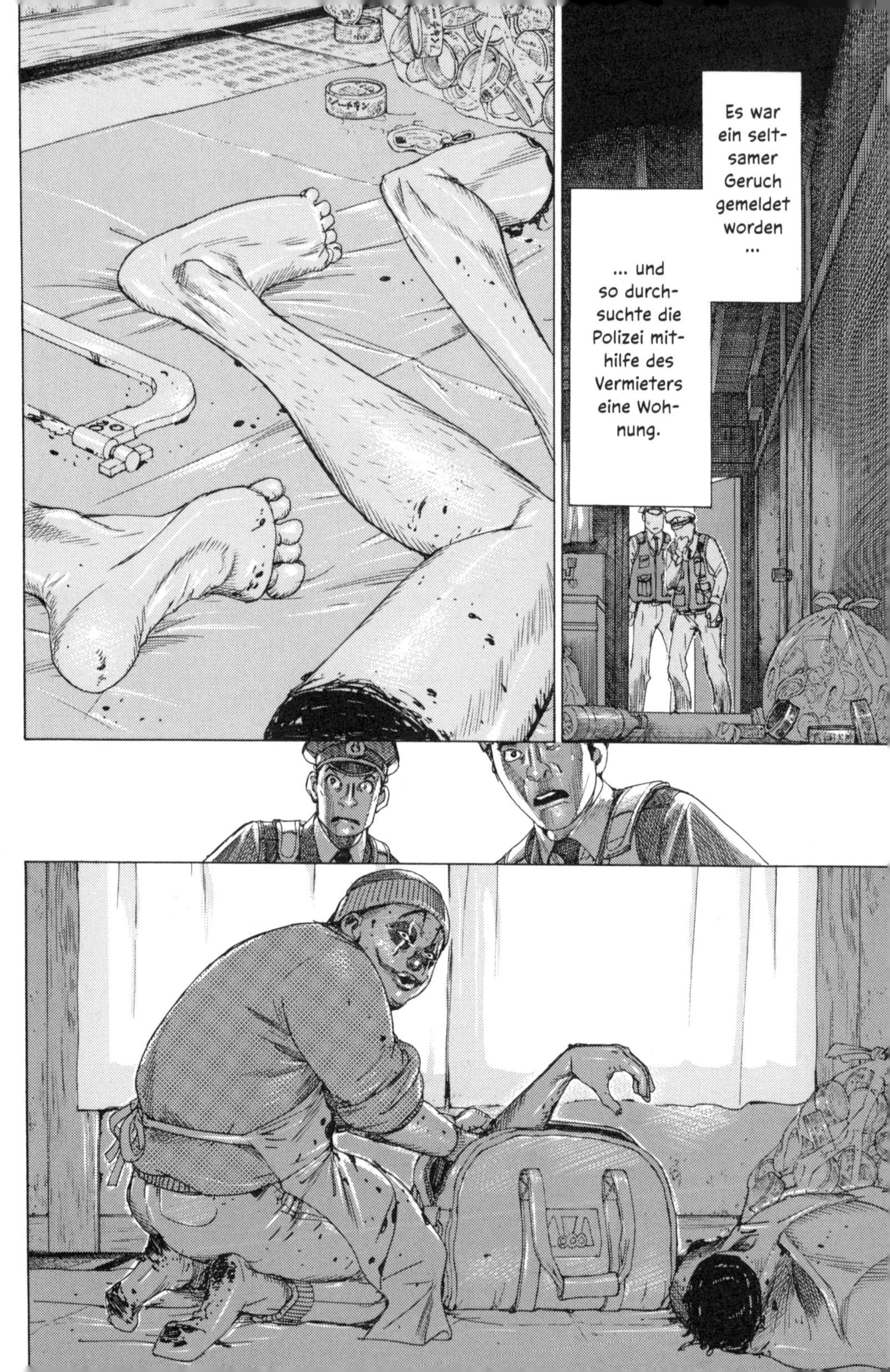
Es war ein seltsamer Geruch gemeldet worden ...
... und so durchsuchte die Polizei mithilfe des Vermieters eine Wohnung.

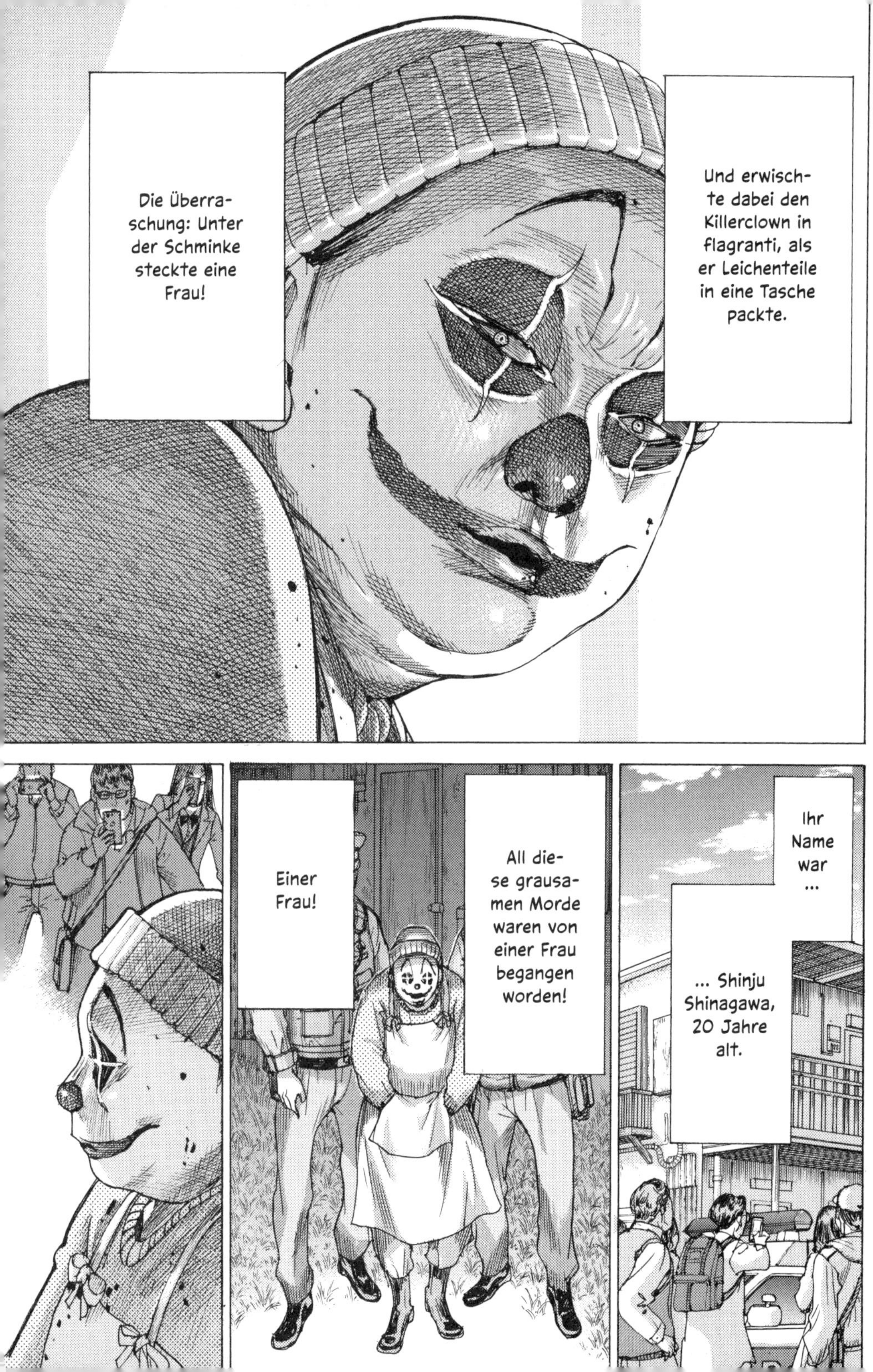

Und erwischte dabei den Killerclown in flagranti, als er Leichenteile in eine Tasche packte.

Die Überraschung: Unter der Schminke steckte eine Frau!

Ihr Name war ...

... Shinju Shinagawa, 20 Jahre alt.

All diese grausamen Morde waren von einer Frau begangen worden!

Einer Frau!

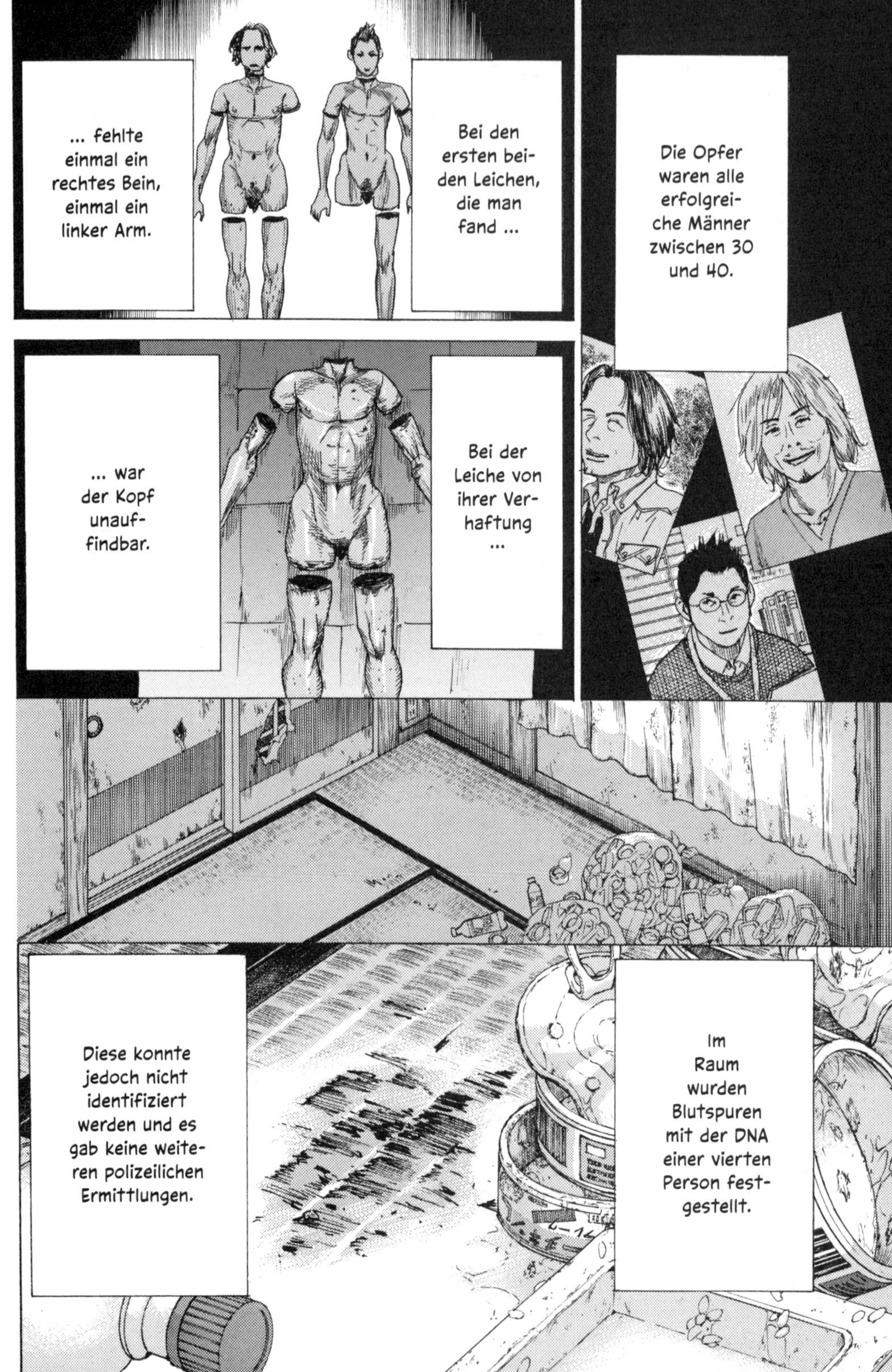
Die Opfer waren alle erfolgreiche Männer zwischen 30 und 40.
Bei den ersten beiden Leichen, die man fand ...
... fehlte einmal ein rechtes Bein, einmal ein linker Arm.
Bei der Leiche von ihrer Verhaftung ...
... war der Kopf unauffindbar.
Im Raum wurden Blutspuren mit der DNA einer vierten Person festgestellt.
Diese konnte jedoch nicht identifiziert werden und es gab keine weiteren polizeilichen Ermittlungen.

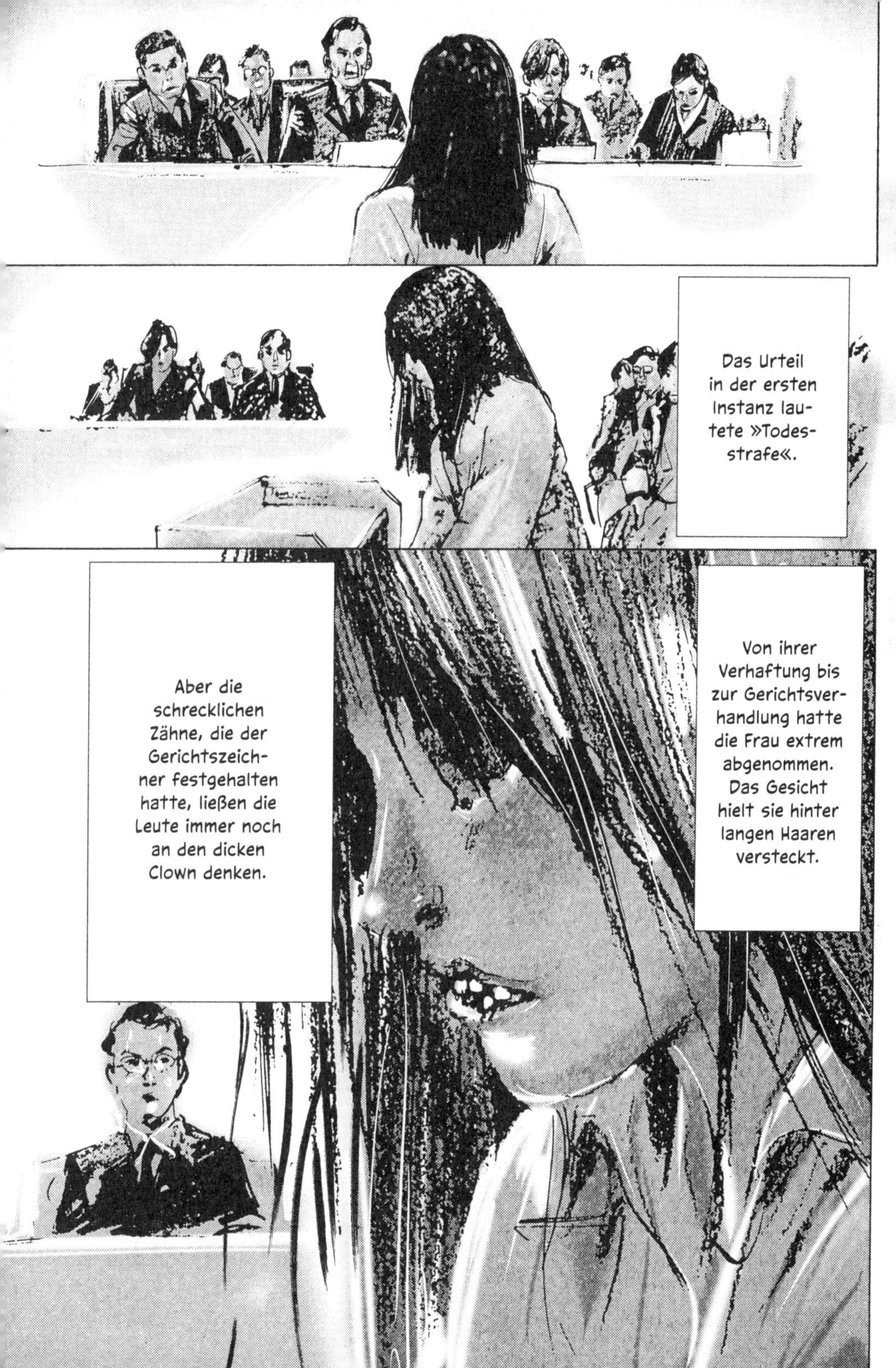
Das Urteil in der ersten Instanz lautete »Todesstrafe«.
Von ihrer Verhaftung bis zur Gerichtsverhandlung hatte die Frau extrem abgenommen. Das Gesicht hielt sie hinter langen Haaren versteckt.
Aber die schrecklichen Zähne, die der Gerichtszeichner festgehalten hatte, ließen die Leute immer noch an den dicken Clown denken.

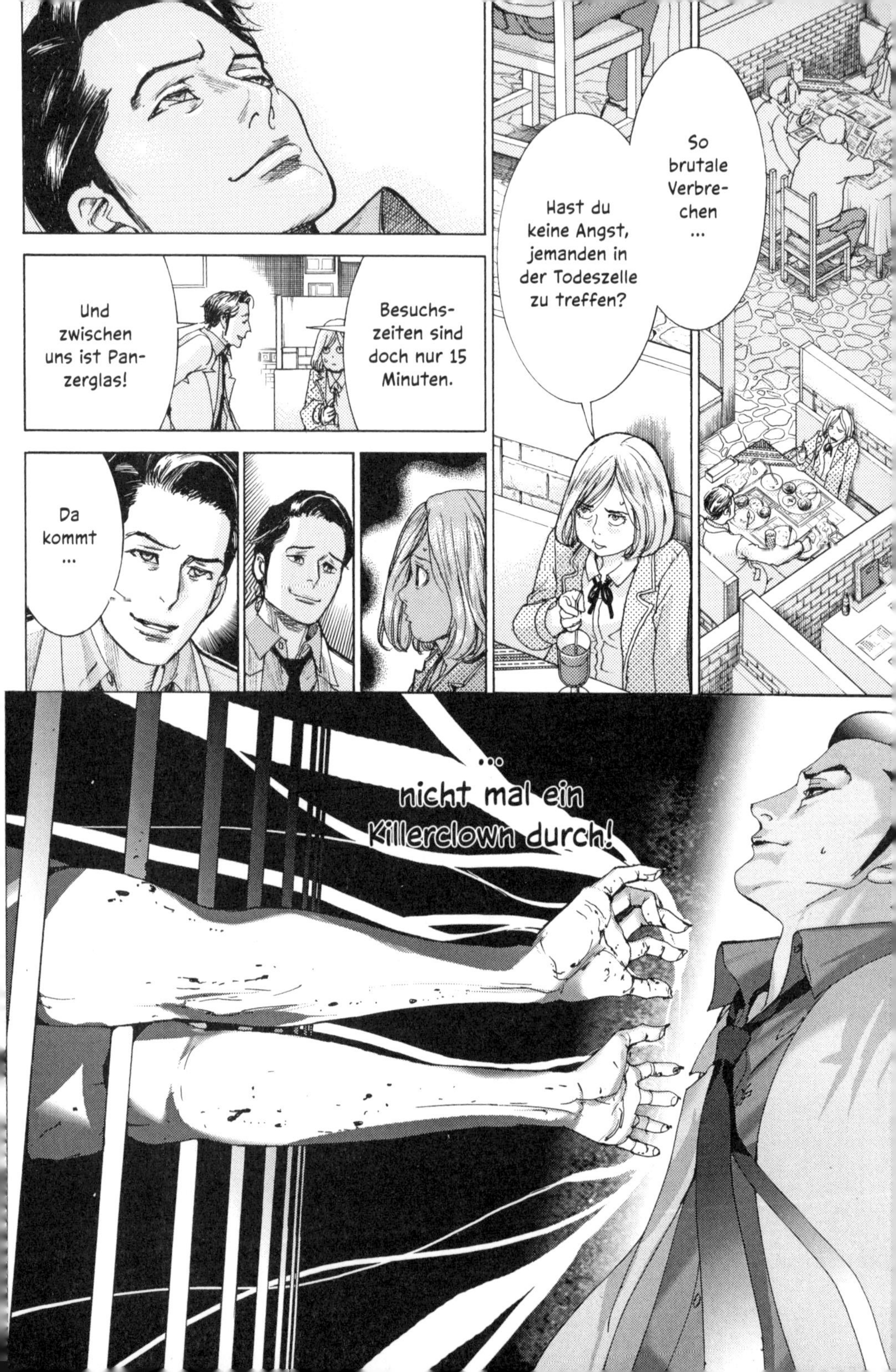
So brutale Verbrechen ...
Hast du keine Angst, jemanden in der Todeszelle zu treffen?
Besuchszeiten sind doch nur 15 Minuten.
Und zwischen uns ist Panzerglas!
Da kommt ...
... nicht mal ein Killerclown durch!

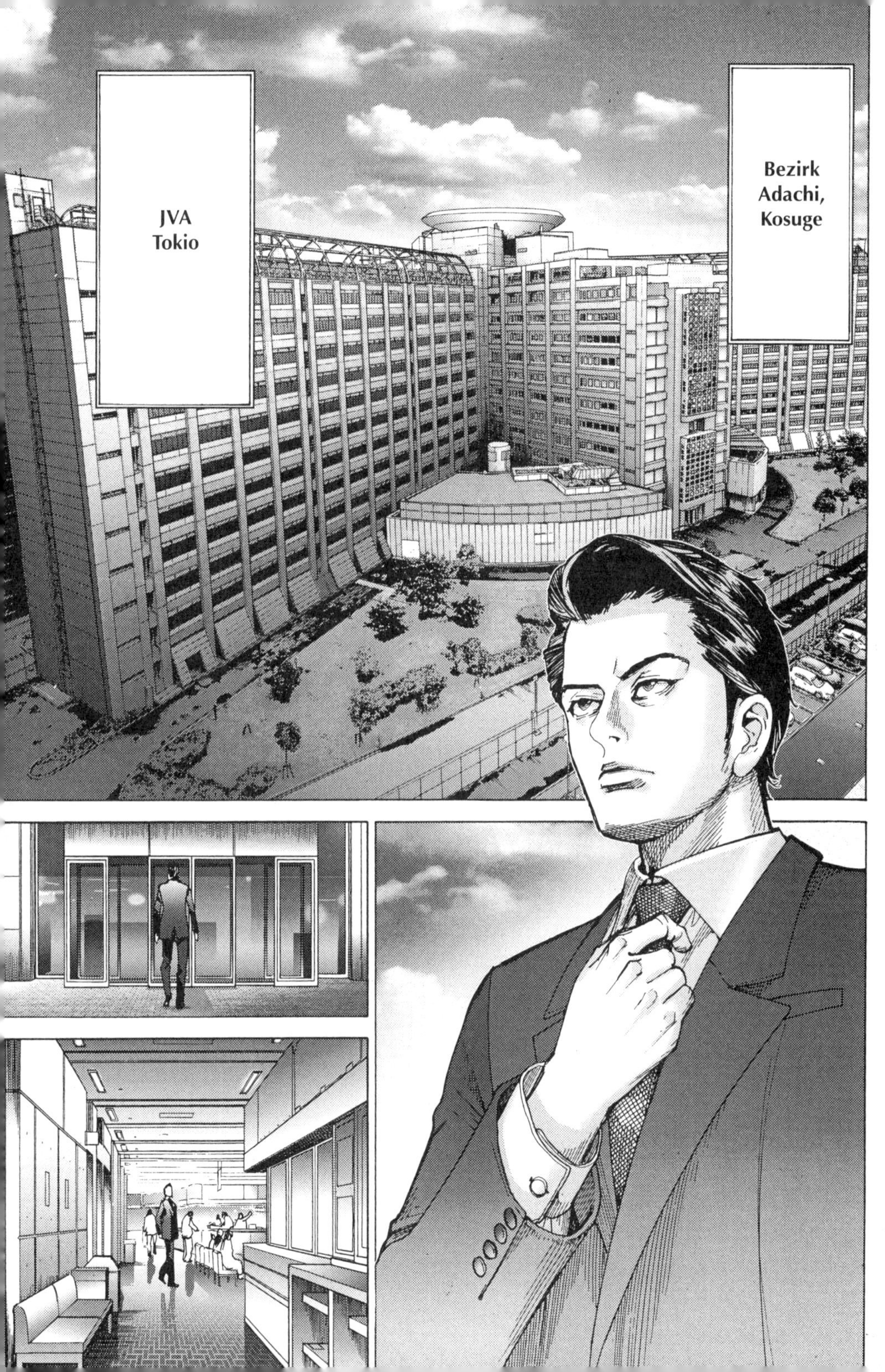
Bezirk Adachi, Kosuge
JVA Tokio

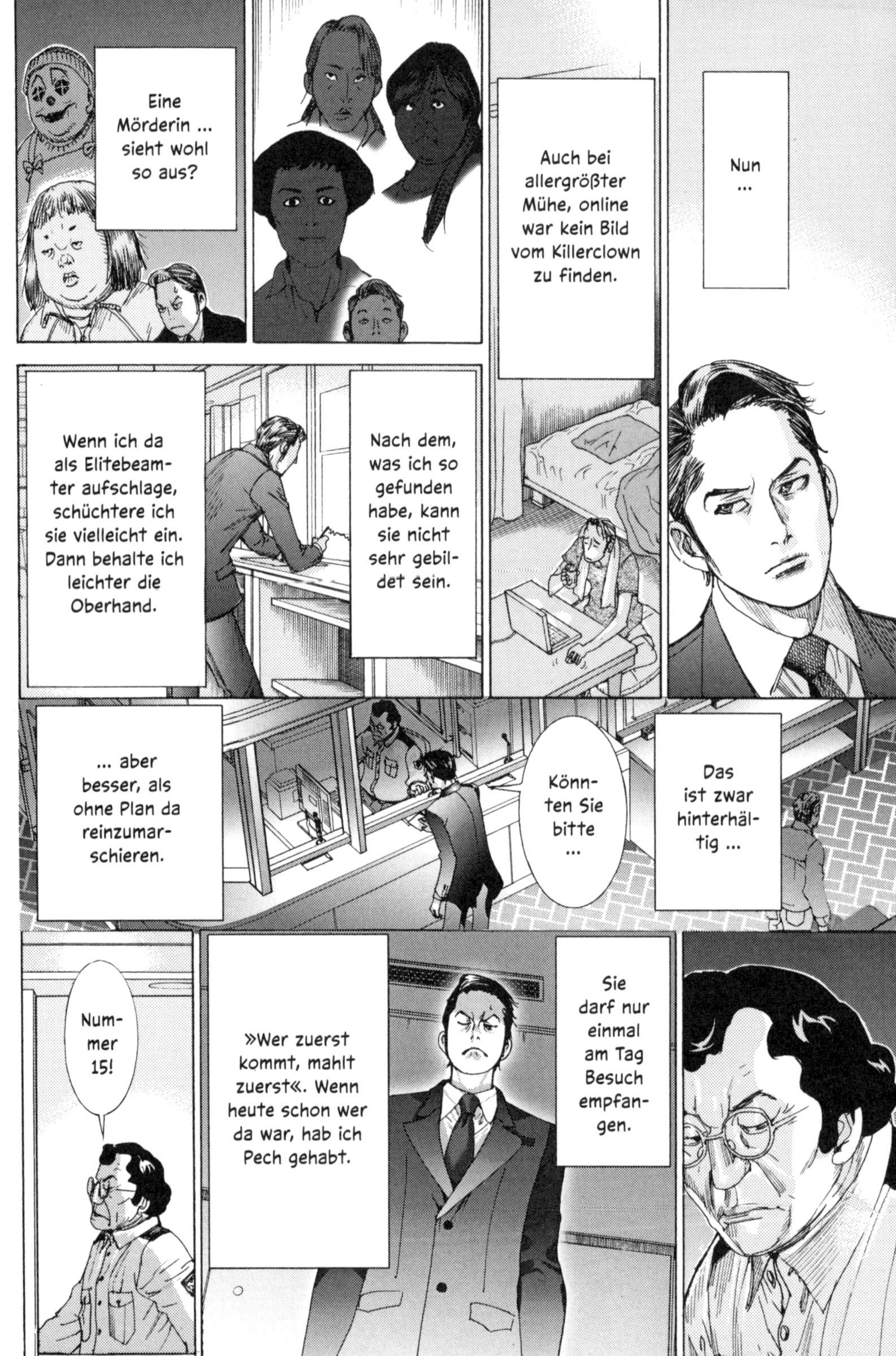
Nun ...
Auch bei allergrößter Mühe, online war kein Bild vom Killerclown zu finden.
Eine Mörderin ... sieht wohl so aus?
Nach dem, was ich so gefunden habe, kann sie nicht sehr gebildet sein.
Wenn ich da als Elitebeamter aufschlage, schüchtere ich sie vielleicht ein. Dann behalte ich leichter die Oberhand.
Das ist zwar hinterhältig ...
Könnten Sie bitte ...
... aber besser, als ohne Plan da reinzumarschieren.
Sie darf nur einmal am Tag Besuch empfangen.
»Wer zuerst kommt, mahlt zuerst«. Wenn heute schon wer da war, hab ich Pech gehabt.
Nummer 15!

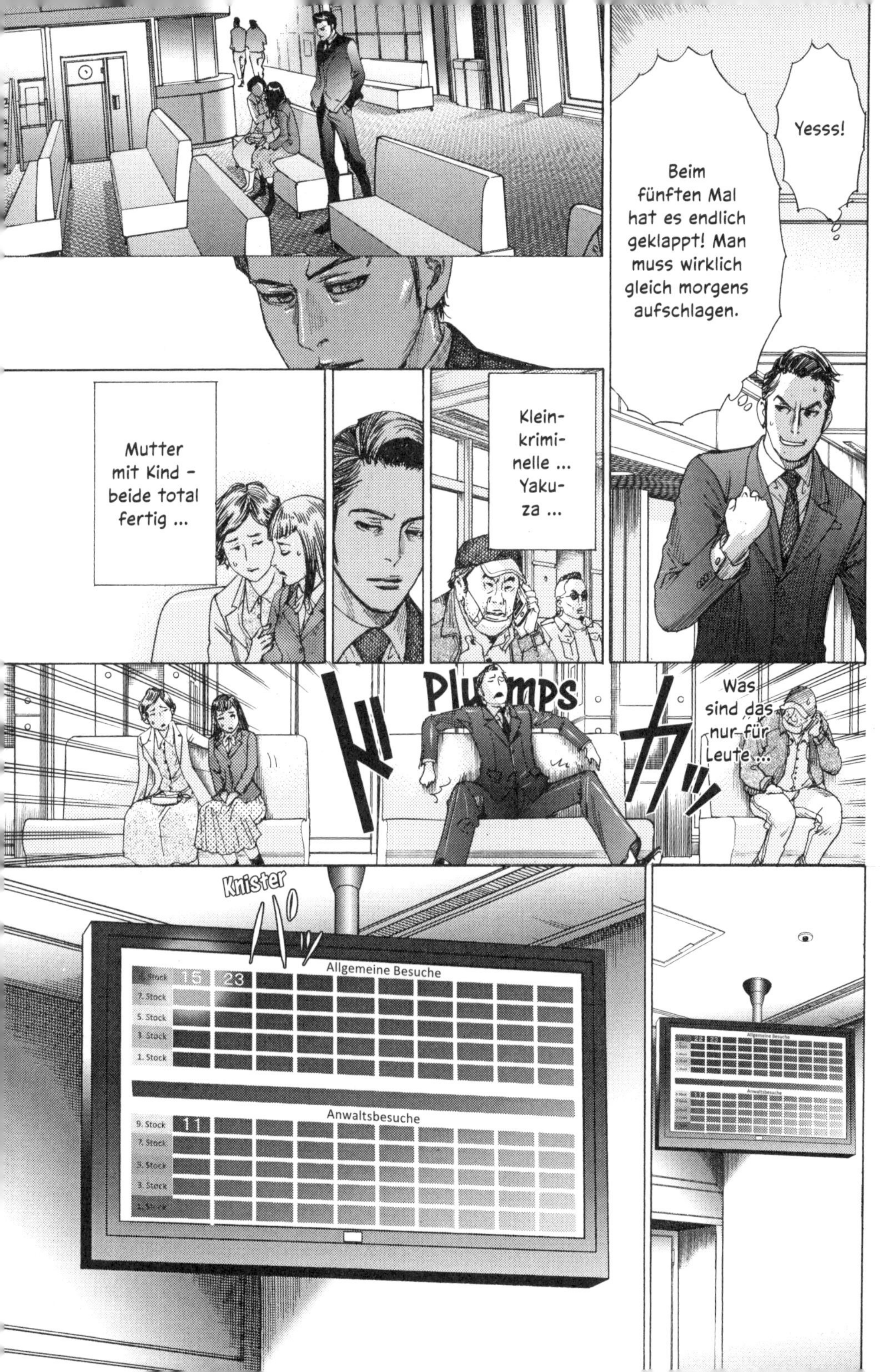
Yesss!
Beim fünften Mal hat es endlich geklappt! Man muss wirklich gleich morgens aufschlagen.
Klein-krimi-nelle ... Yaku-za ...
Mutter mit Kind – beide total fertig ...
Was sind das nur für Leute ...
Plumps
Knister
Allgemeine Besuche
9. Stock 15 23
7. Stock
5. Stock
3. Stock
1. Stock
Anwaltsbesuche
9. Stock 11
7. Stock
5. Stock
3. Stock
1. Stock

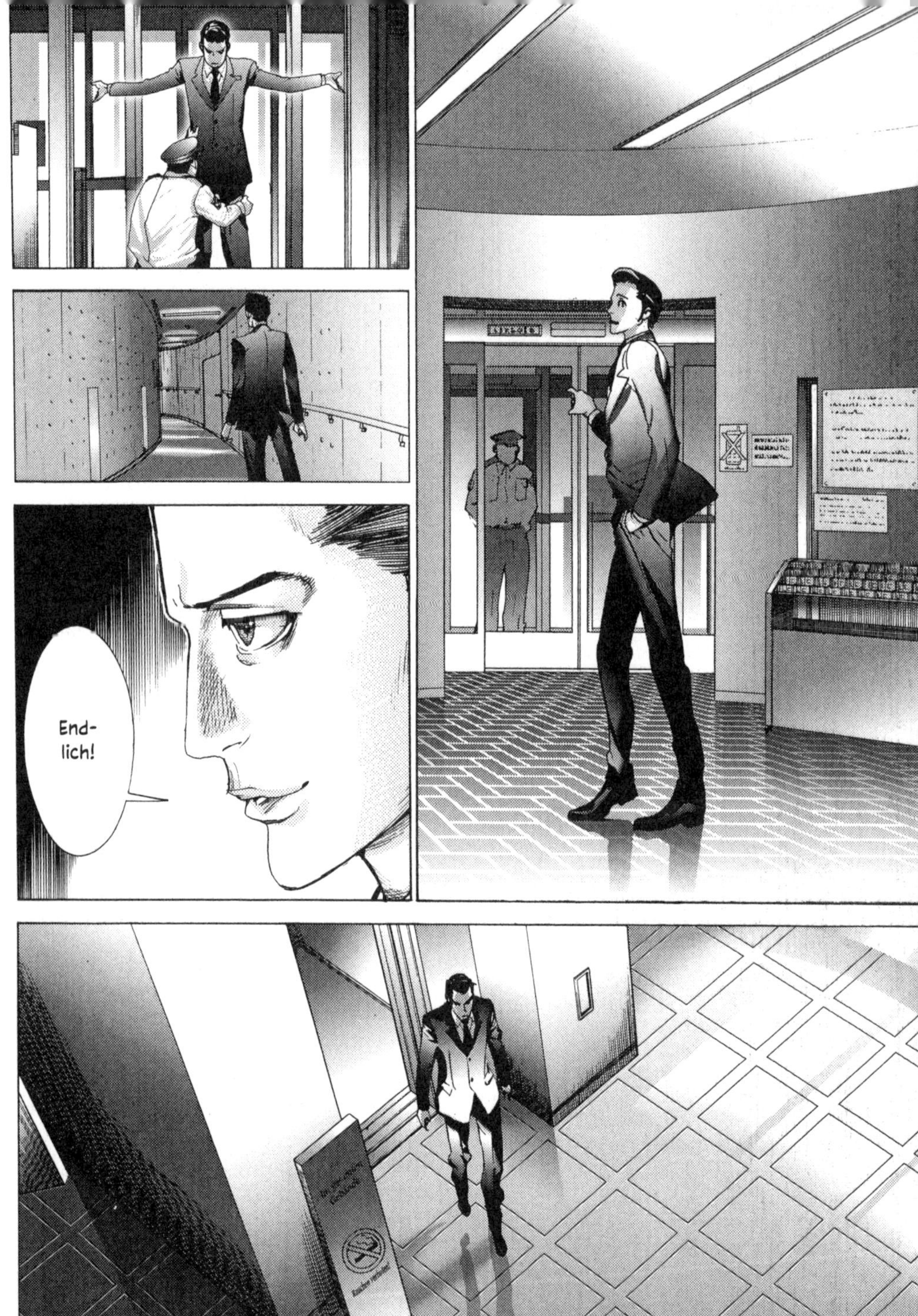
End-
lich!

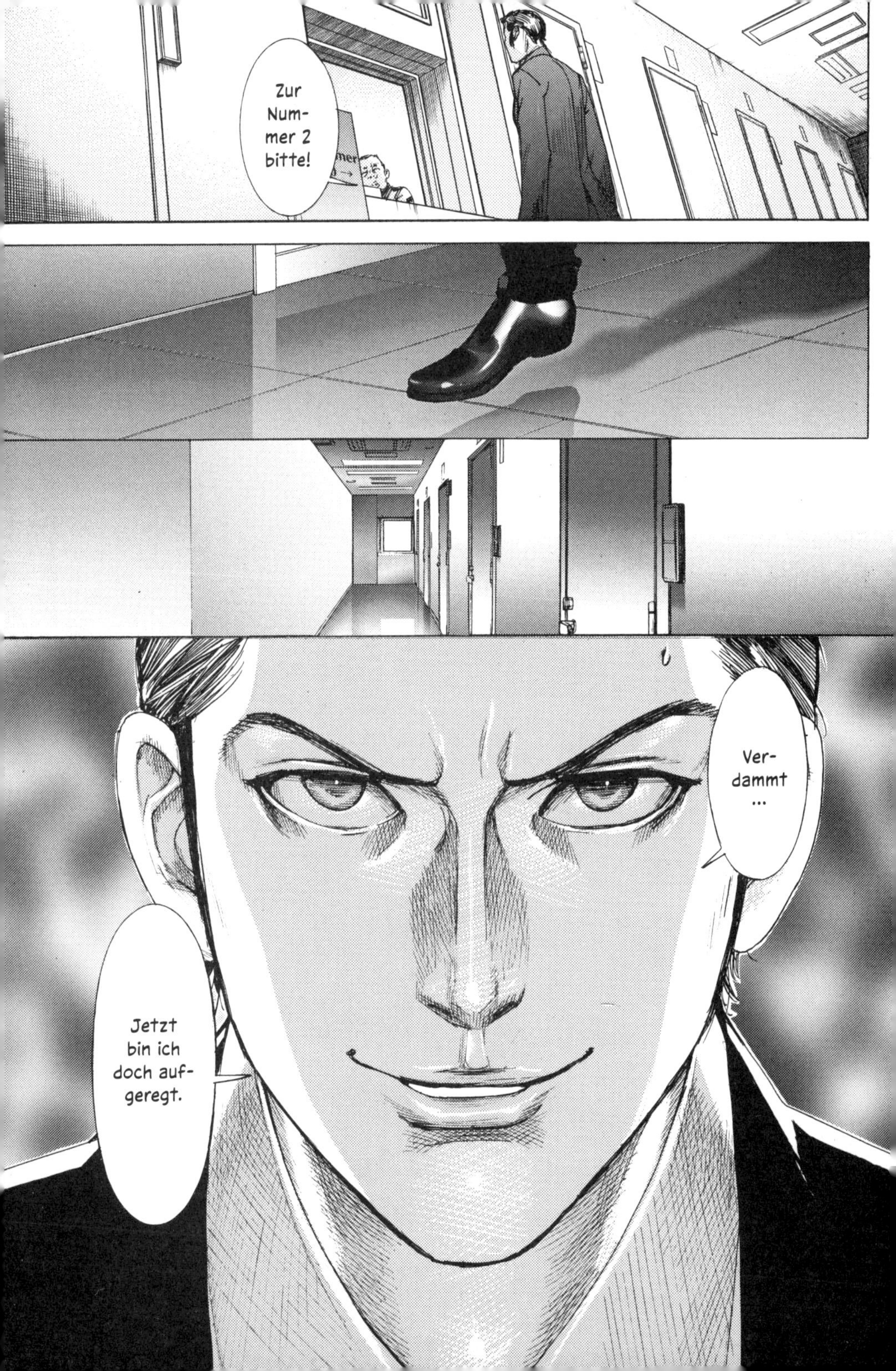
Zur Nummer 2 bitte!
Verdammt …
Jetzt bin ich doch aufgeregt.

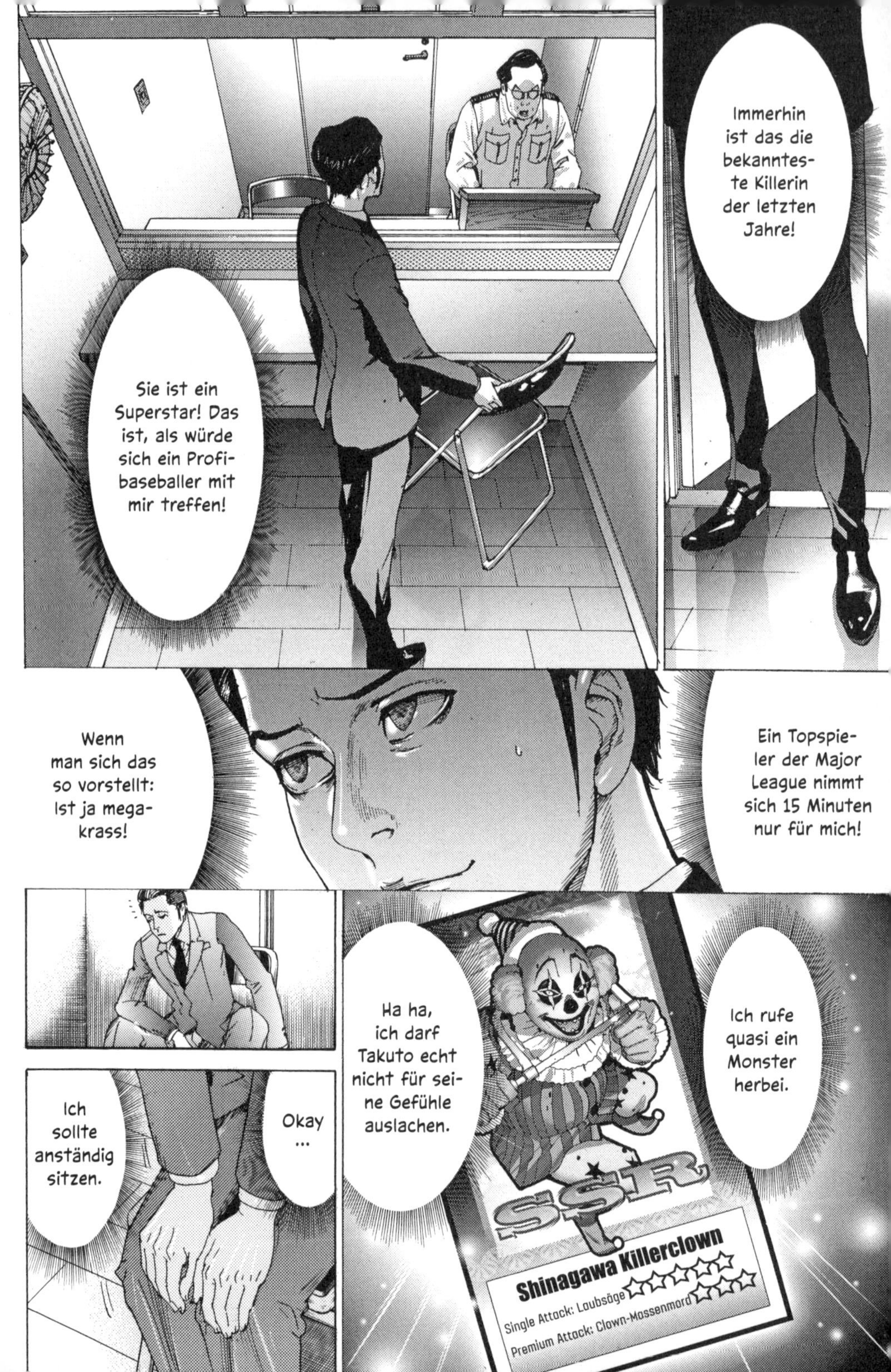
Immerhin ist das die bekanntes-te Killerin der letzten Jahre!
Sie ist ein Superstar! Das ist, als würde sich ein Profi-baseballer mit mir treffen!
Ein Topspie-ler der Major League nimmt sich 15 Minuten nur für mich!
Wenn man sich das so vorstellt: Ist ja mega-krass!
Ich rufe quasi ein Monster herbei.
Ha ha, ich darf Takuto echt nicht für sei-ne Gefühle auslachen.
SSR
Shinagawa Killerclown
Single Attack: Laubsäge
Premium Attack: Clown-Massenmord
Okay ...
Ich sollte anständig sitzen.

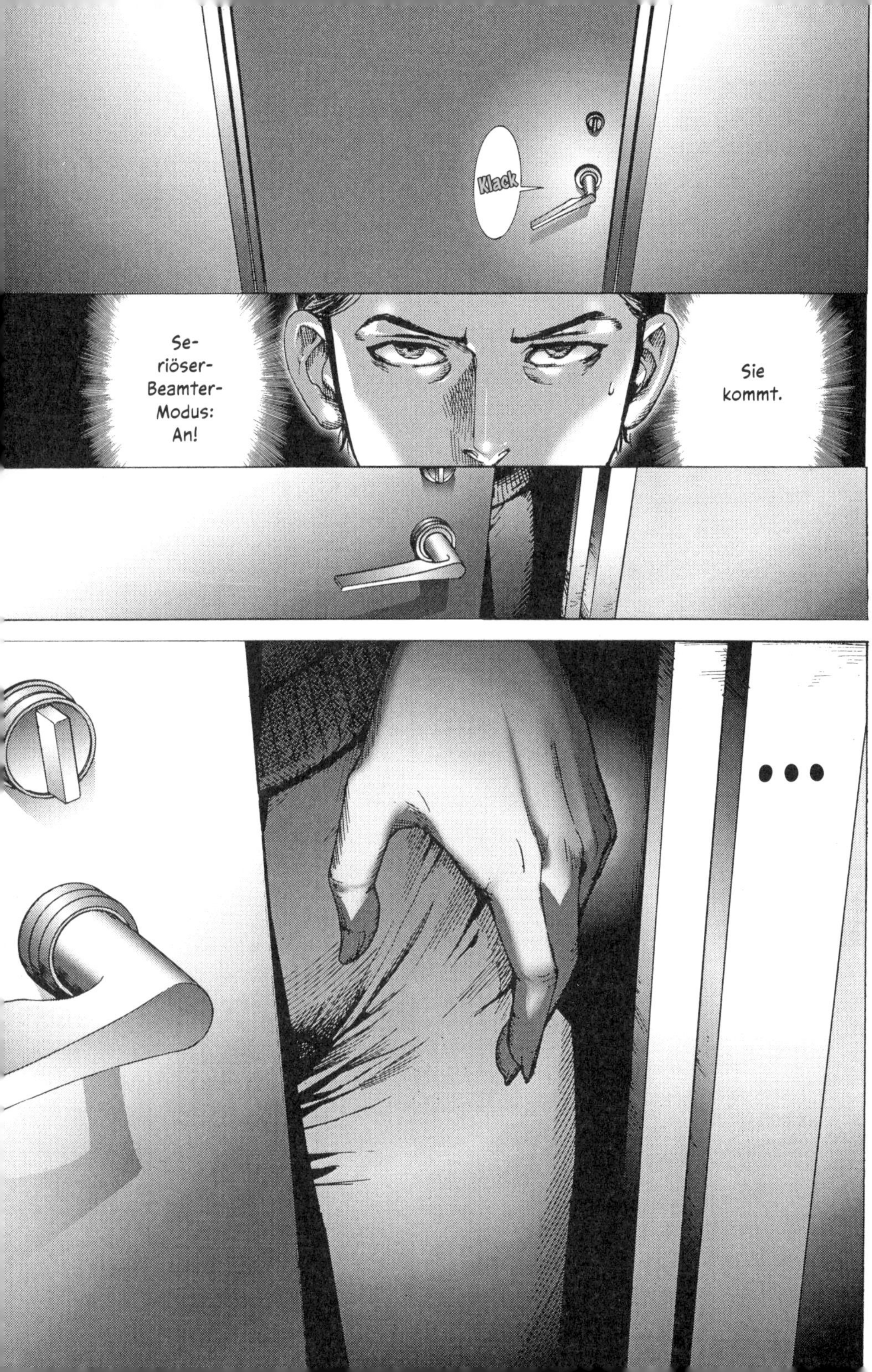

Klack

Sie
kommt.

Se-
riöser-
Beamter-
Modus:
An!

...

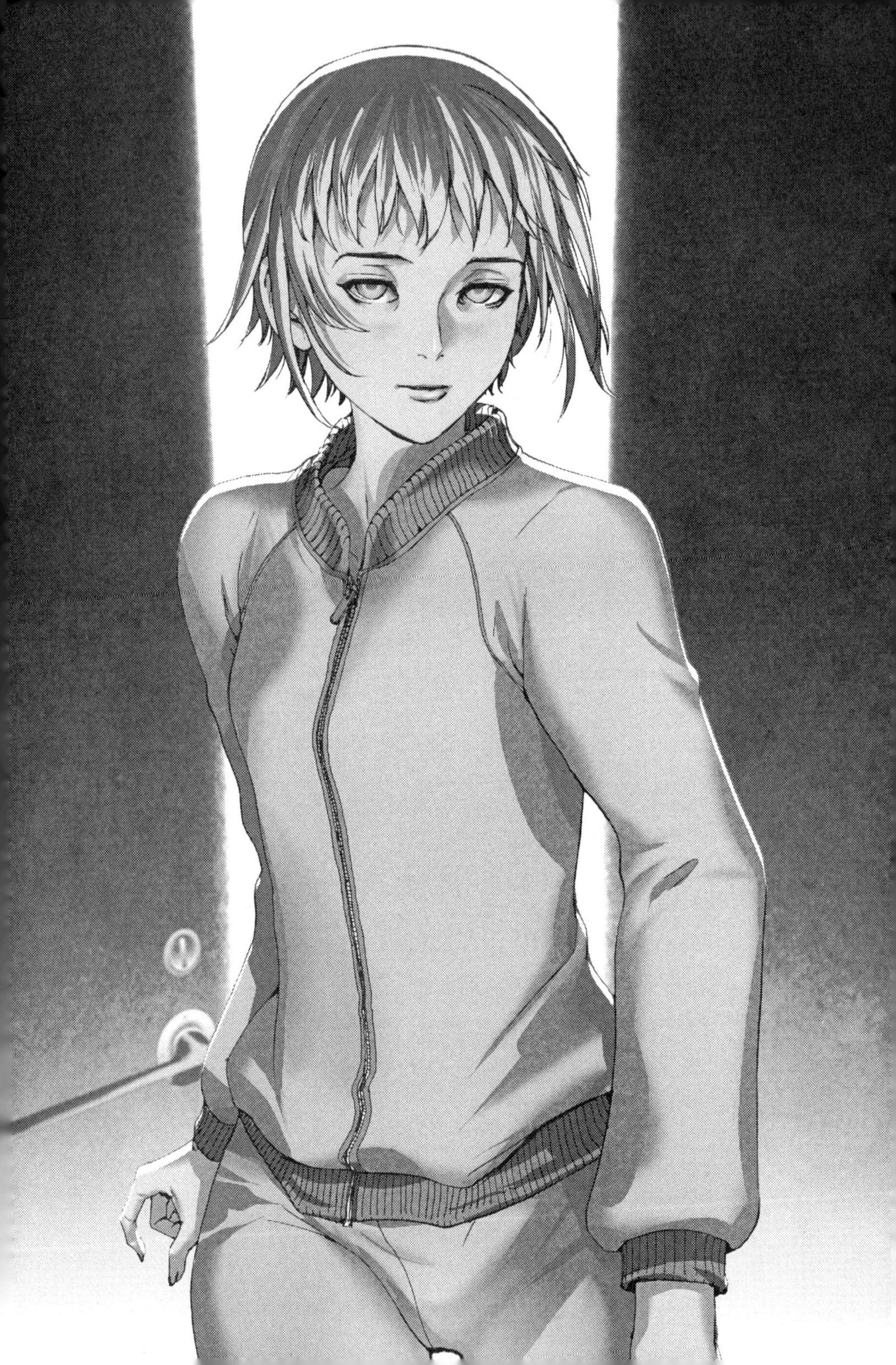

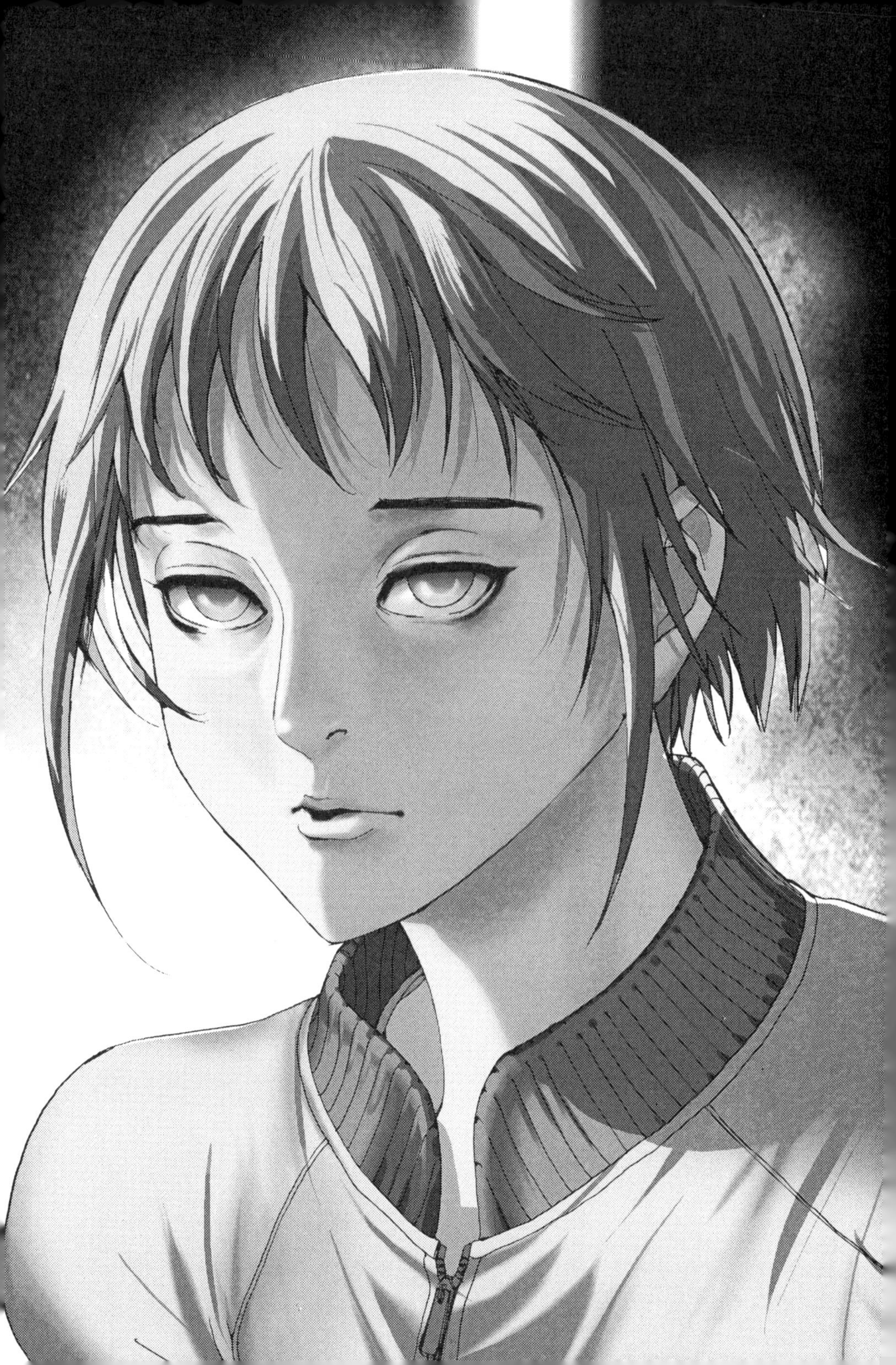

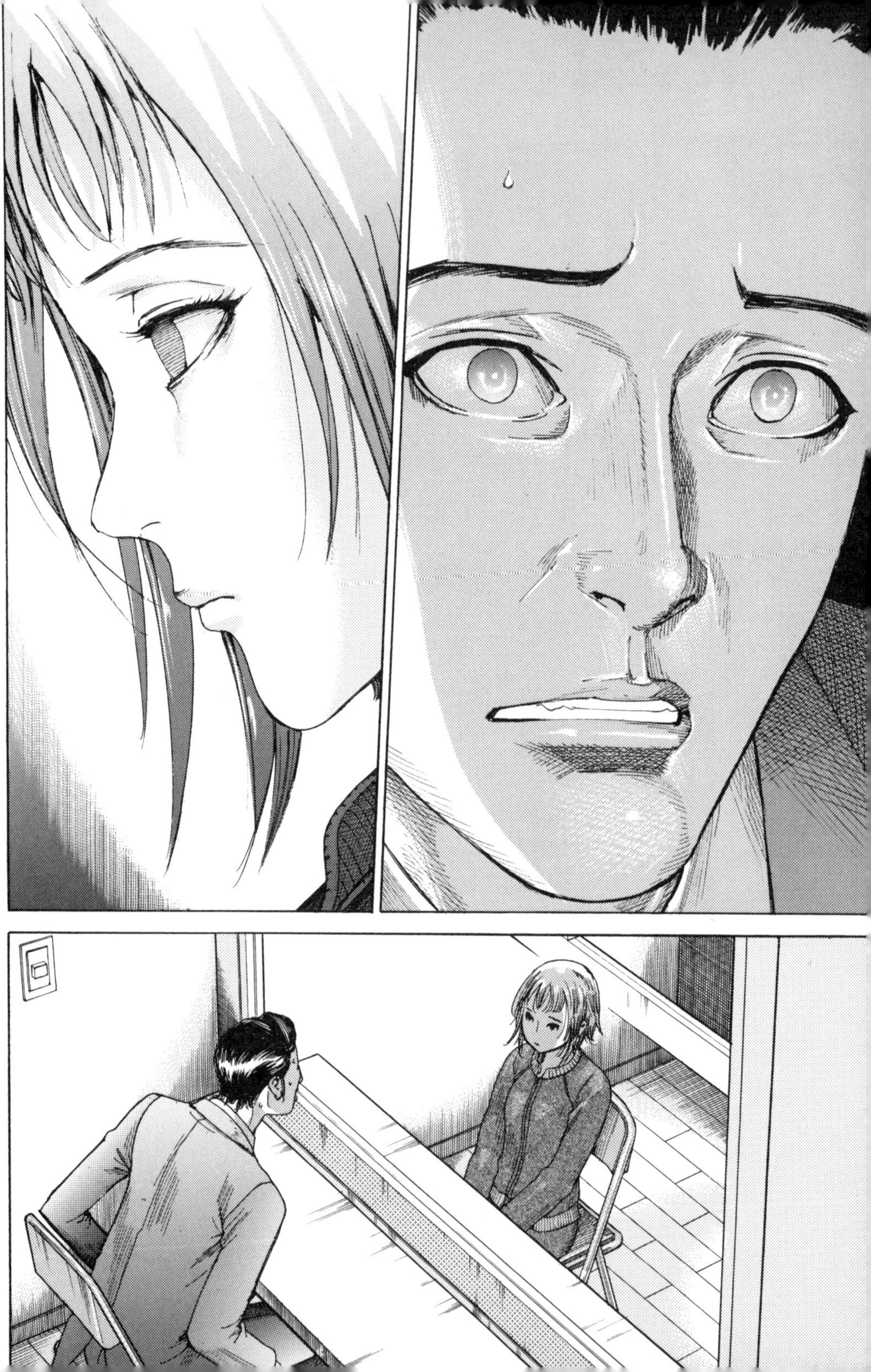

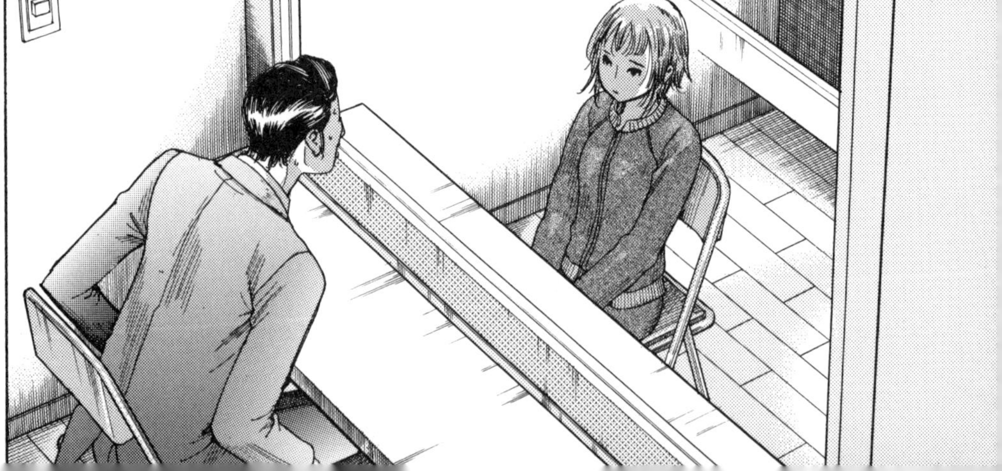

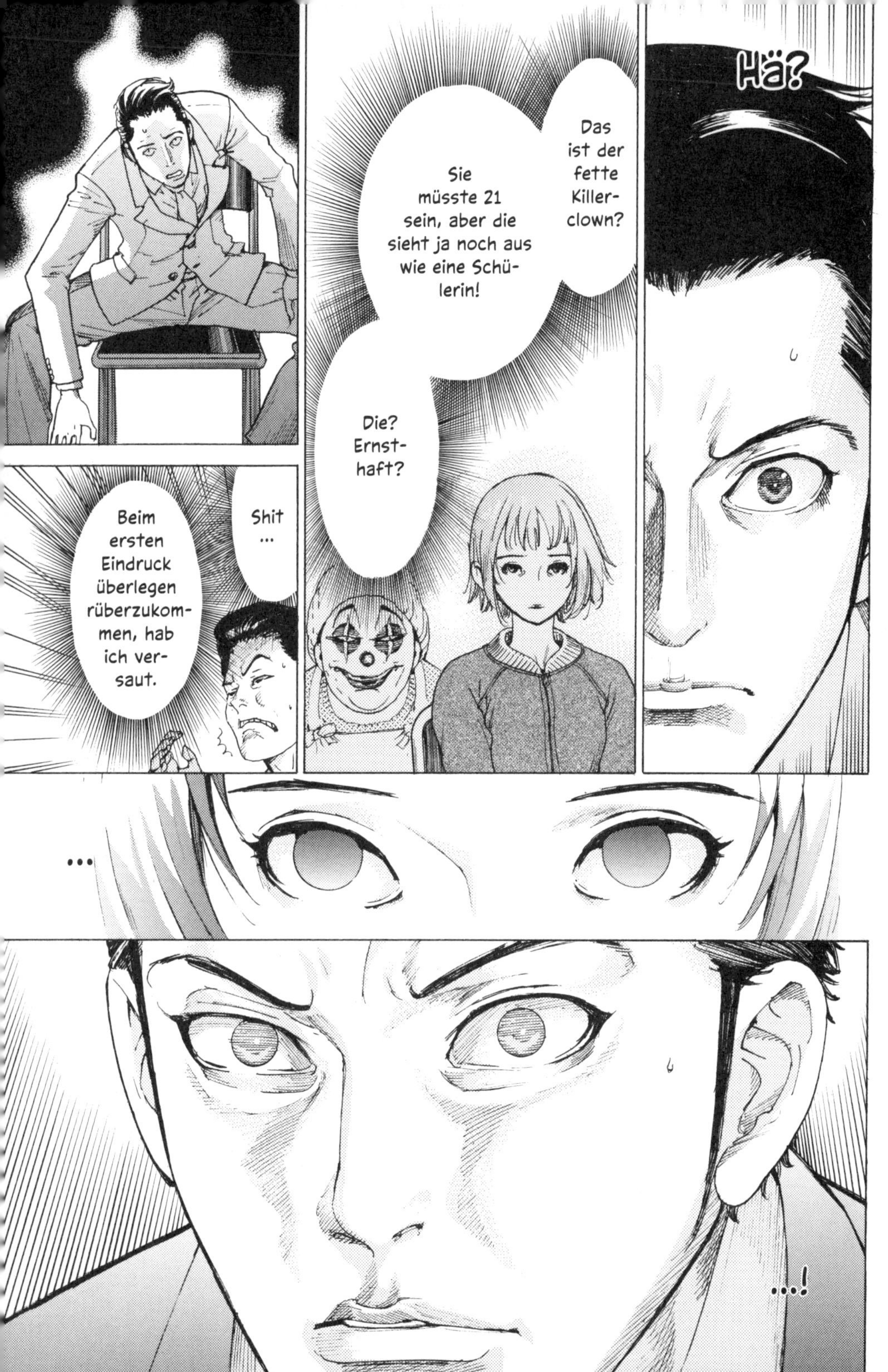

Hä?
Das ist der fette Killer-clown?
Sie müsste 21 sein, aber die sieht ja noch aus wie eine Schülerin!
Die? Ernst-haft?
Shit …
Beim ersten Eindruck überlegen rüberzukommen, hab ich versaut.
…
…!

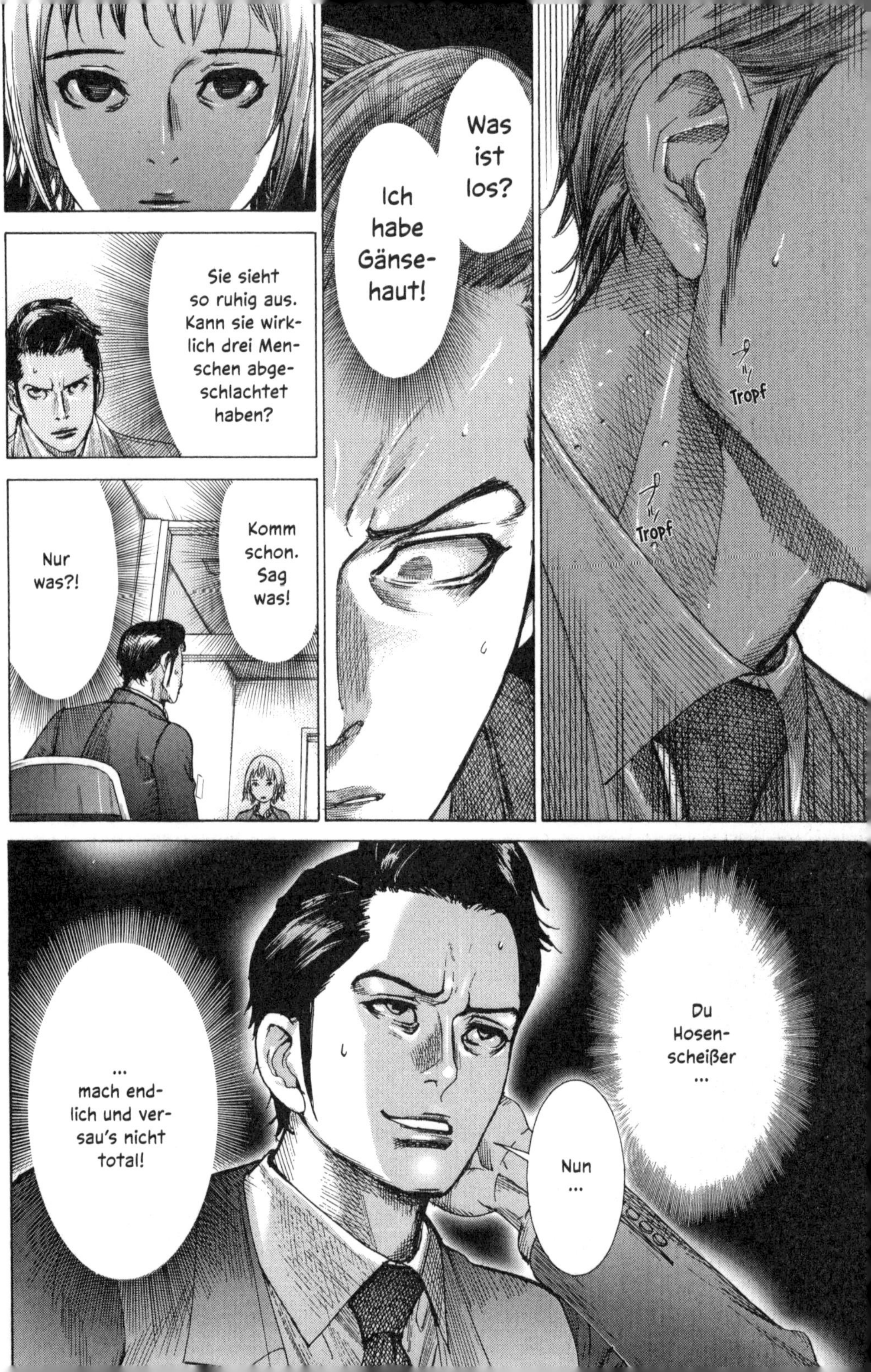

Tropf
Tropf
Was ist los?
Ich habe Gänsehaut!
Sie sieht so ruhig aus. Kann sie wirklich drei Menschen abgeschlachtet haben?
Komm schon. Sag was!
Nur was?!
Du Hosenscheißer ...
Nun ...
... mach endlich und versau's nicht total!

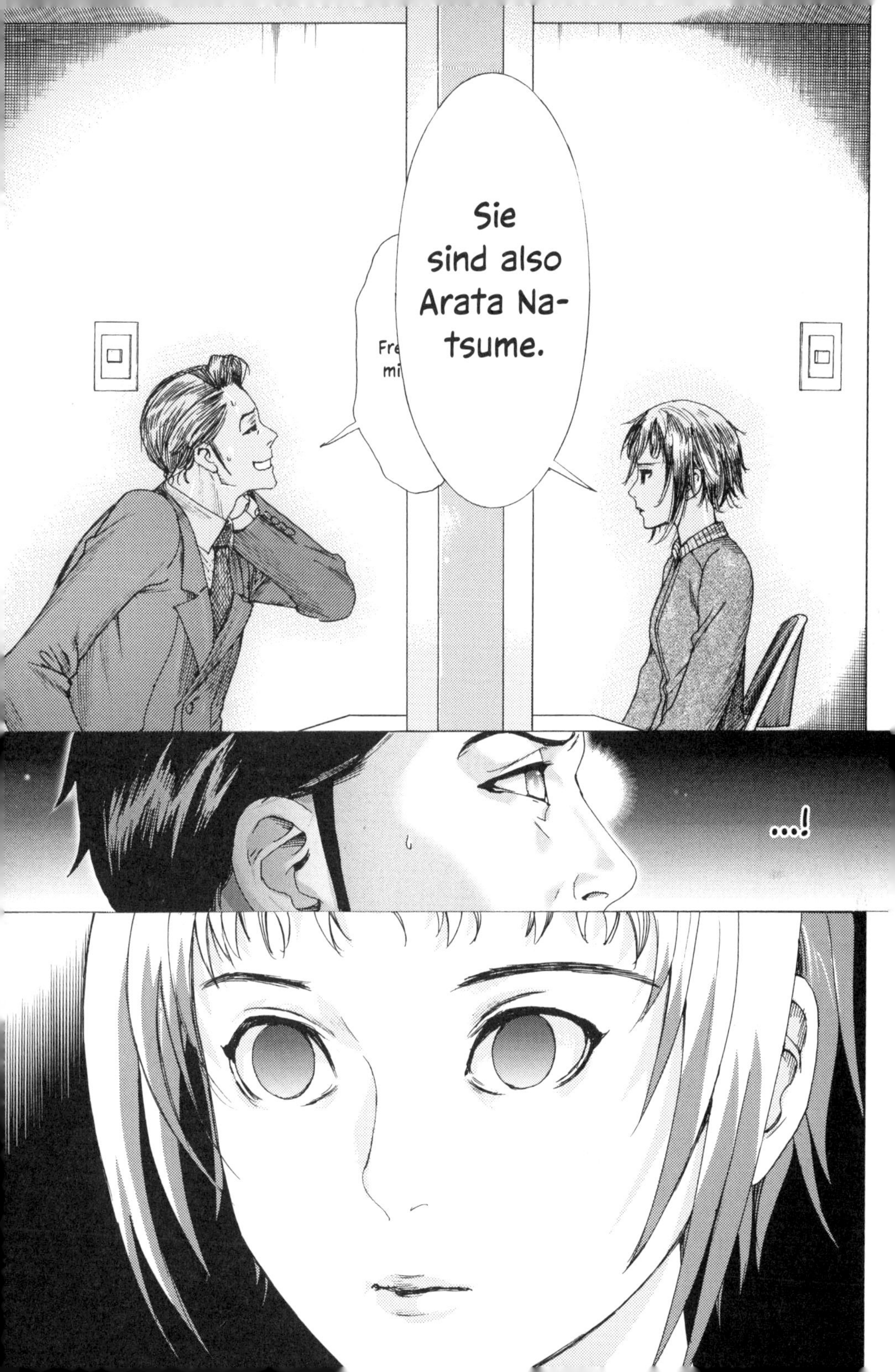
Sie sind also Arata Na-tsume.
...!

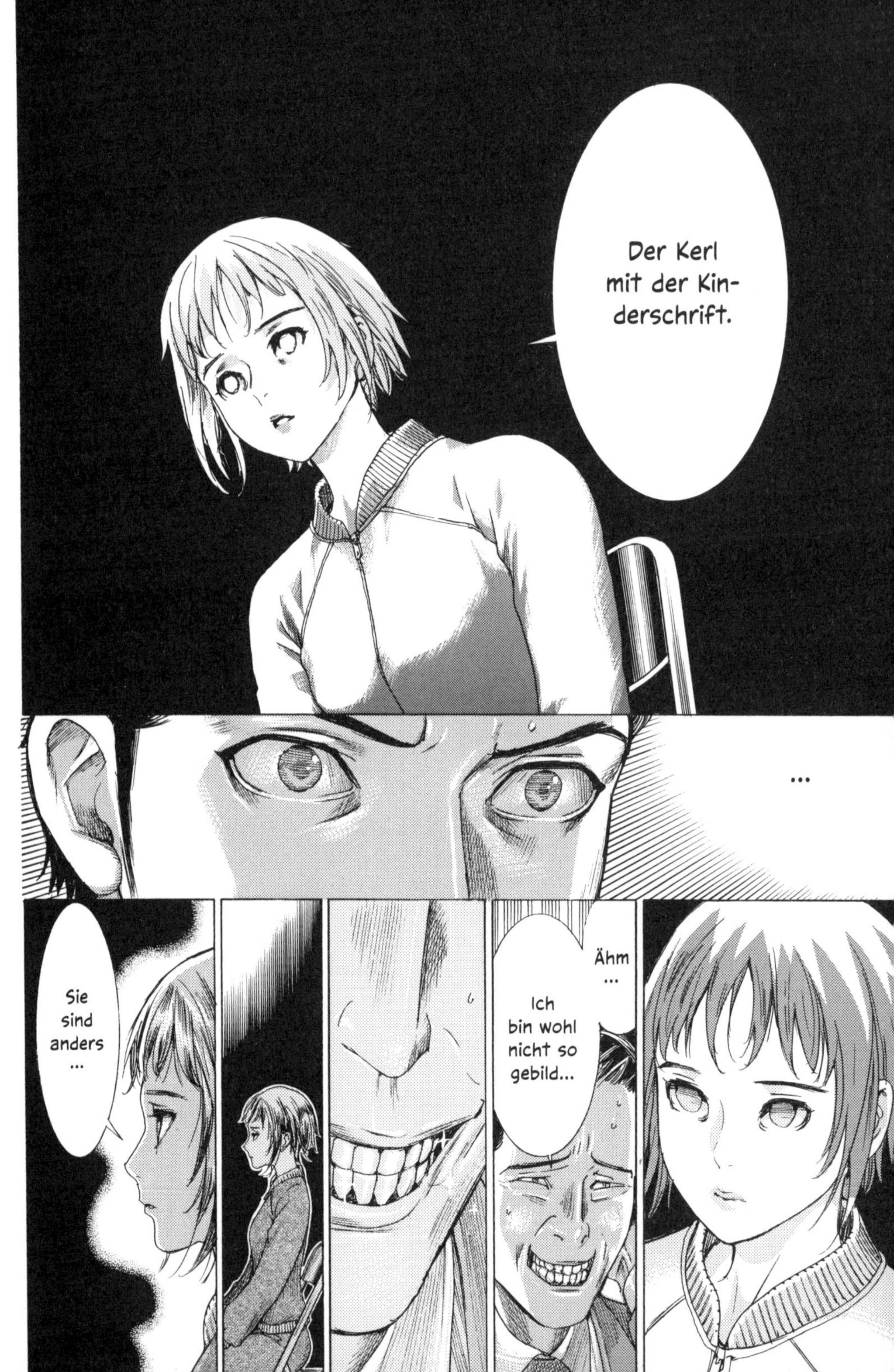
Der Kerl mit der Kinderschrift.
...
Ähm ...
Ich bin wohl nicht so gebild...
Sie sind anders ...

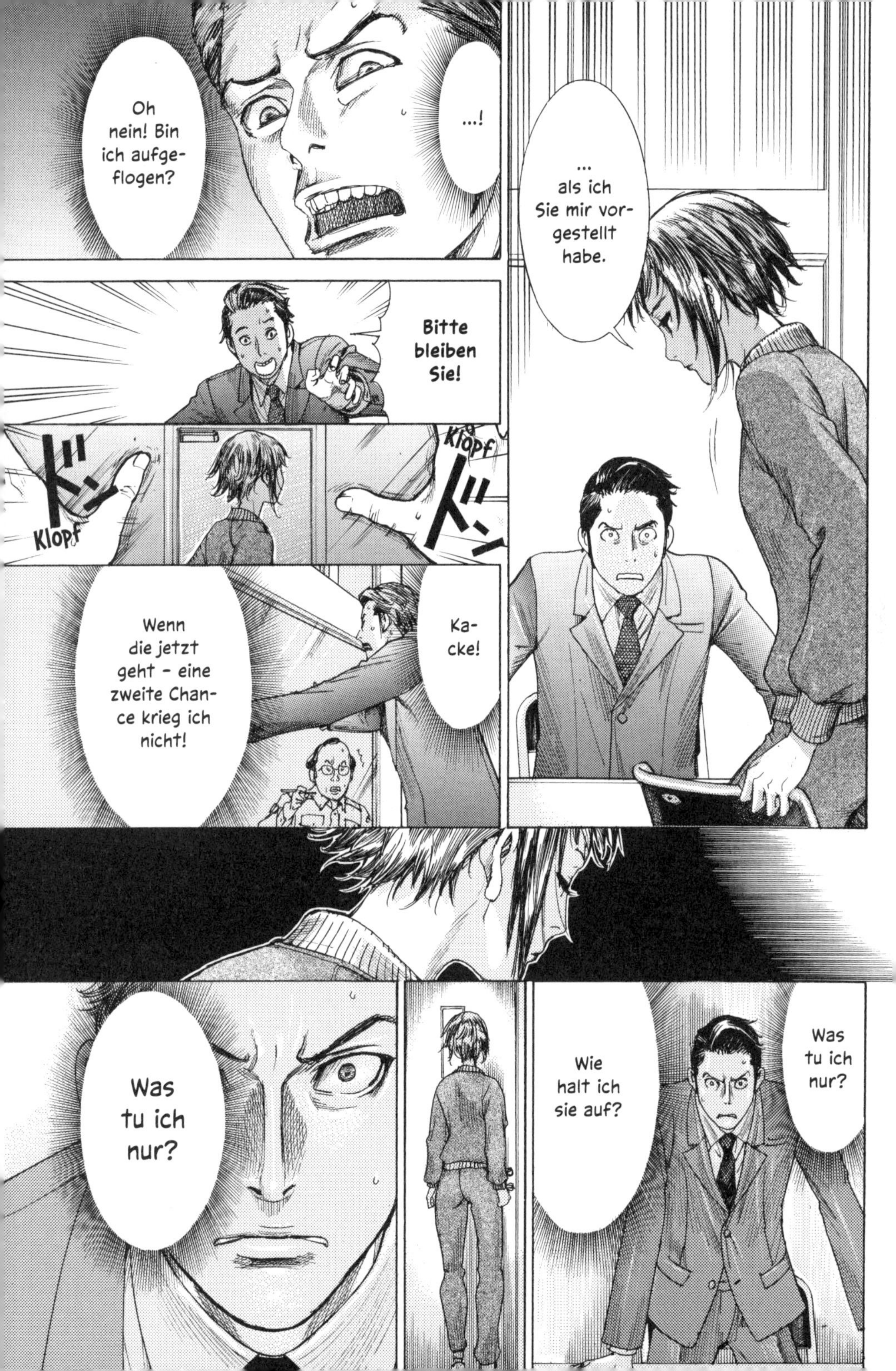

... als ich Sie mir vorgestellt habe.
...!
Oh nein! Bin ich aufgeflogen?
Bitte bleiben Sie!
ドン Klopf
ドン Klopf
Kacke!
Wenn die jetzt geht – eine zweite Chance krieg ich nicht!
Was tu ich nur?
Wie halt ich sie auf?
Was tu ich nur?

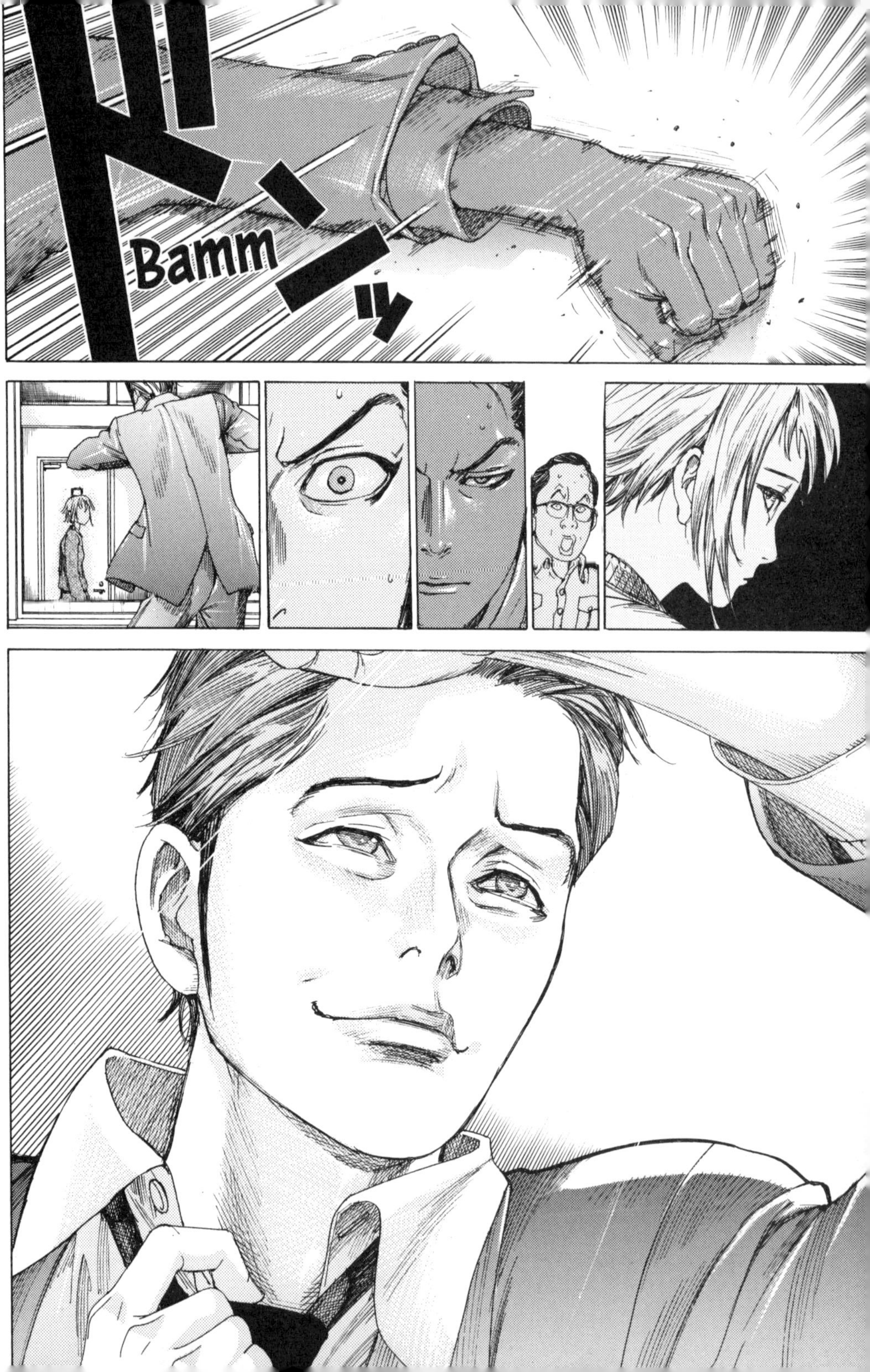

ドーーッ
Bamm

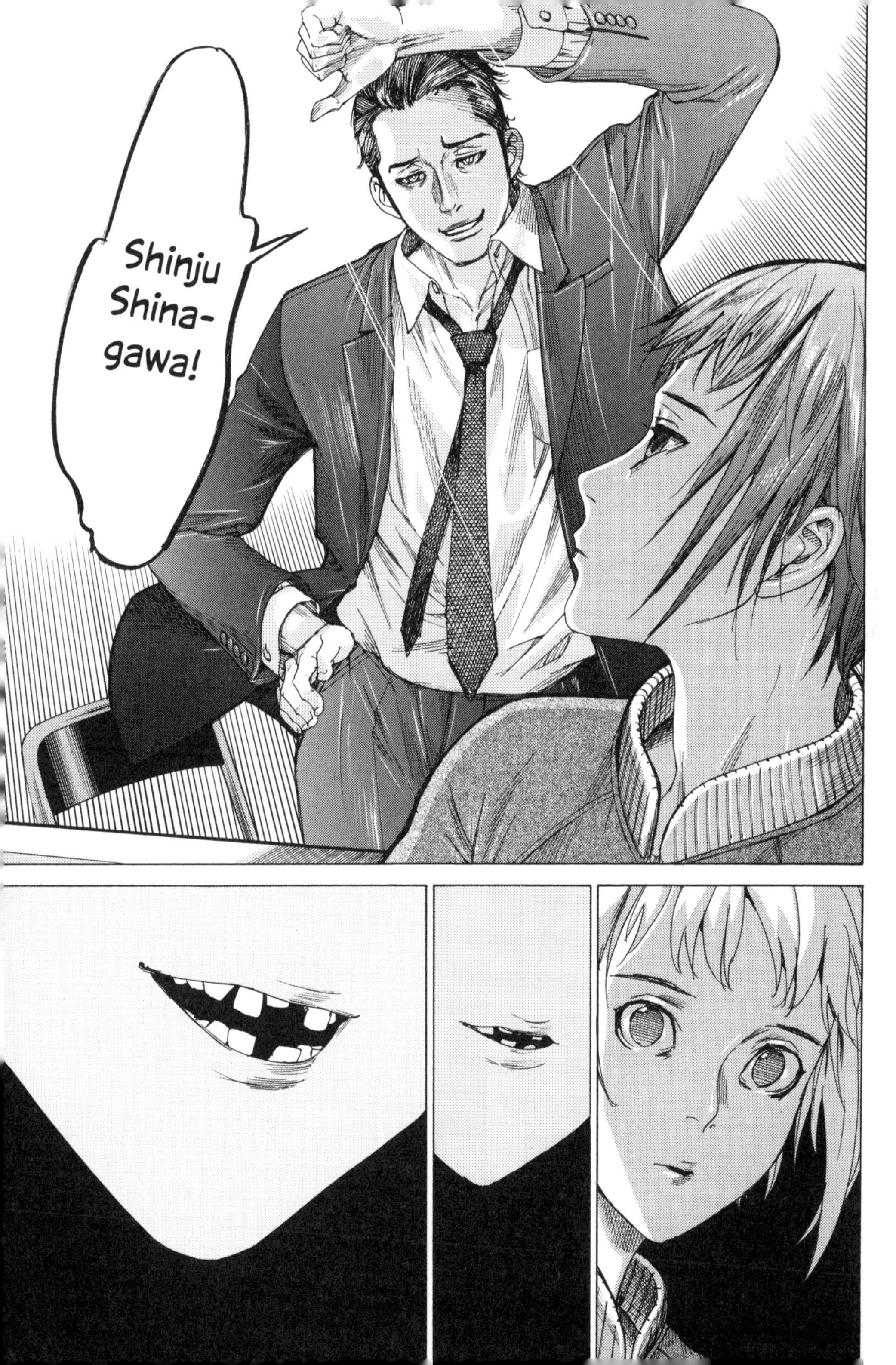

Shinju Shina-
gawa!

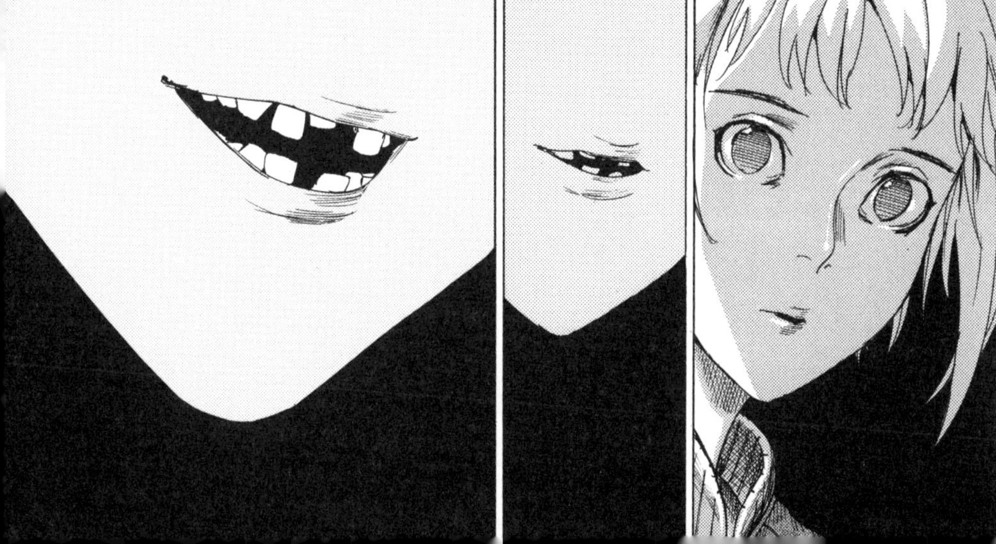

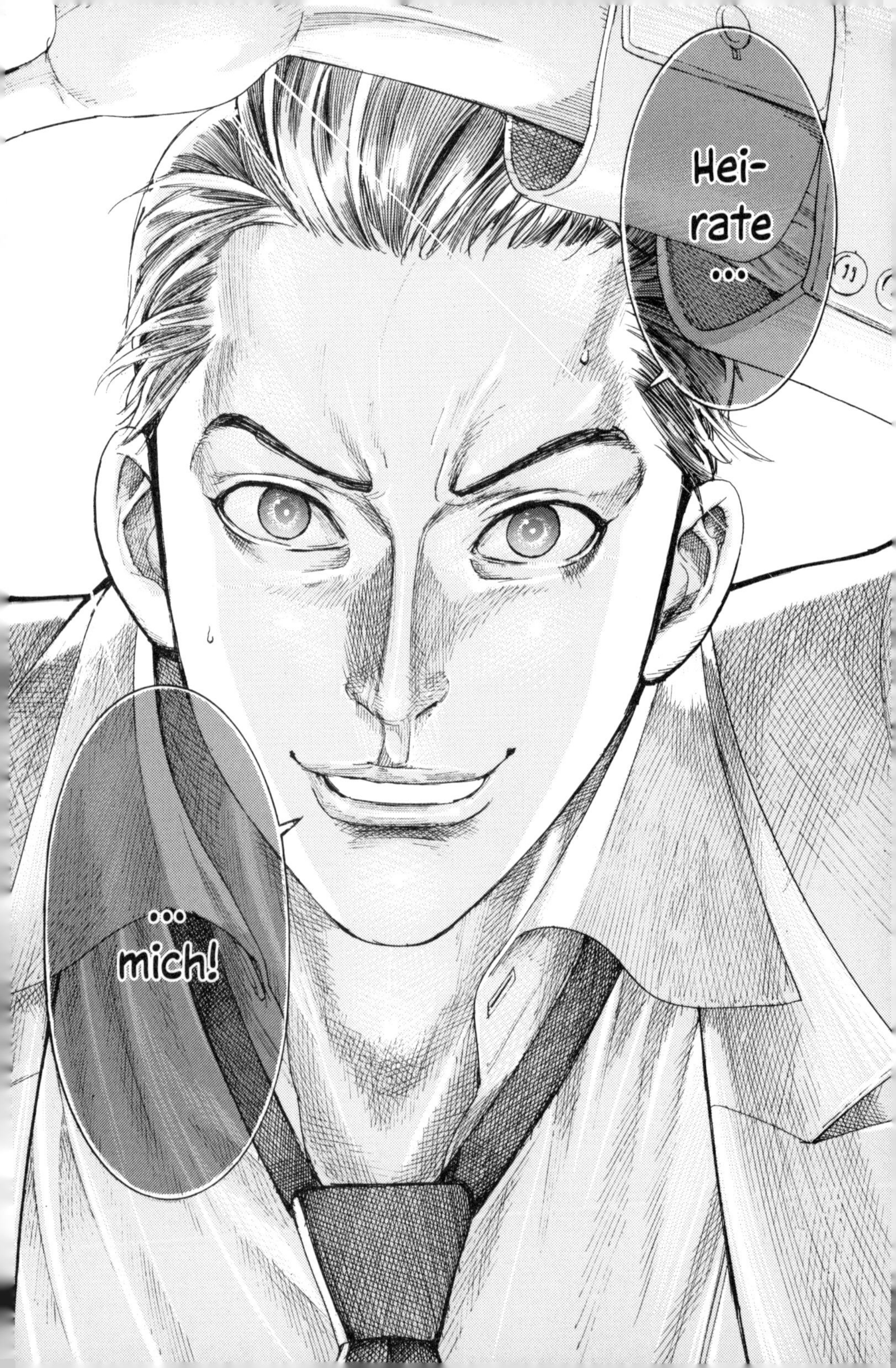
Hei-
rate
...
...
mich!

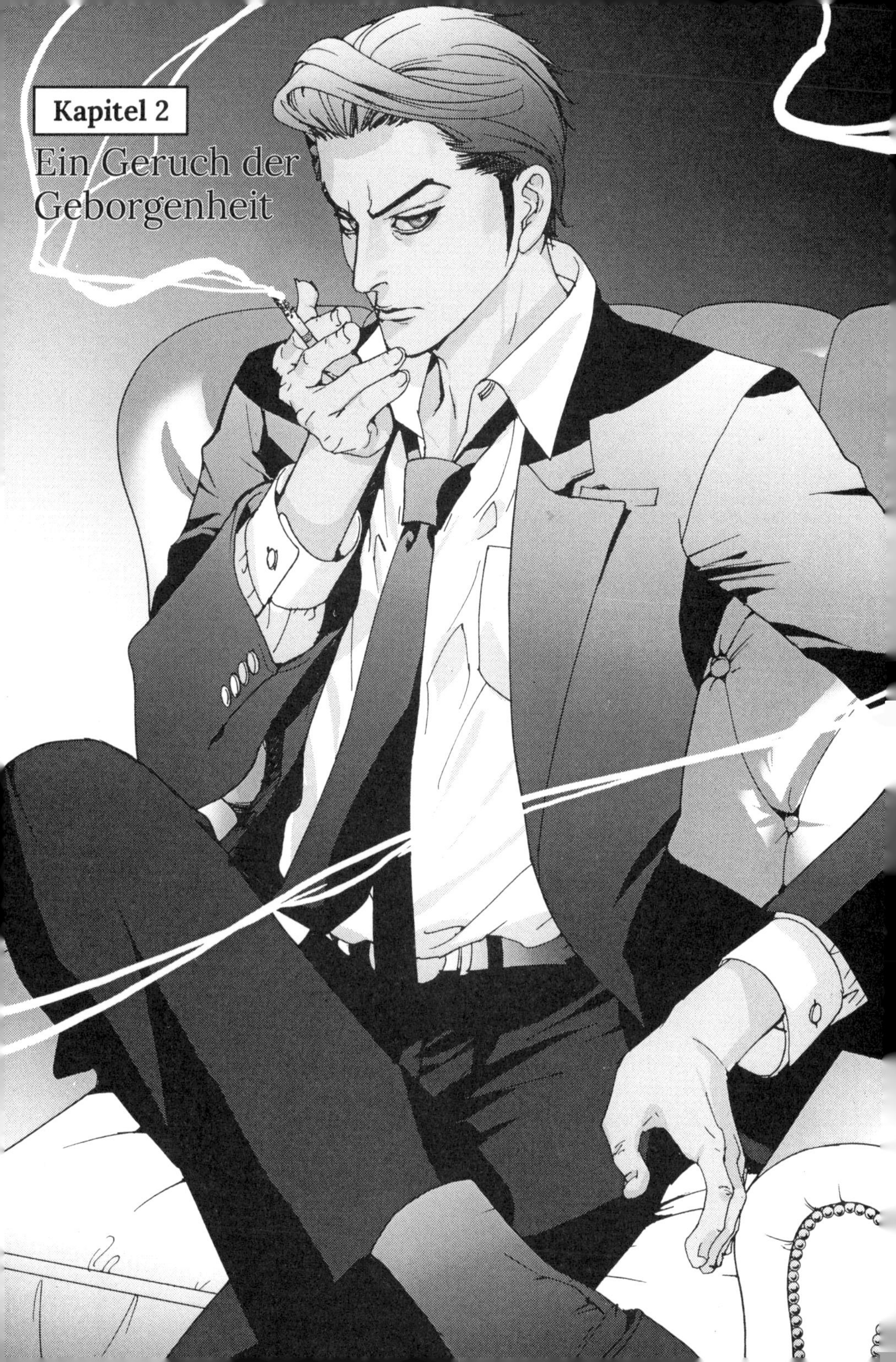
Kapitel 2
Ein Geruch der Geborgenheit

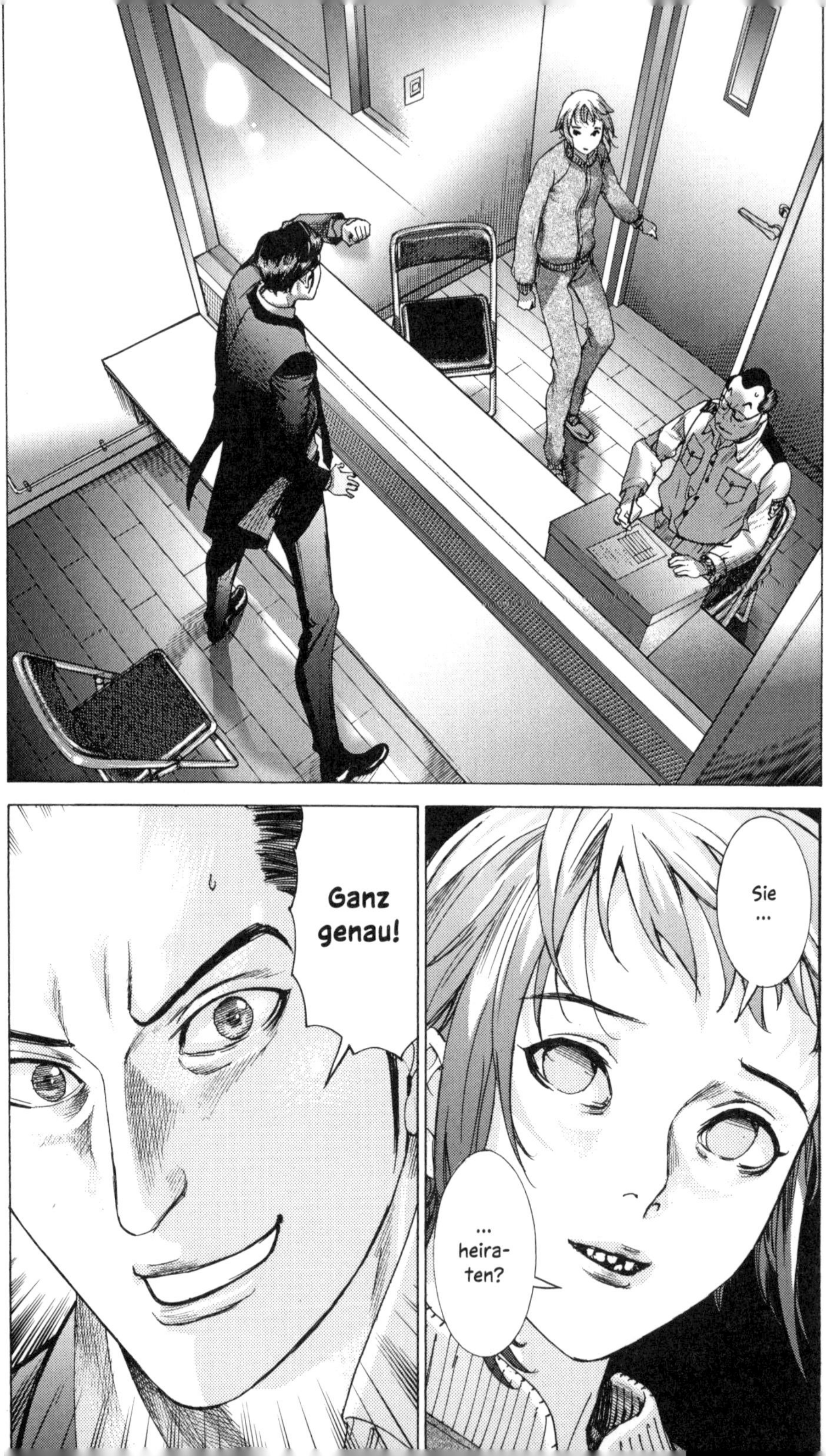

Sie ...
Ganz genau!
... heira-ten?

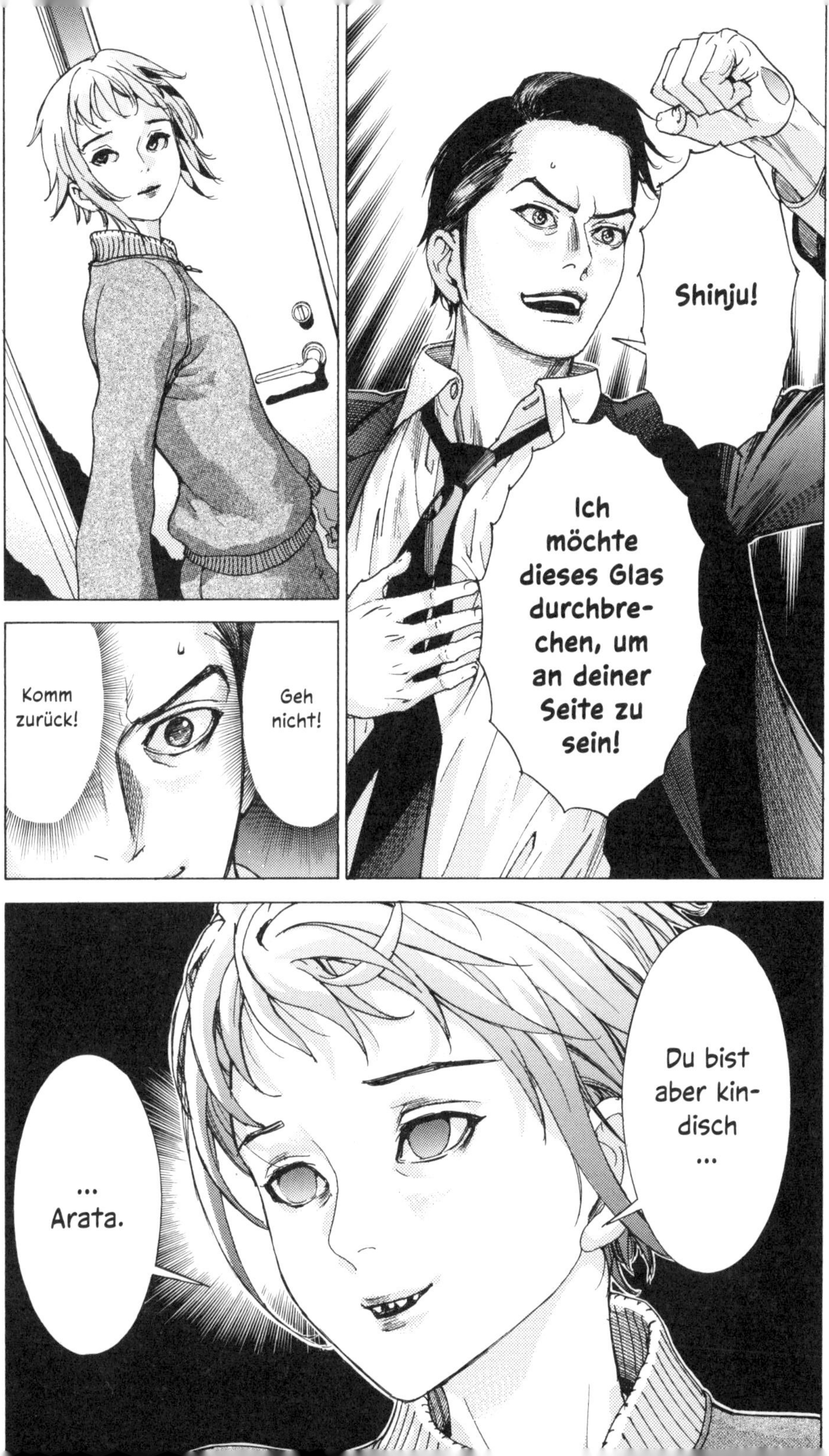

Shinju!
Ich möchte dieses Glas durchbrechen, um an deiner Seite zu sein!
Geh nicht!
Komm zurück!

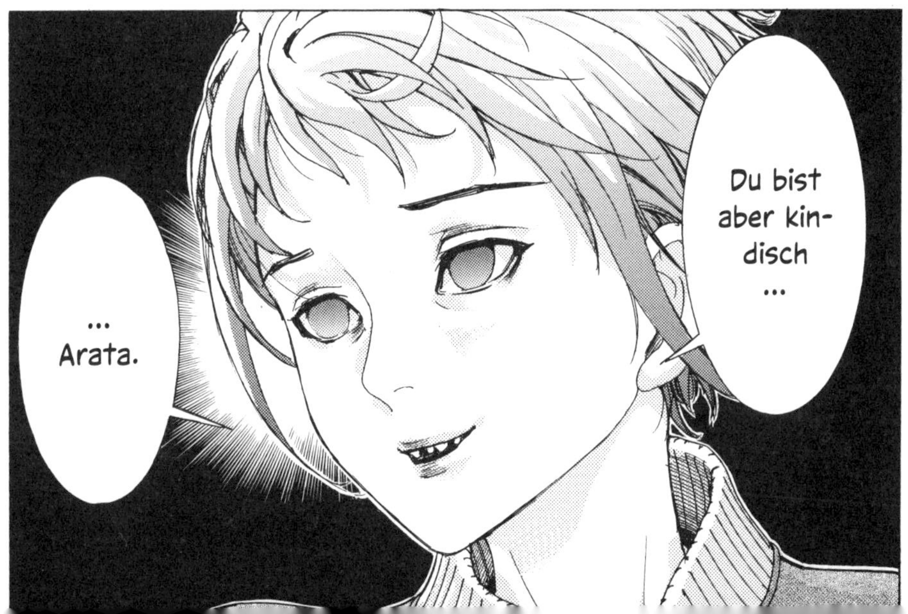

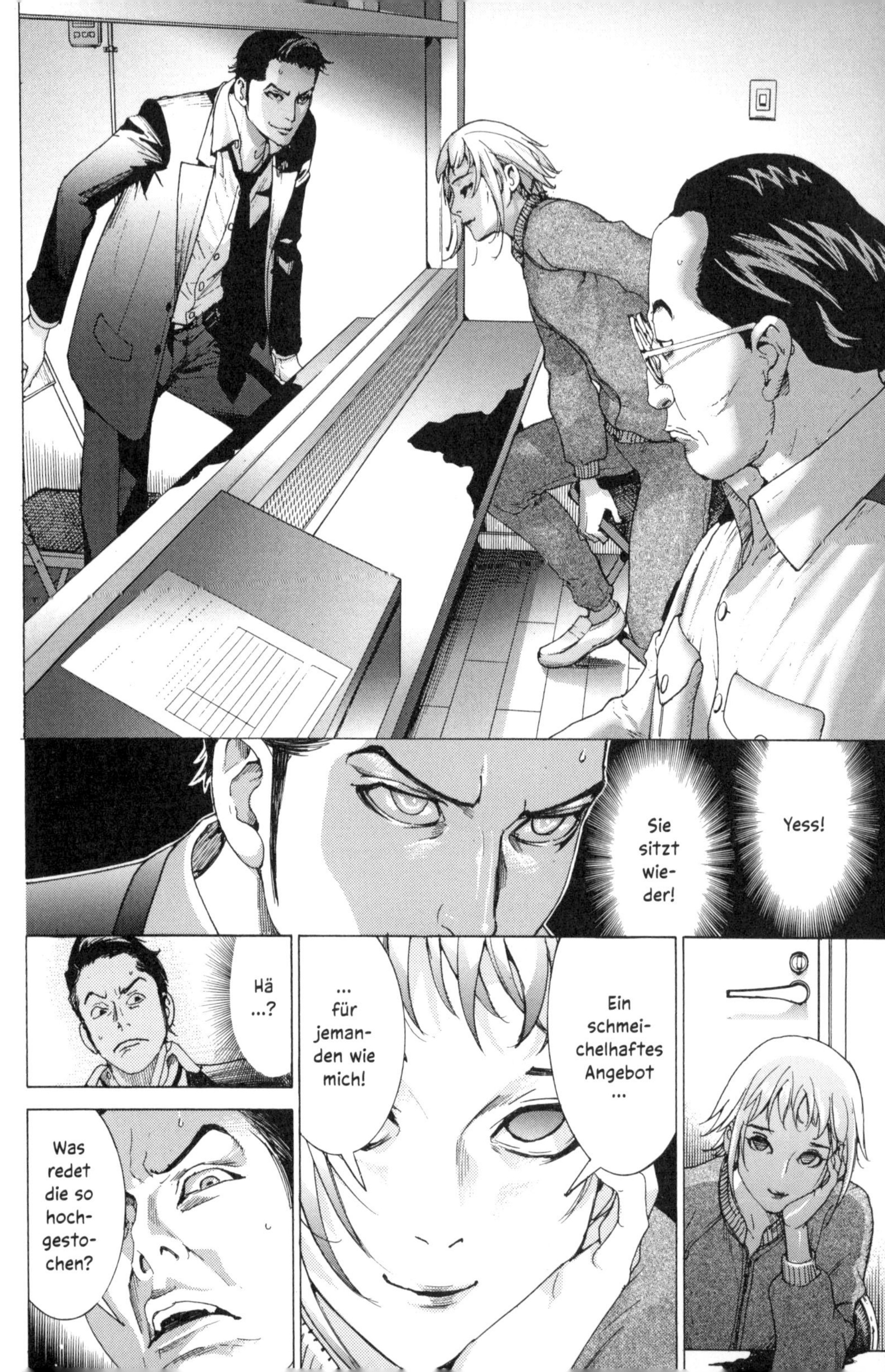

Yess!
Sie sitzt wieder!
Ein schmeichelhaftes Angebot ...
... für jemanden wie mich!
Hä ...?
Was redet die so hochgestochen?

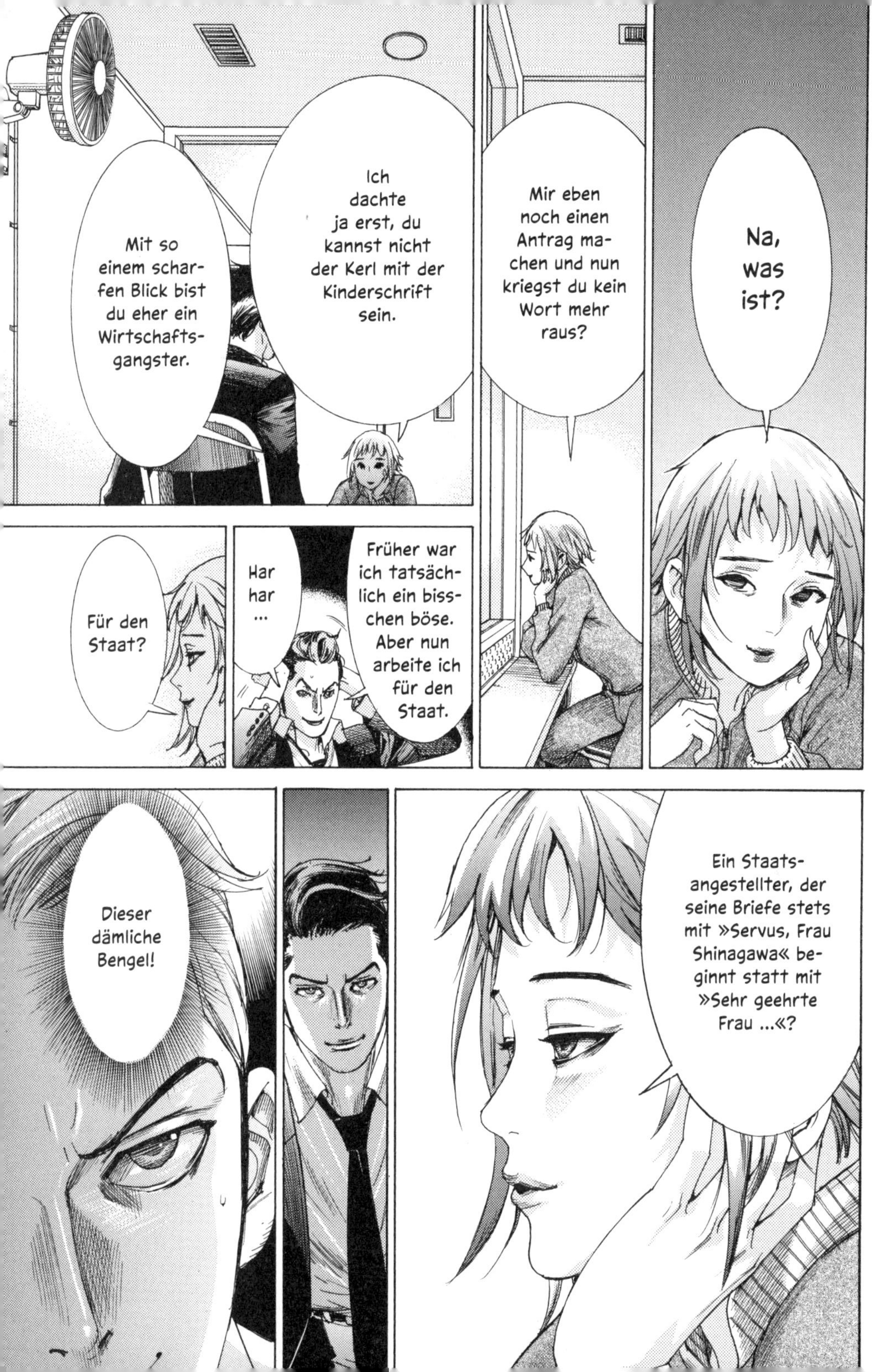

Na, was ist?

Mir eben noch einen Antrag machen und nun kriegst du kein Wort mehr raus?

Ich dachte ja erst, du kannst nicht der Kerl mit der Kinderschrift sein.

Mit so einem scharfen Blick bist du eher ein Wirtschaftsgangster.

Früher war ich tatsächlich ein bisschen böse. Aber nun arbeite ich für den Staat.

Har har ...

Für den Staat?

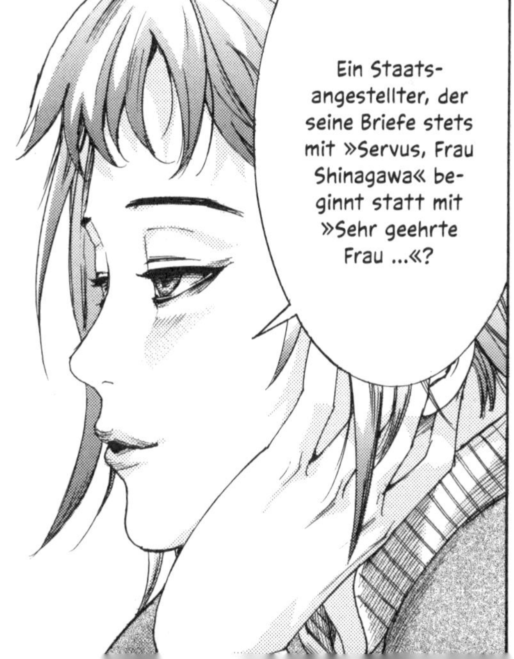

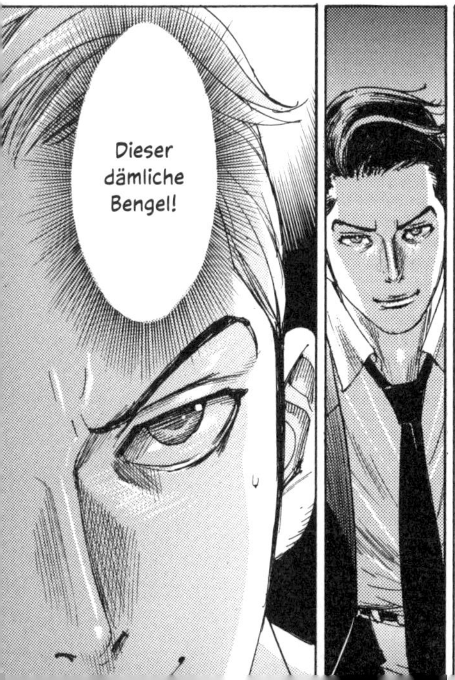

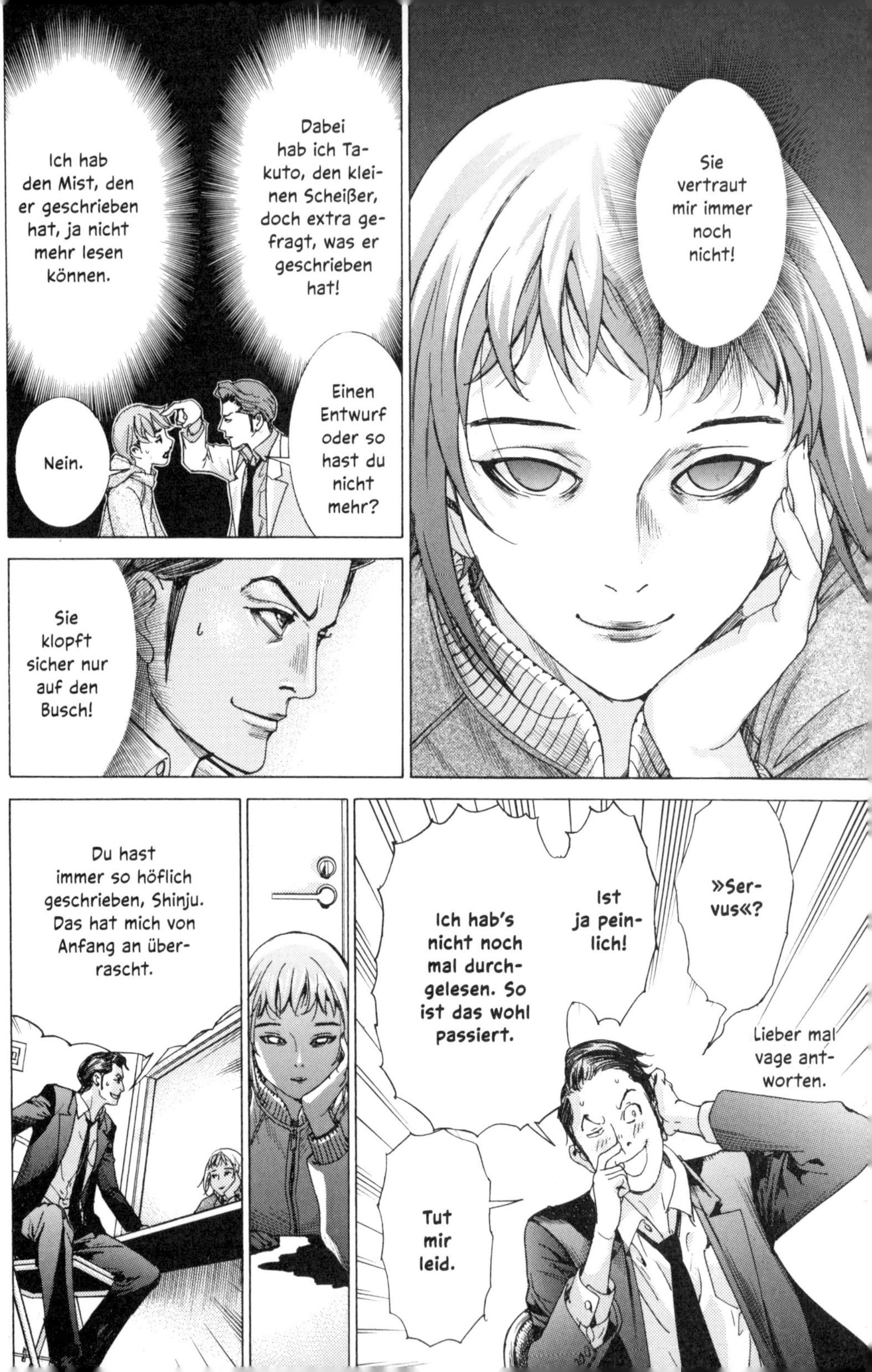

Einen Entwurf oder so hast du nicht mehr?

Nein.

Dabei hab ich Takuto, den kleinen Scheißer, doch extra gefragt, was er geschrieben hat!

Ich hab den Mist, den er geschrieben hat, ja nicht mehr lesen können.

Sie klopft sicher nur auf den Busch!

Sie vertraut mir immer noch nicht!

»Servus«?

Lieber mal vage antworten.

Ist ja peinlich!

Ich hab's nicht noch mal durchgelesen. So ist das wohl passiert.

Tut mir leid.

Du hast immer so höflich geschrieben, Shinju. Das hat mich von Anfang an überrascht.

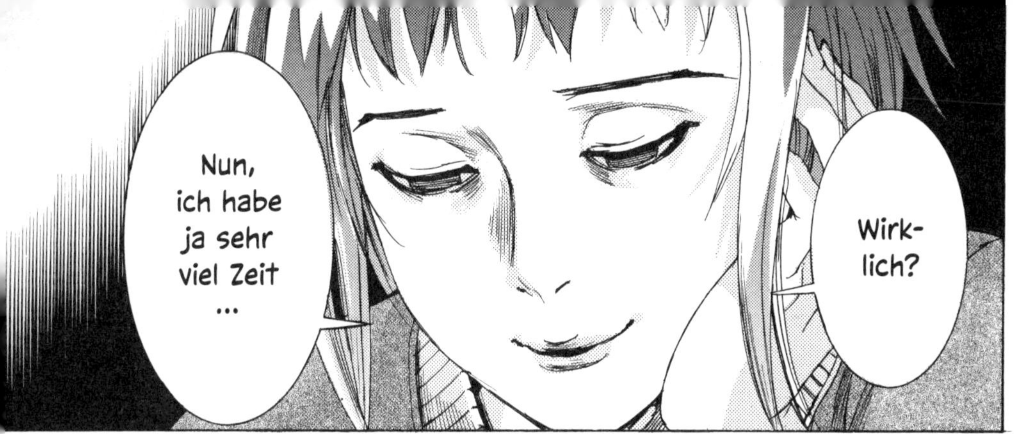
Wirk-
lich?
Nun, ich habe ja sehr viel Zeit ...

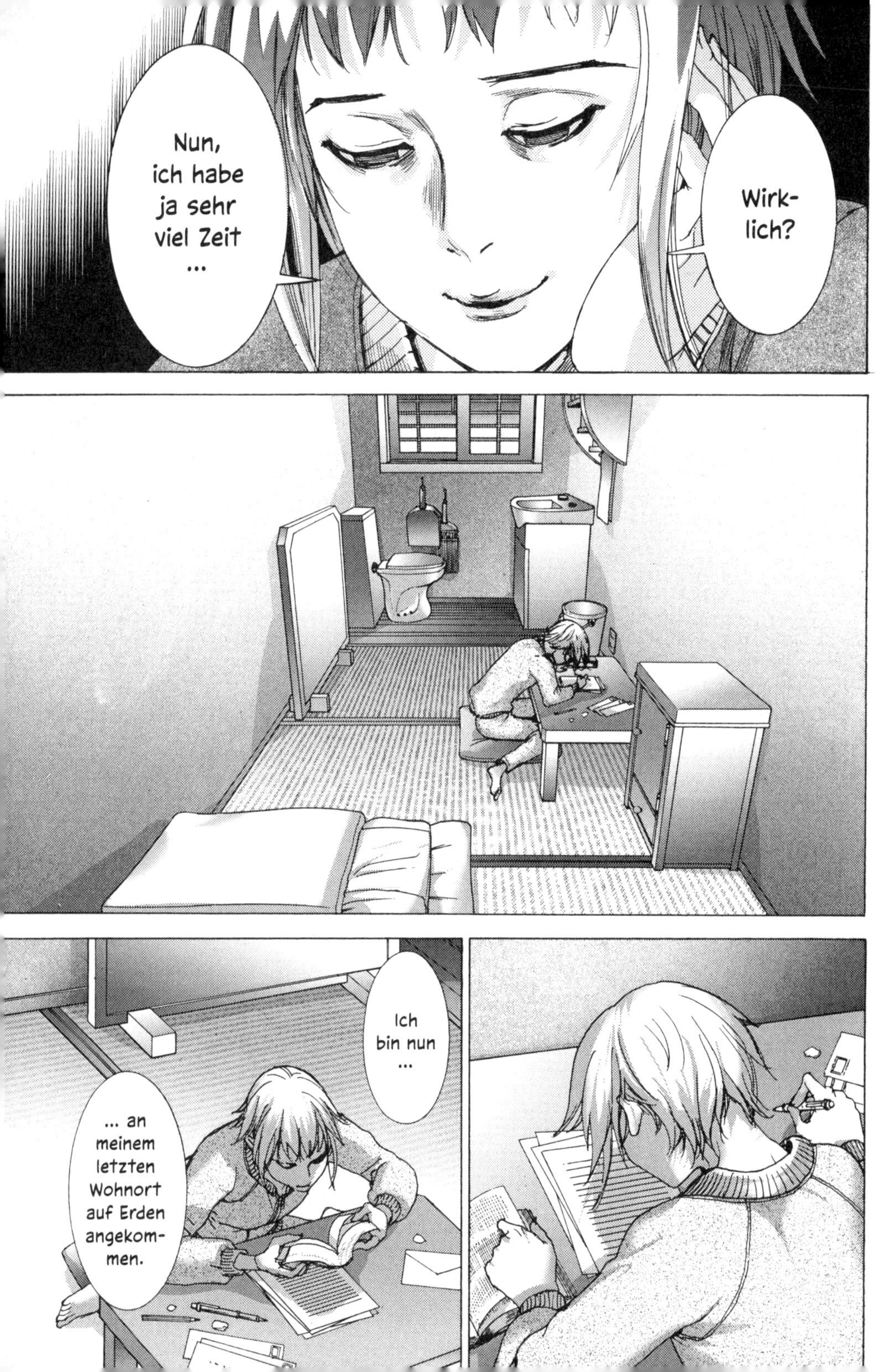

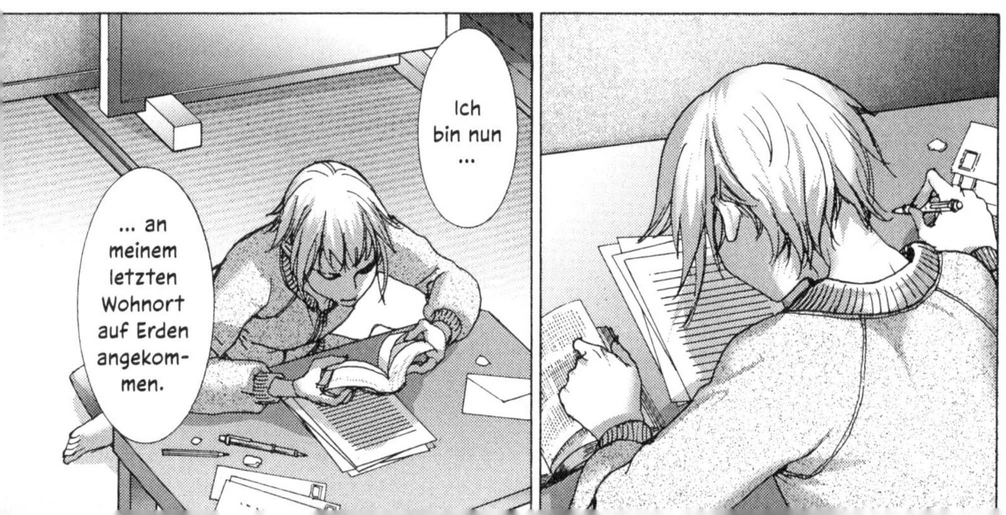
Ich bin nun ...
... an meinem letzten Wohnort auf Erden angekom-
men.

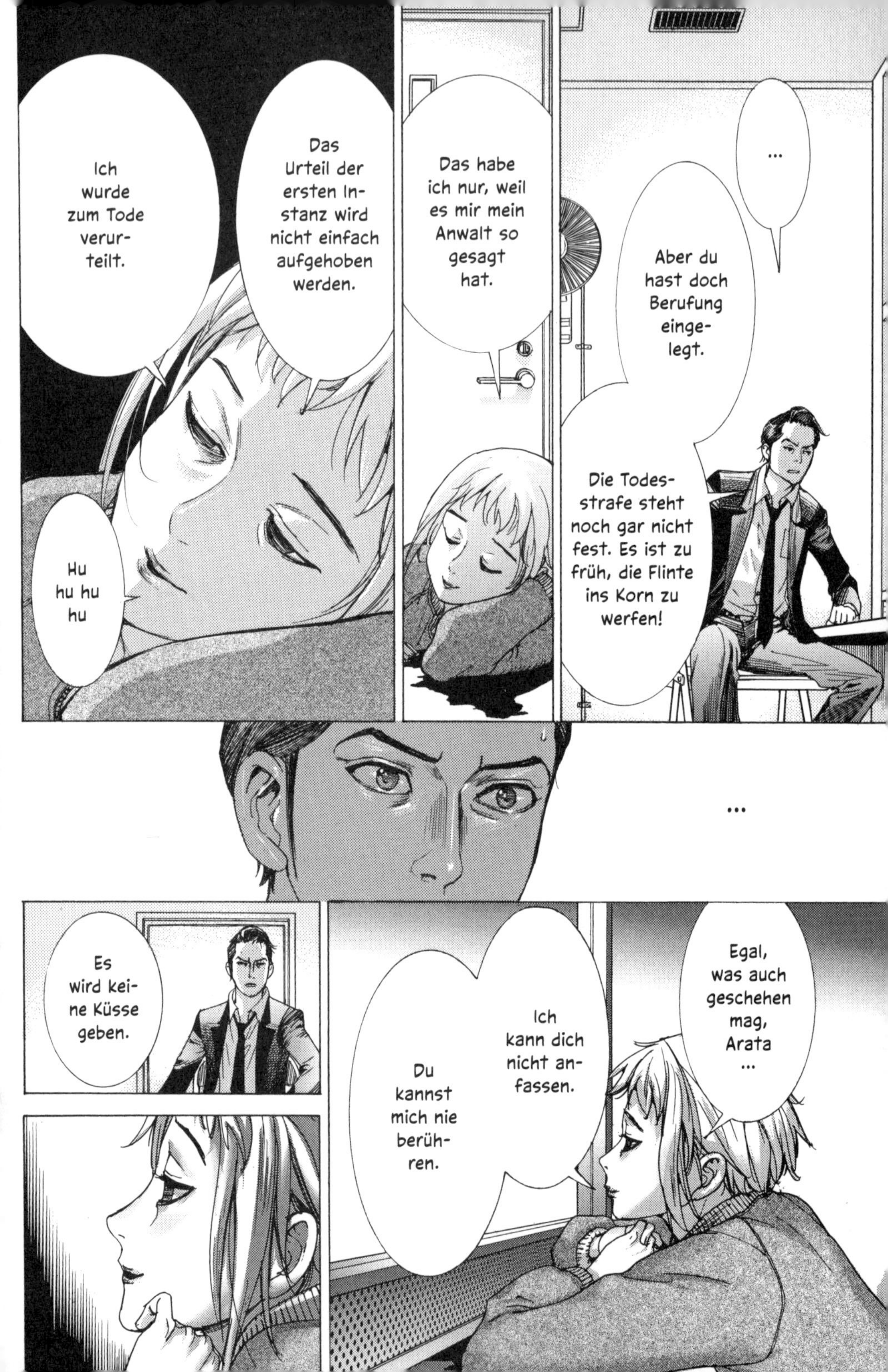
...
Aber du hast doch Berufung eingelegt.
Die Todesstrafe steht noch gar nicht fest. Es ist zu früh, die Flinte ins Korn zu werfen!
Das habe ich nur, weil es mir mein Anwalt so gesagt hat.
Das Urteil der ersten Instanz wird nicht einfach aufgehoben werden.
Ich wurde zum Tode verurteilt.
Hu hu hu hu
...
Egal, was auch geschehen mag, Arata ...
Ich kann dich nicht anfassen.
Du kannst mich nie berühren.
Es wird keine Küsse geben.

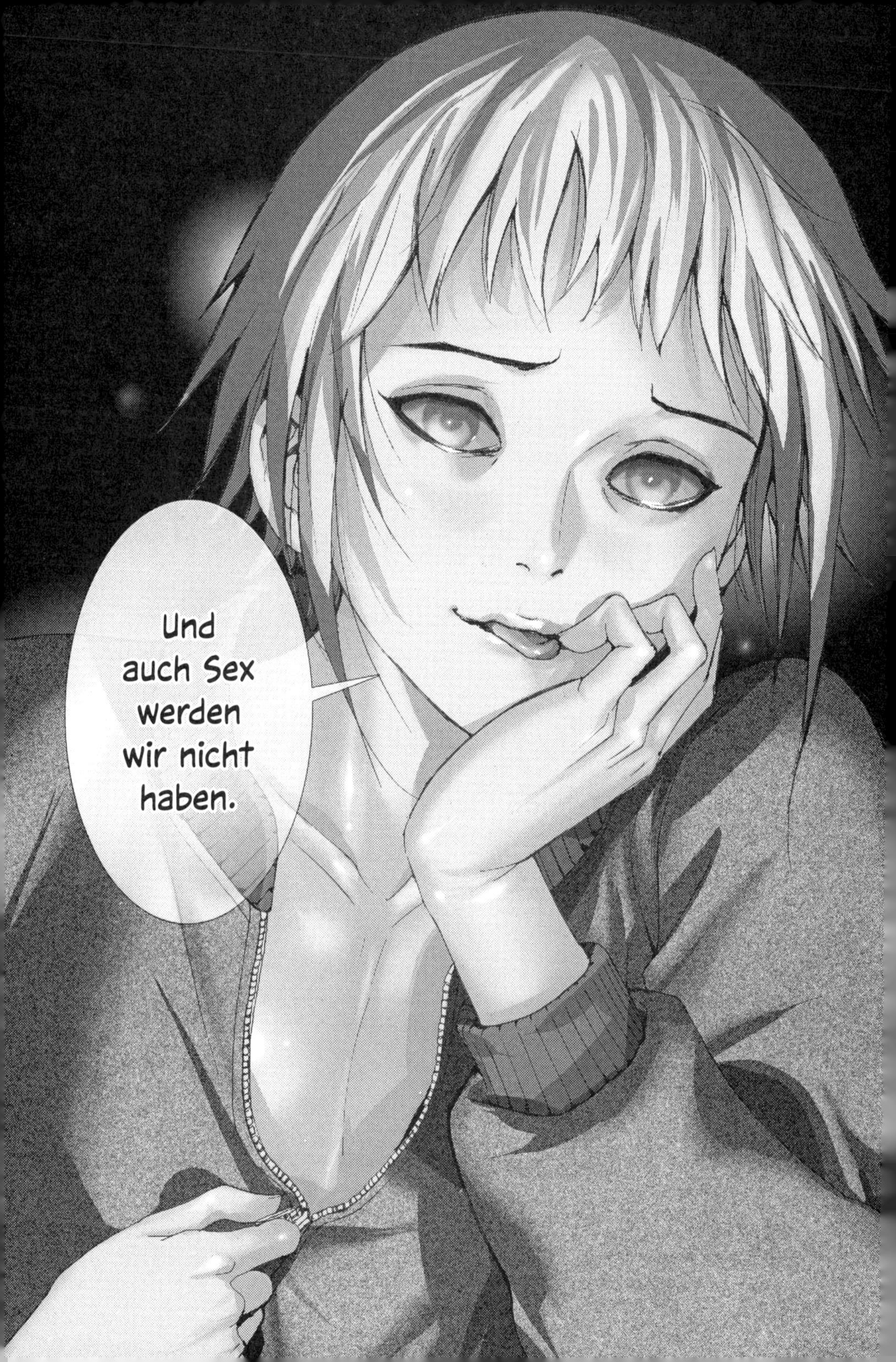
Und auch Sex werden wir nicht haben.

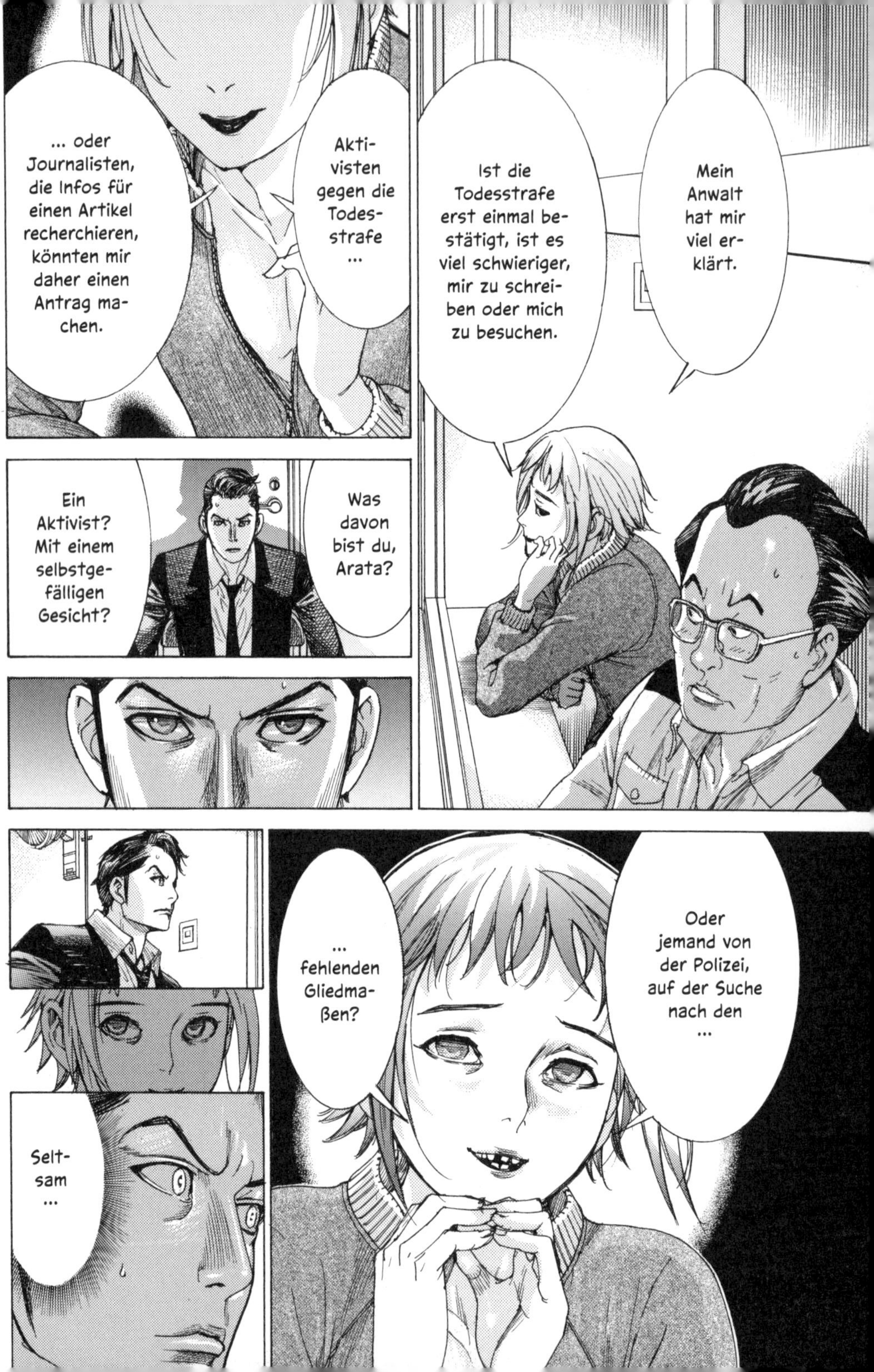

Mein Anwalt hat mir viel erklärt.

Ist die Todesstrafe erst einmal bestätigt, ist es viel schwieriger, mir zu schreiben oder mich zu besuchen.

Aktivisten gegen die Todesstrafe ...

... oder Journalisten, die Infos für einen Artikel recherchieren, könnten mir daher einen Antrag machen.

Was davon bist du, Arata?

Ein Aktivist? Mit einem selbstgefälligen Gesicht?

Oder jemand von der Polizei, auf der Suche nach den ...

... fehlenden Gliedmaßen?

Seltsam ...

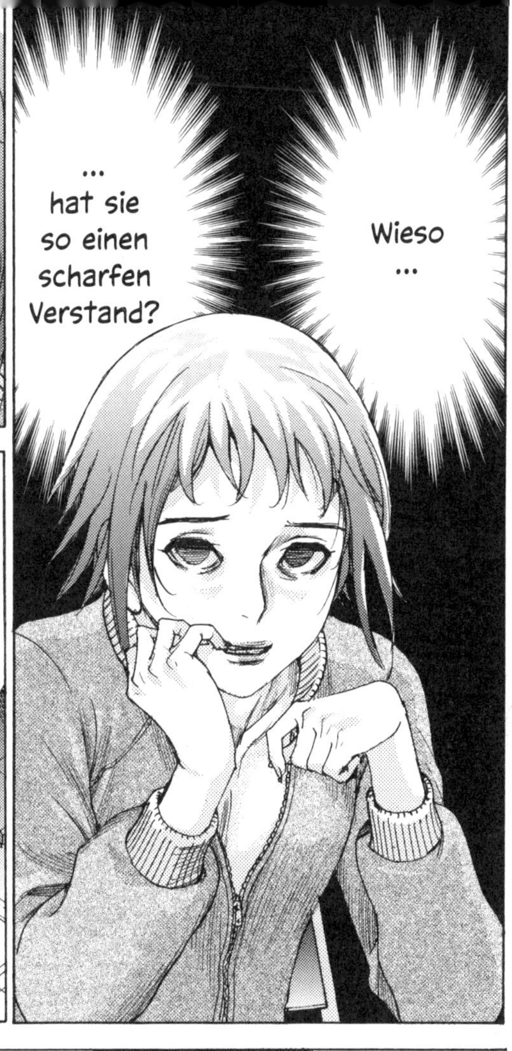
Wieso ...
... hat sie so einen scharfen Verstand?

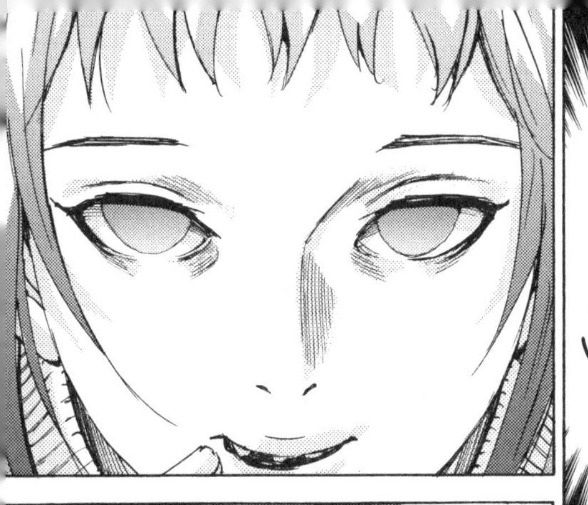

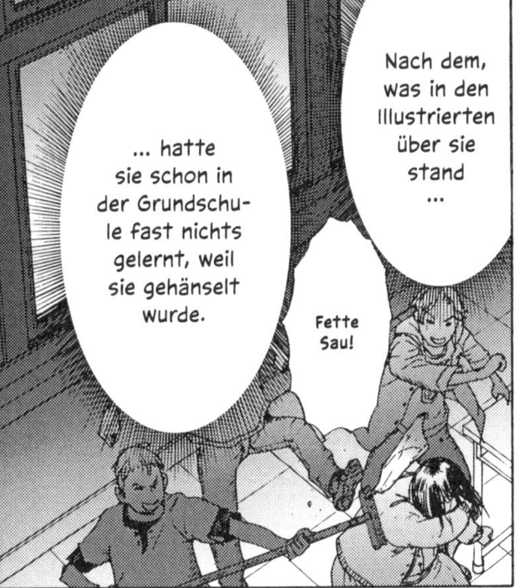
Nach dem, was in den Illustrierten über sie stand ...
... hatte sie schon in der Grundschule fast nichts gelernt, weil sie gehänselt wurde.
Fette Sau!

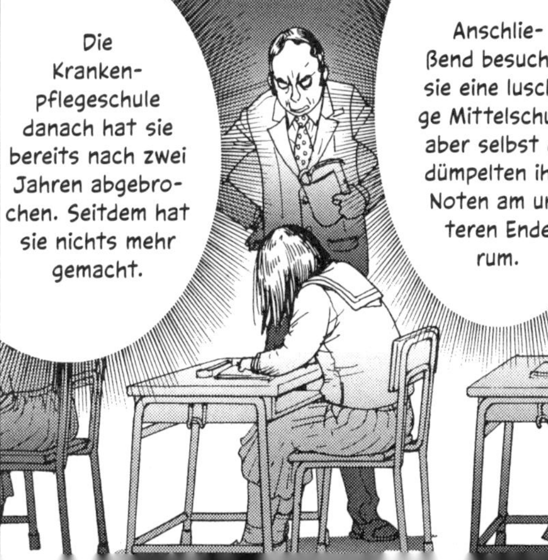
Anschließend besuchte sie eine luschige Mittelschule, aber selbst da dümpelten ihre Noten am unteren Ende rum.
Die Krankenpflegeschule danach hat sie bereits nach zwei Jahren abgebrochen. Seitdem hat sie nichts mehr gemacht.

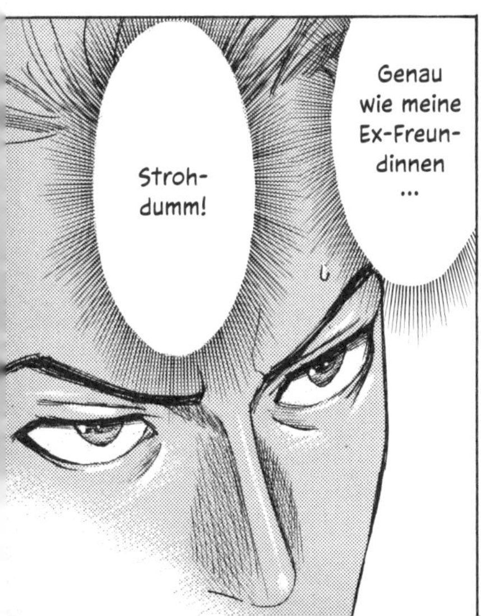
Genau wie meine Ex-Freundinnen ...
Strohdumm!

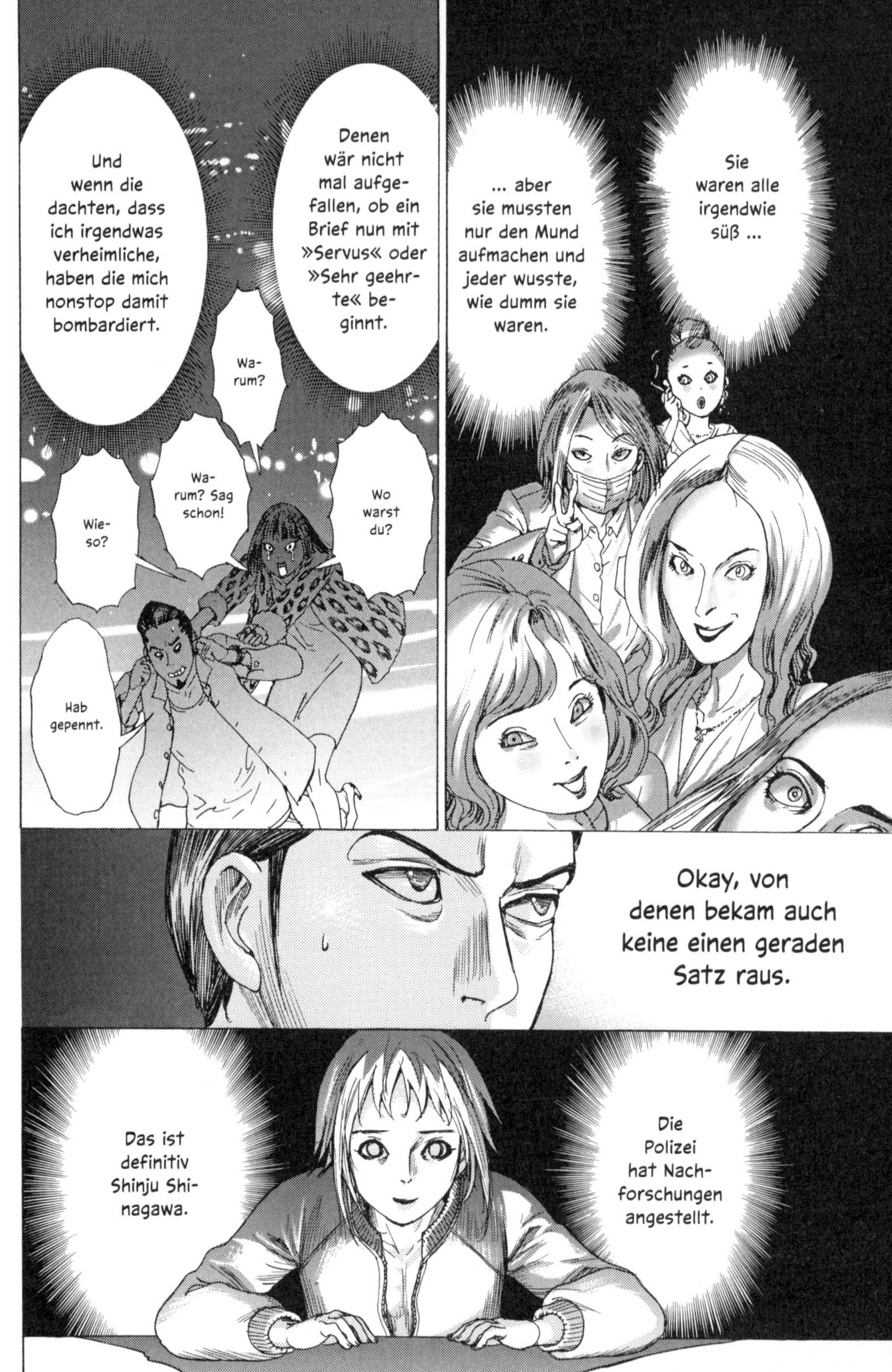
Sie waren alle irgendwie süß ...
... aber sie mussten nur den Mund aufmachen und jeder wusste, wie dumm sie waren.
Denen wär nicht mal aufgefallen, ob ein Brief nun mit »Servus« oder »Sehr geehrte« beginnt.
Und wenn die dachten, dass ich irgendwas verheimliche, haben die mich nonstop damit bombardiert.
Warum?
Wo warst du?
Warum? Sag schon!
Wieso?
Hab gepennt.
Okay, von denen bekam auch keine einen geraden Satz raus.
Die Polizei hat Nachforschungen angestellt.
Das ist definitiv Shinju Shinagawa.

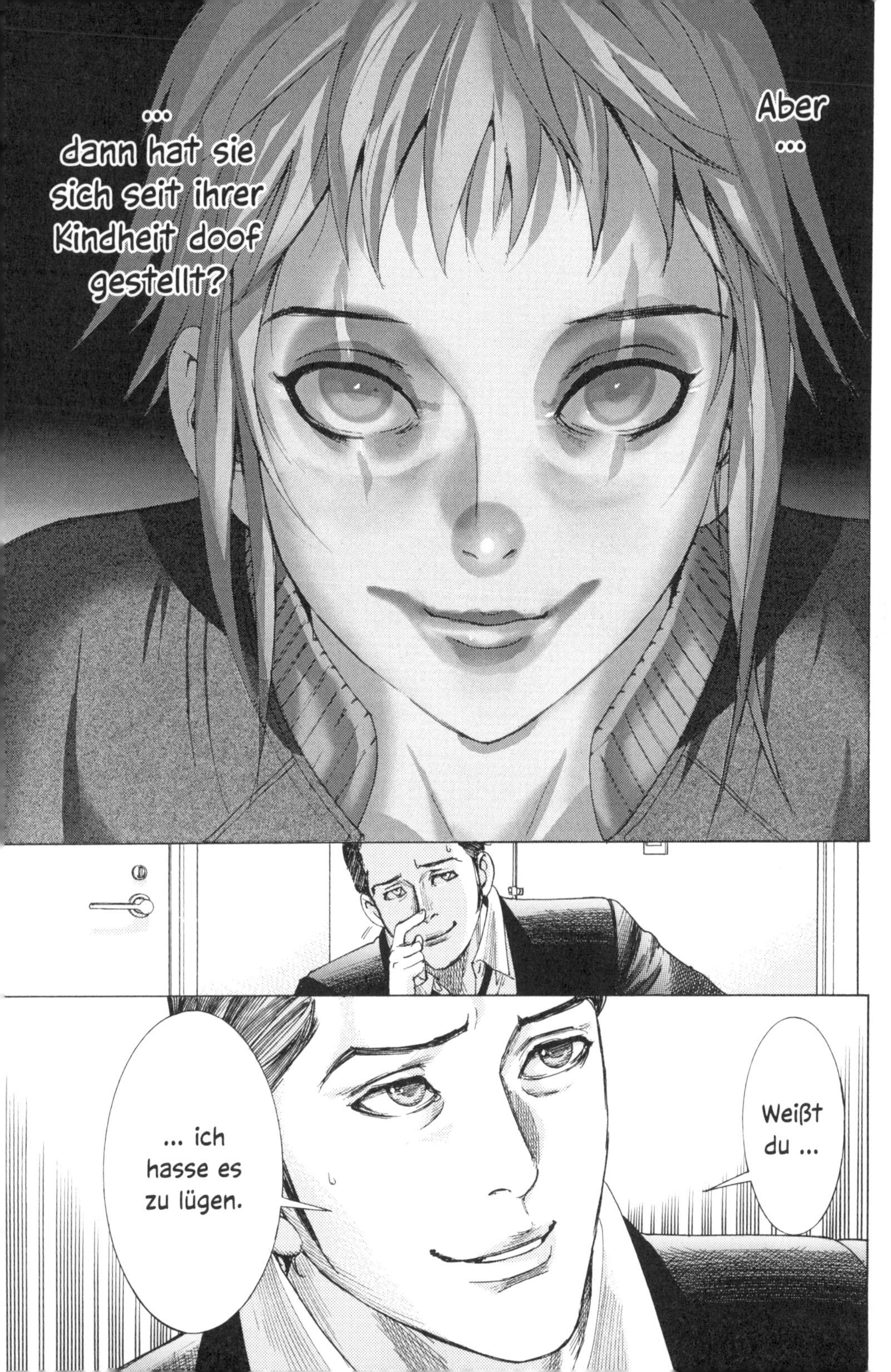
Aber …
… dann hat sie sich seit ihrer Kindheit doof gestellt?
Weißt du …
… ich hasse es zu lügen.

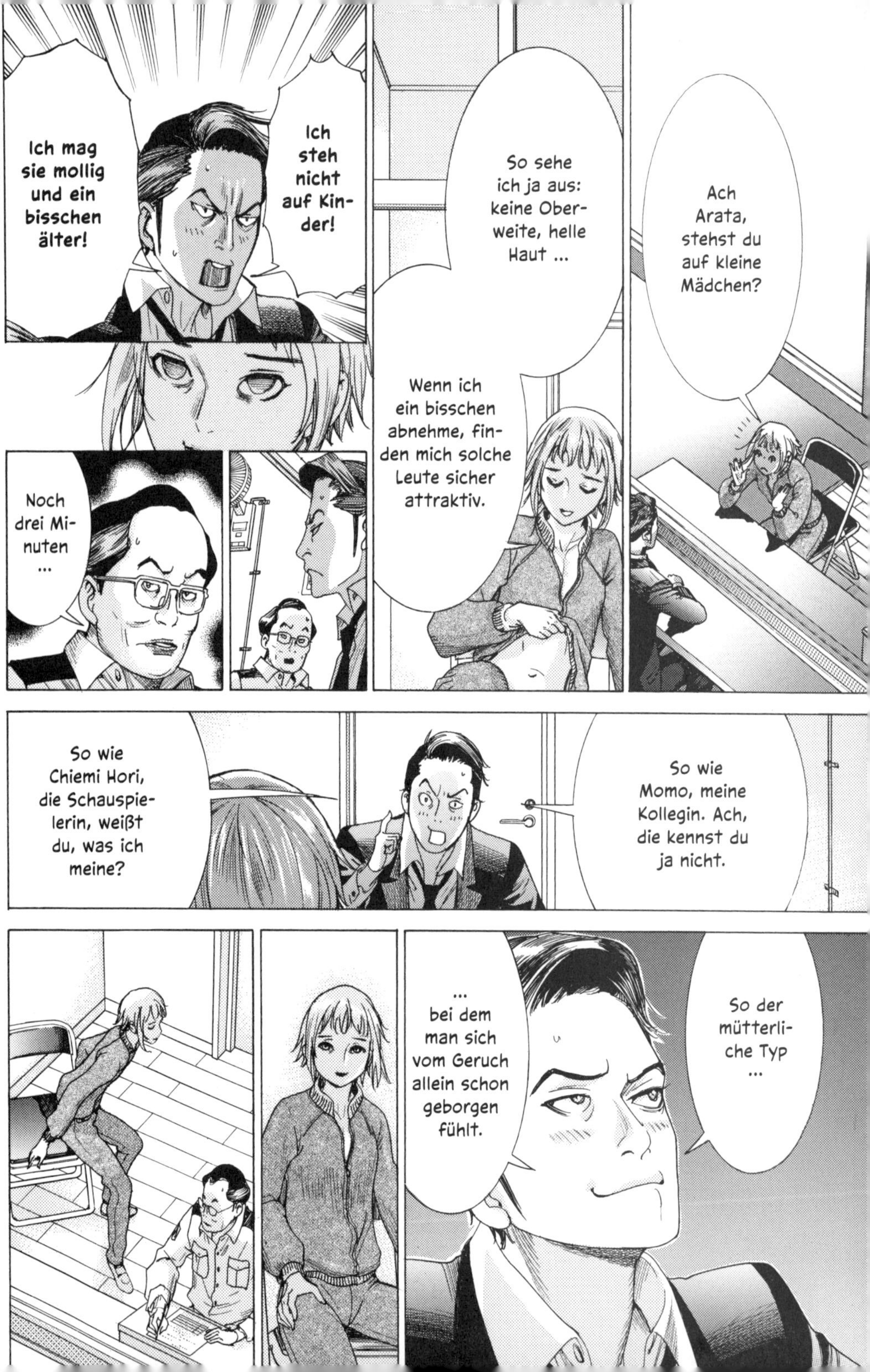

Ach Arata, stehst du auf kleine Mädchen?

So sehe ich ja aus: keine Oberweite, helle Haut ...

Wenn ich ein bisschen abnehme, finden mich solche Leute sicher attraktiv.

Ich steh nicht auf Kinder!

Ich mag sie mollig und ein bisschen älter!

Noch drei Minuten ...

So wie Momo, meine Kollegin. Ach, die kennst du ja nicht.

So wie Chiemi Hori, die Schauspielerin, weißt du, was ich meine?

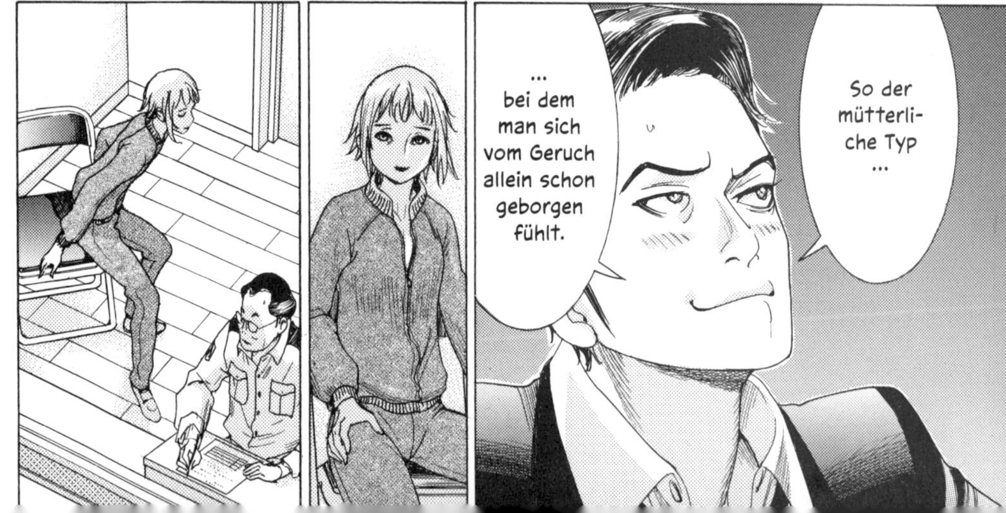

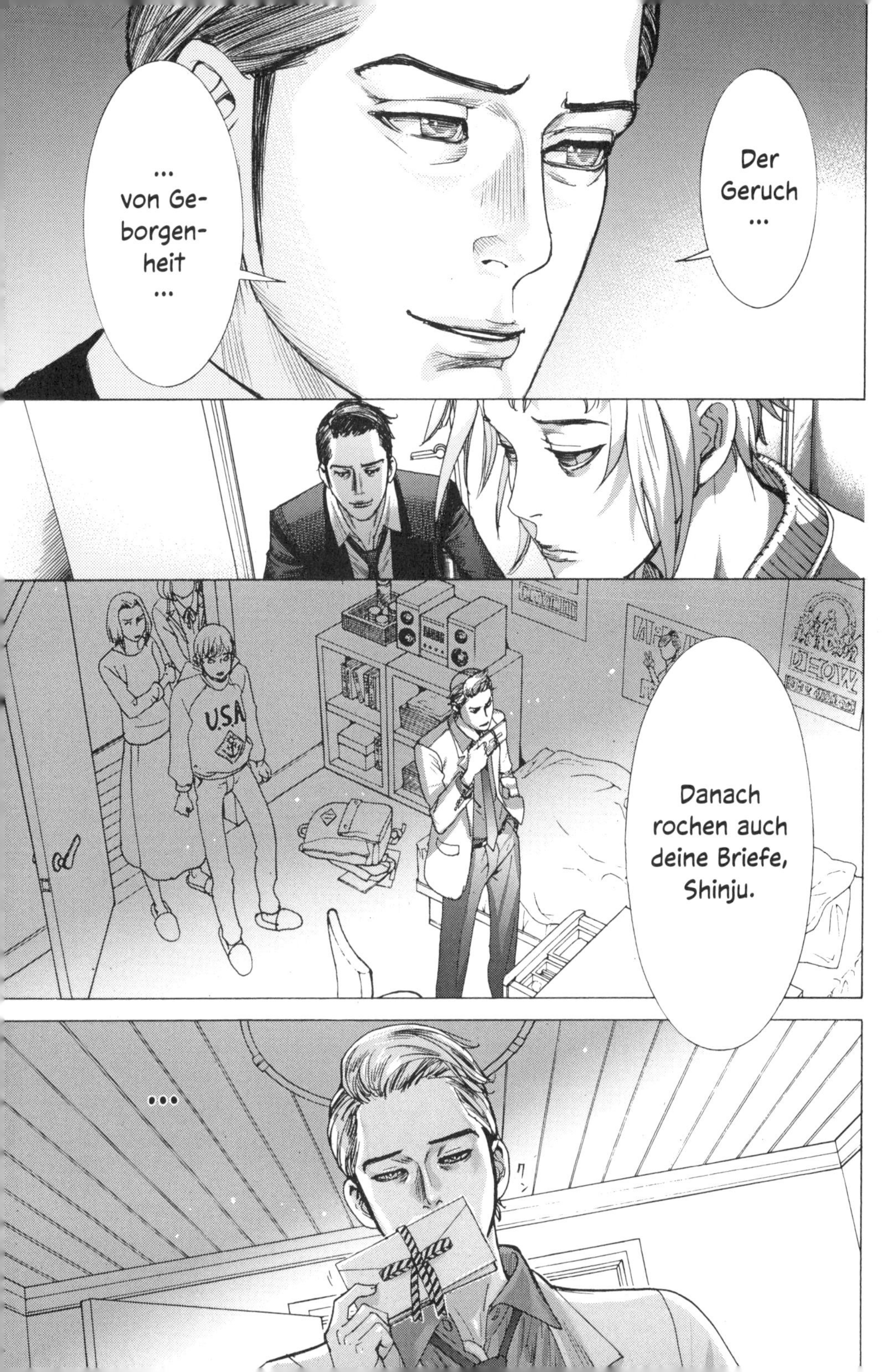
Der Geruch ...
... von Geborgenheit ...
Danach rochen auch deine Briefe, Shinju.
...
クン

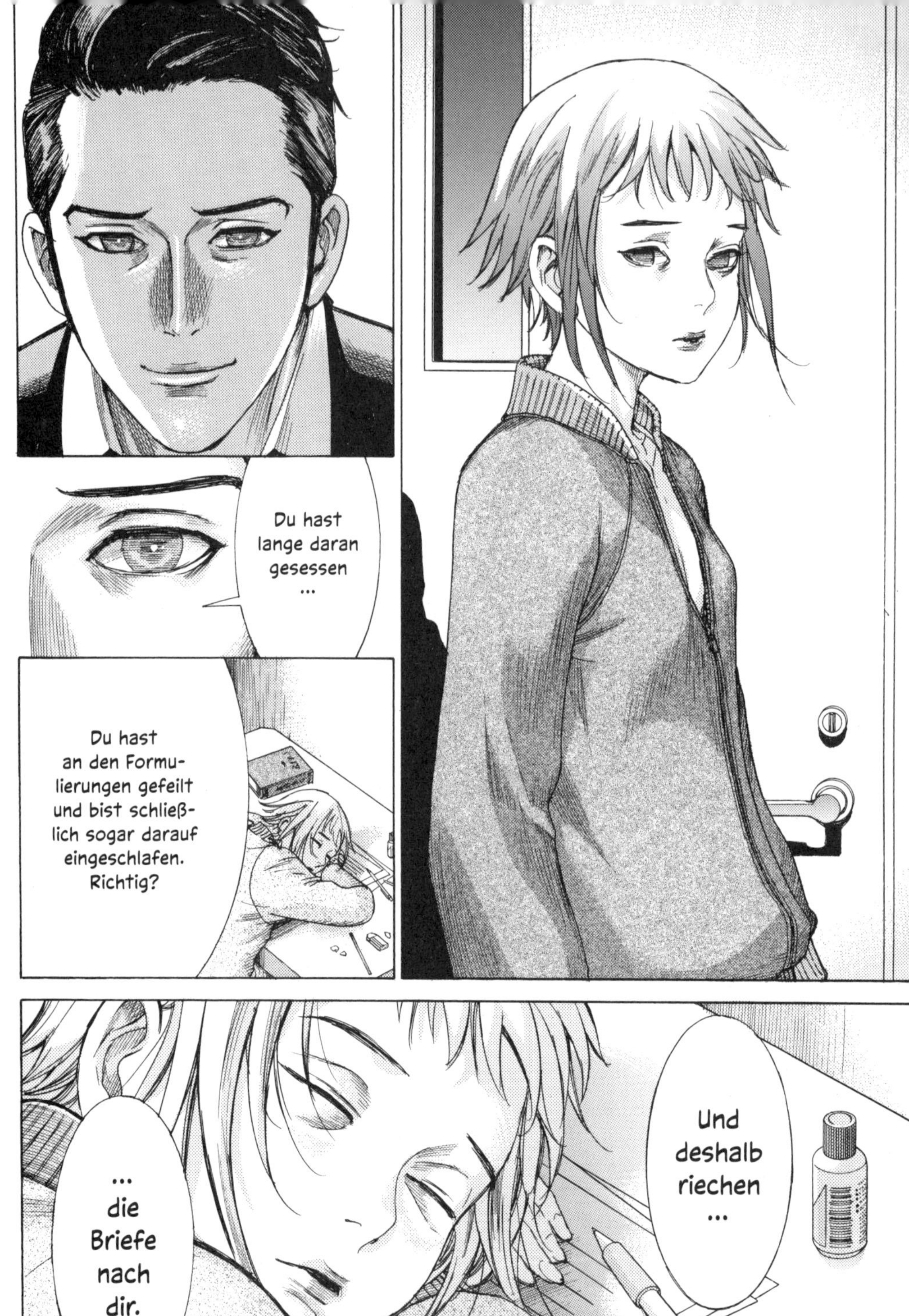
Du hast lange daran gesessen …
Du hast an den Formulierungen gefeilt und bist schließlich sogar darauf eingeschlafen. Richtig?
Und deshalb riechen …
… die Briefe nach dir.

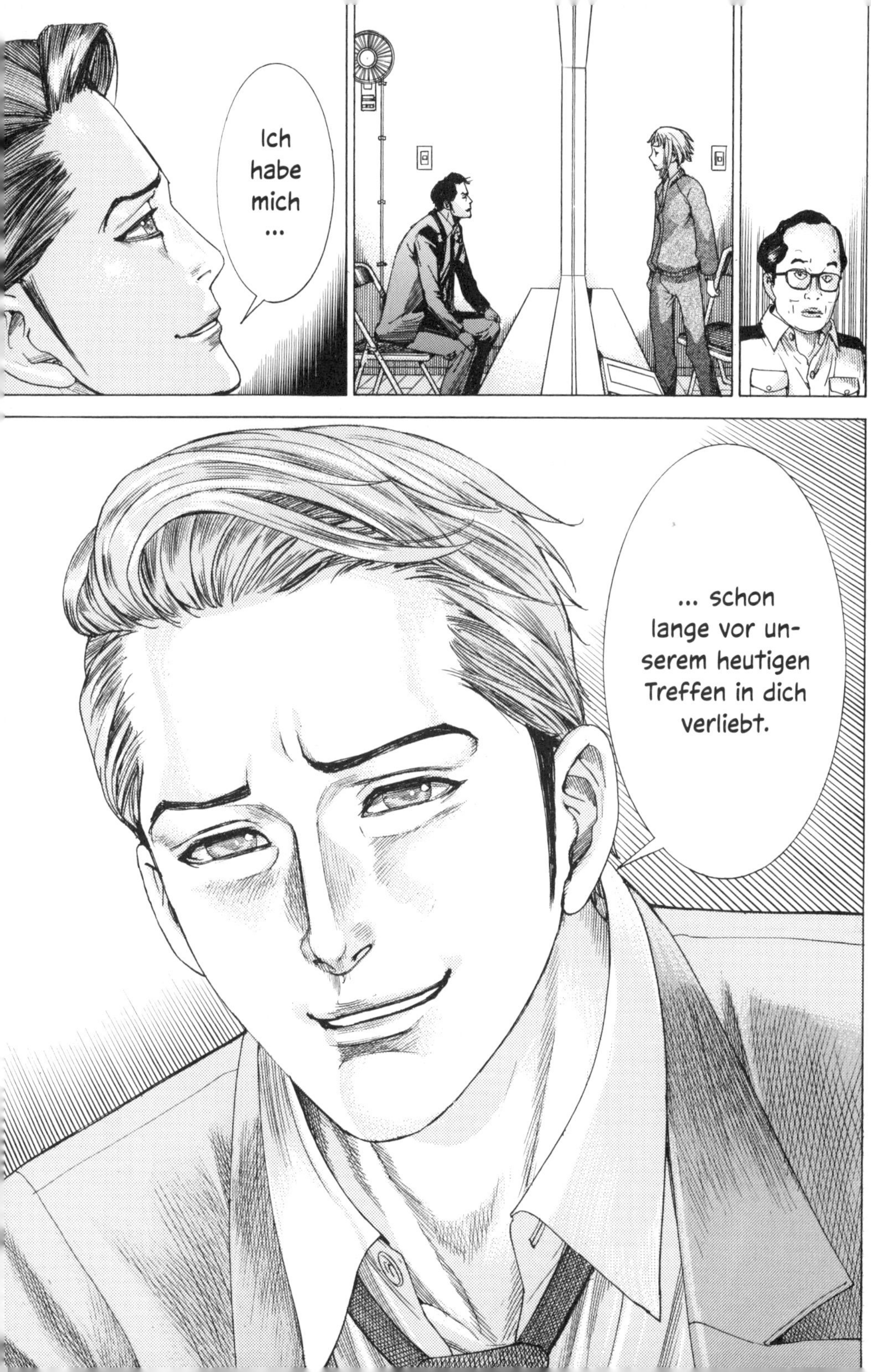

Ich habe mich ...
... schon lange vor un-serem heutigen Treffen in dich verliebt.

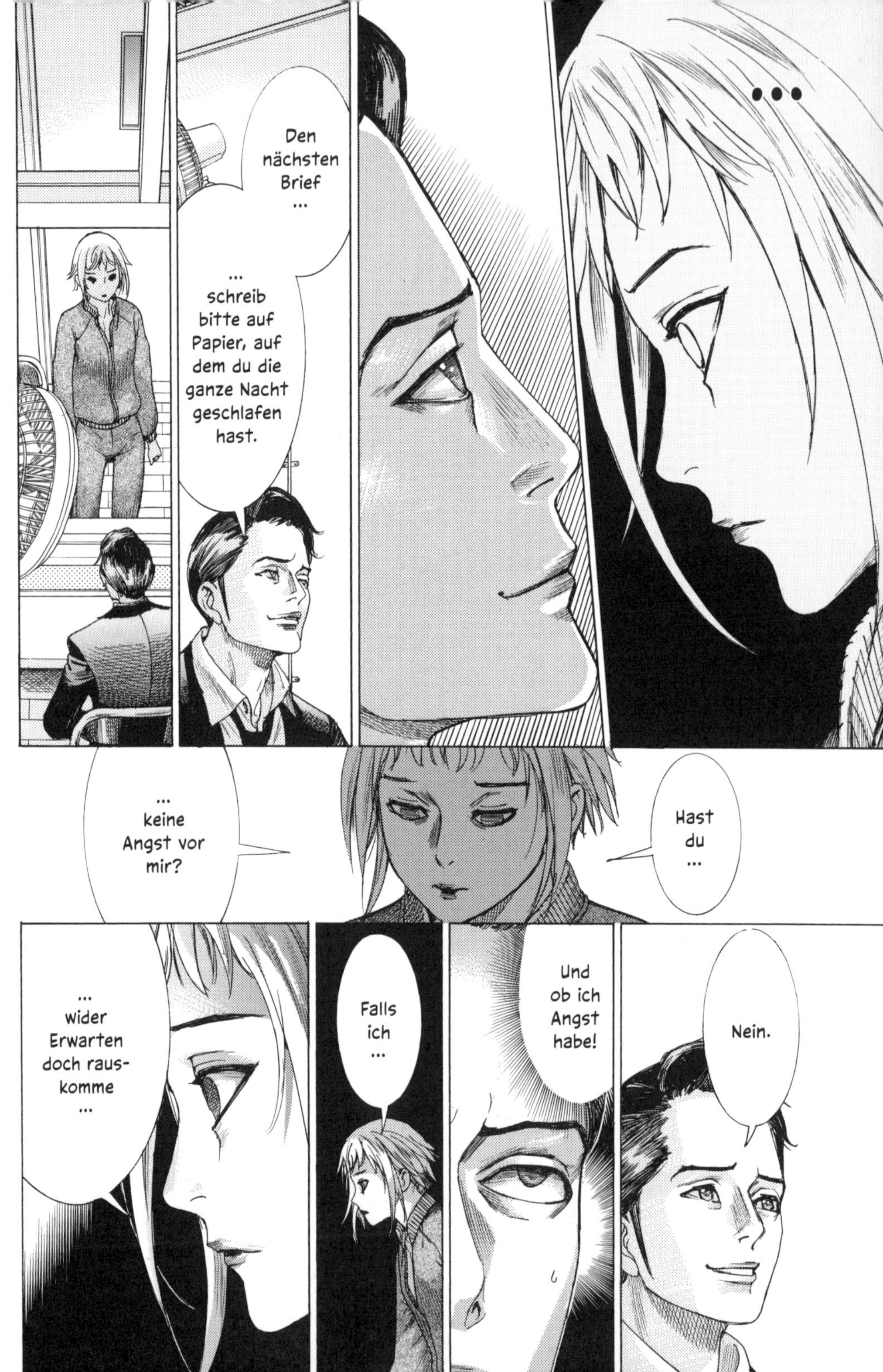

...
Den nächsten Brief ...
... schreib bitte auf Papier, auf dem du die ganze Nacht geschlafen hast.
Hast du ...
... keine Angst vor mir?
Nein.
Und ob ich Angst habe!
Falls ich ...
... wider Erwarten doch raus-komme ...

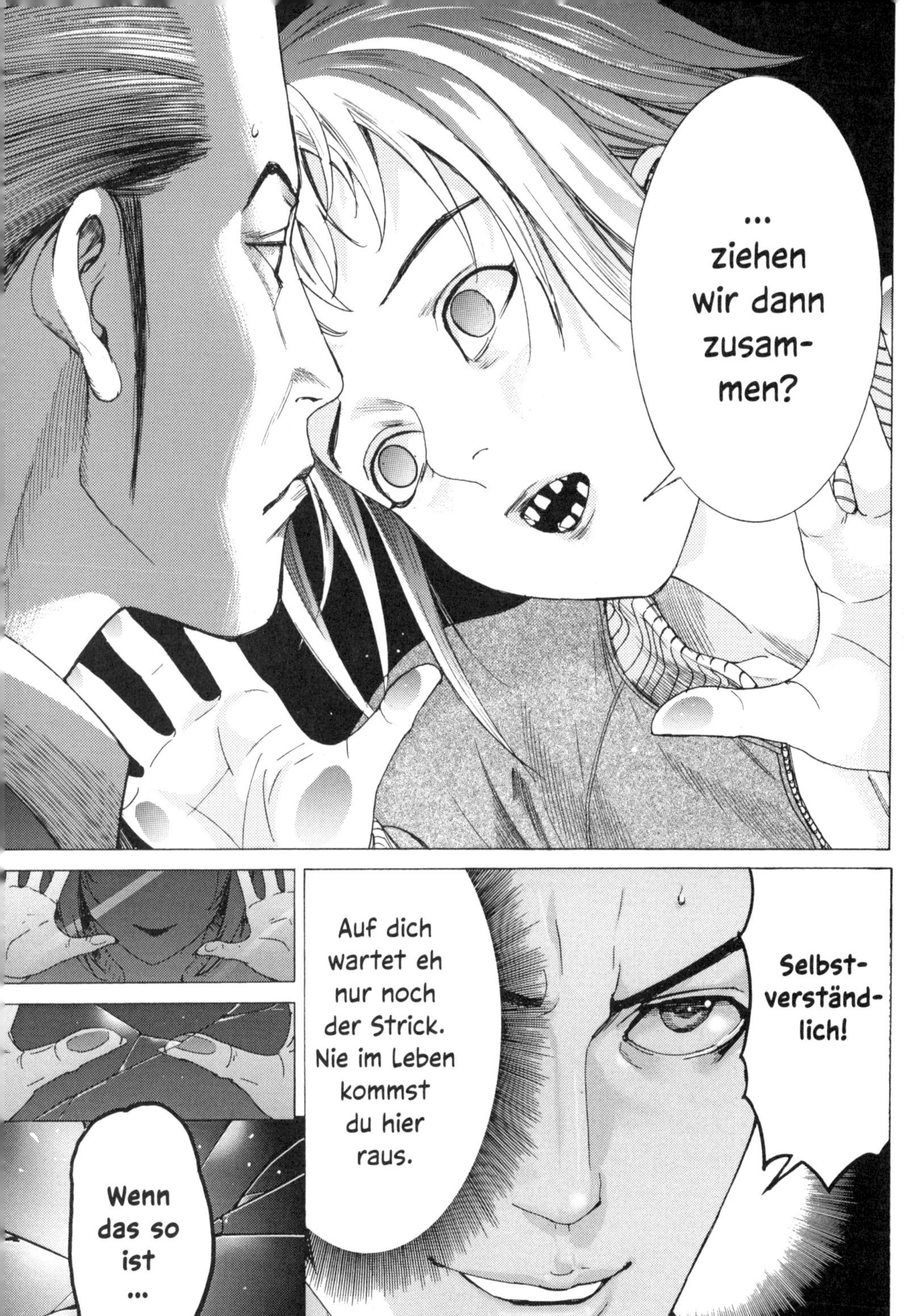
... ziehen wir dann zusam-men?
Selbst-verständ-lich!
Auf dich wartet eh nur noch der Strick. Nie im Leben kommst du hier raus.
Wenn das so ist ...

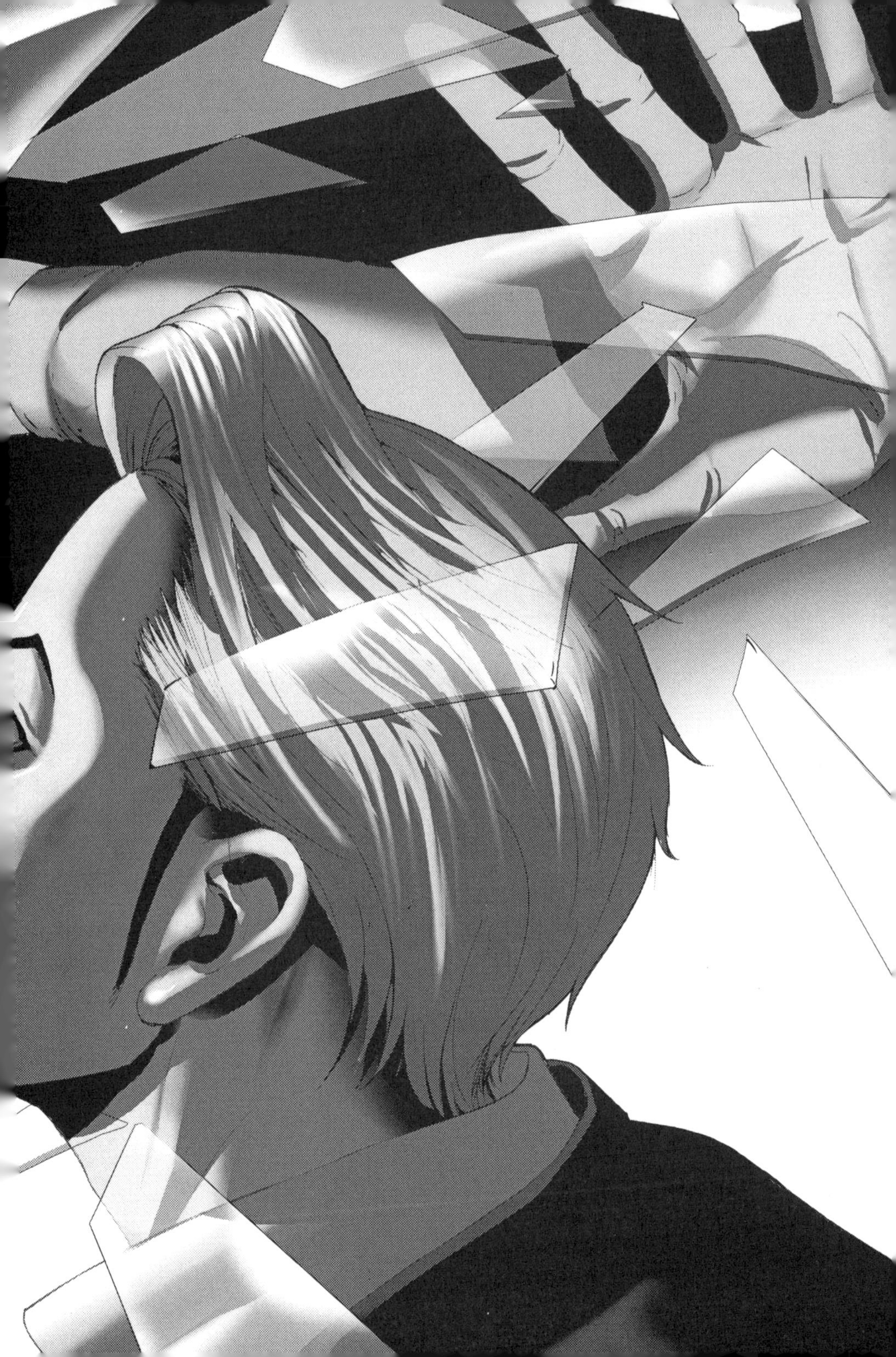

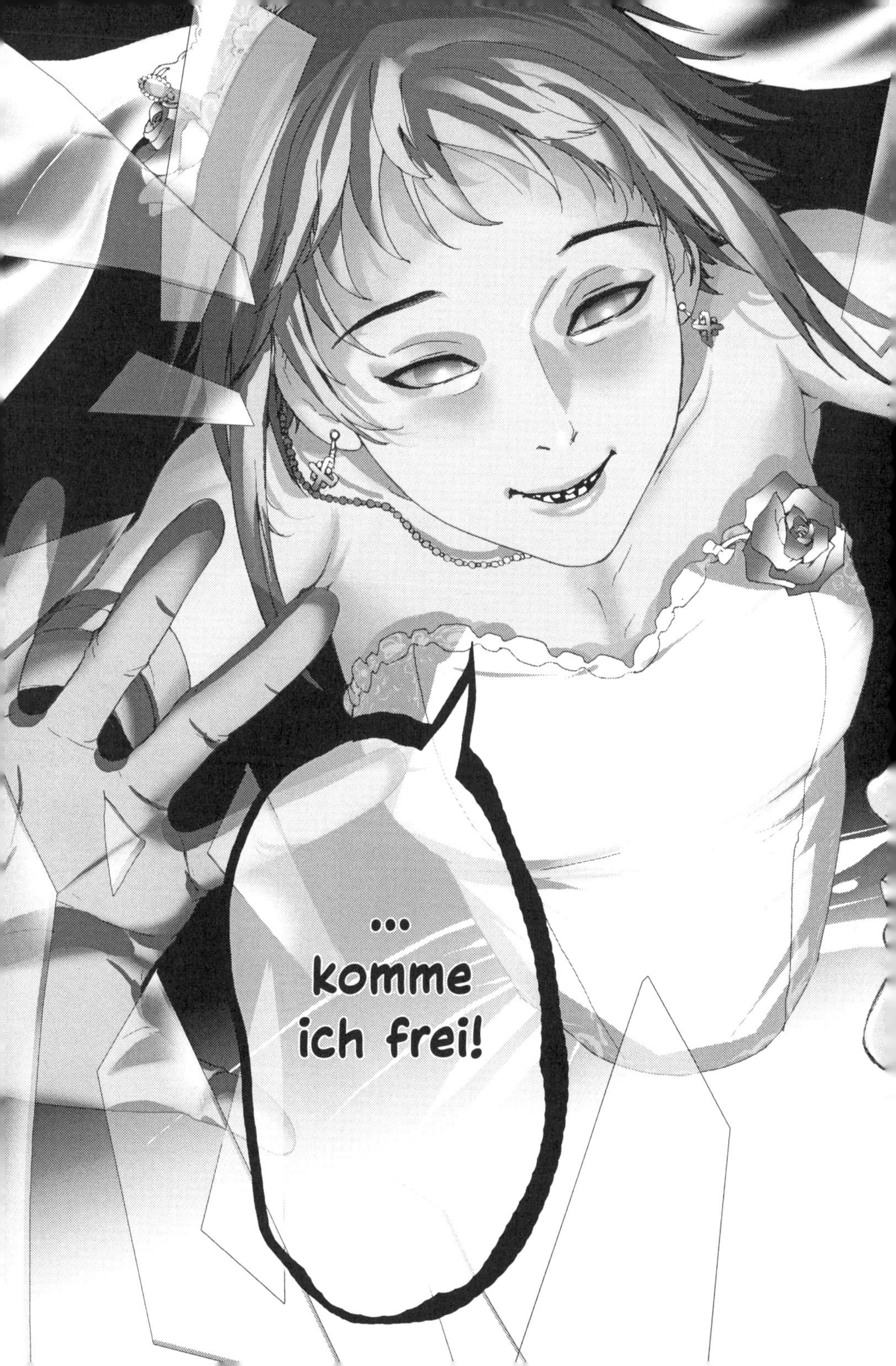
... komme ich frei!

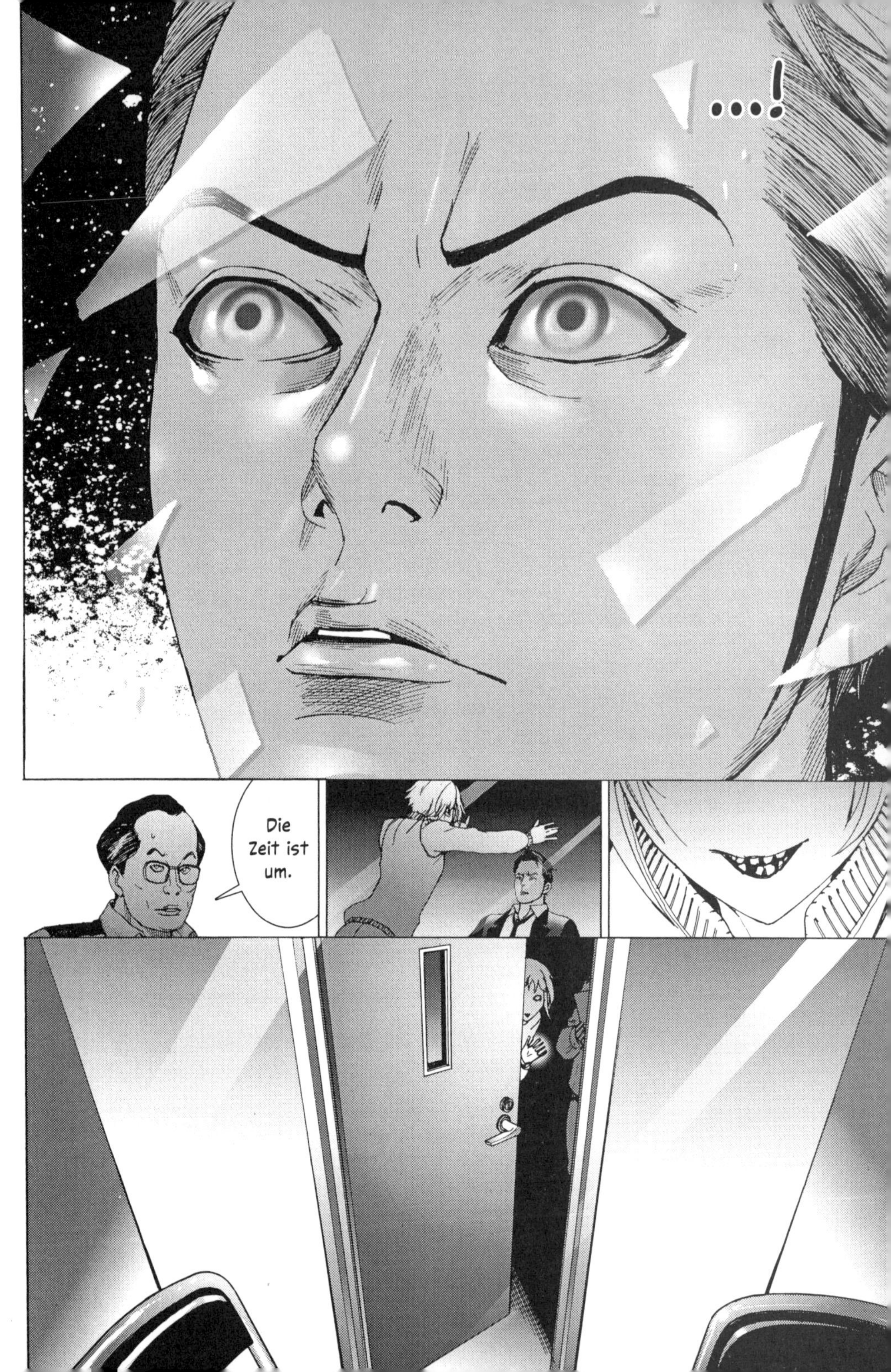
...!
Die Zeit ist um.

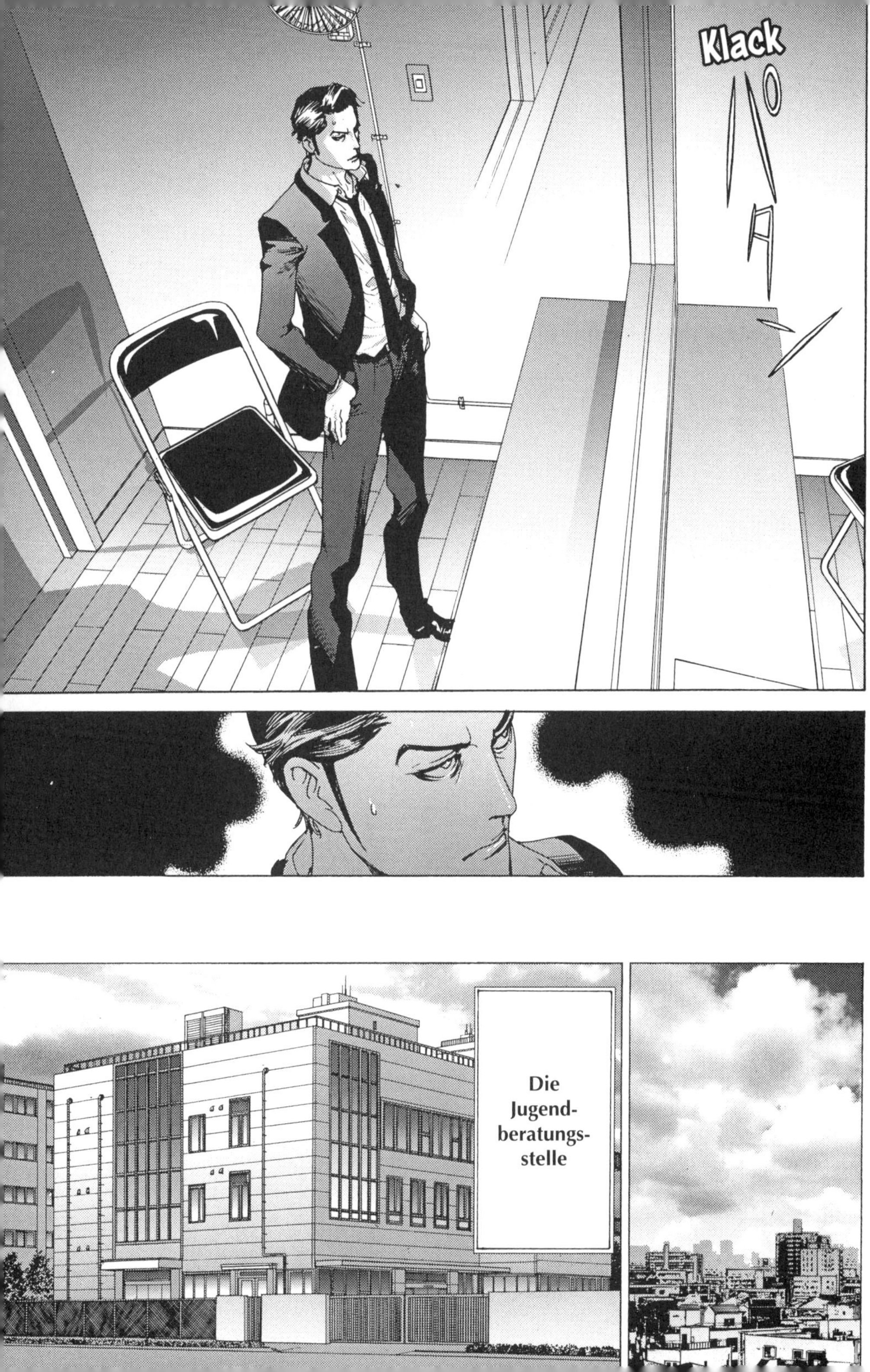

Klack

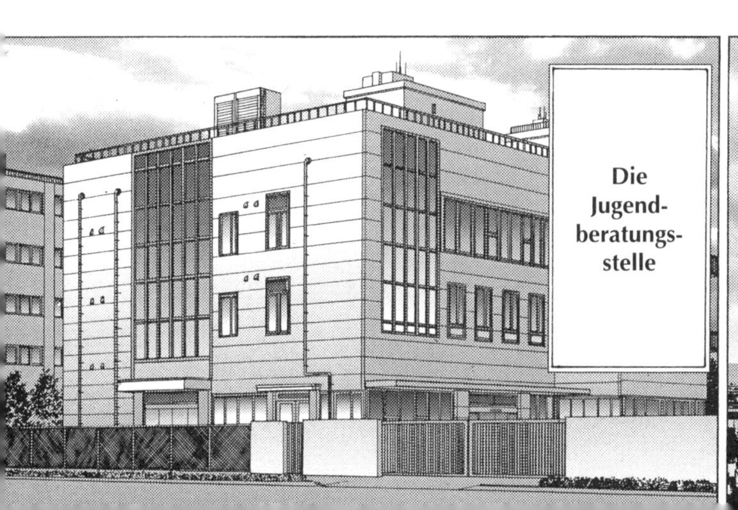

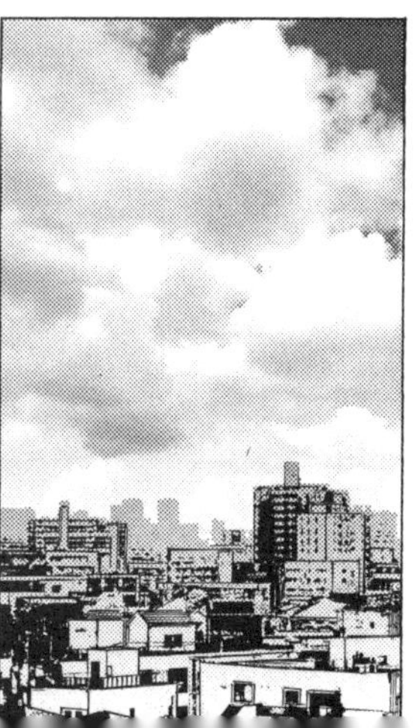

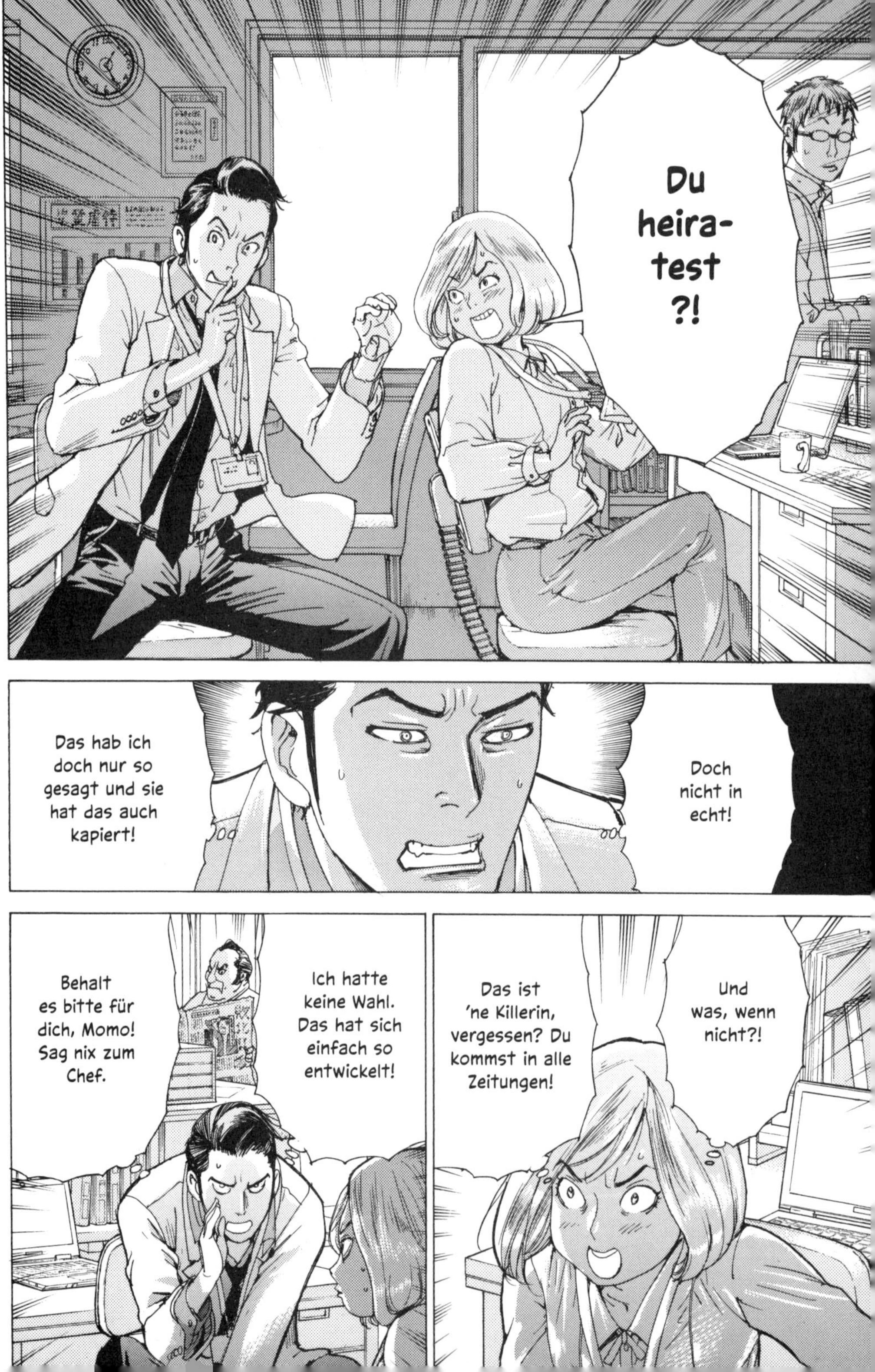

Du heira-test ?!

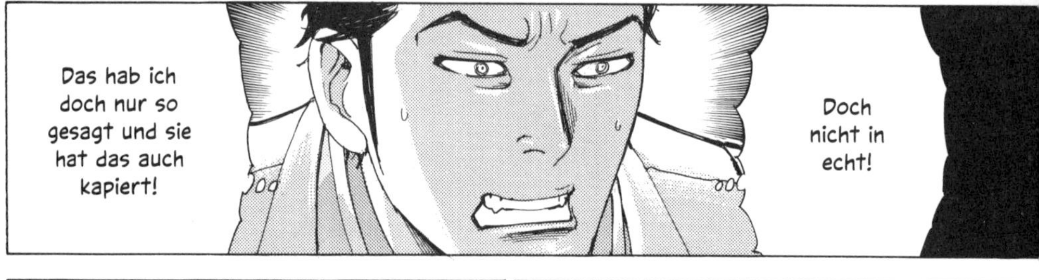

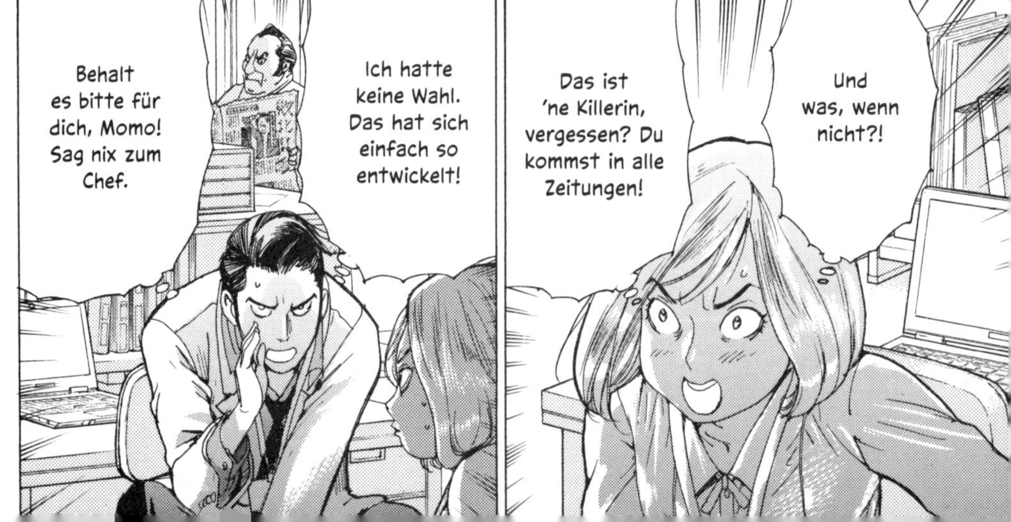

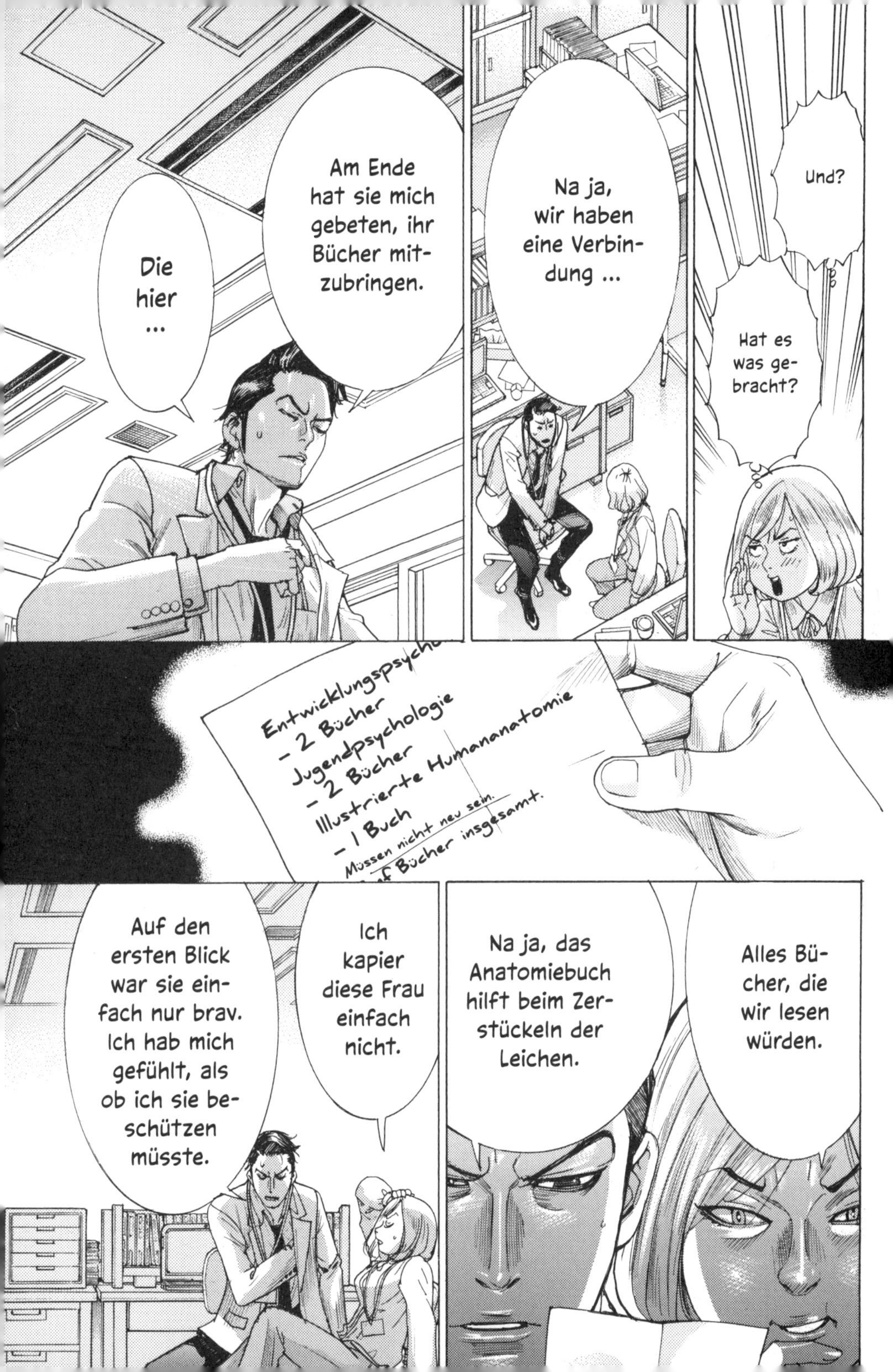
Und?
Hat es was gebracht?
Na ja, wir haben eine Verbindung ...
Am Ende hat sie mich gebeten, ihr Bücher mitzubringen.
Die hier ...
Entwicklungspsycho
– 2 Bücher
Jugendpsychologie
– 2 Bücher
Illustrierte Humananatomie
– 1 Buch
Müssen nicht neu sein.
Bücher insgesamt.
Alles Bücher, die wir lesen würden.
Na ja, das Anatomiebuch hilft beim Zerstückeln der Leichen.
Ich kapier diese Frau einfach nicht.
Auf den ersten Blick war sie einfach nur brav. Ich hab mich gefühlt, als ob ich sie beschützen müsste.

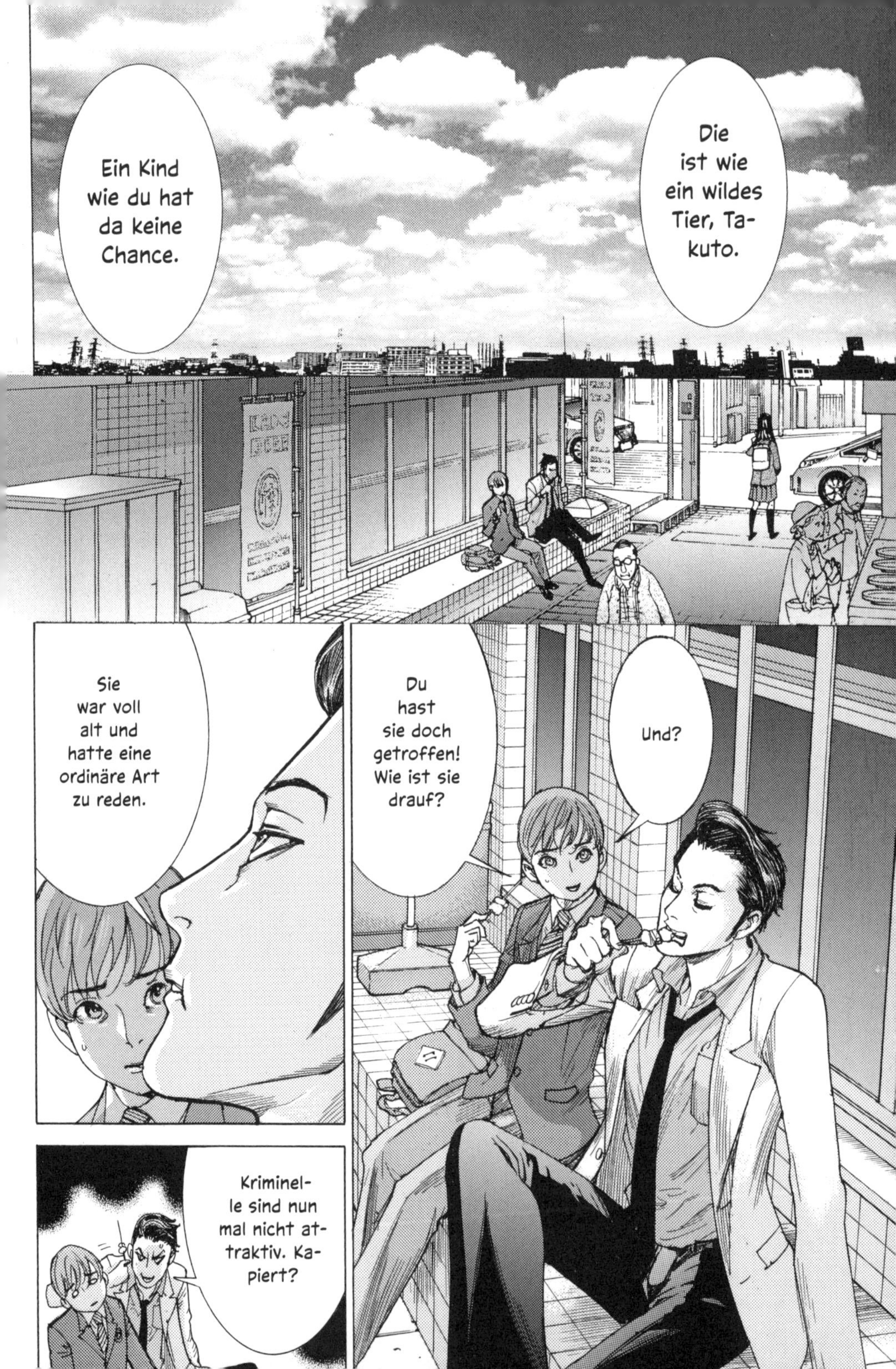
Die ist wie ein wildes Tier, Takuto.
Ein Kind wie du hat da keine Chance.
Und?
Du hast sie doch getroffen! Wie ist sie drauf?
Sie war voll alt und hatte eine ordinäre Art zu reden.
Kriminelle sind nun mal nicht attraktiv. Kapiert?

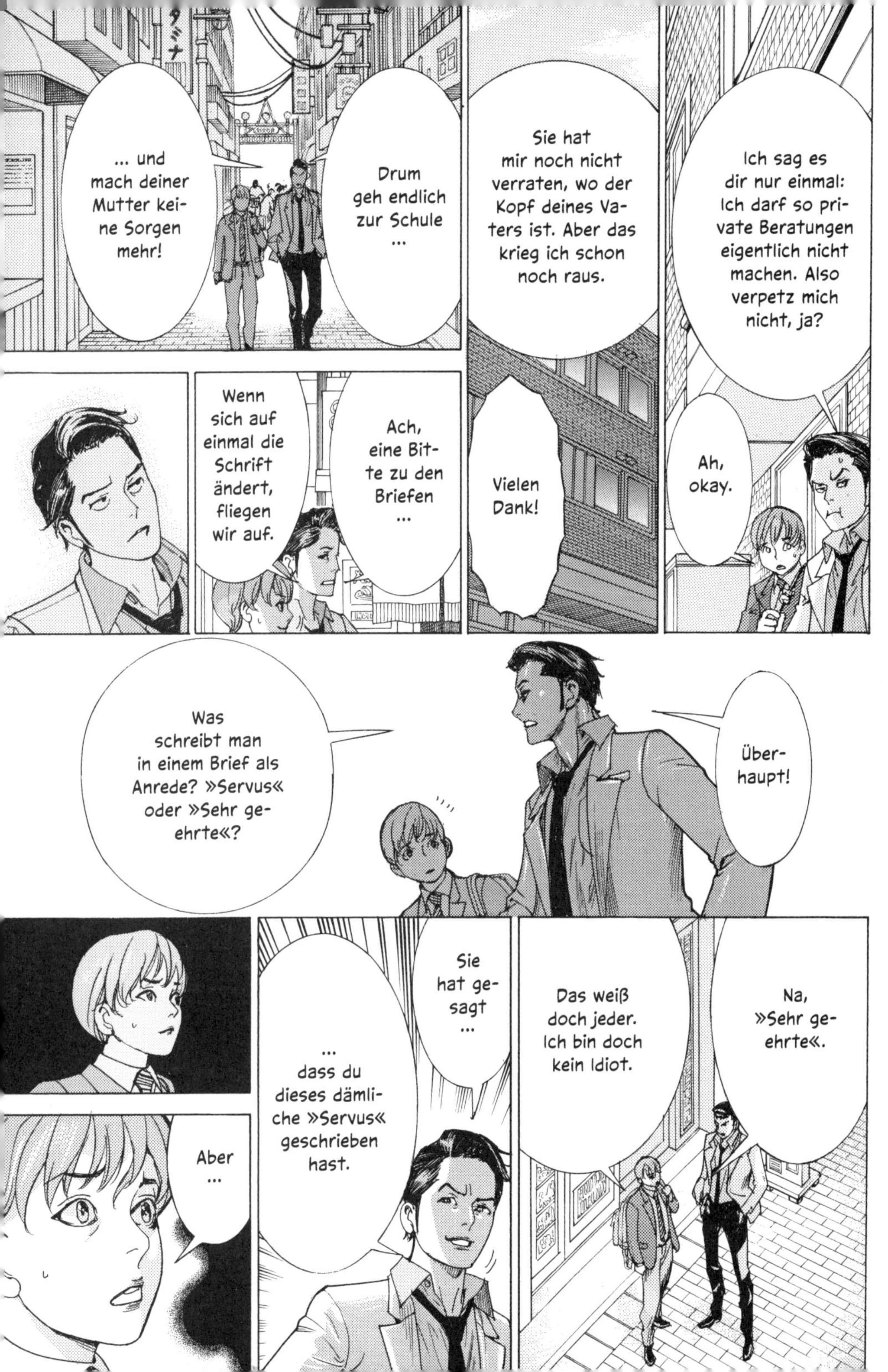

Ich sag es dir nur einmal: Ich darf so private Beratungen eigentlich nicht machen. Also verpetz mich nicht, ja?
Sie hat mir noch nicht verraten, wo der Kopf deines Vaters ist. Aber das krieg ich schon noch raus.
Drum geh endlich zur Schule ...
... und mach deiner Mutter keine Sorgen mehr!
Ah, okay.
Vielen Dank!
Ach, eine Bitte zu den Briefen ...
Wenn sich auf einmal die Schrift ändert, fliegen wir auf.
Überhaupt!
Was schreibt man in einem Brief als Anrede? »Servus« oder »Sehr geehrte«?
Na, »Sehr geehrte«.
Das weiß doch jeder. Ich bin doch kein Idiot.
Sie hat gesagt ...
... dass du dieses dämliche »Servus« geschrieben hast.
Aber ...

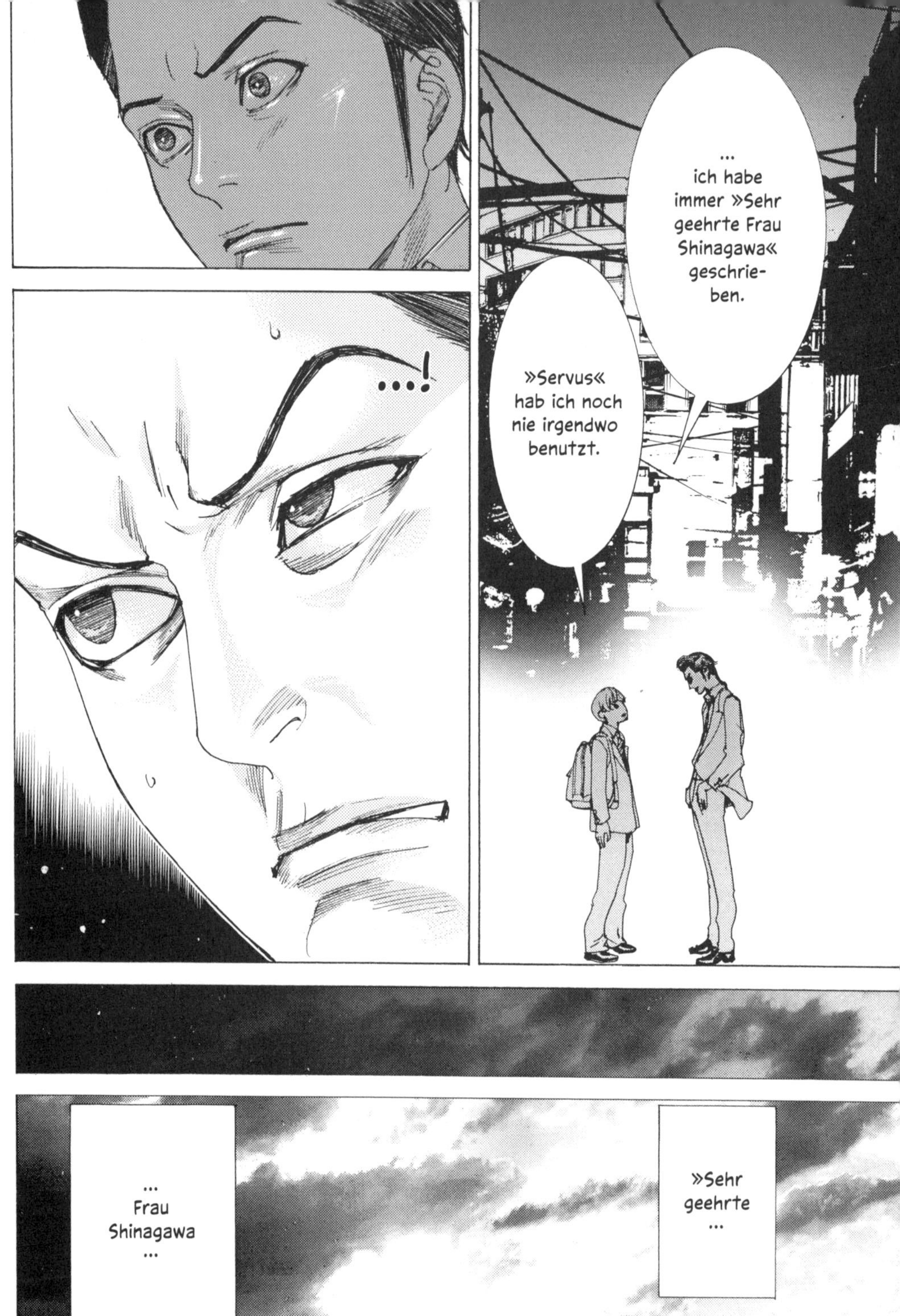
... ich habe immer »Sehr geehrte Frau Shinagawa« geschrieben.
»Servus« hab ich noch nie irgendwo benutzt.
...!
»Sehr geehrte ...
... Frau Shinagawa ...

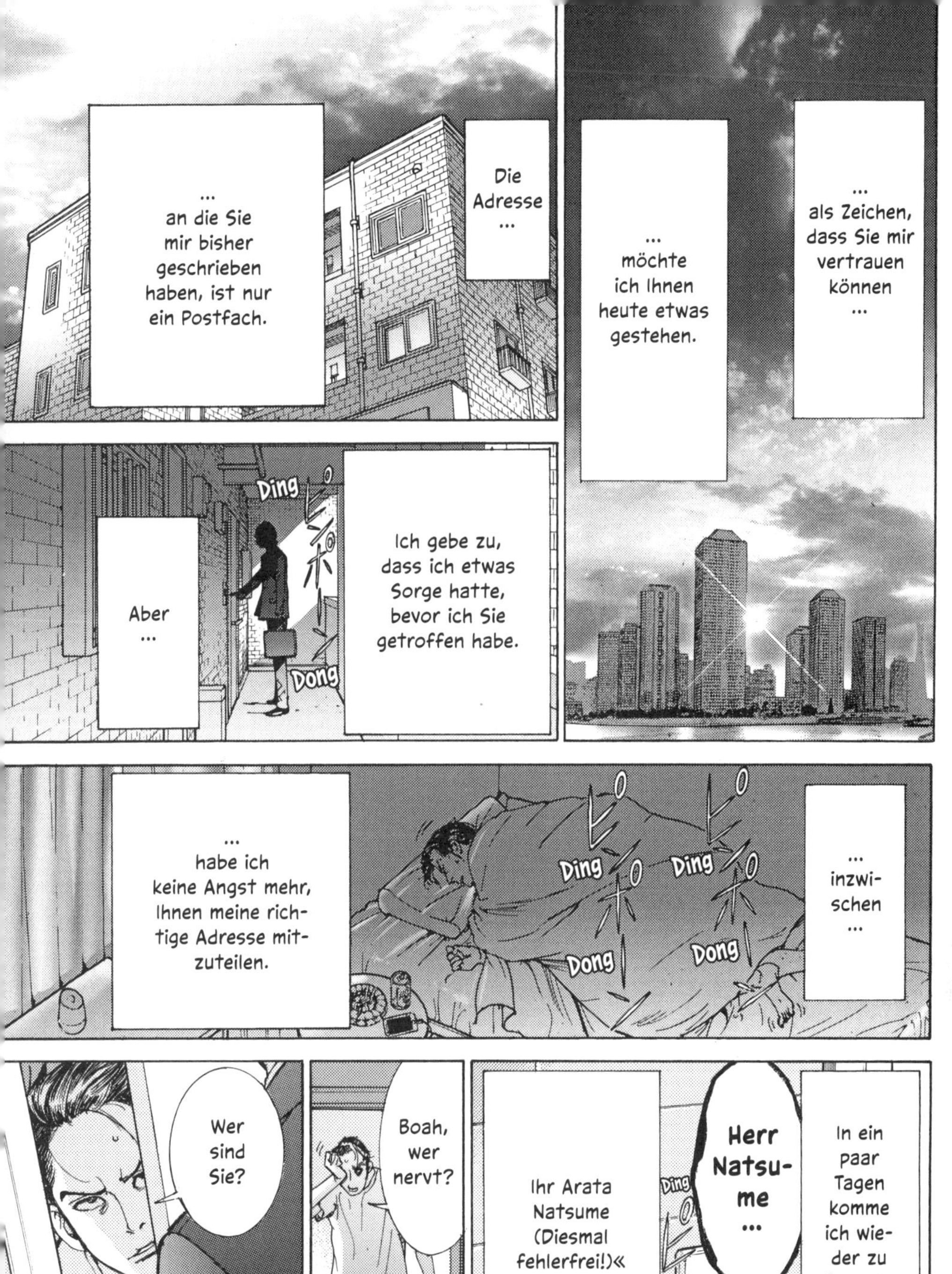

... als Zeichen, dass Sie mir vertrauen können ...
... möchte ich Ihnen heute etwas gestehen.
Die Adresse ...
... an die Sie mir bisher geschrieben haben, ist nur ein Postfach.
Ich gebe zu, dass ich etwas Sorge hatte, bevor ich Sie getroffen habe.
Ding
Dong
Aber ...
... inzwischen ...
Ding
Dong
Ding
Dong
... habe ich keine Angst mehr, Ihnen meine richtige Adresse mitzuteilen.
In ein paar Tagen komme ich wieder zu Besuch.
Herr Natsume ...
Ding
Dong
Ihr Arata Natsume (Diesmal fehlerfrei!)«
Boah, wer nervt?
Wer sind Sie?

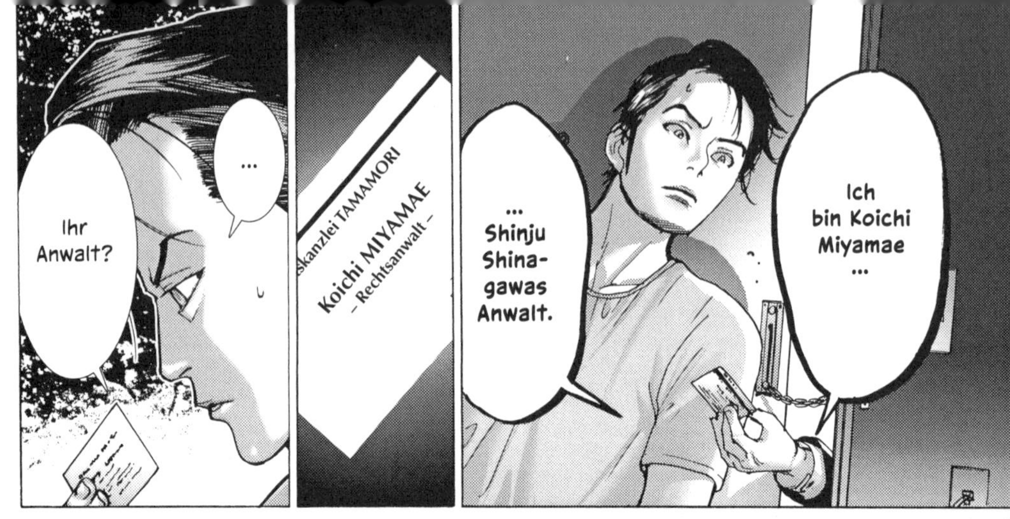

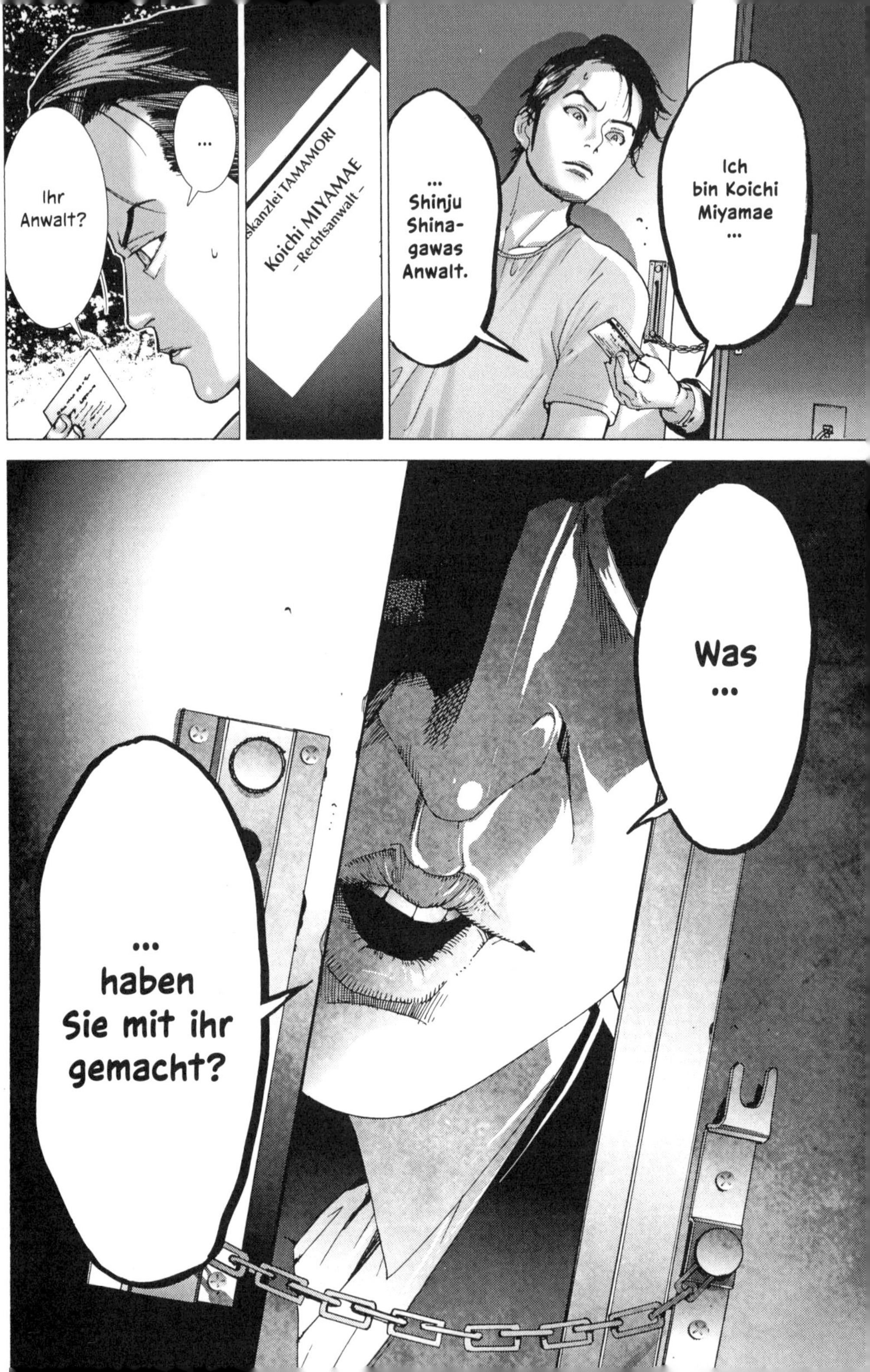

Was ...

... haben Sie mit ihr gemacht?

Kapitel 3

Shinju Shinagawas Geschichte

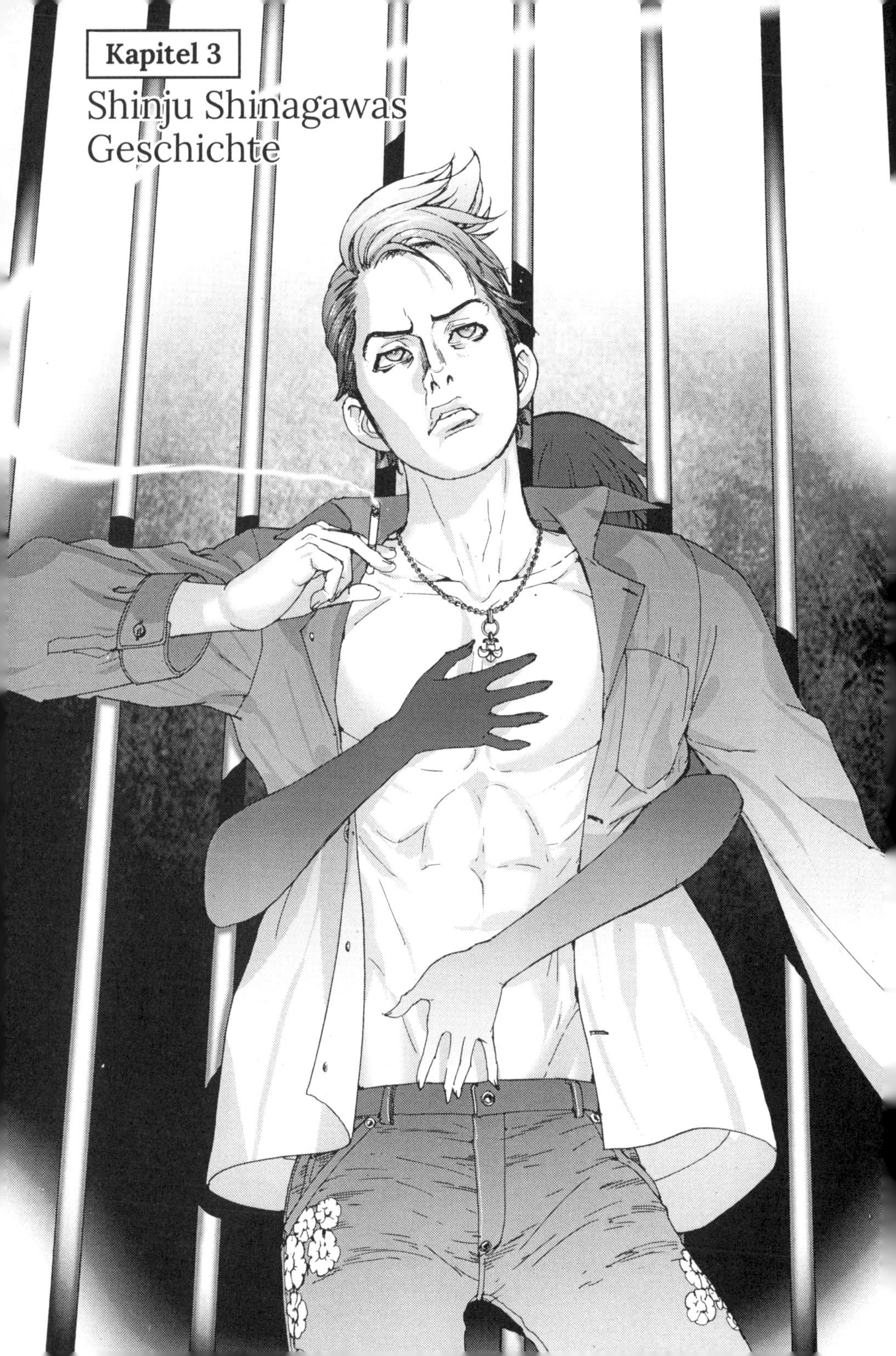

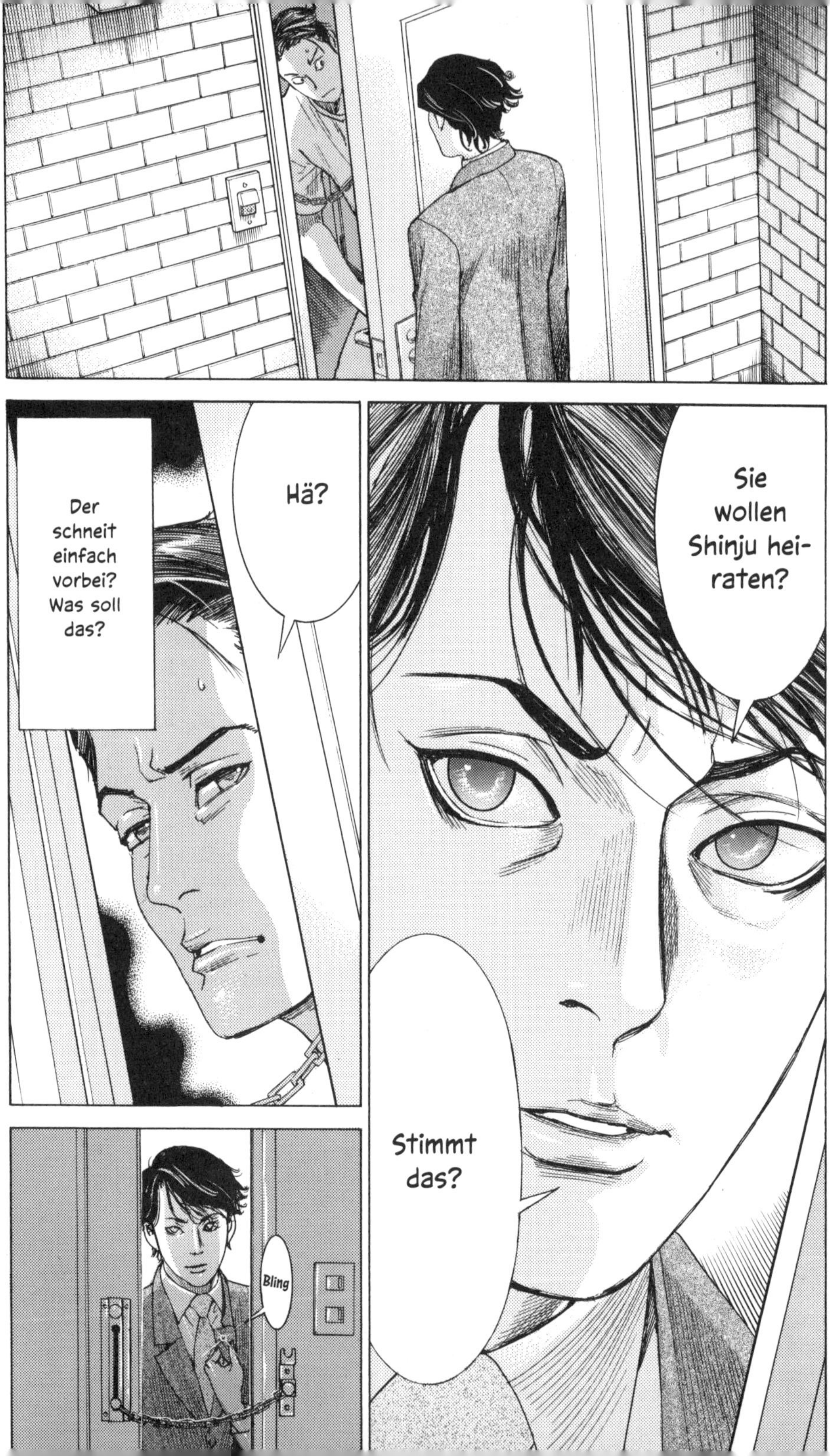

Sie wollen Shinju heiraten?

Stimmt das?

Hä?

Der schneit einfach vorbei? Was soll das?

Bling

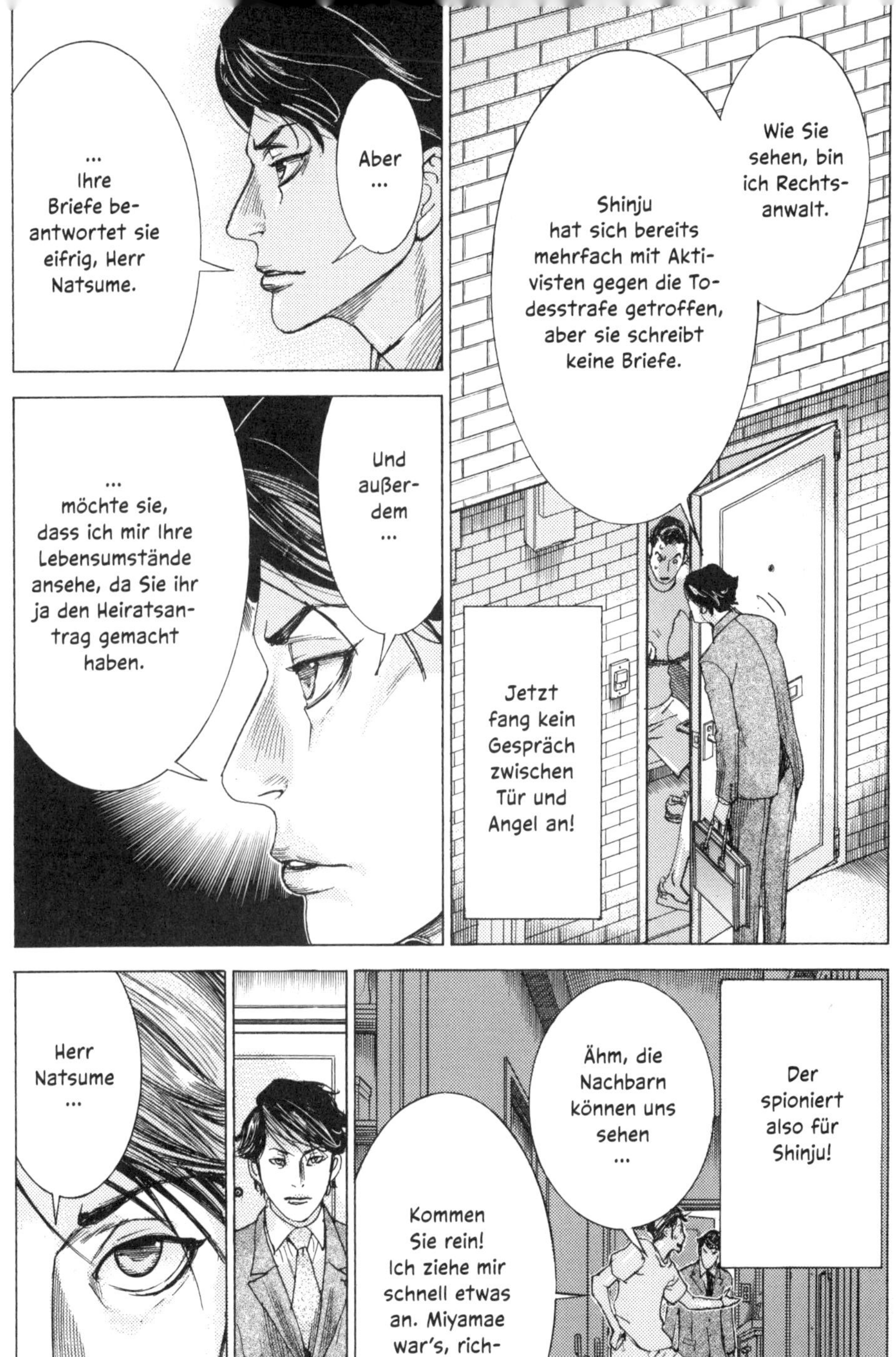
Wie Sie sehen, bin ich Rechtsanwalt.
Shinju hat sich bereits mehrfach mit Aktivisten gegen die Todesstrafe getroffen, aber sie schreibt keine Briefe.
Jetzt fang kein Gespräch zwischen Tür und Angel an!
Aber ...
... Ihre Briefe beantwortet sie eifrig, Herr Natsume.
Und außerdem ...
... möchte sie, dass ich mir Ihre Lebensumstände ansehe, da Sie ihr ja den Heiratsantrag gemacht haben.
Der spioniert also für Shinju!
Ähm, die Nachbarn können uns sehen ...
Kommen Sie rein! Ich ziehe mir schnell etwas an. Miyamae war's, richtig?
Herr Natsume ...

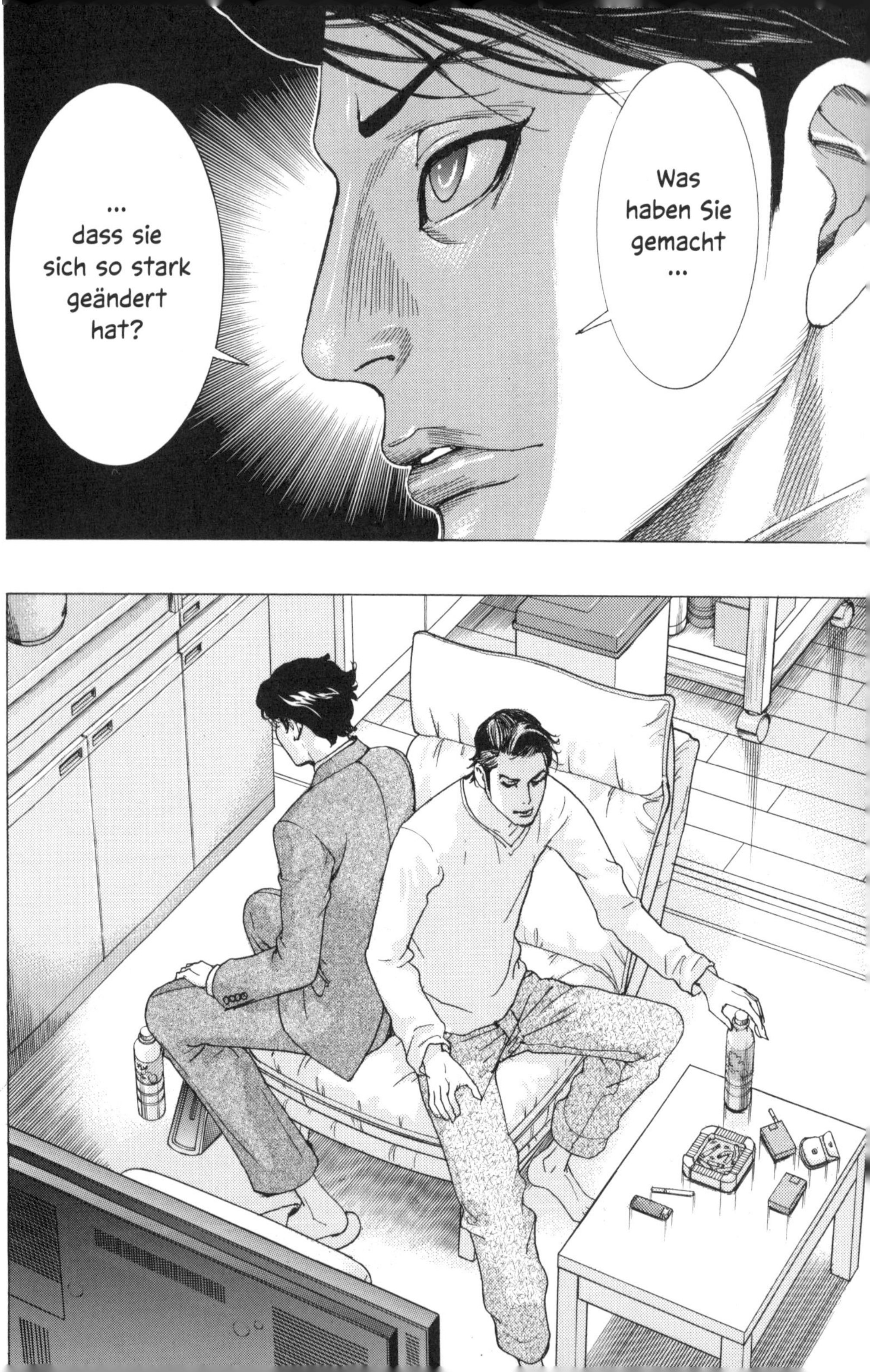

Was haben Sie gemacht ...

... dass sie sich so stark geändert hat?

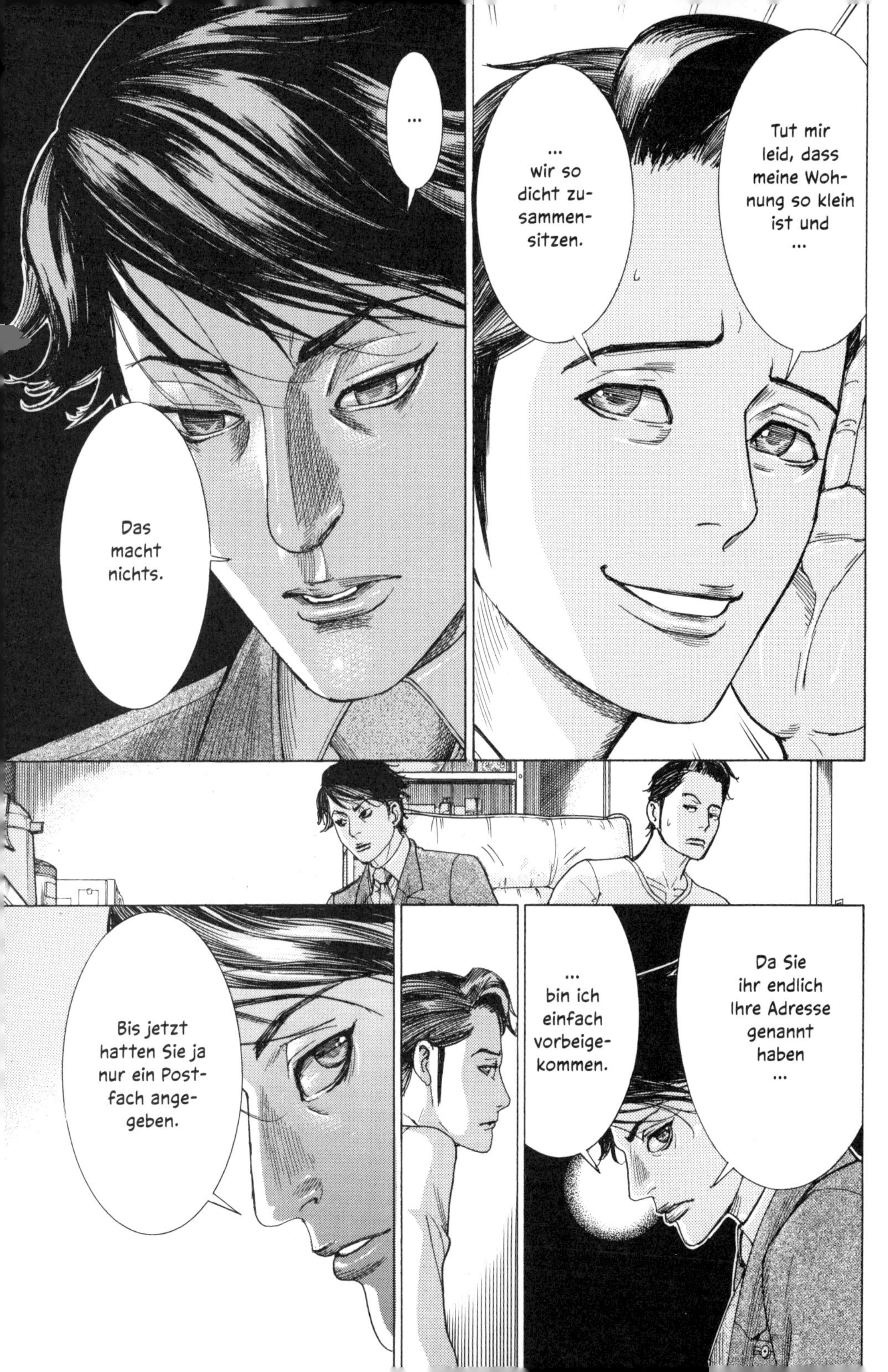
Tut mir leid, dass meine Wohnung so klein ist und ...
... wir so dicht zusammensitzen.
...
Das macht nichts.
Da Sie ihr endlich Ihre Adresse genannt haben ...
... bin ich einfach vorbeigekommen.
Bis jetzt hatten Sie ja nur ein Postfach angegeben.

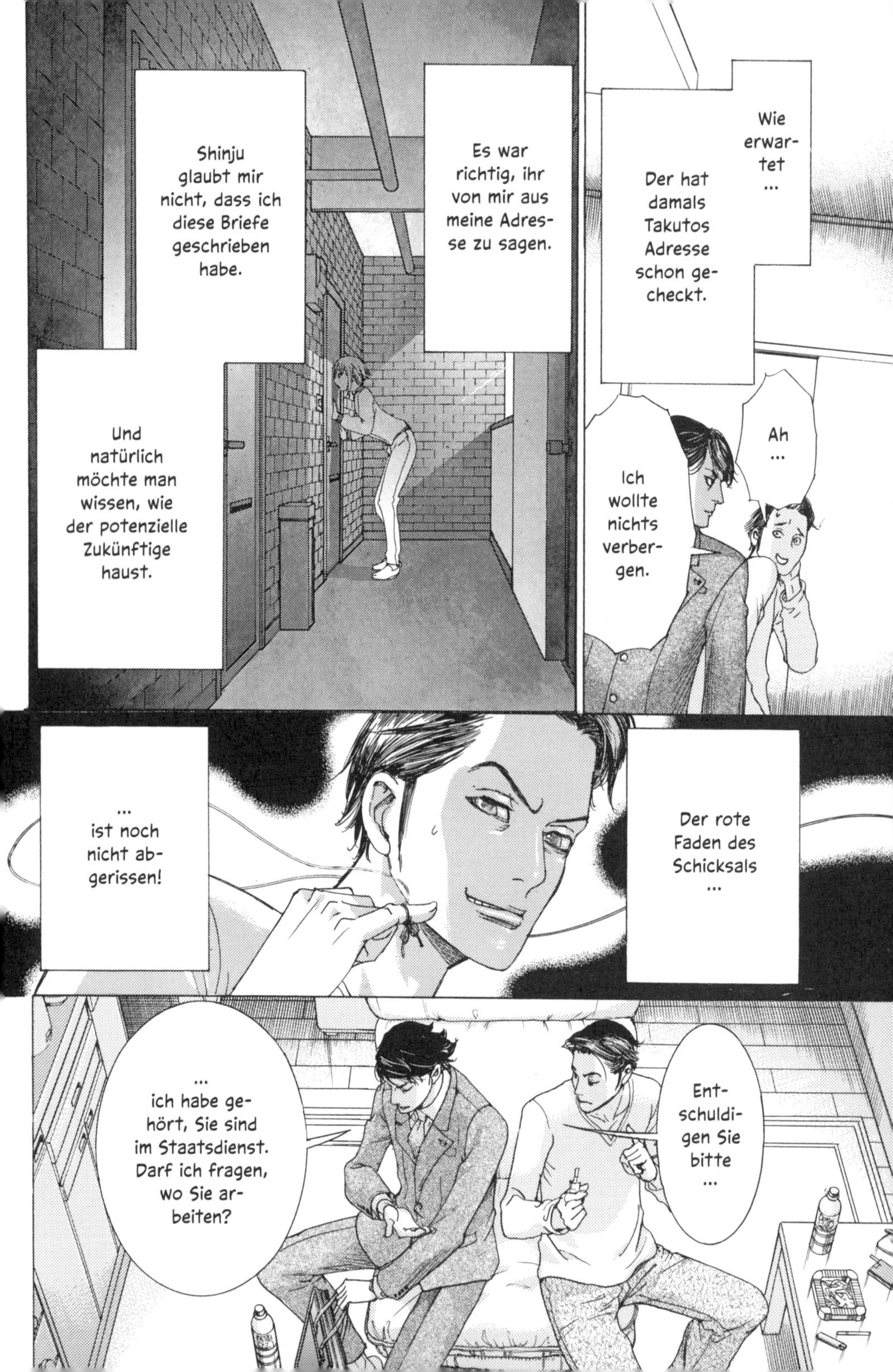
Wie erwartet …
Der hat damals Takutos Adresse schon gecheckt.
Ah …
Ich wollte nichts verbergen.
Es war richtig, ihr von mir aus meine Adresse zu sagen.
Shinju glaubt mir nicht, dass ich diese Briefe geschrieben habe.
Und natürlich möchte man wissen, wie der potenzielle Zukünftige haust.
Der rote Faden des Schicksals …
… ist noch nicht abgerissen!
Entschuldigen Sie bitte …
… ich habe gehört, Sie sind im Staatsdienst. Darf ich fragen, wo Sie arbeiten?

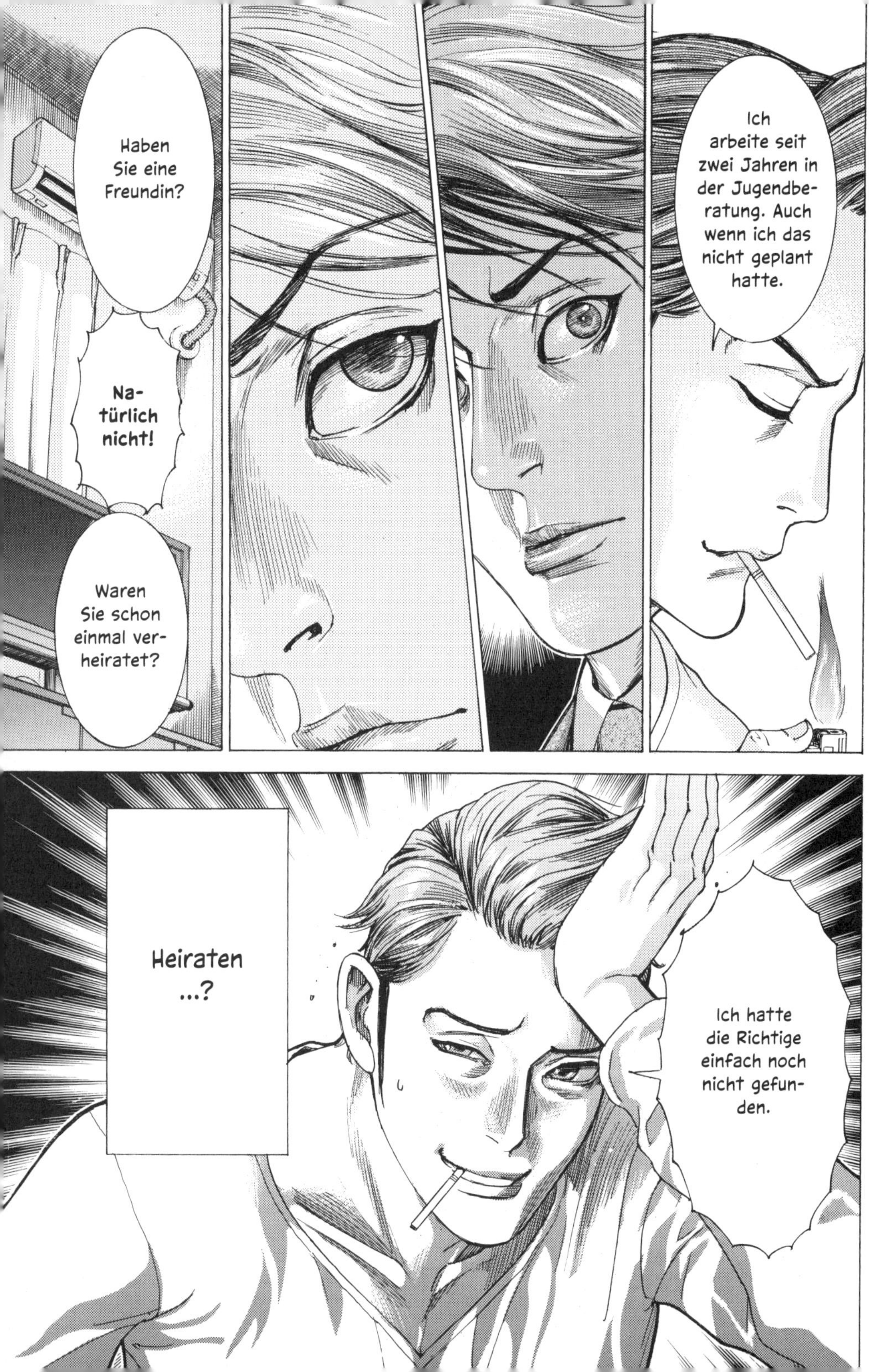

Ich arbeite seit zwei Jahren in der Jugendberatung. Auch wenn ich das nicht geplant hatte.

Haben Sie eine Freundin?

Natürlich nicht!

Waren Sie schon einmal verheiratet?

Ich hatte die Richtige einfach noch nicht gefunden.

Heiraten ...?

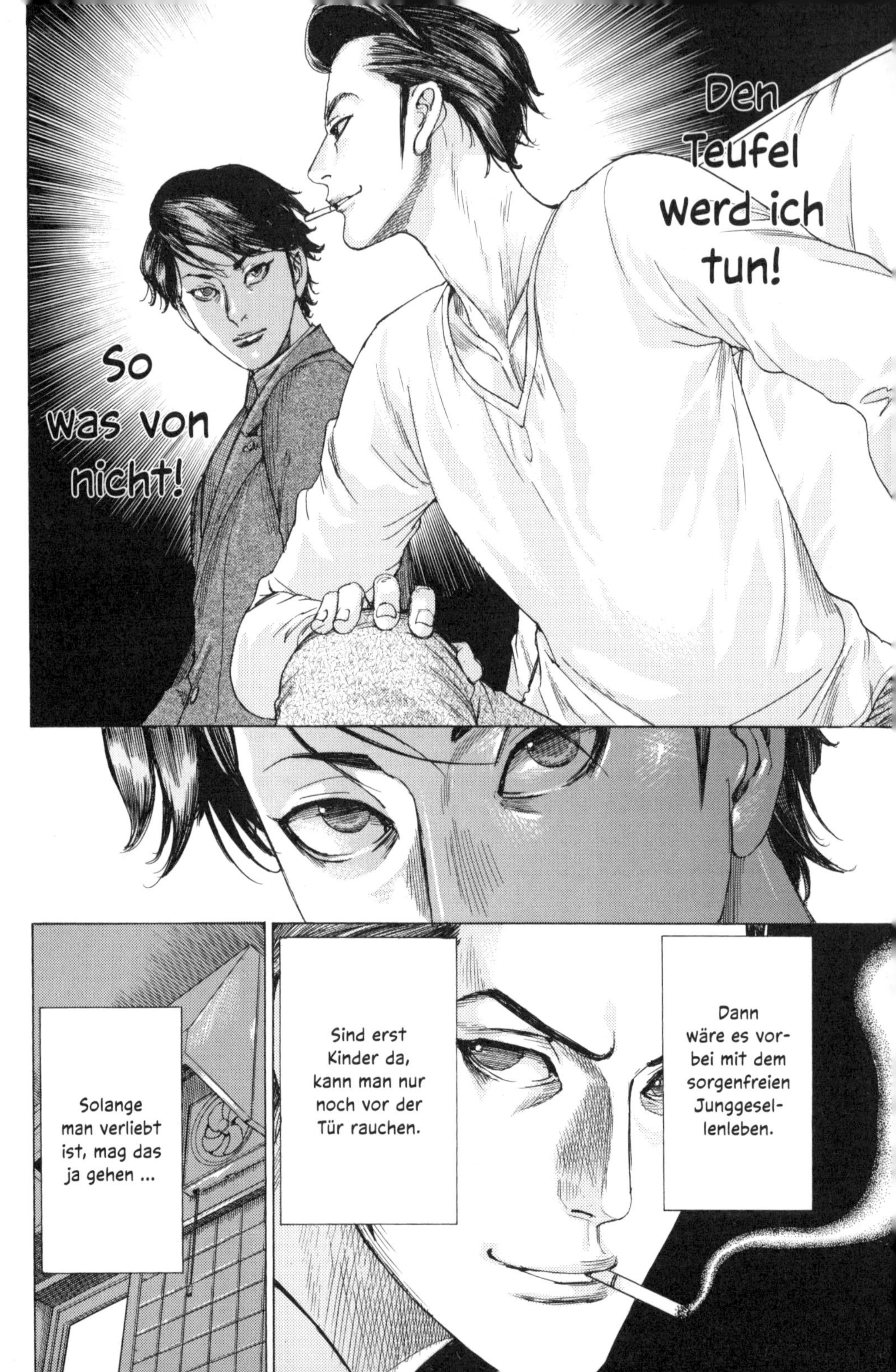
Den Teufel werd ich tun!
So was von nicht!
Dann wäre es vorbei mit dem sorgenfreien Junggesellenleben.
Sind erst Kinder da, kann man nur noch vor der Tür rauchen.
Solange man verliebt ist, mag das ja gehen ...

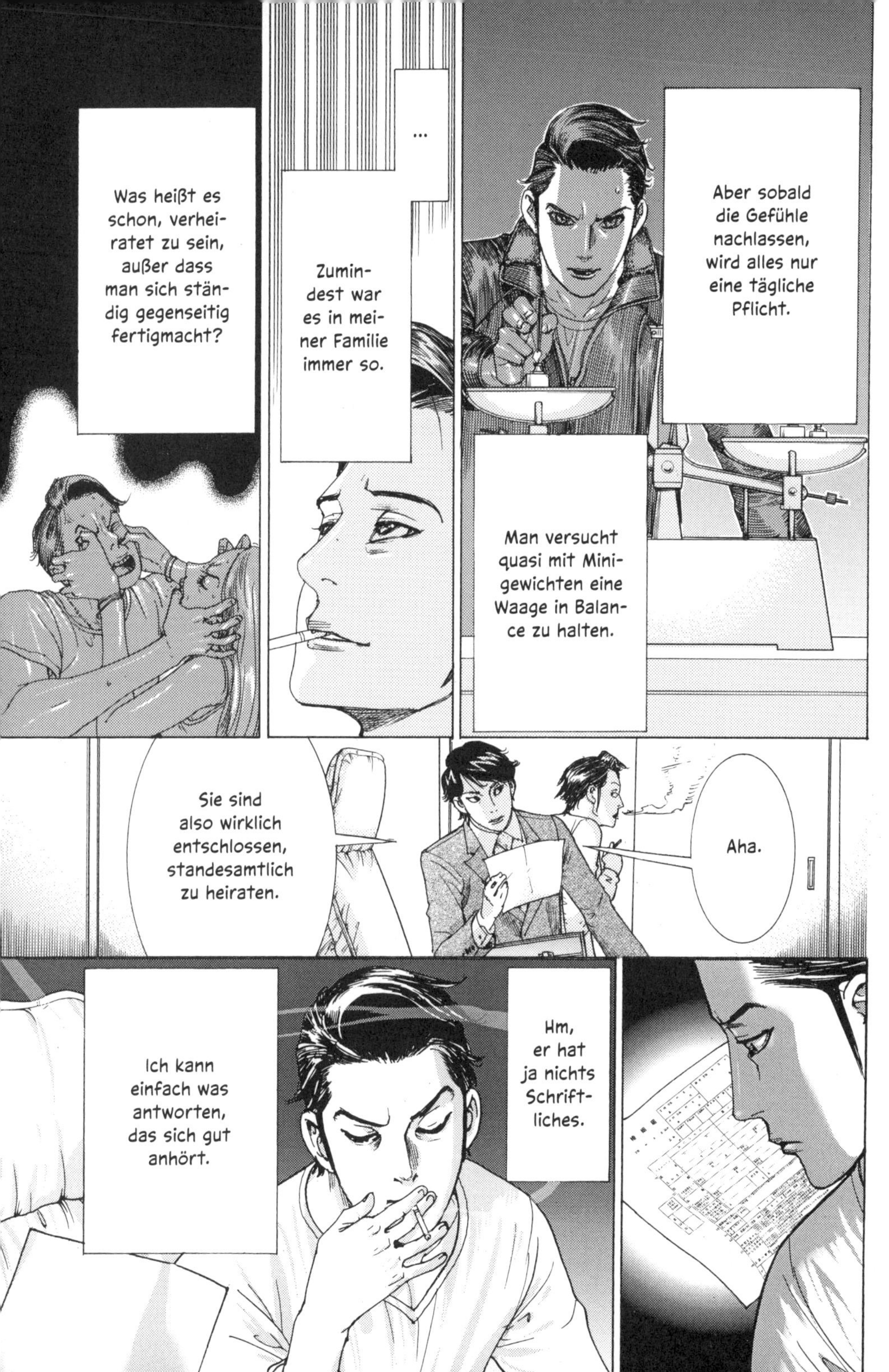
Aber sobald die Gefühle nachlassen, wird alles nur eine tägliche Pflicht.
Man versucht quasi mit Minigewichten eine Waage in Balance zu halten.
...
Zumindest war es in meiner Familie immer so.
Was heißt es schon, verheiratet zu sein, außer dass man sich ständig gegenseitig fertigmacht?
Aha.
Sie sind also wirklich entschlossen, standesamtlich zu heiraten.
Hm, er hat ja nichts Schriftliches.
Ich kann einfach was antworten, das sich gut anhört.

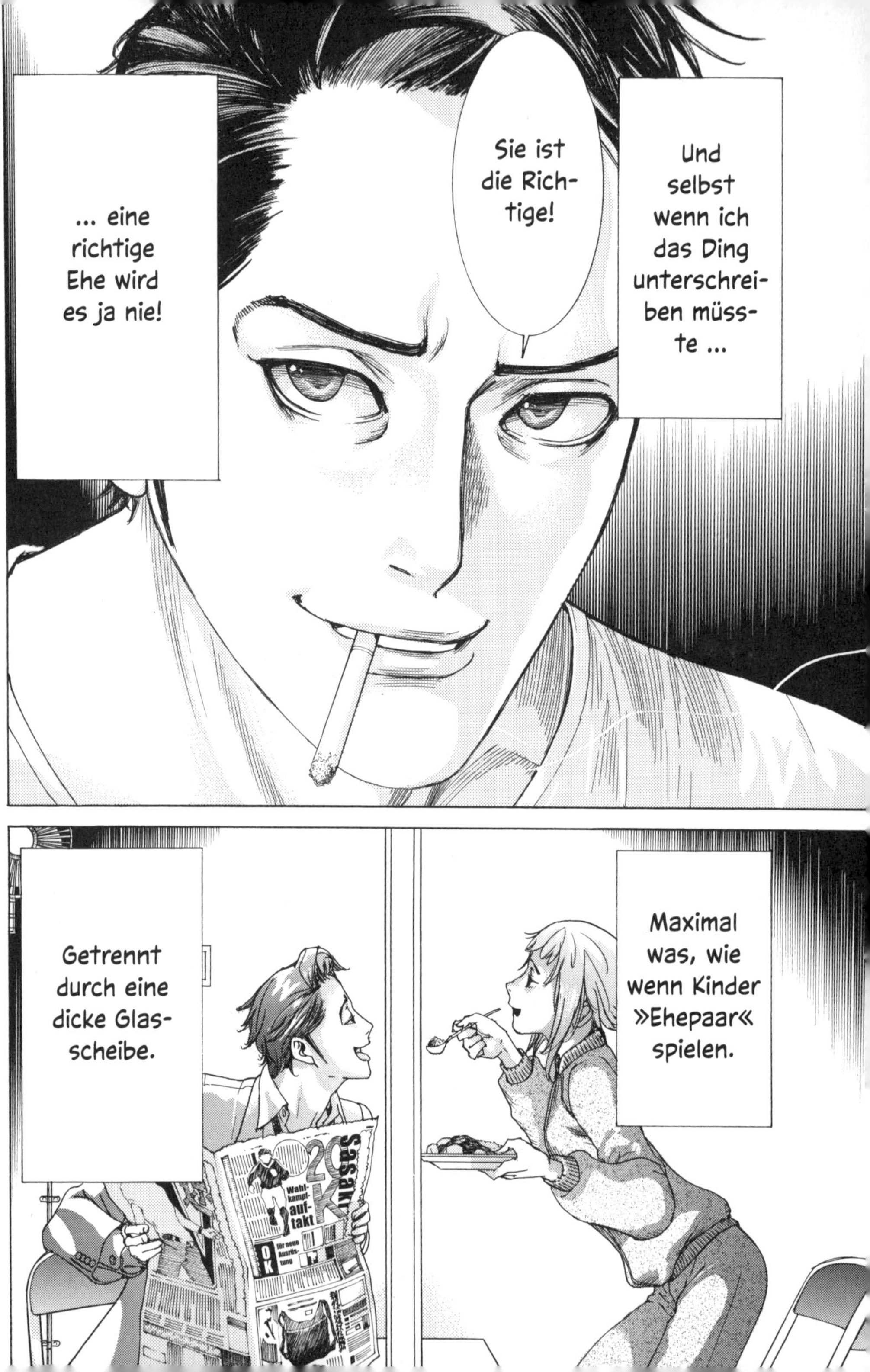

Und selbst wenn ich das Ding unterschreiben müsste ...

Sie ist die Richtige!

... eine richtige Ehe wird es ja nie!

Maximal was, wie wenn Kinder »Ehepaar« spielen.

Getrennt durch eine dicke Glasscheibe.

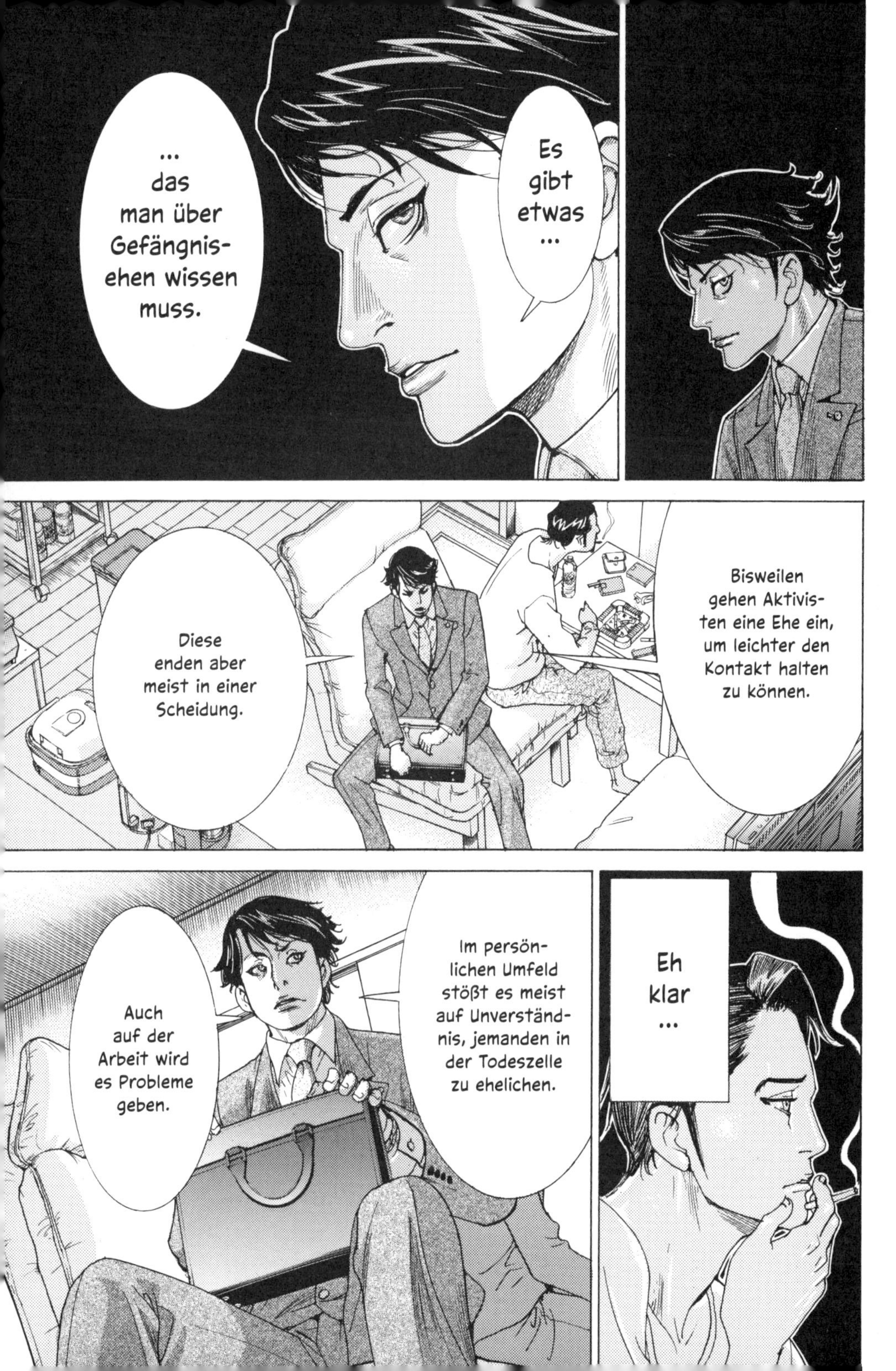

Es gibt etwas ...
... das man über Gefängnisehen wissen muss.

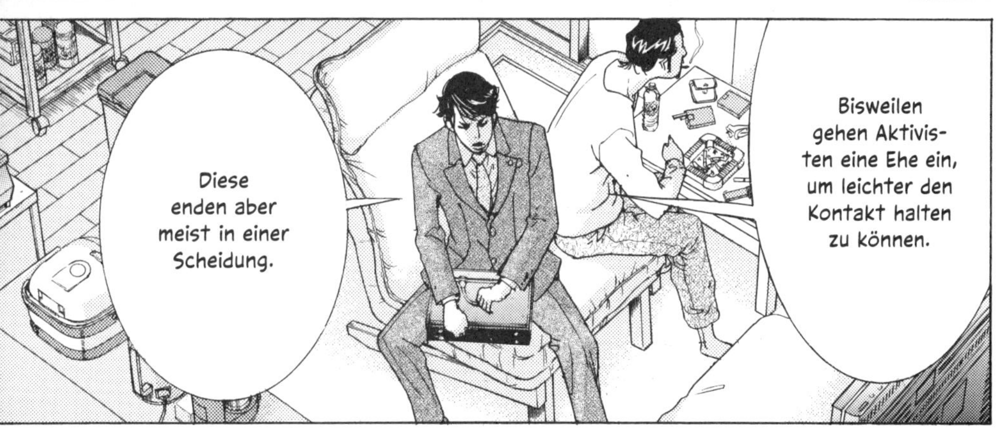

Eh klar ...
Im persönlichen Umfeld stößt es meist auf Unverständnis, jemanden in der Todeszelle zu ehelichen.
Auch auf der Arbeit wird es Probleme geben.

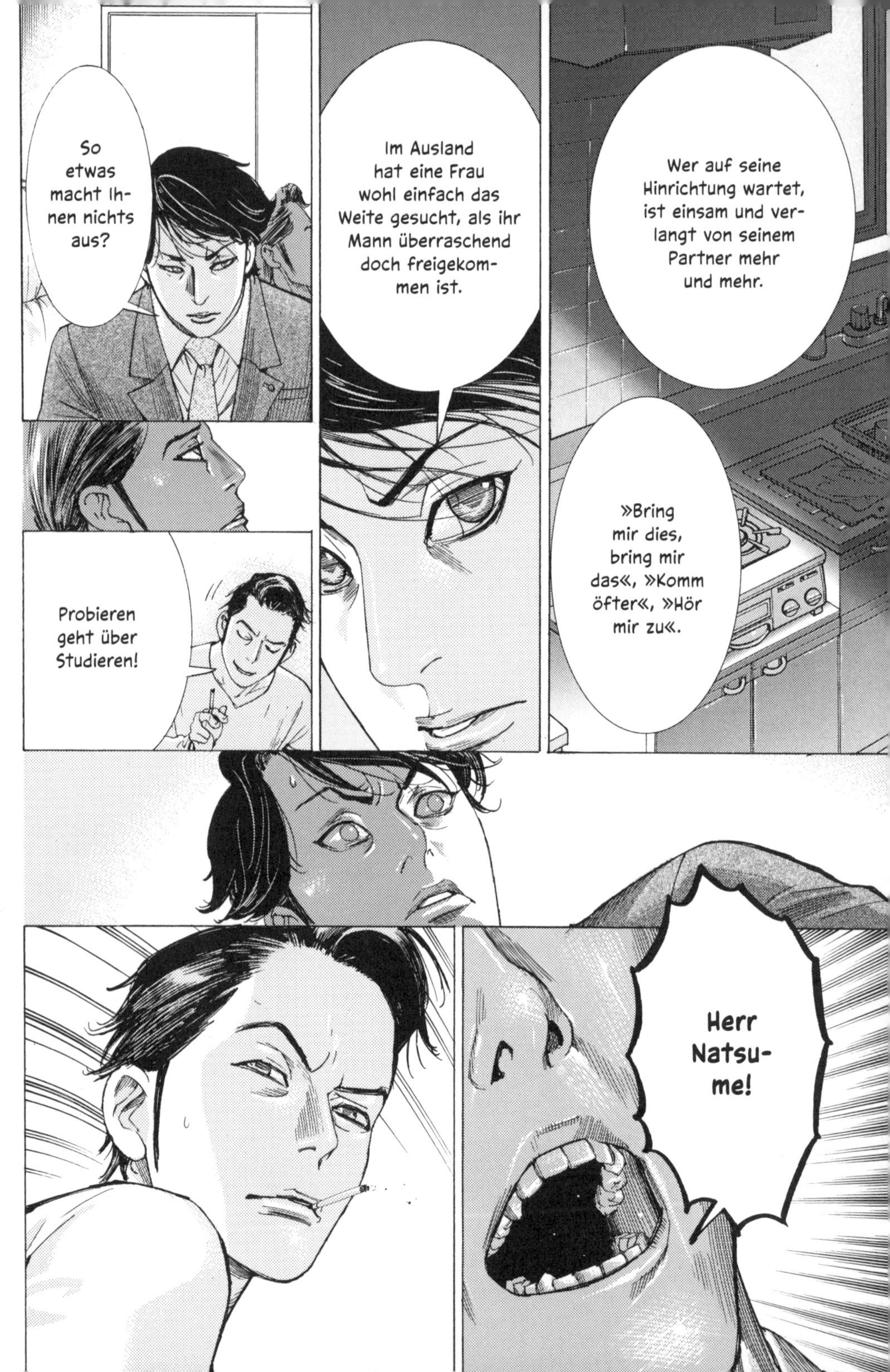
Wer auf seine Hinrichtung wartet, ist einsam und verlangt von seinem Partner mehr und mehr.
»Bring mir dies, bring mir das«, »Komm öfter«, »Hör mir zu«.
Im Ausland hat eine Frau wohl einfach das Weite gesucht, als ihr Mann überraschend doch freigekommen ist.
So etwas macht Ihnen nichts aus?
Probieren geht über Studieren!
Herr Natsume!

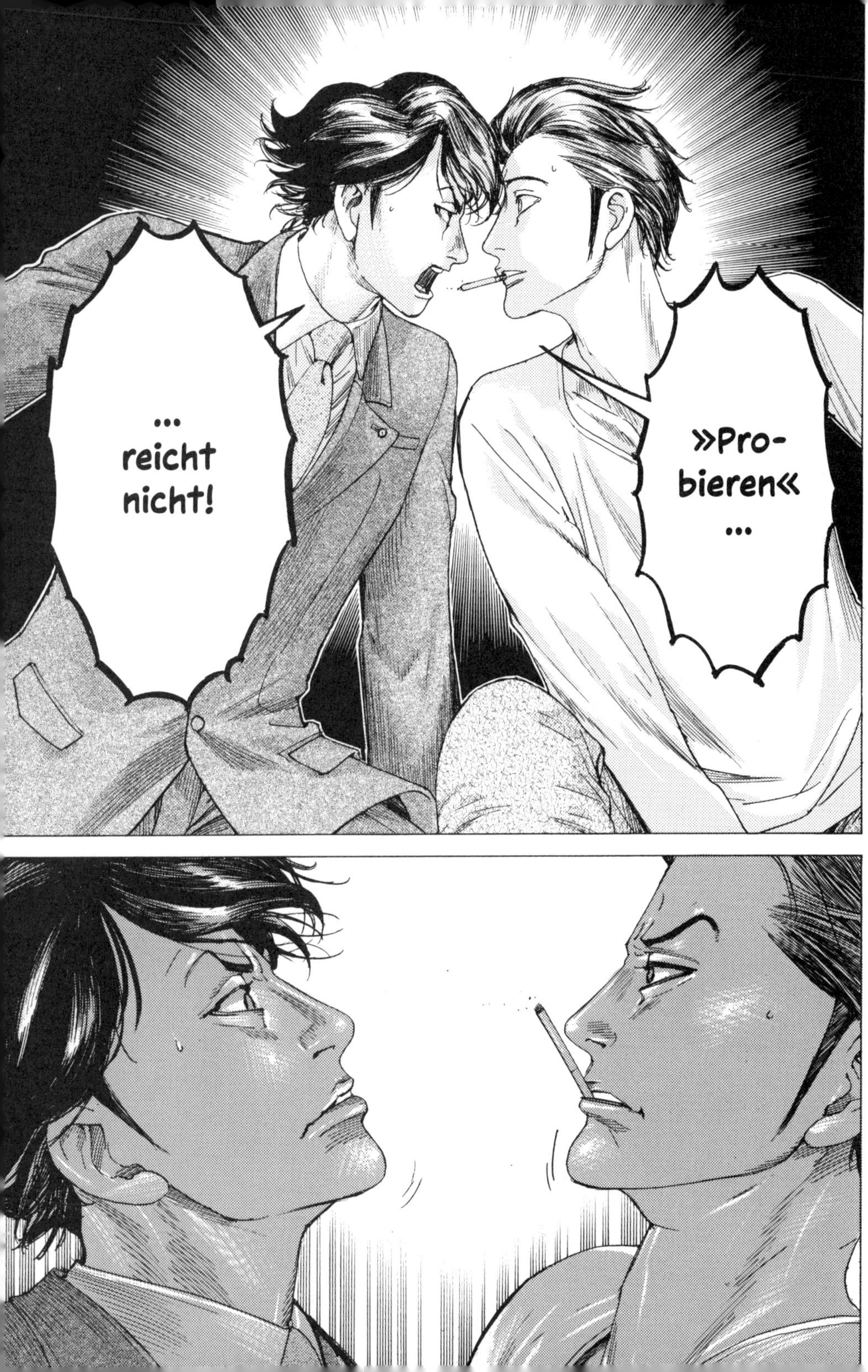

»Probieren« ...

... reicht nicht!

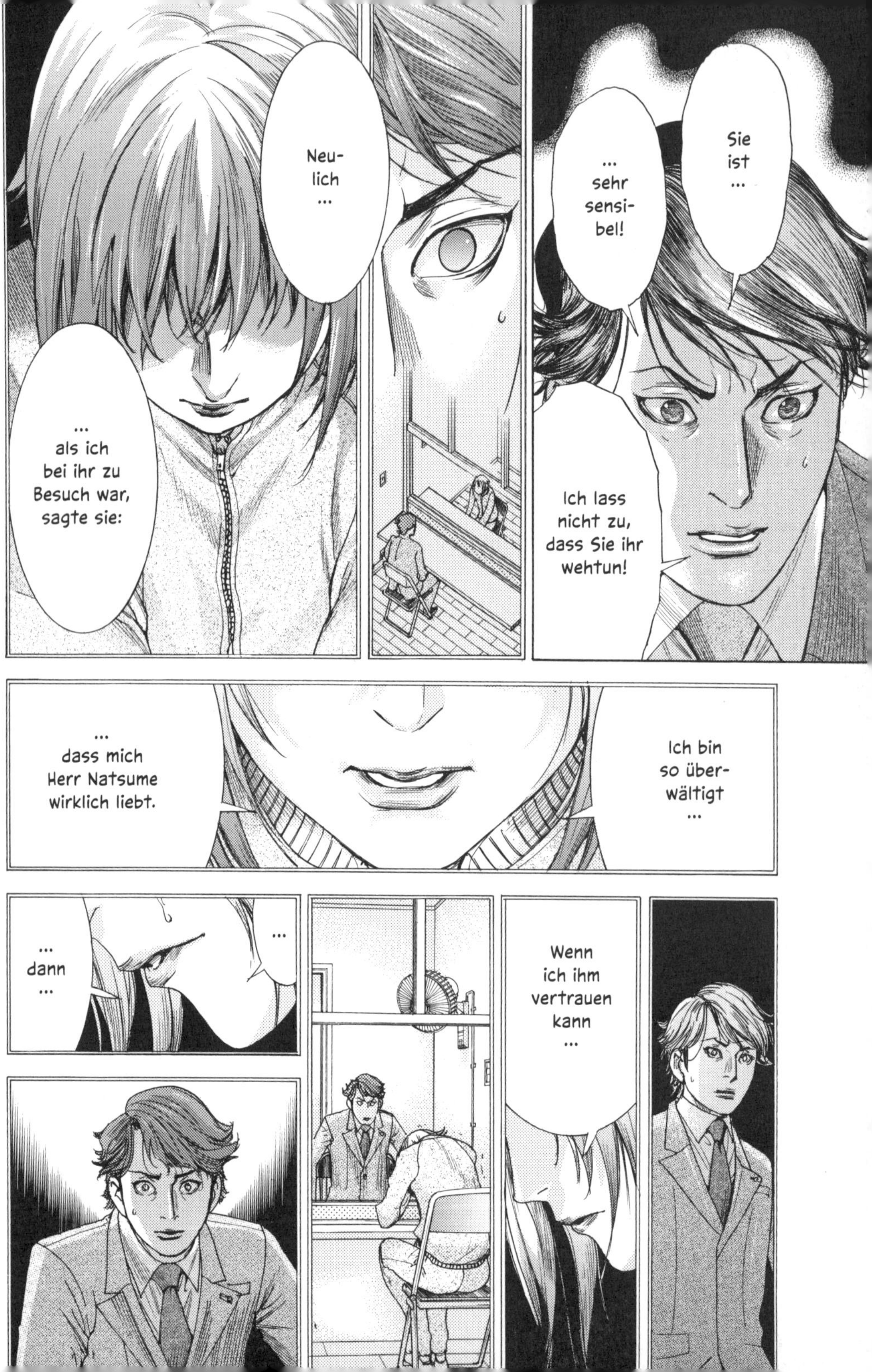

Sie ist ...

... sehr sensibel!

Ich lass nicht zu, dass Sie ihr wehtun!

Neulich ...

... als ich bei ihr zu Besuch war, sagte sie:

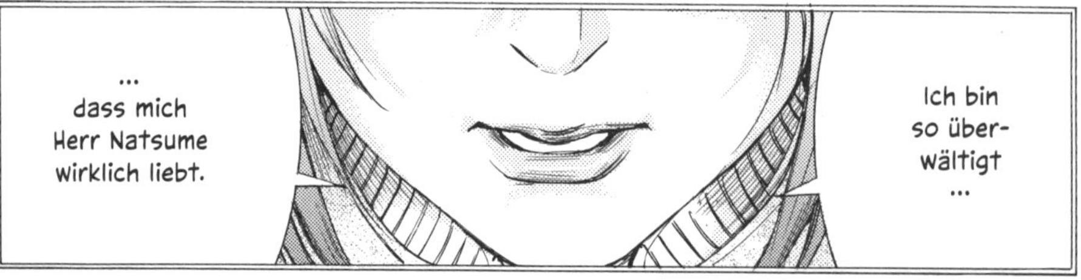

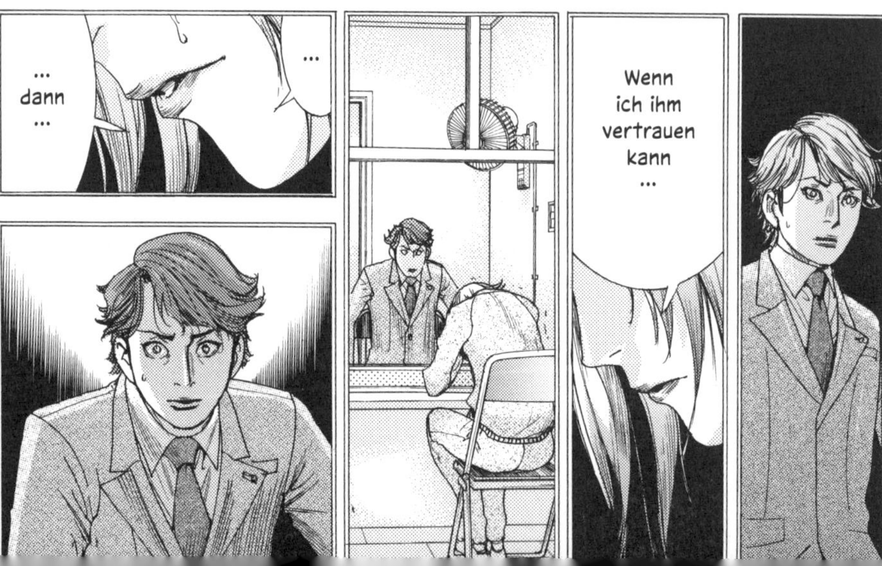

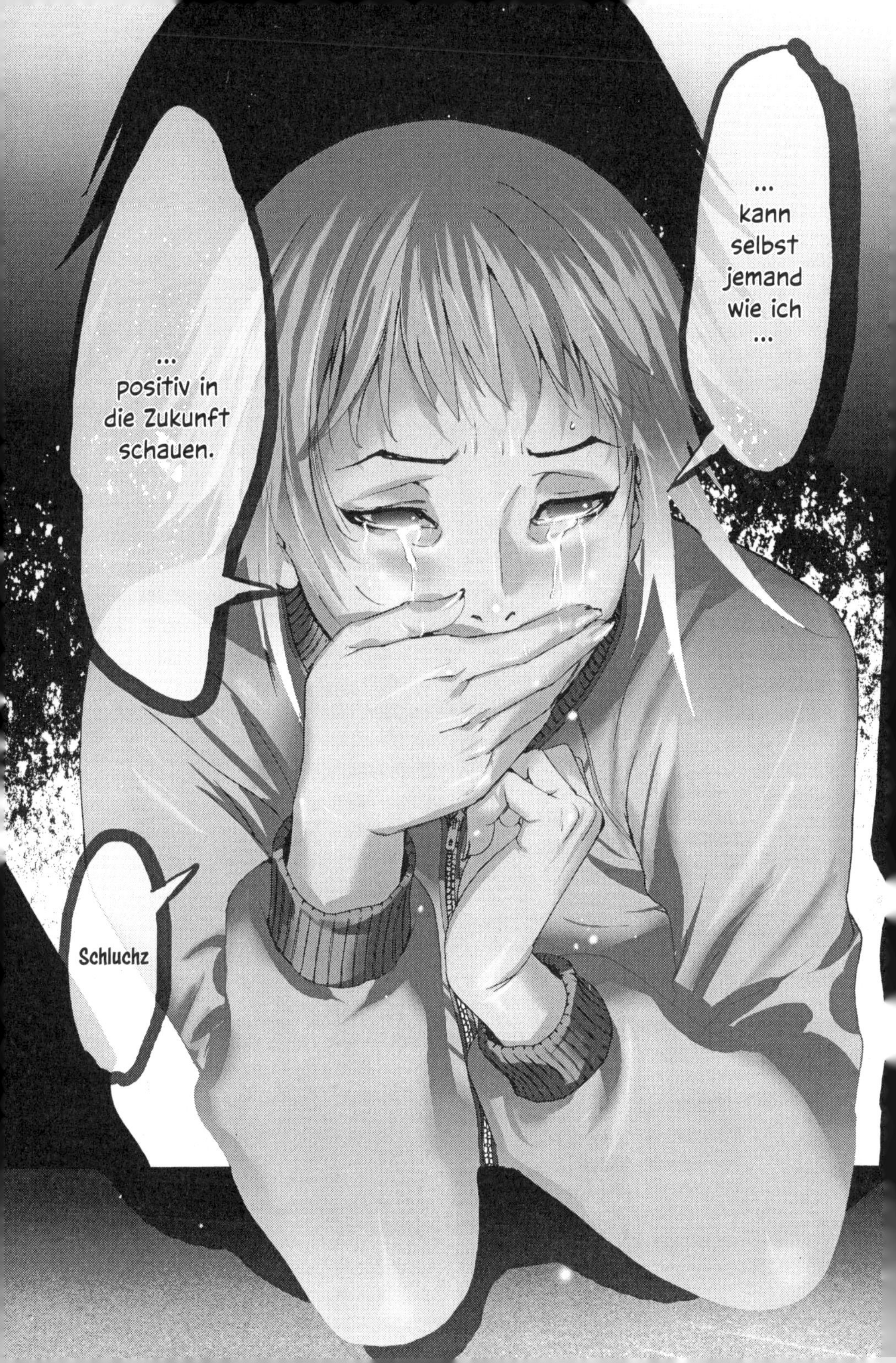
... kann selbst jemand wie ich ...
... positiv in die Zukunft schauen.
Schluchz

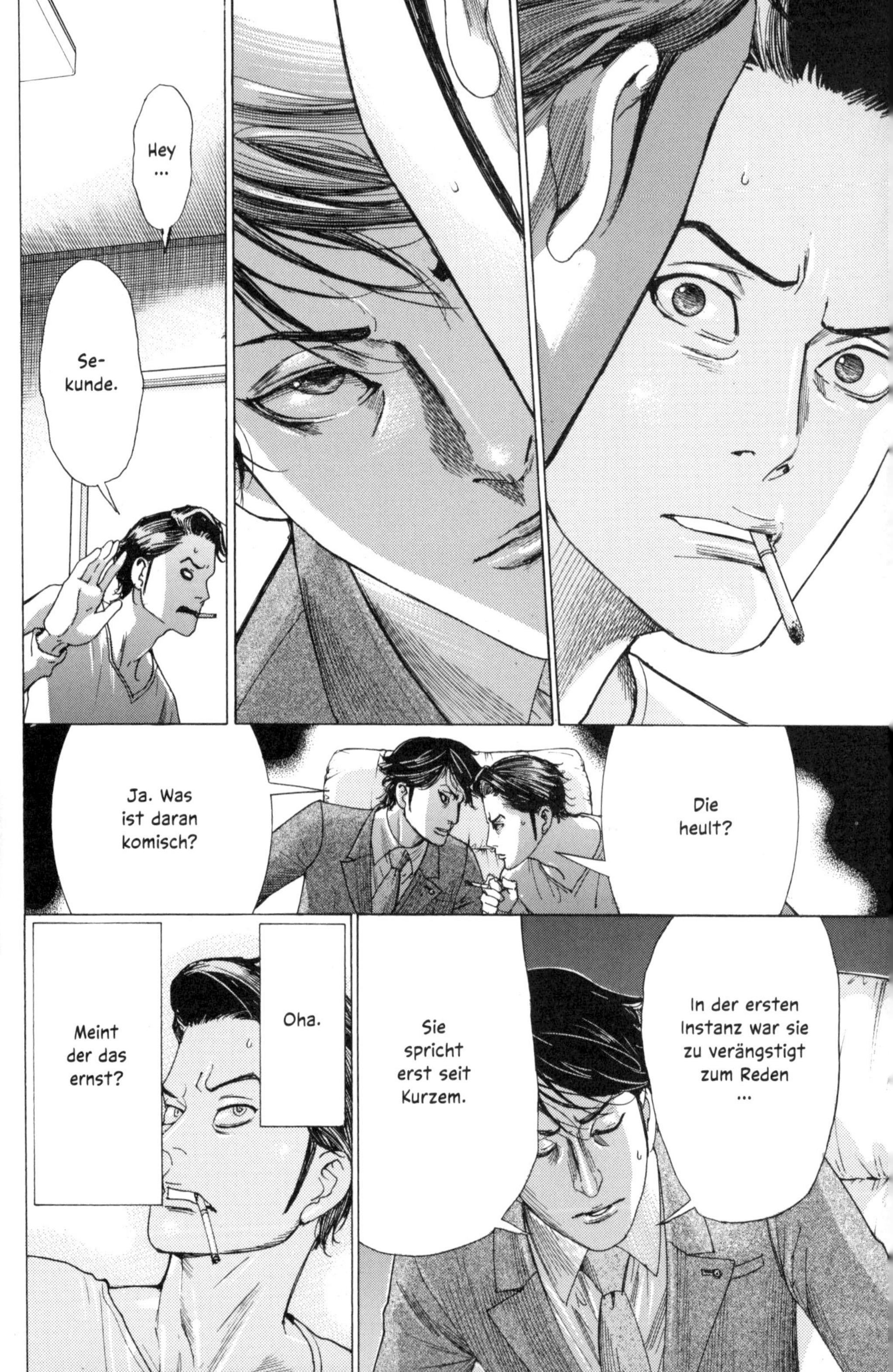
Hey ...
Se-kunde.
Die heult?
Ja. Was ist daran komisch?
In der ersten Instanz war sie zu verängstigt zum Reden ...
Sie spricht erst seit Kurzem.
Oha.
Meint der das ernst?

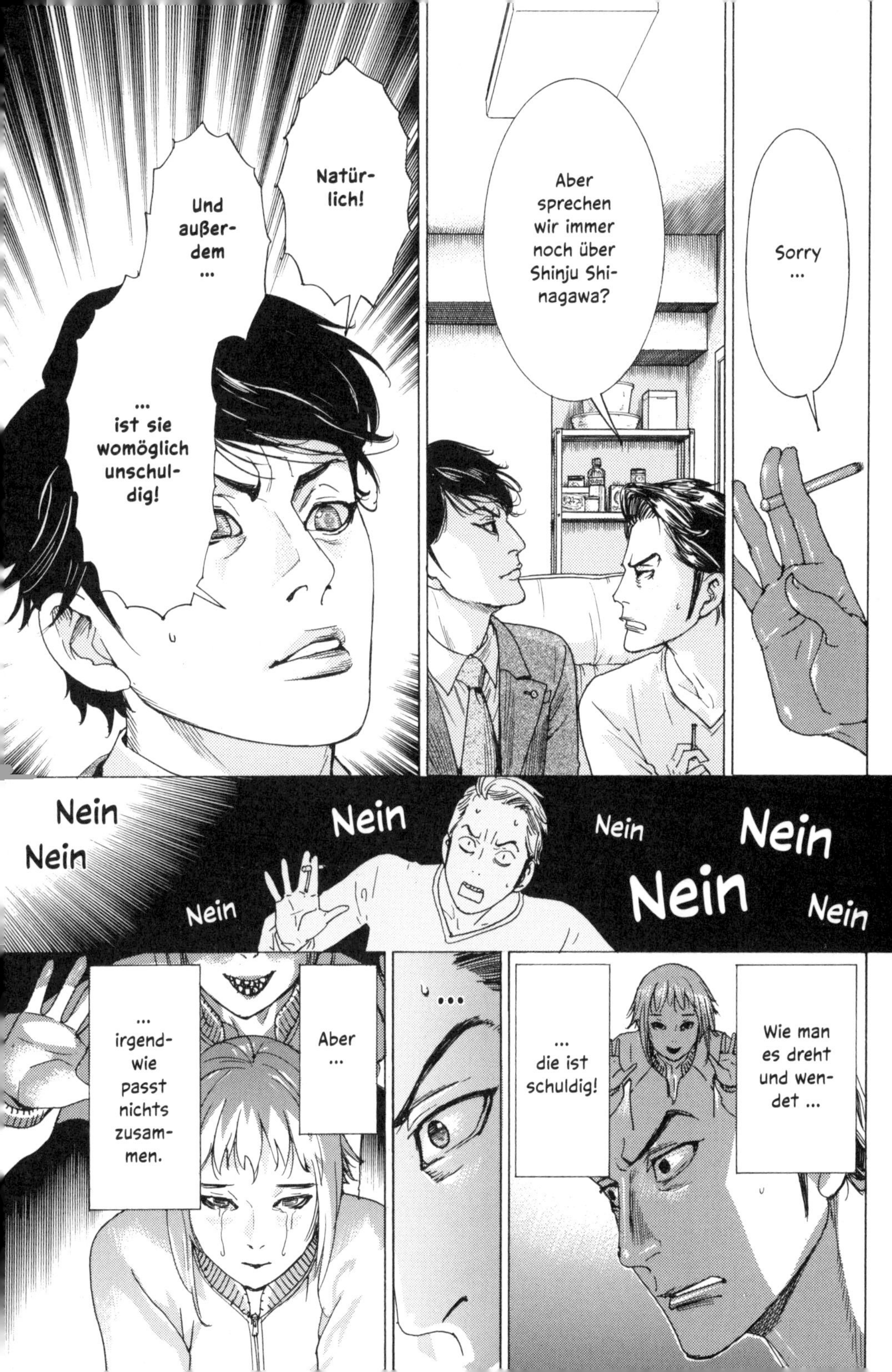
Sorry ...
Aber sprechen wir immer noch über Shinju Shinagawa?
Natürlich!
Und außerdem ...
... ist sie womöglich unschuldig!
Nein
Nein
Nein
Nein
Nein
Nein
Nein
Nein
Wie man es dreht und wendet ...
... die ist schuldig!
...
Aber ...
... irgendwie passt nichts zusammen.

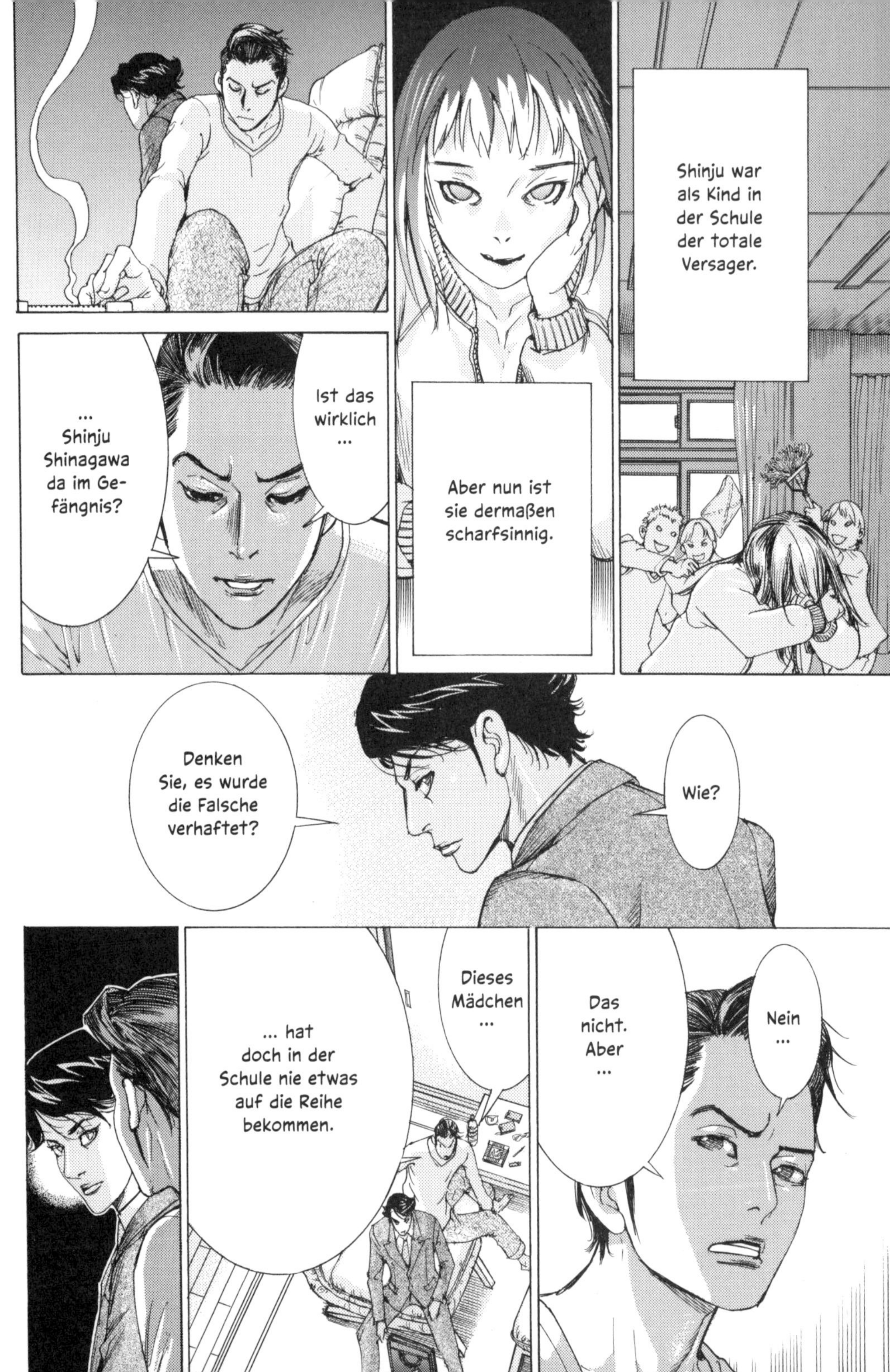
Shinju war als Kind in der Schule der totale Versager.
Aber nun ist sie dermaßen scharfsinnig.
Ist das wirklich ...
... Shinju Shinagawa da im Gefängnis?
Wie?
Denken Sie, es wurde die Falsche verhaftet?
Nein ...
Das nicht. Aber ...
Dieses Mädchen ...
... hat doch in der Schule nie etwas auf die Reihe bekommen.

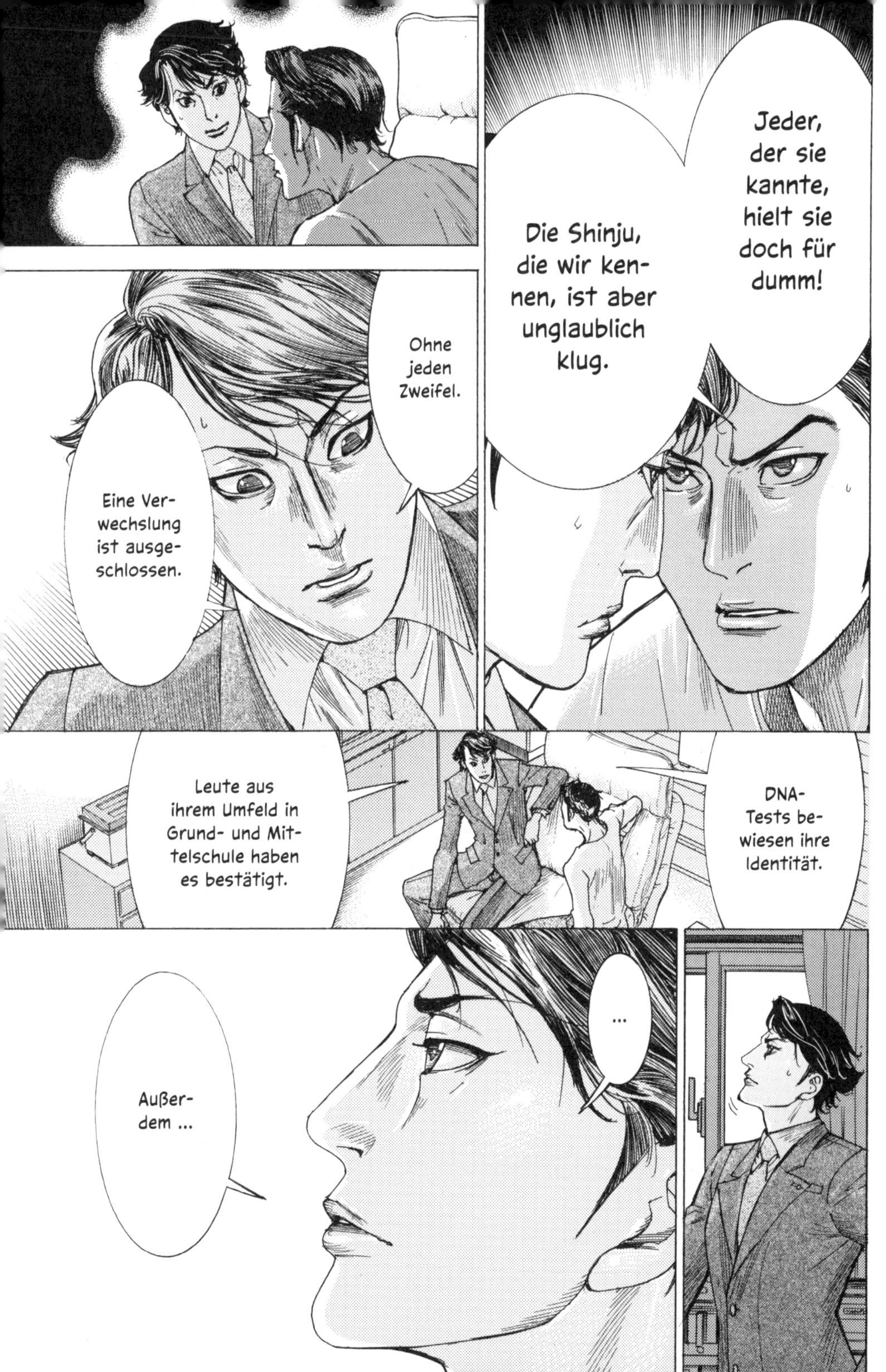
Jeder, der sie kannte, hielt sie doch für dumm!
Die Shinju, die wir kennen, ist aber unglaublich klug.
Ohne jeden Zweifel.
Eine Verwechslung ist ausgeschlossen.
DNA-Tests bewiesen ihre Identität.
Leute aus ihrem Umfeld in Grund- und Mittelschule haben es bestätigt.
...
Außerdem ...

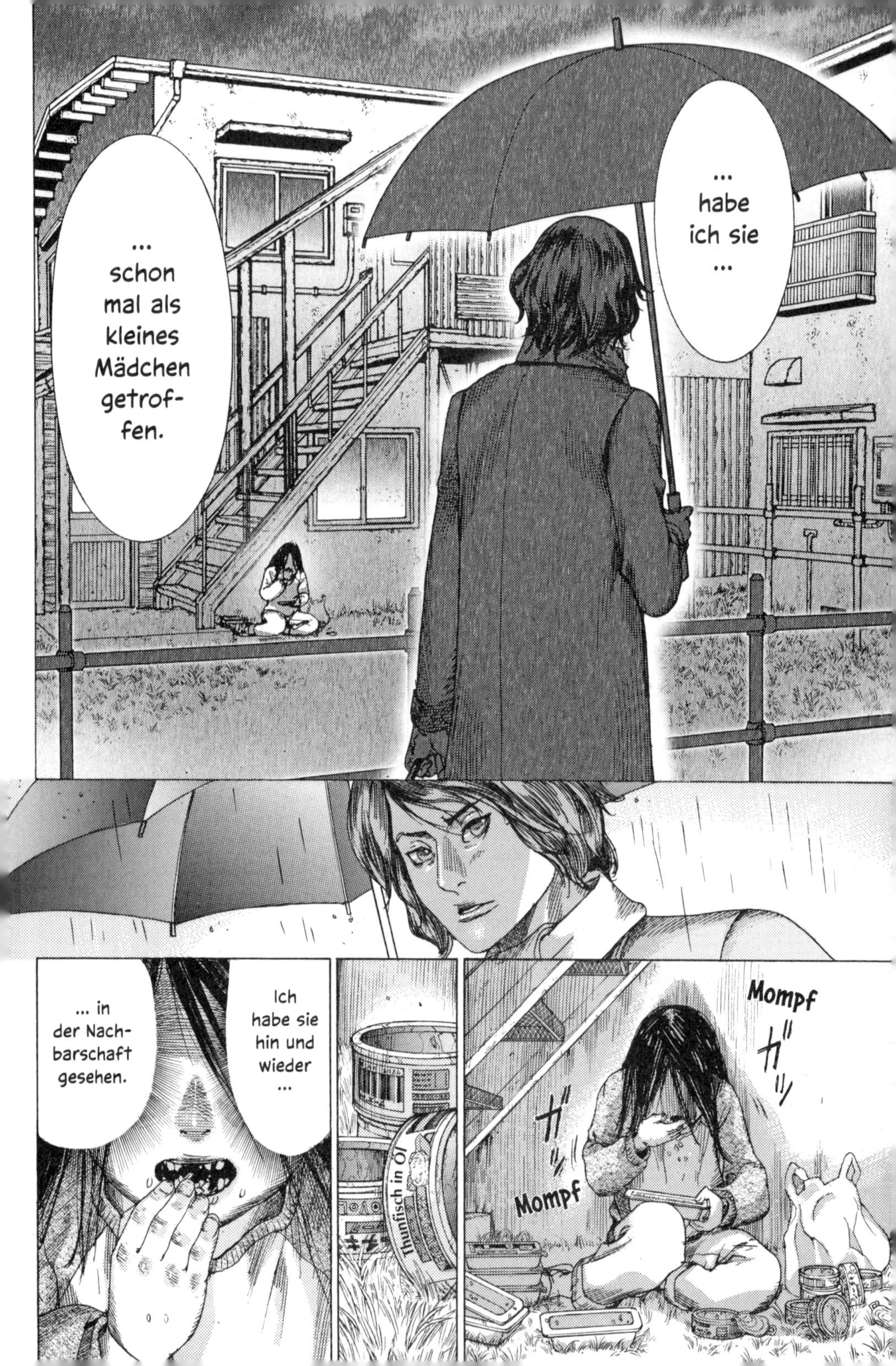
... habe ich sie ...
... schon mal als kleines Mädchen getroffen.
Mompf
Mompf
Thunfisch in Öl
Ich habe sie hin und wieder ...
... in der Nachbarschaft gesehen.

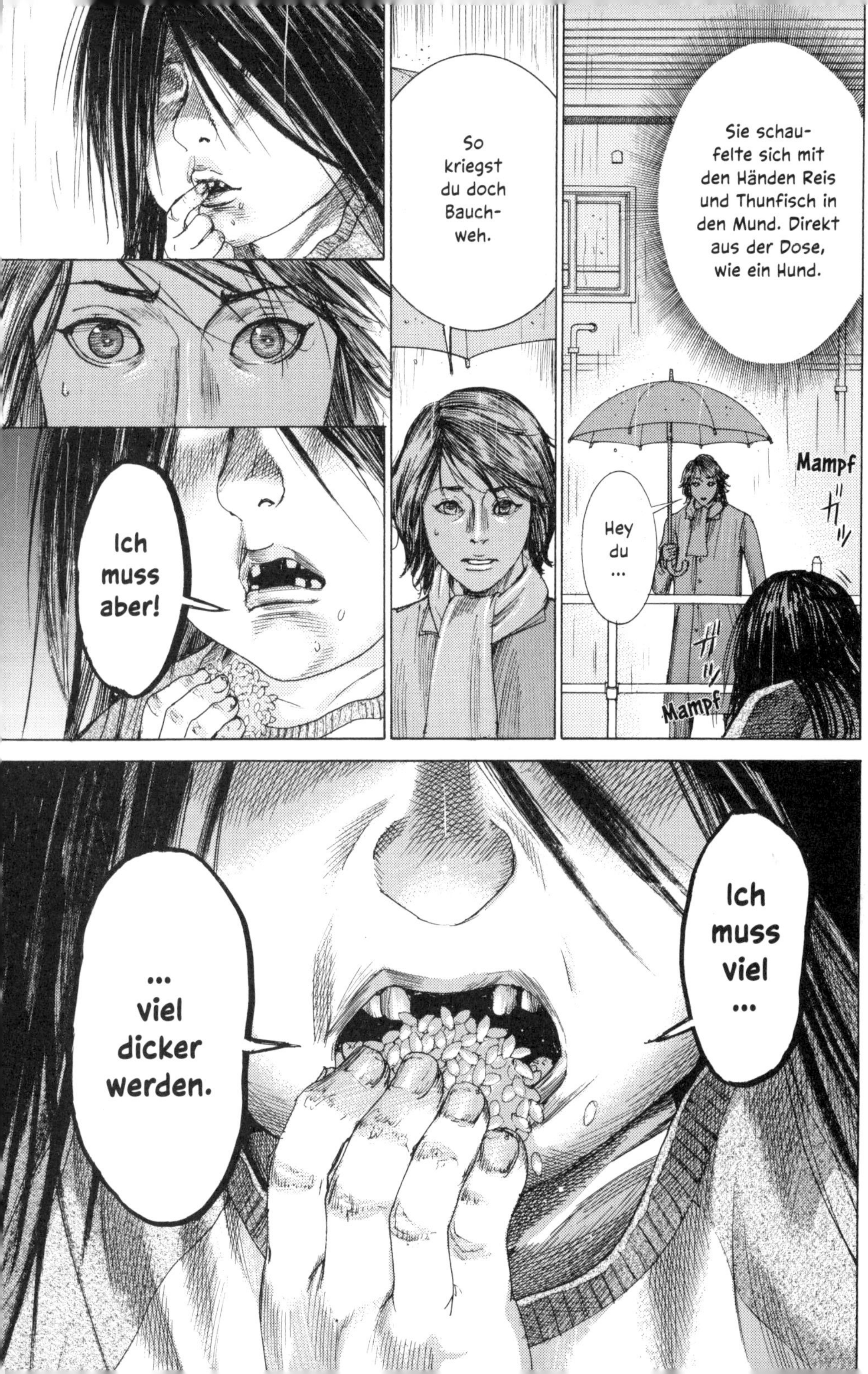

Sie schaufelte sich mit den Händen Reis und Thunfisch in den Mund. Direkt aus der Dose, wie ein Hund.

Mampf

Hey du ...

Mampf

So kriegst du doch Bauchweh.

Ich muss aber!

Ich muss viel ...

... viel dicker werden.

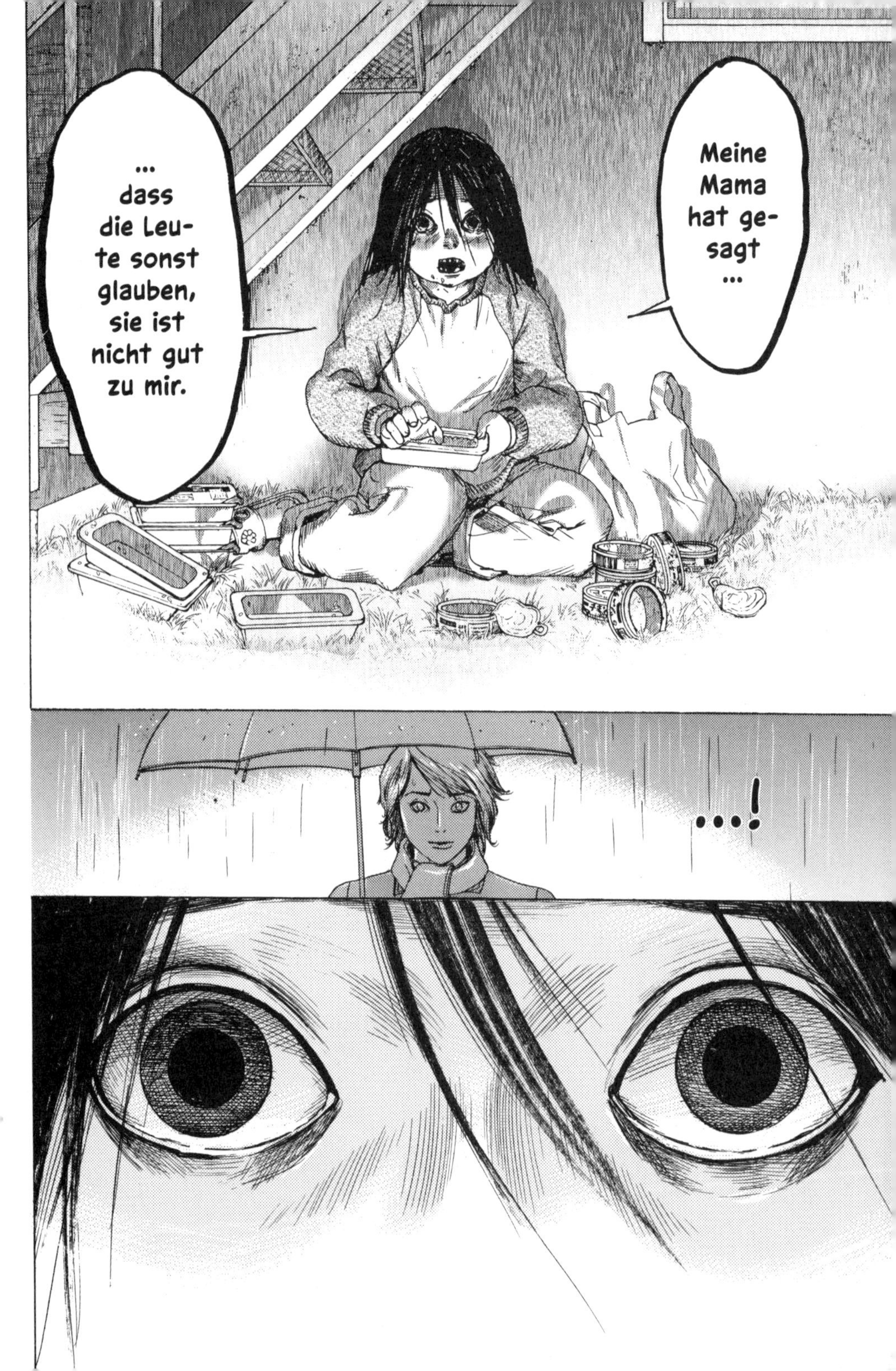
Meine Mama hat ge-sagt ...
... dass die Leu-te sonst glauben, sie ist nicht gut zu mir.
...!

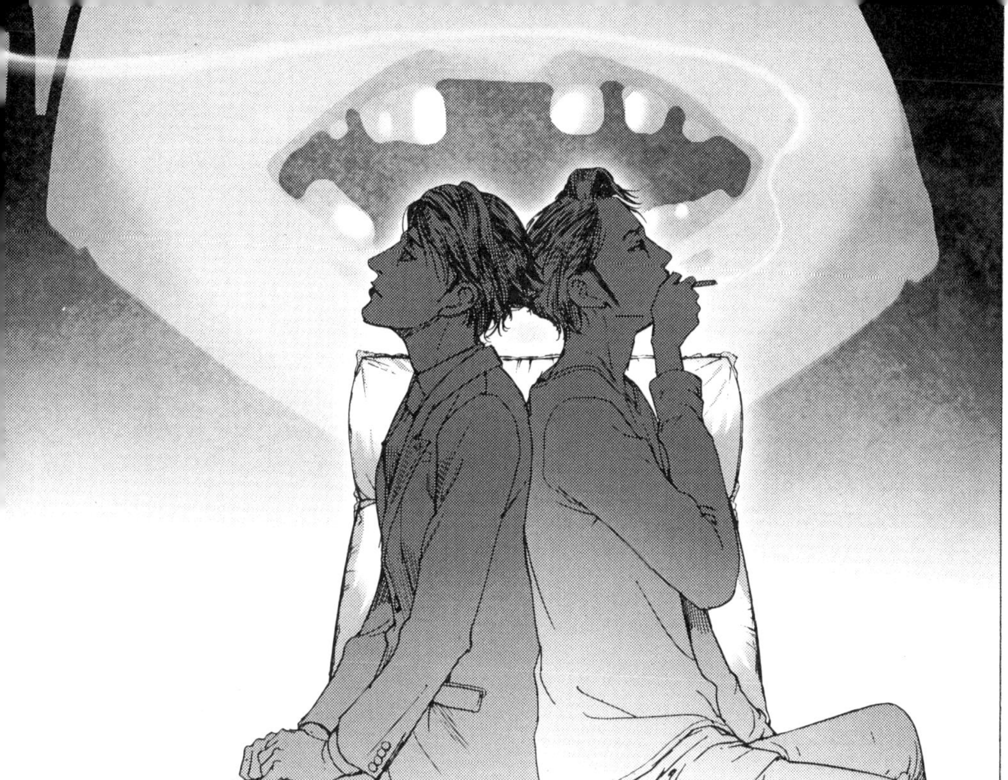

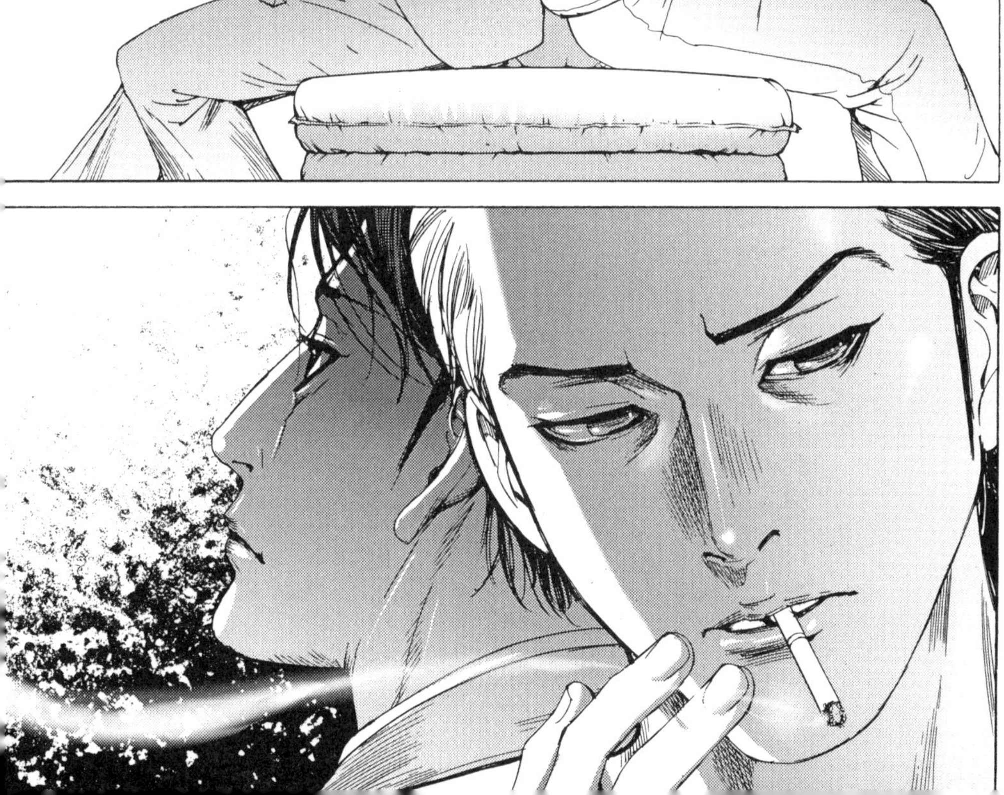

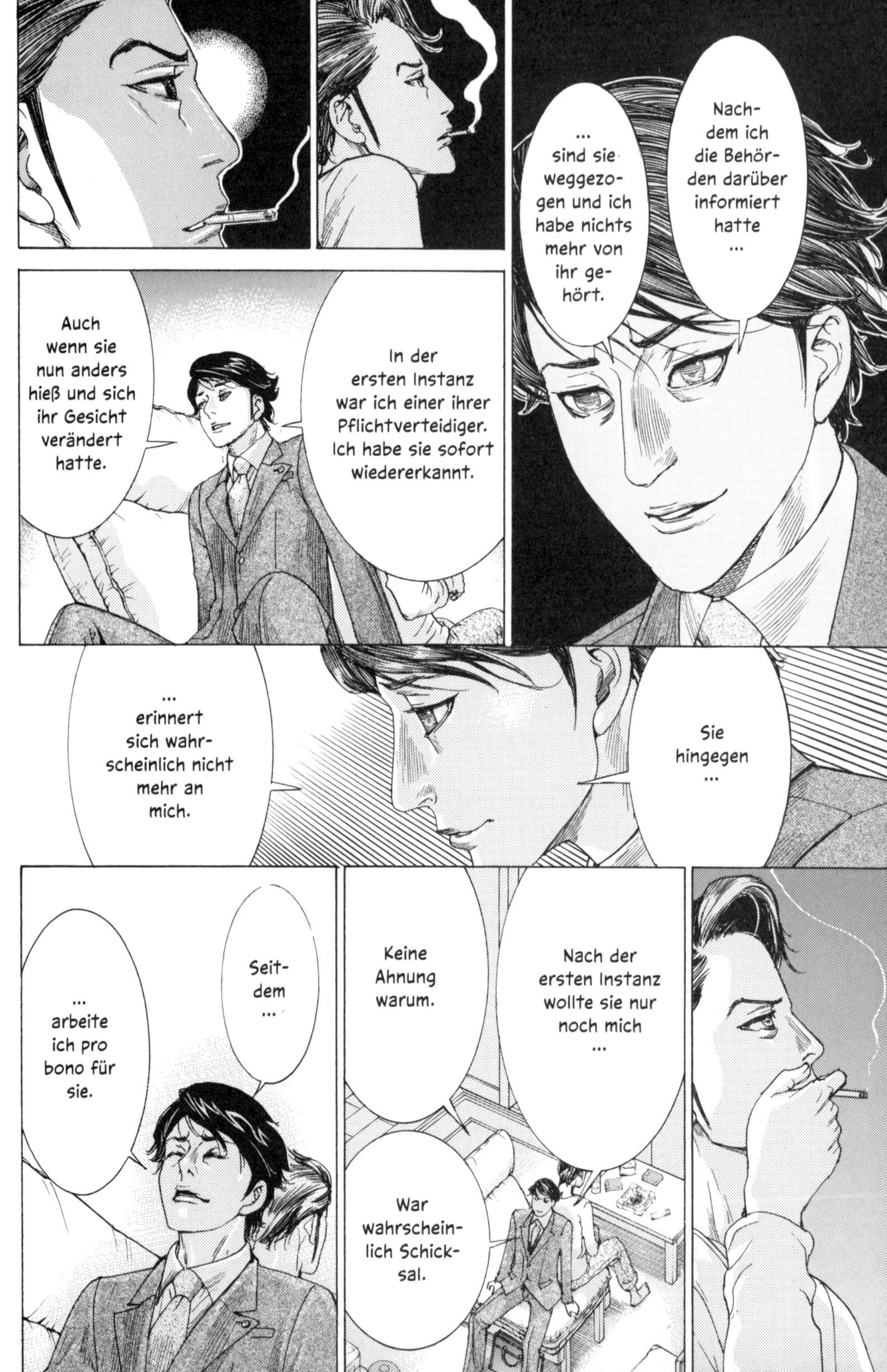

Nachdem ich die Behörden darüber informiert hatte ...
... sind sie weggezogen und ich habe nichts mehr von ihr gehört.
In der ersten Instanz war ich einer ihrer Pflichtverteidiger. Ich habe sie sofort wiedererkannt.
Auch wenn sie nun anders hieß und sich ihr Gesicht verändert hatte.
Sie hingegen ...
... erinnert sich wahrscheinlich nicht mehr an mich.
Nach der ersten Instanz wollte sie nur noch mich ...
Keine Ahnung warum.
War wahrscheinlich Schicksal.
Seitdem ...
... arbeite ich pro bono für sie.

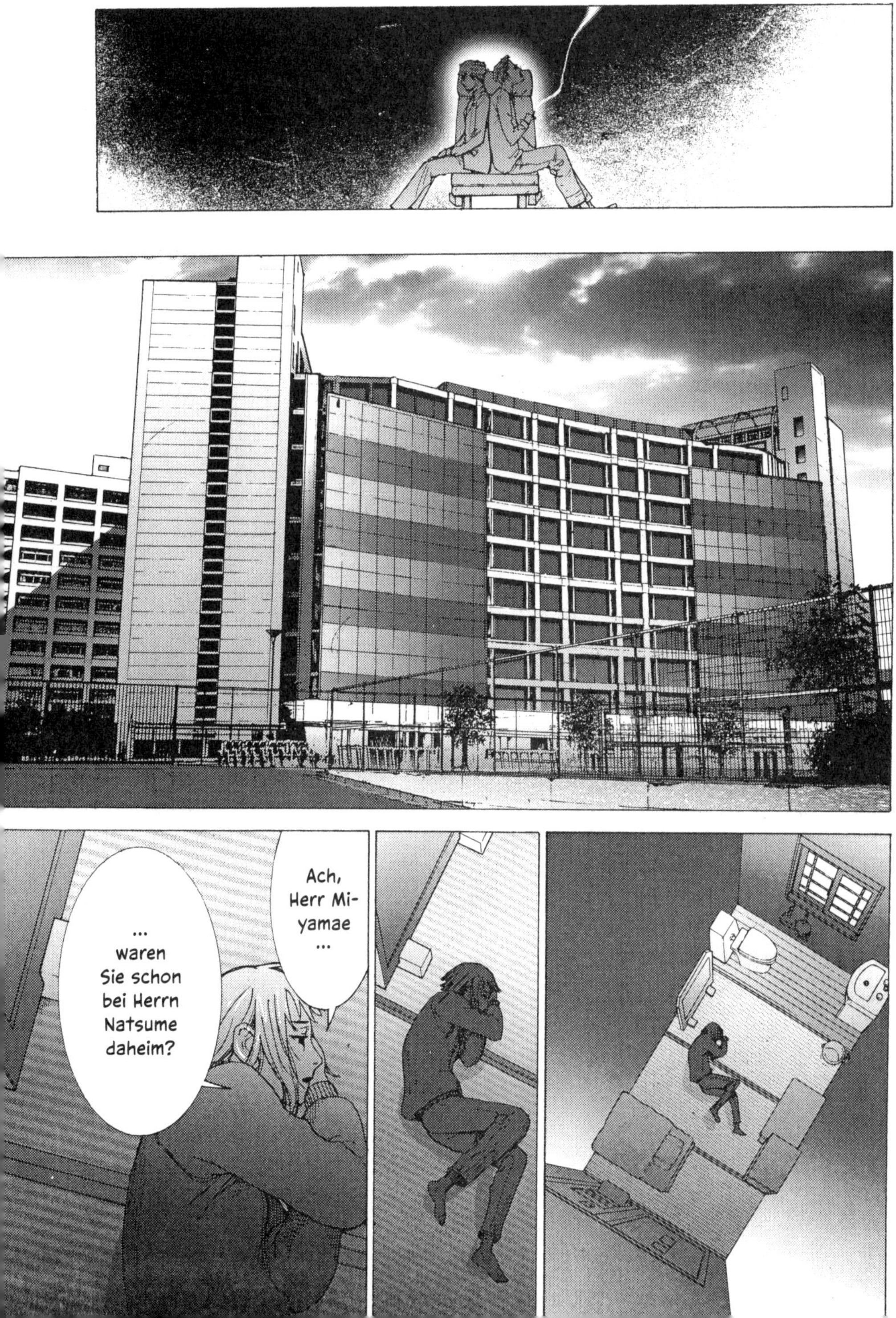

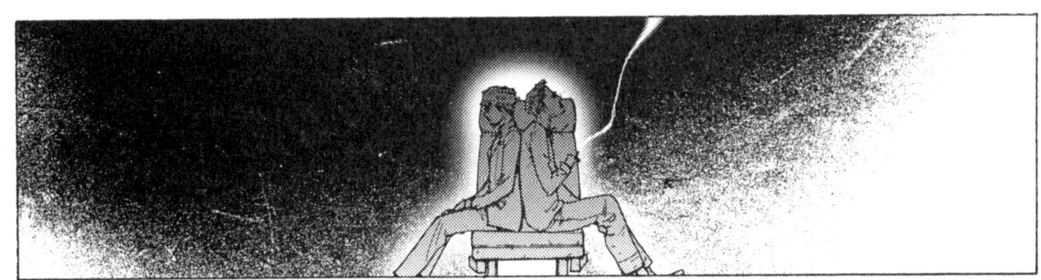

Ach, Herr Miyamae ...

... waren Sie schon bei Herrn Natsume daheim?

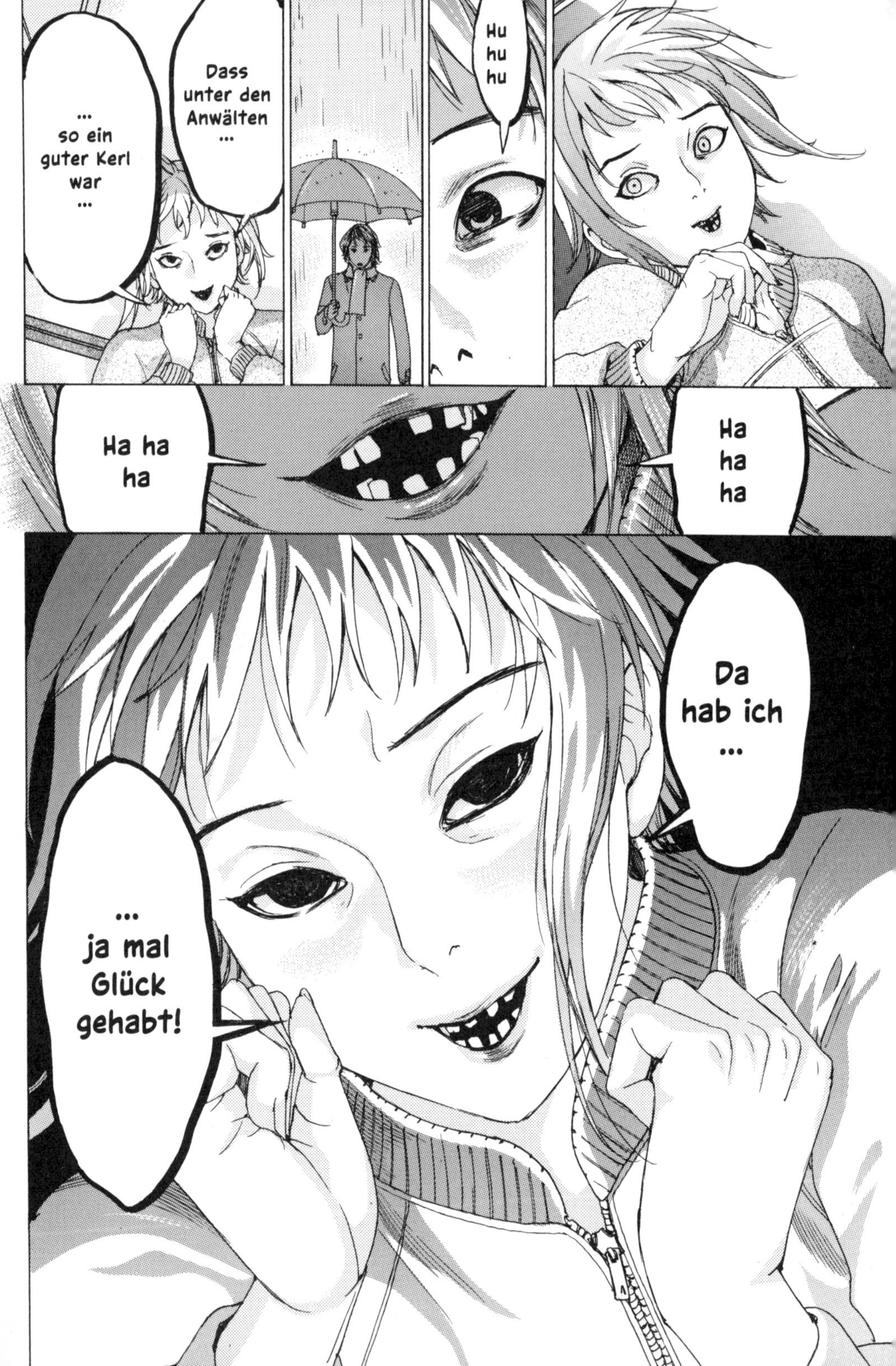
Hu hu hu
Dass unter den Anwälten …
… so ein guter Kerl war …
Ha ha ha
Ha ha ha
Da hab ich …
… ja mal Glück gehabt!

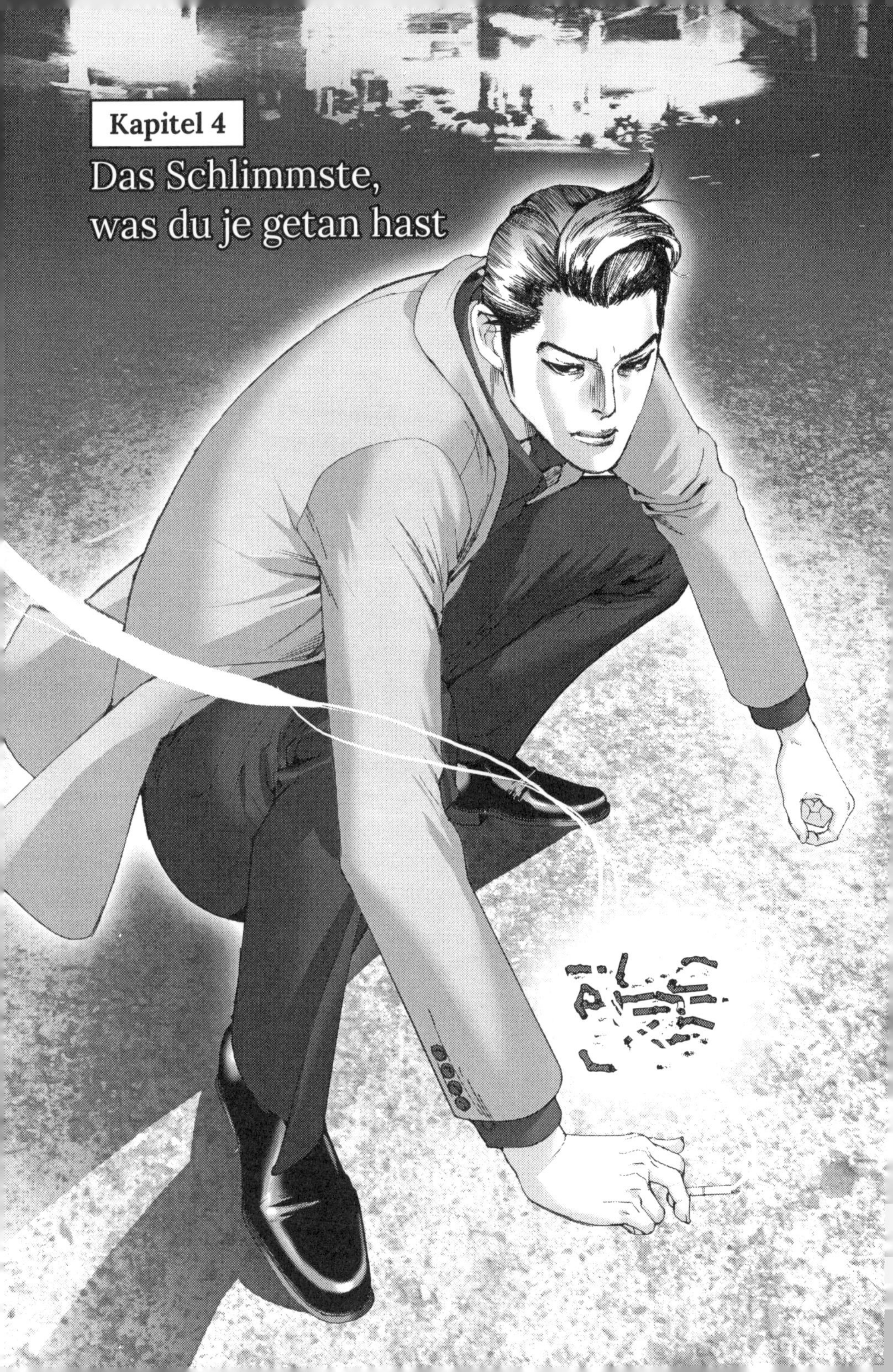
Kapitel 4
Das Schlimmste, was du je getan hast

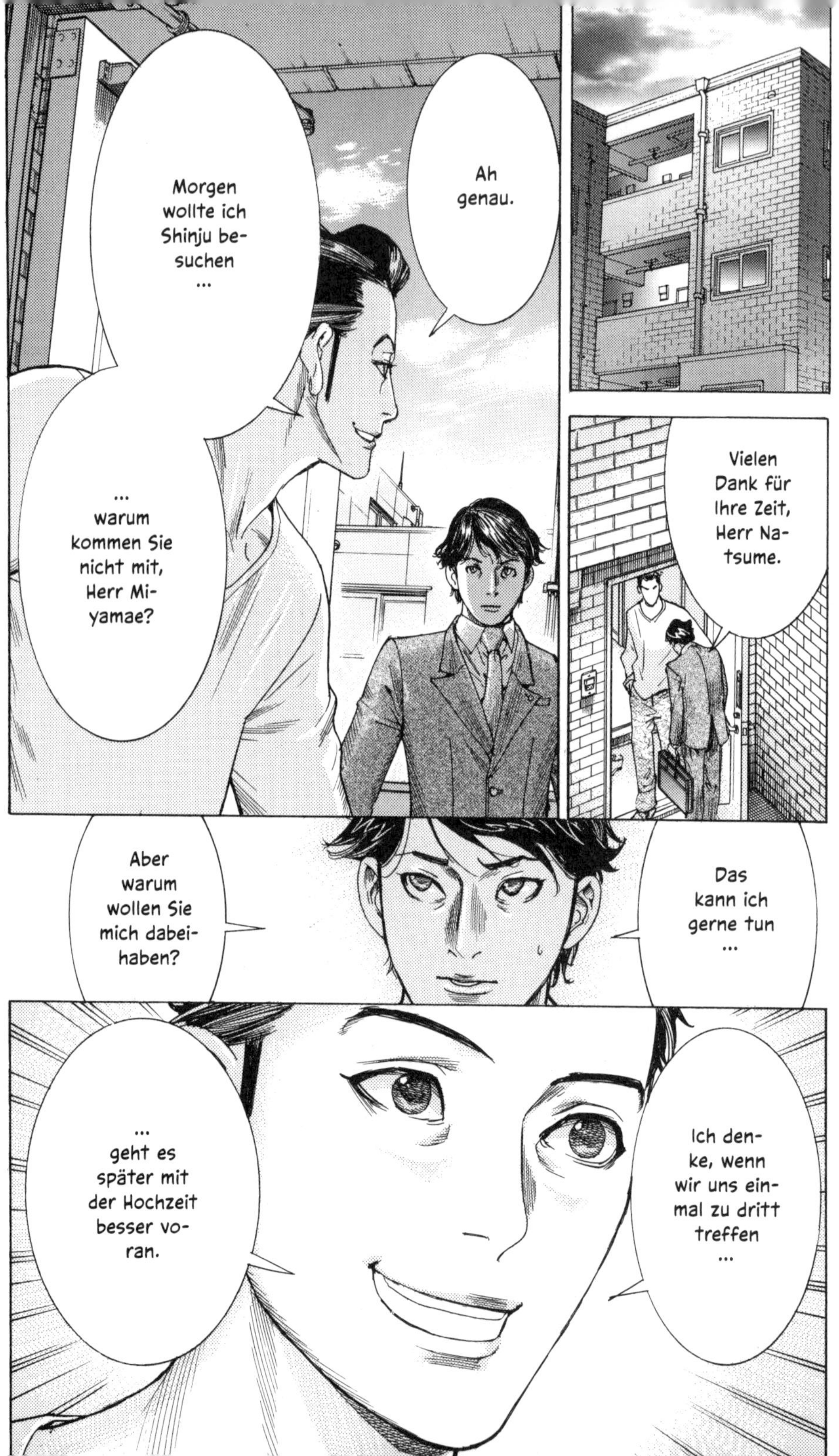
Vielen Dank für Ihre Zeit, Herr Natsume.
Ah genau.
Morgen wollte ich Shinju besuchen ...
... warum kommen Sie nicht mit, Herr Miyamae?
Das kann ich gerne tun ...
Aber warum wollen Sie mich dabeihaben?
Ich denke, wenn wir uns einmal zu dritt treffen ...
... geht es später mit der Hochzeit besser voran.

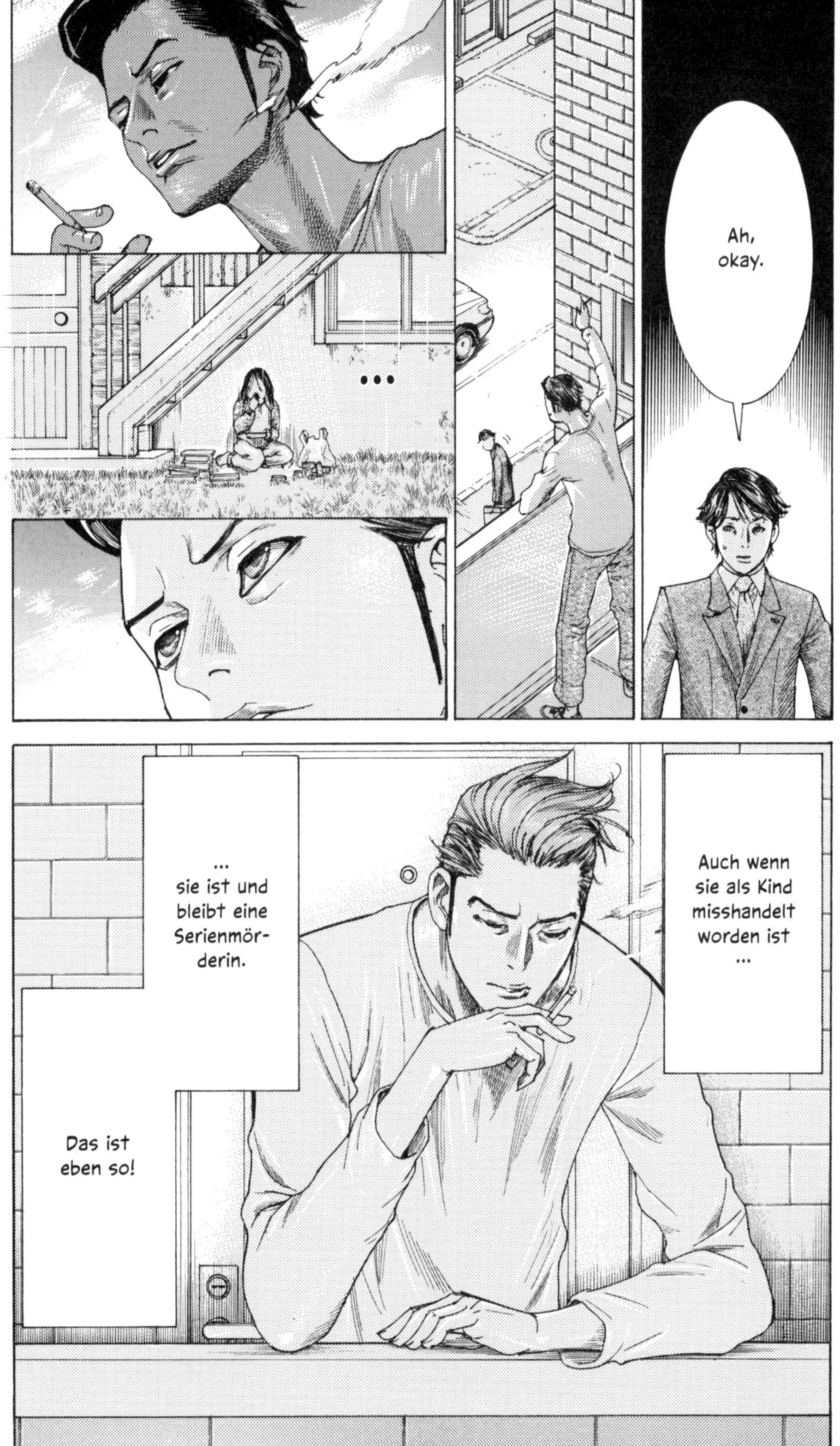
Ah, okay.
...
Auch wenn sie als Kind misshandelt worden ist ...
... sie ist und bleibt eine Serienmörderin.
Das ist eben so!

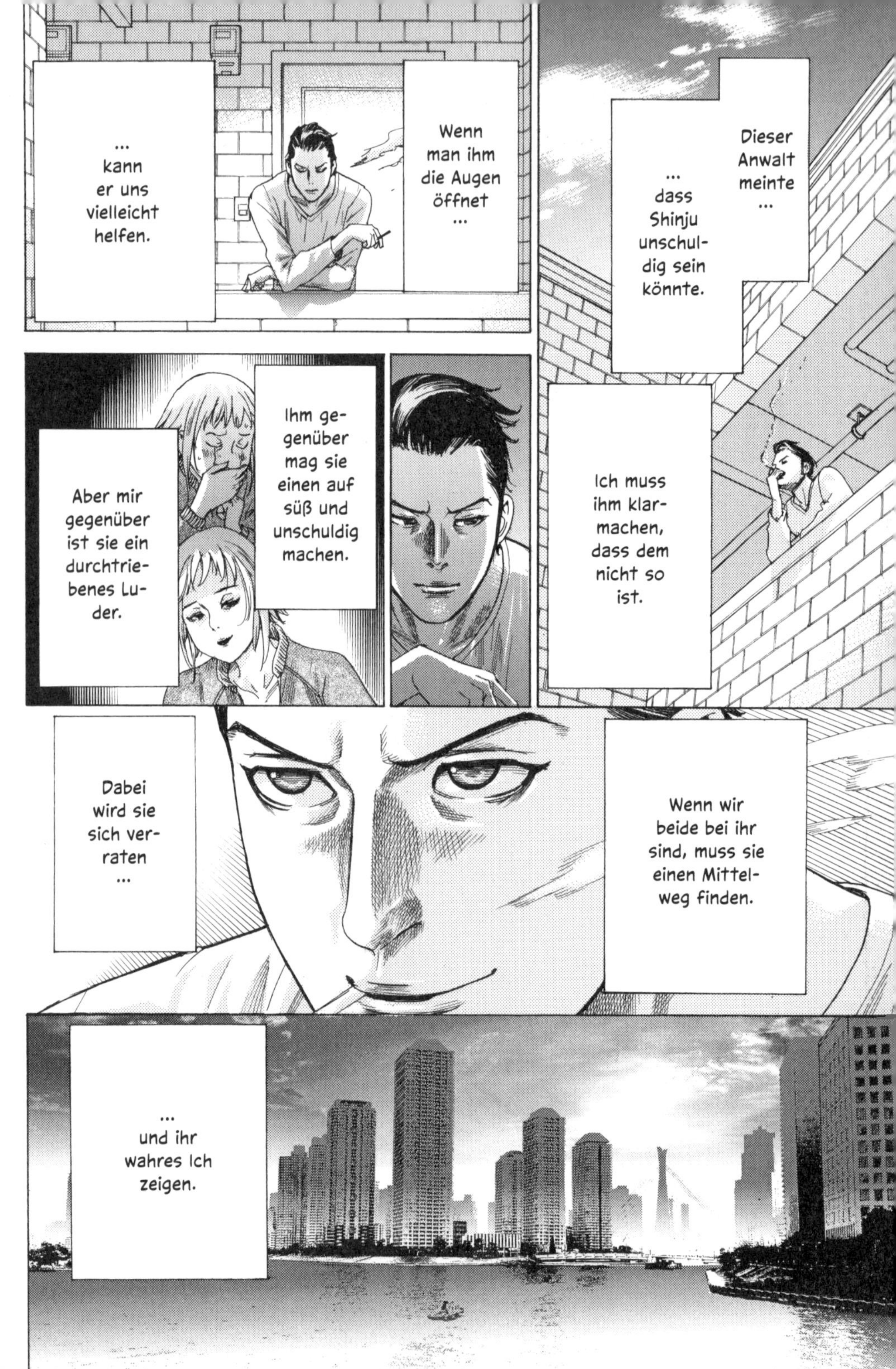
Dieser Anwalt meinte ...
... dass Shinju unschuldig sein könnte.
Wenn man ihm die Augen öffnet ...
... kann er uns vielleicht helfen.
Ich muss ihm klarmachen, dass dem nicht so ist.
Ihm gegenüber mag sie einen auf süß und unschuldig machen.
Aber mir gegenüber ist sie ein durchtriebenes Luder.
Wenn wir beide bei ihr sind, muss sie einen Mittelweg finden.
Dabei wird sie sich verraten ...
... und ihr wahres Ich zeigen.

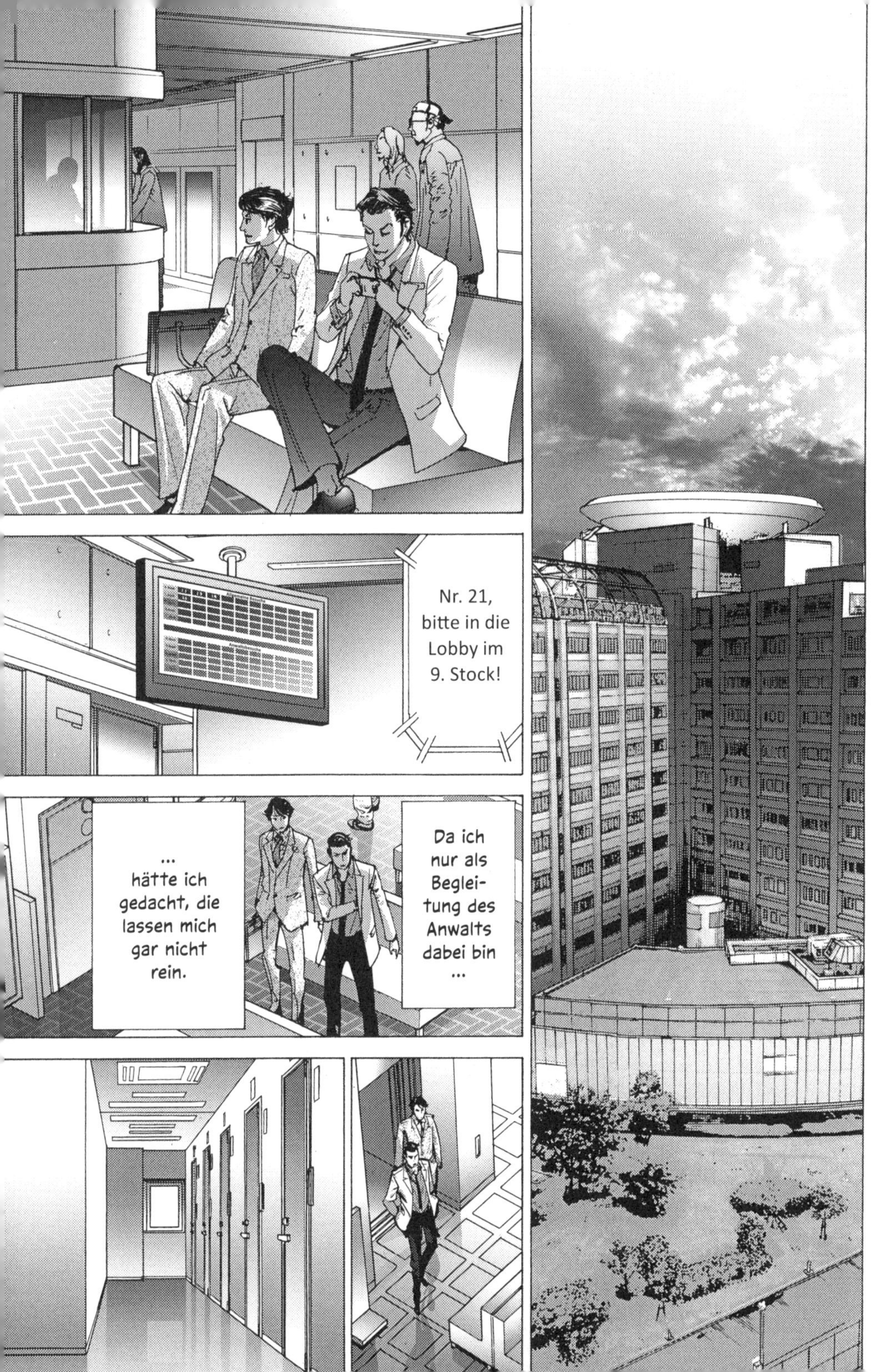
Nr. 21, bitte in die Lobby im 9. Stock!
Da ich nur als Beglei-tung des Anwalts dabei bin ...
... hätte ich gedacht, die lassen mich gar nicht rein.

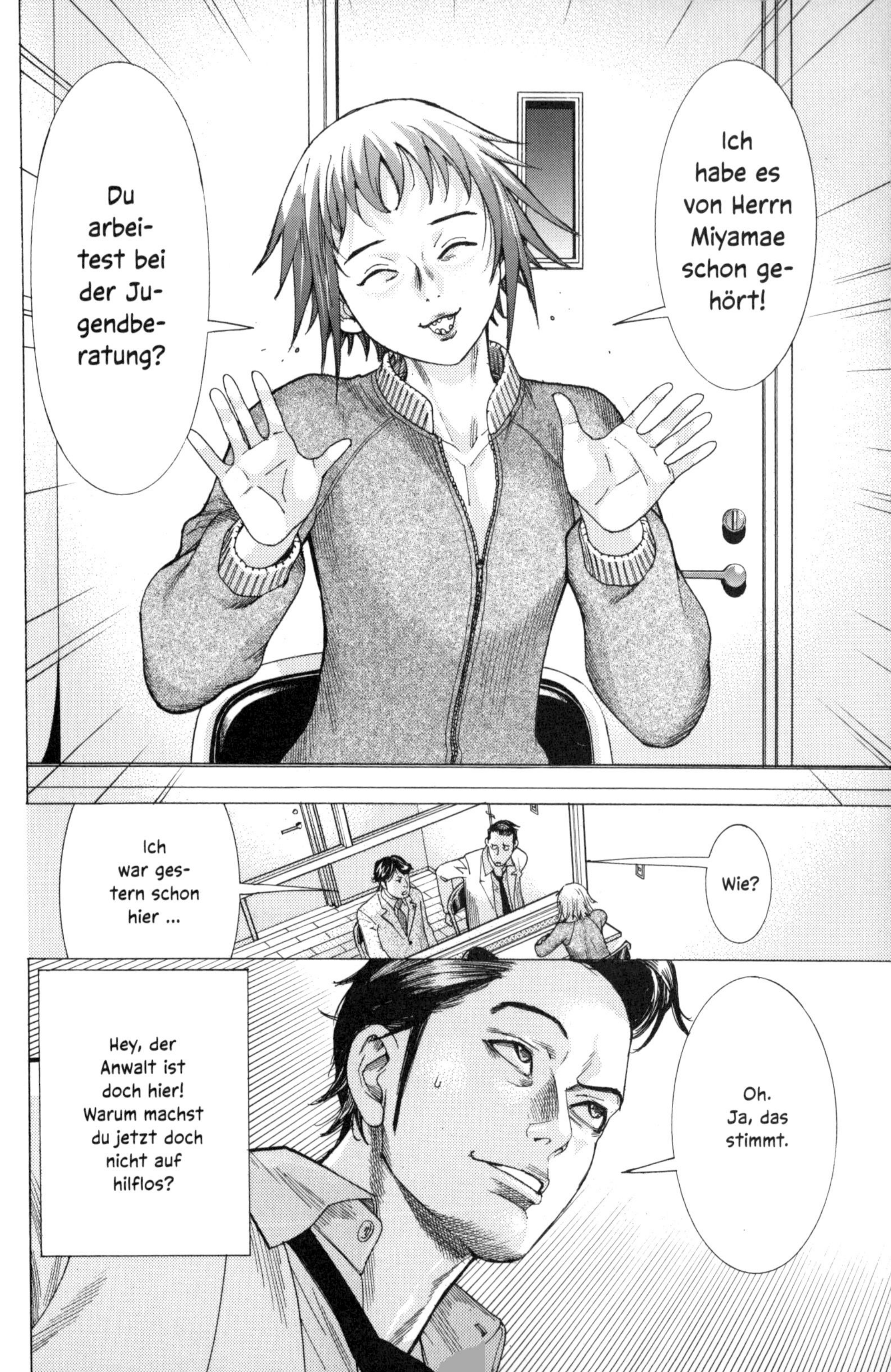
Ich habe es von Herrn Miyamae schon gehört!
Du arbeitest bei der Jugendberatung?
Wie?
Ich war gestern schon hier ...
Oh. Ja, das stimmt.
Hey, der Anwalt ist doch hier! Warum machst du jetzt doch nicht auf hilflos?

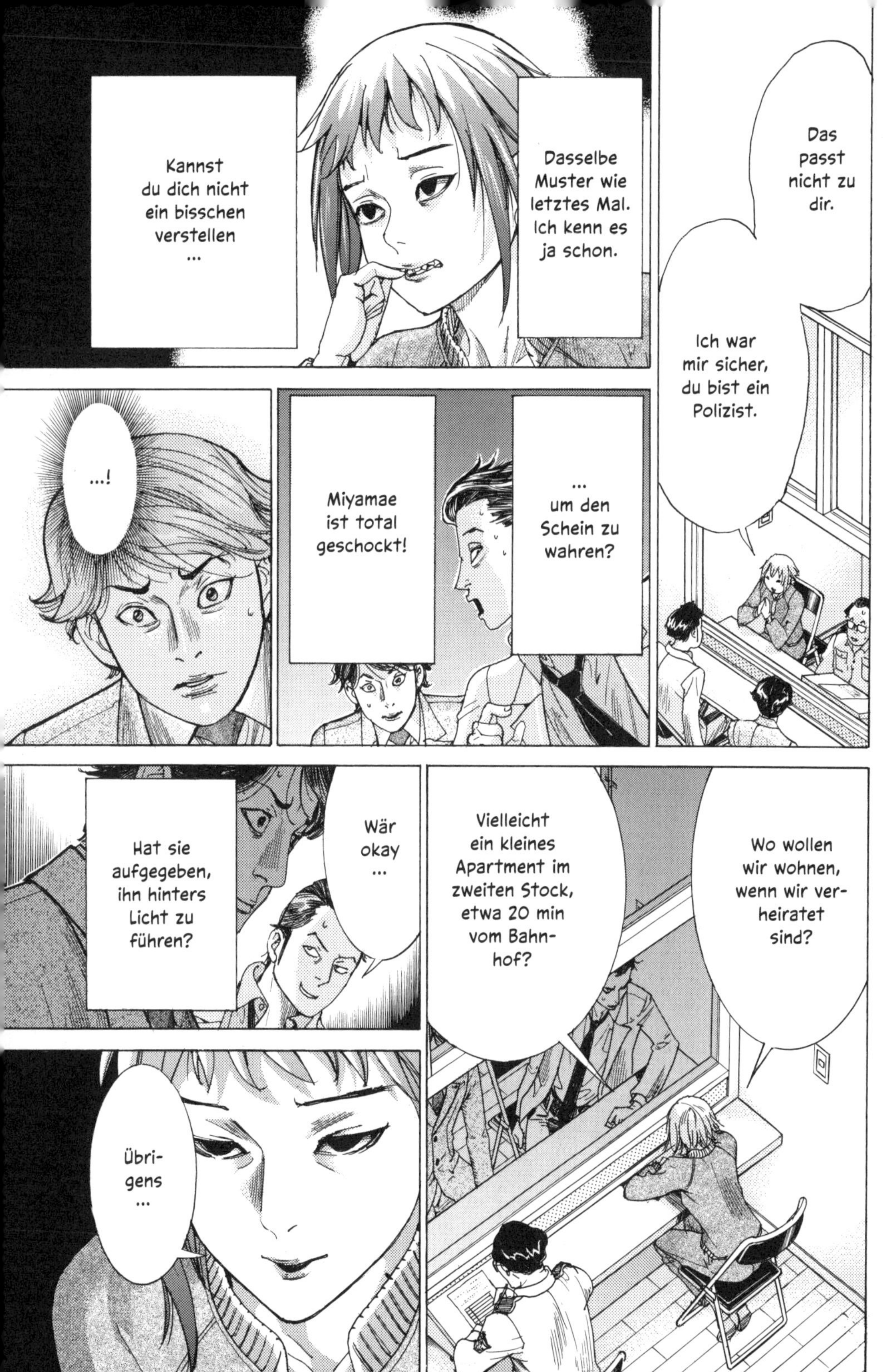
Das passt nicht zu dir.
Ich war mir sicher, du bist ein Polizist.
Dasselbe Muster wie letztes Mal. Ich kenn es ja schon.
Kannst du dich nicht ein bisschen verstellen ...
... um den Schein zu wahren?
Miyamae ist total geschockt!
...!
Wo wollen wir wohnen, wenn wir verheiratet sind?
Vielleicht ein kleines Apartment im zweiten Stock, etwa 20 min vom Bahnhof?
Wär okay ...
Hat sie aufgegeben, ihn hinters Licht zu führen?
Übrigens ...

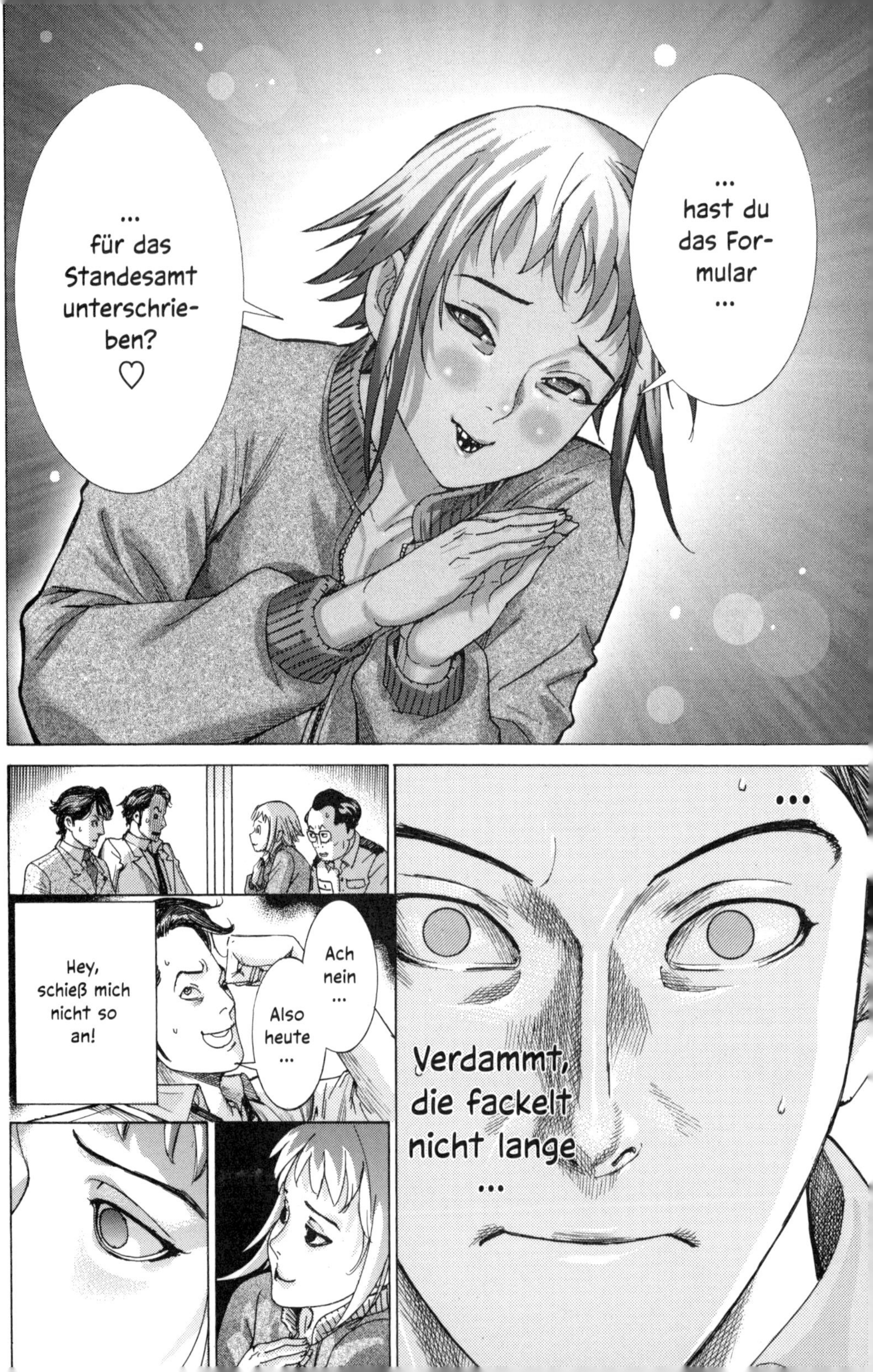

... hast du das Formular ...

... für das Standesamt unterschrieben? ♡

...

Verdammt, die fackelt nicht lange ...

Ach nein ...

Also heute ...

Hey, schieß mich nicht so an!

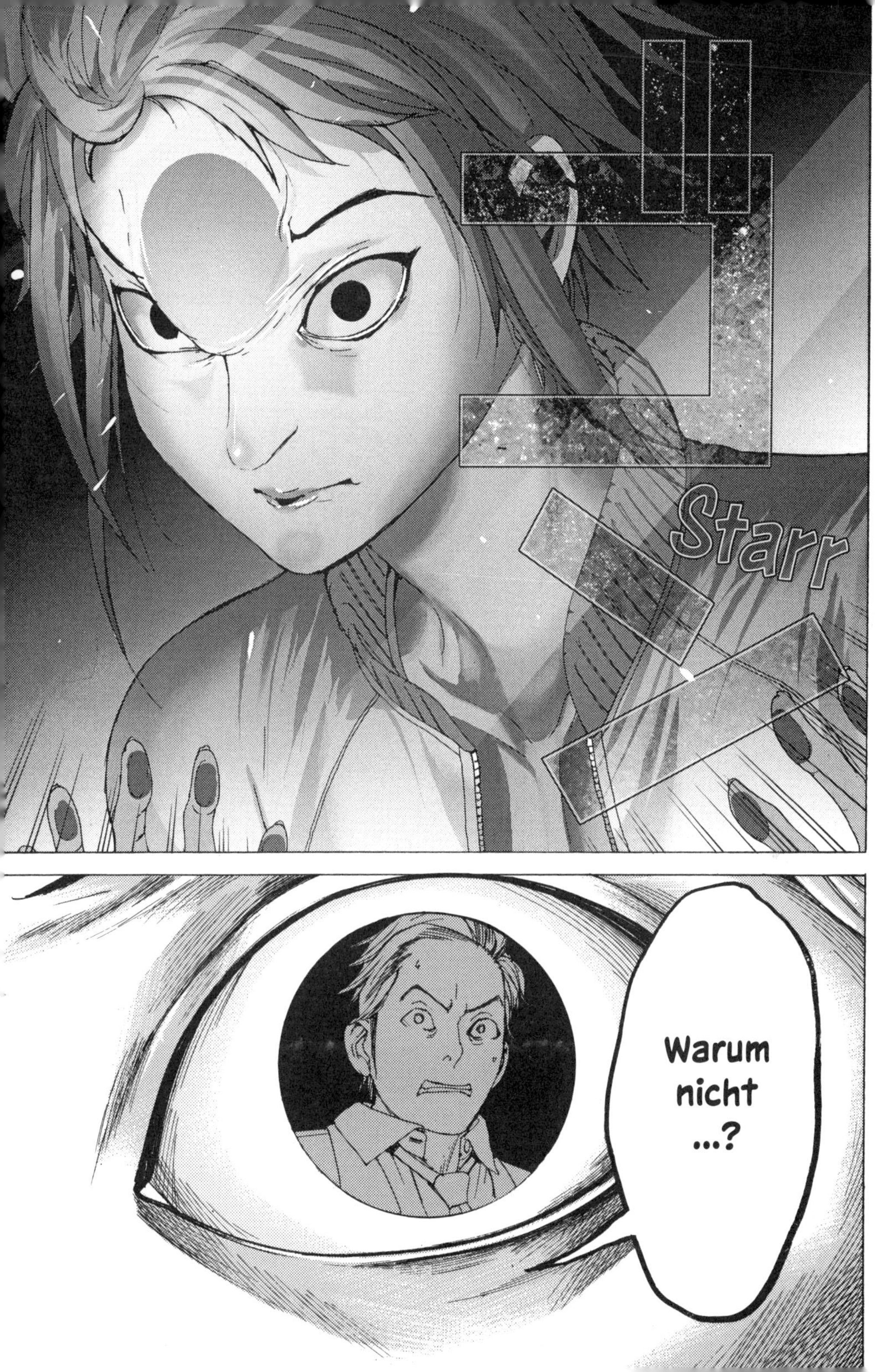

Starr

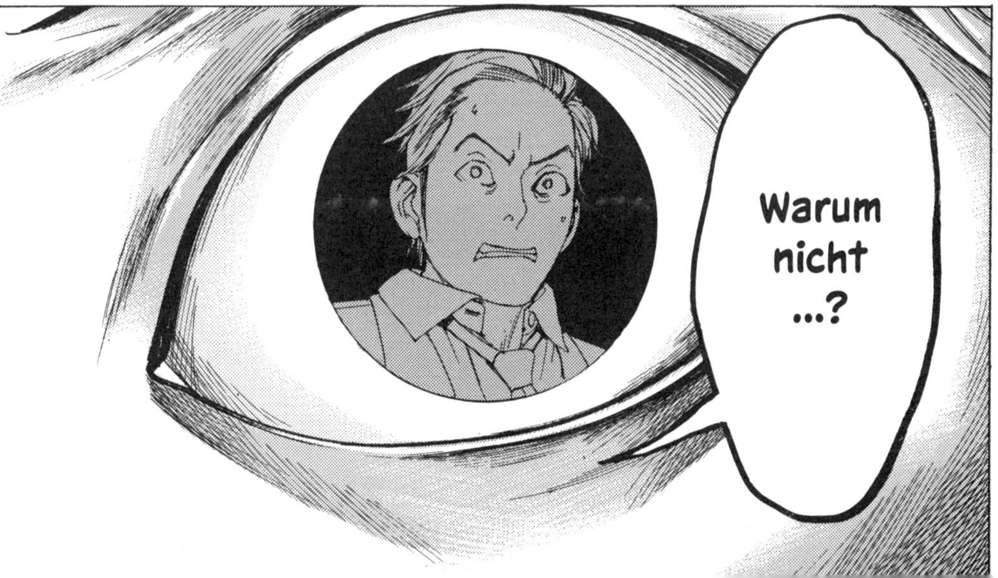

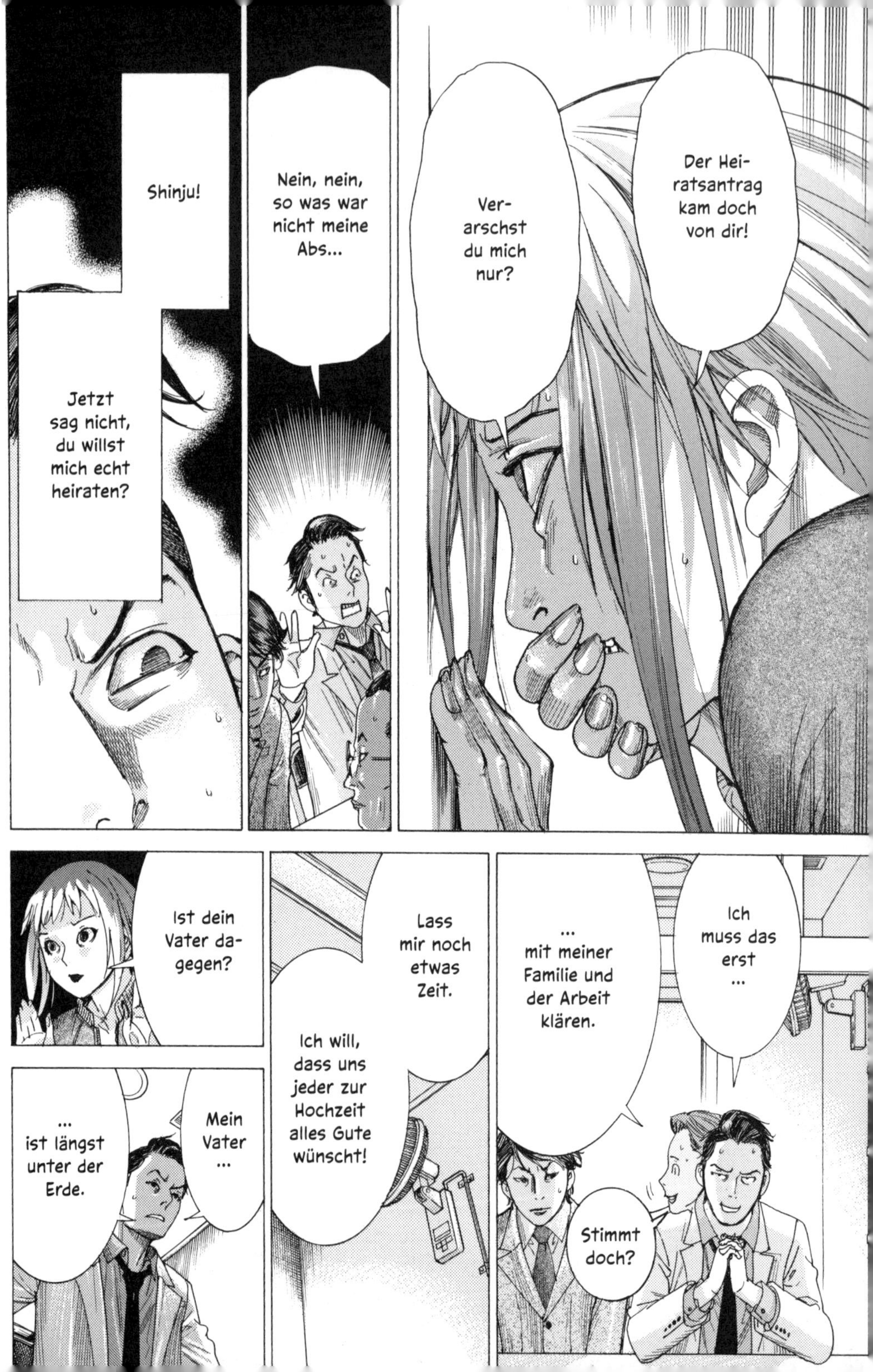

Der Heiratsantrag kam doch von dir!

Verarschst du mich nur?

Nein, nein, so was war nicht meine Abs...

Shinju!

Jetzt sag nicht, du willst mich echt heiraten?

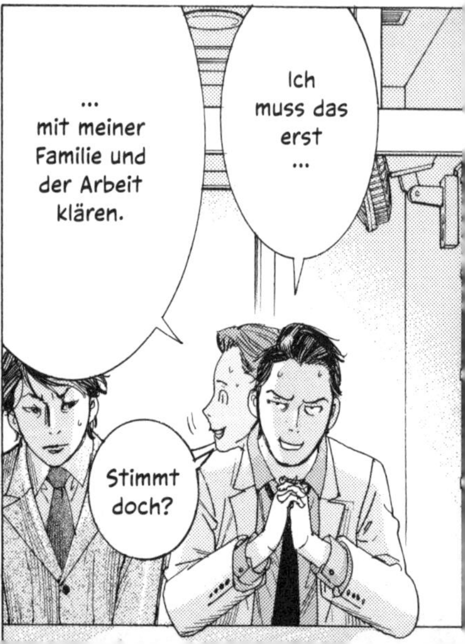

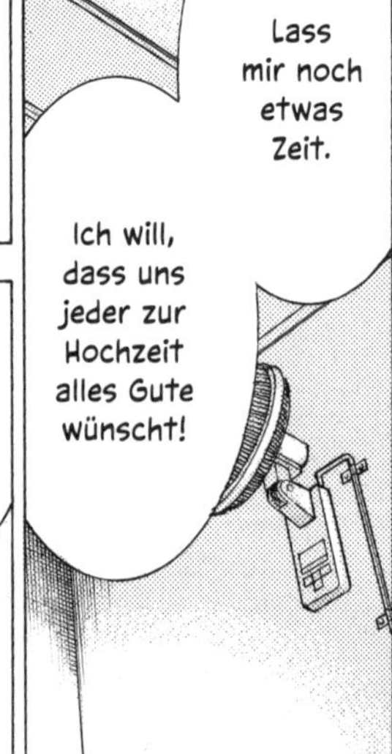

Ist dein Vater dagegen?

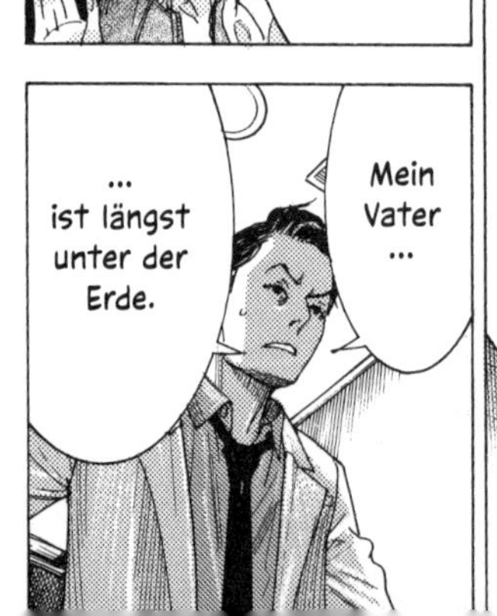

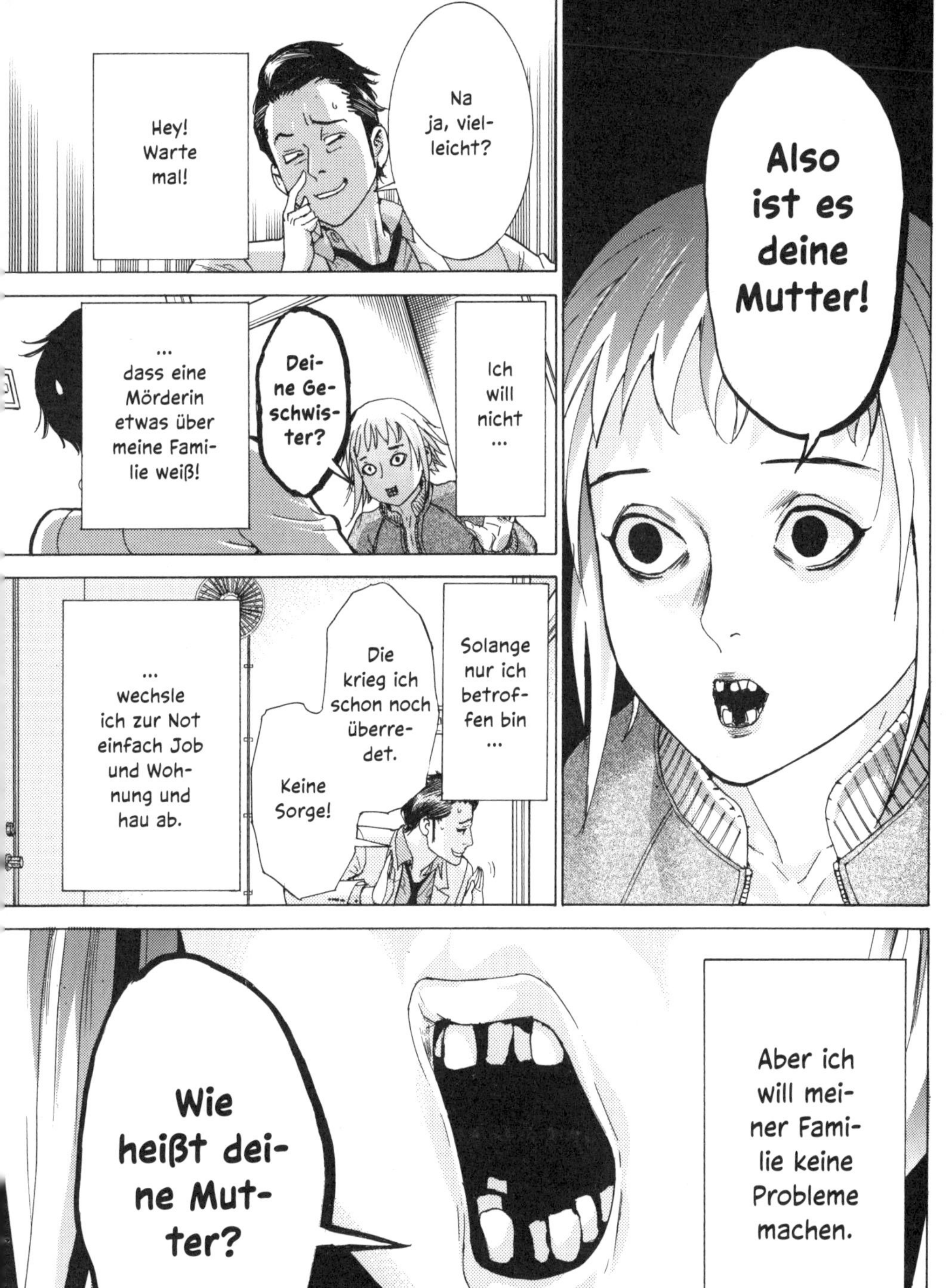

Na ja, vielleicht?
Hey! Warte mal!
Ich will nicht ...
Deine Geschwister?
... dass eine Mörderin etwas über meine Familie weiß!
Solange nur ich betroffen bin ...
Die krieg ich schon noch überredet.
Keine Sorge!
... wechsle ich zur Not einfach Job und Wohnung und hau ab.
Also ist es deine Mutter!
Aber ich will meiner Familie keine Probleme machen.
Wie heißt deine Mutter?

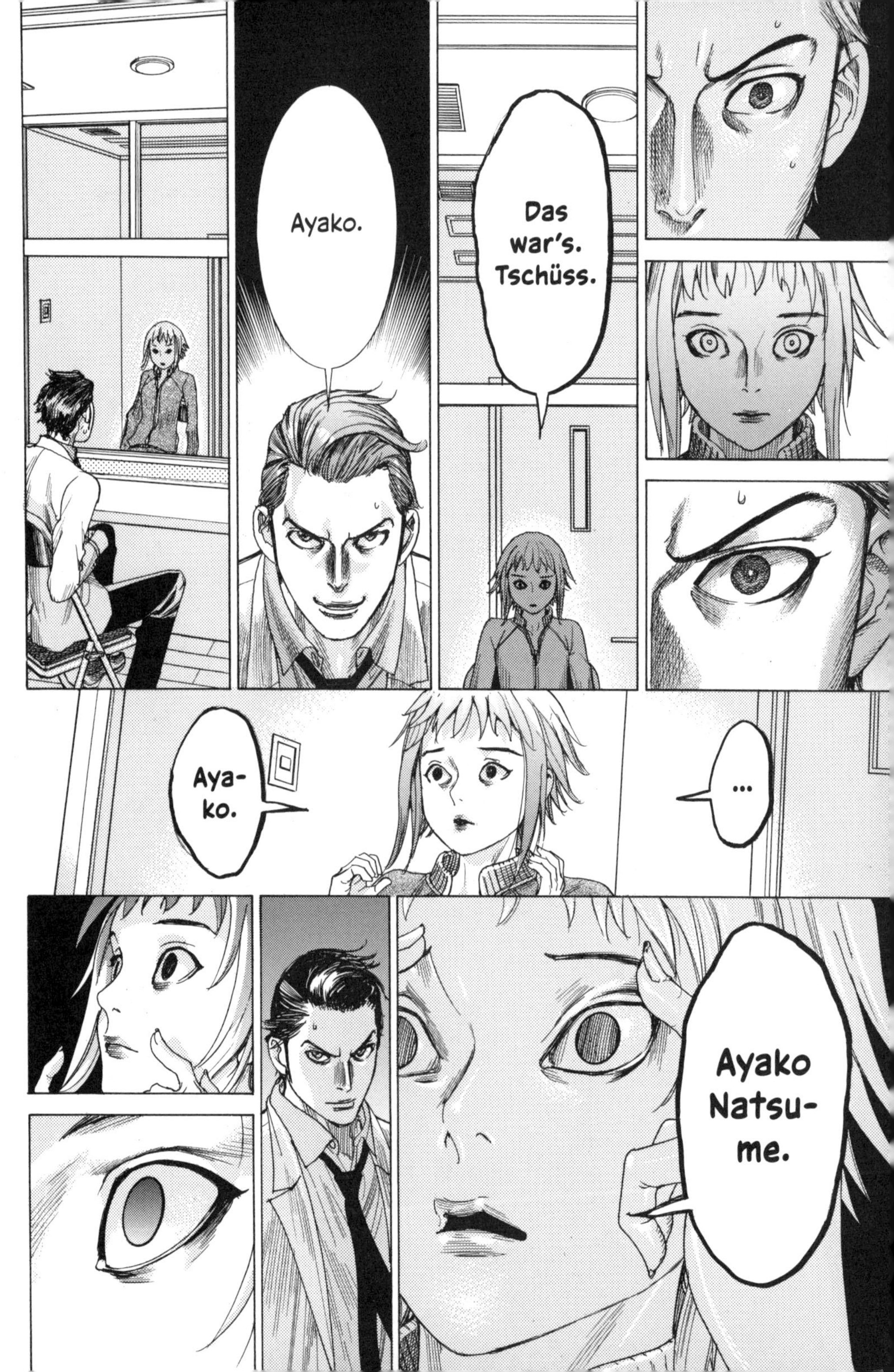
Das war's. Tschüss.
Ayako.
...
Aya-ko.
Ayako Natsu-me.

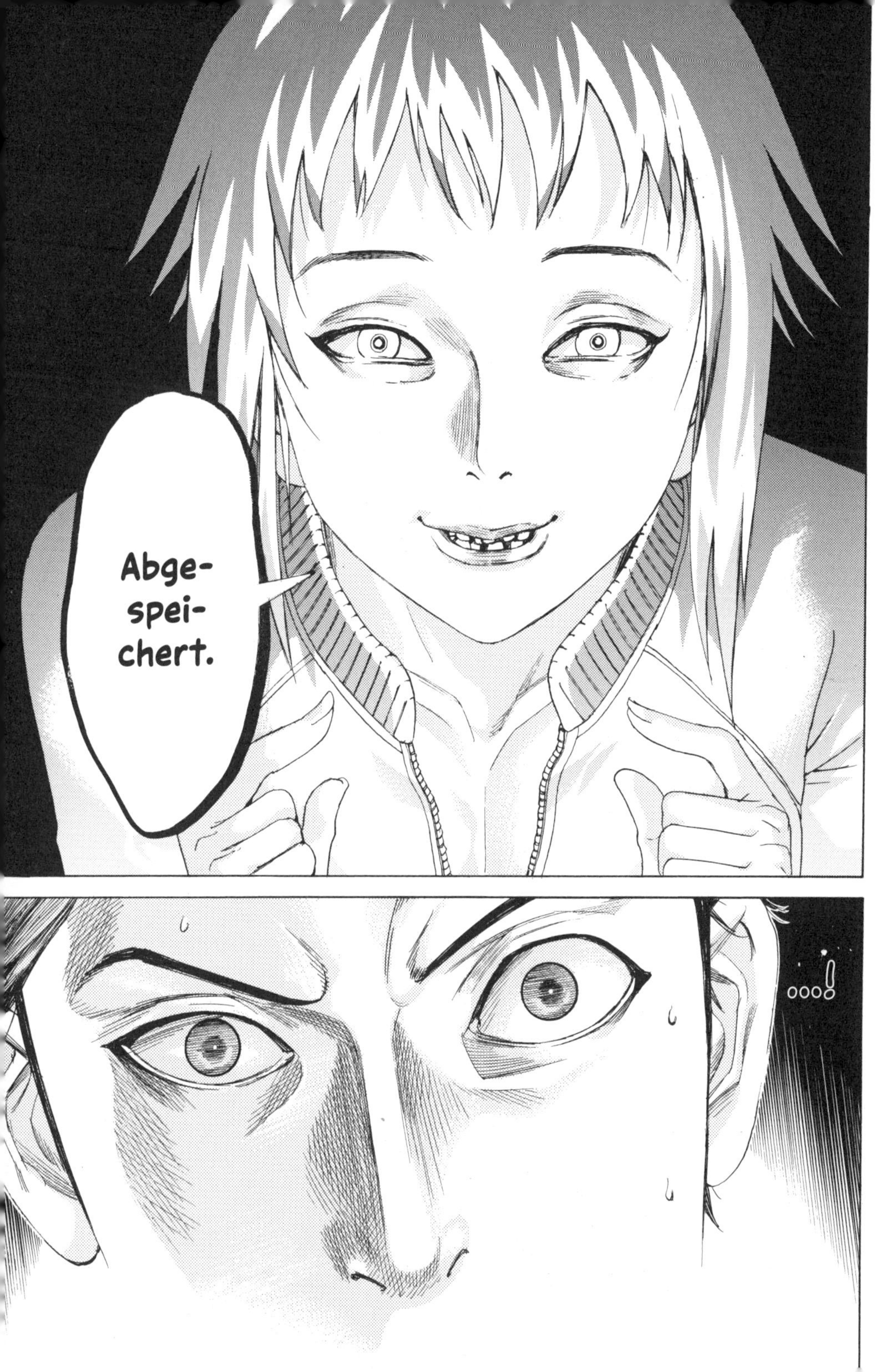

Abge-
spei-
chert.

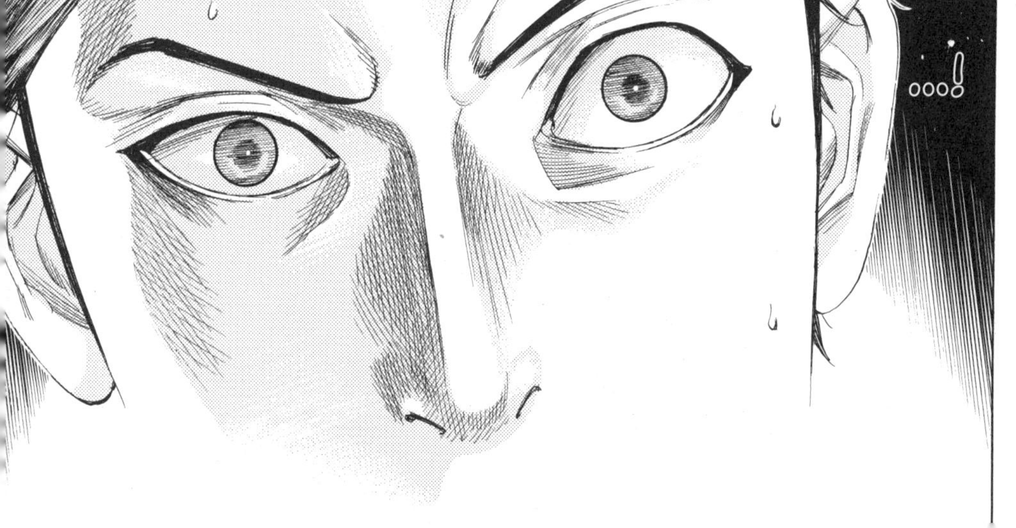

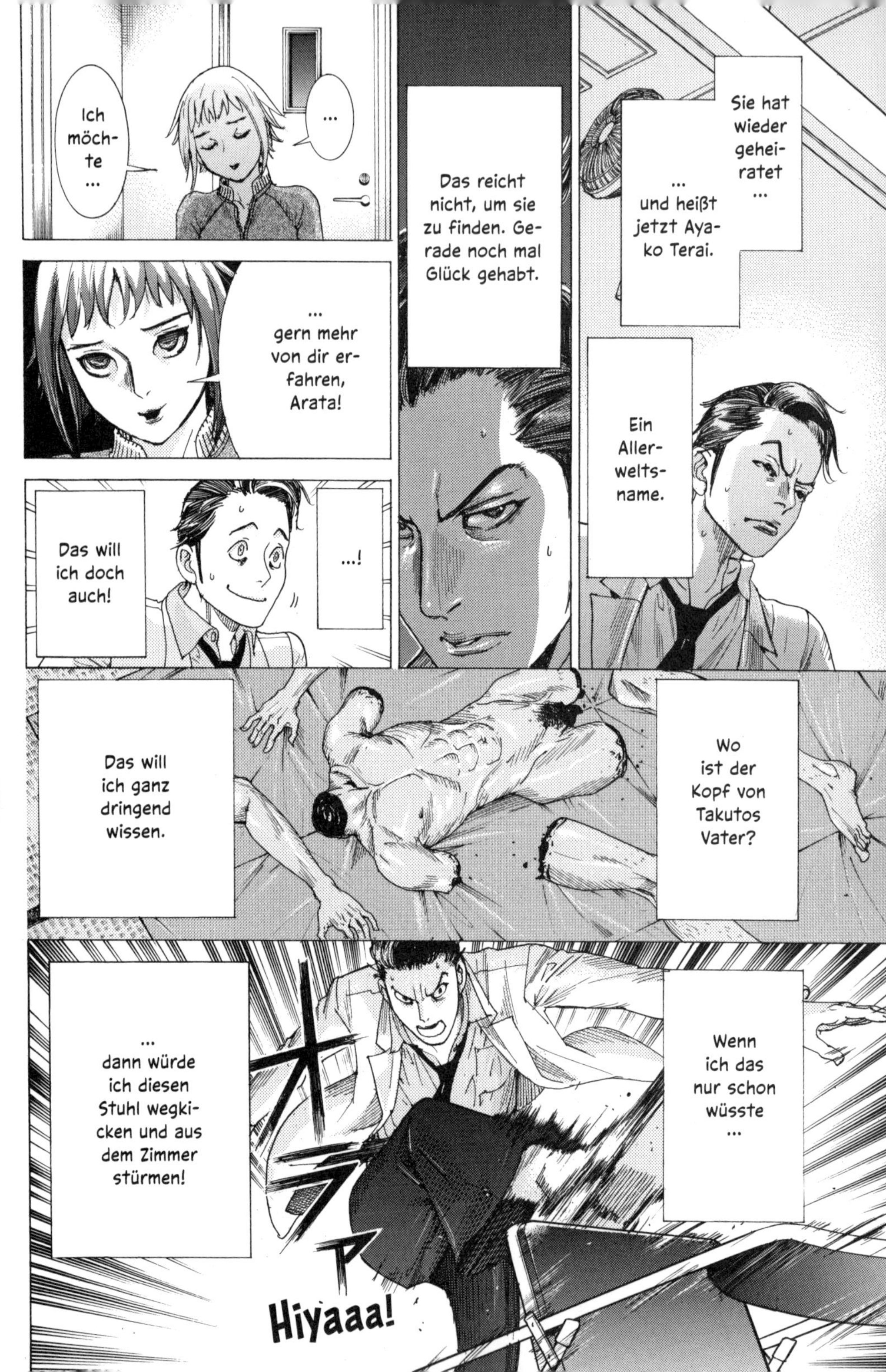
Sie hat wieder geheiratet ...
... und heißt jetzt Ayako Terai.
Ein Allerweltsname.
Das reicht nicht, um sie zu finden. Gerade noch mal Glück gehabt.
...
Ich möchte ...
... gern mehr von dir erfahren, Arata!
...!
Das will ich doch auch!
Wo ist der Kopf von Takutos Vater?
Das will ich ganz dringend wissen.
Wenn ich das nur schon wüsste ...
... dann würde ich diesen Stuhl wegkicken und aus dem Zimmer stürmen!
Hiyaaa!

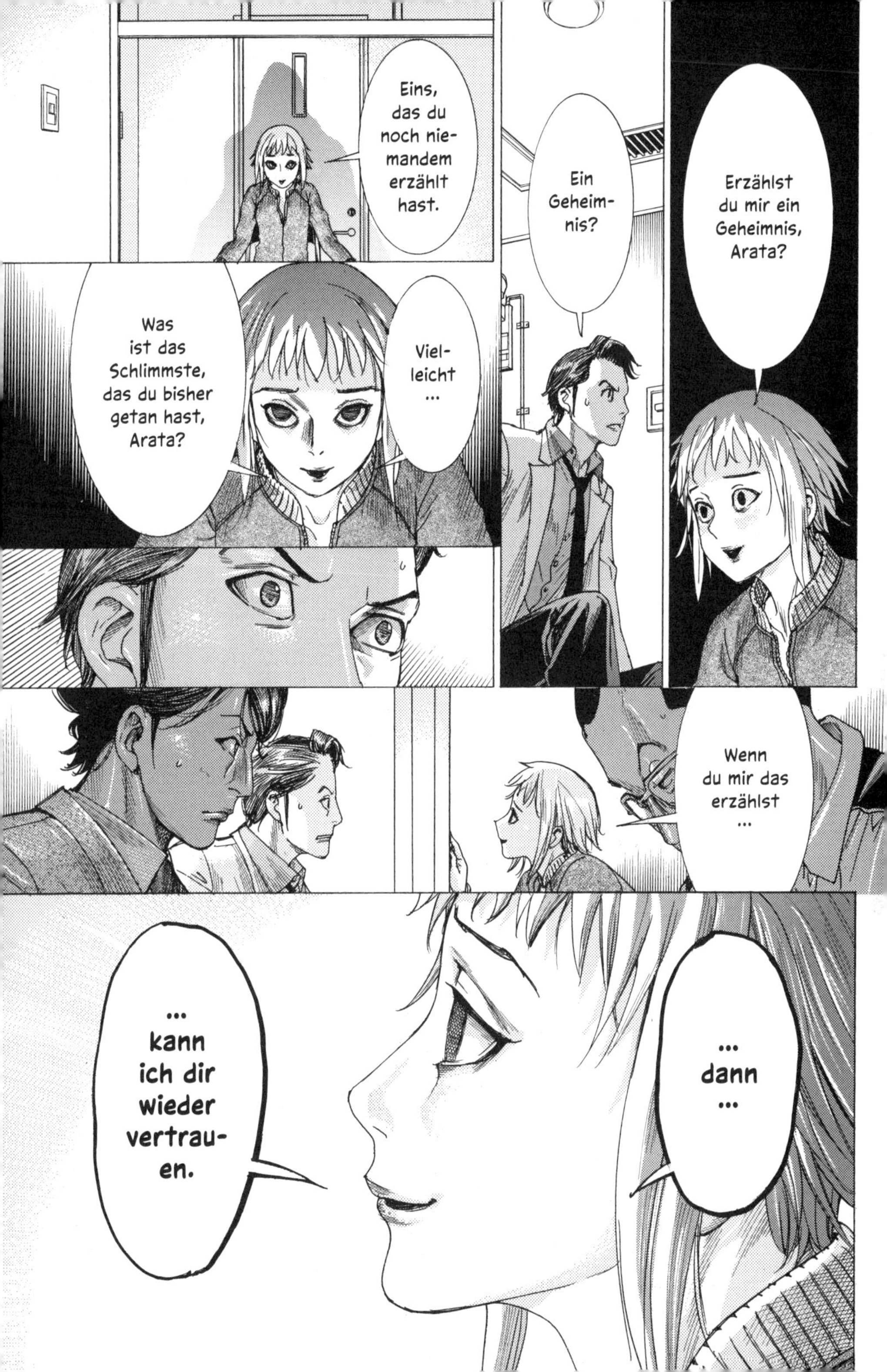
Erzählst du mir ein Geheimnis, Arata?
Ein Geheimnis?
Eins, das du noch niemandem erzählt hast.
Vielleicht ...
Was ist das Schlimmste, das du bisher getan hast, Arata?
Wenn du mir das erzählst ...
... dann ...
... kann ich dir wieder vertrauen.

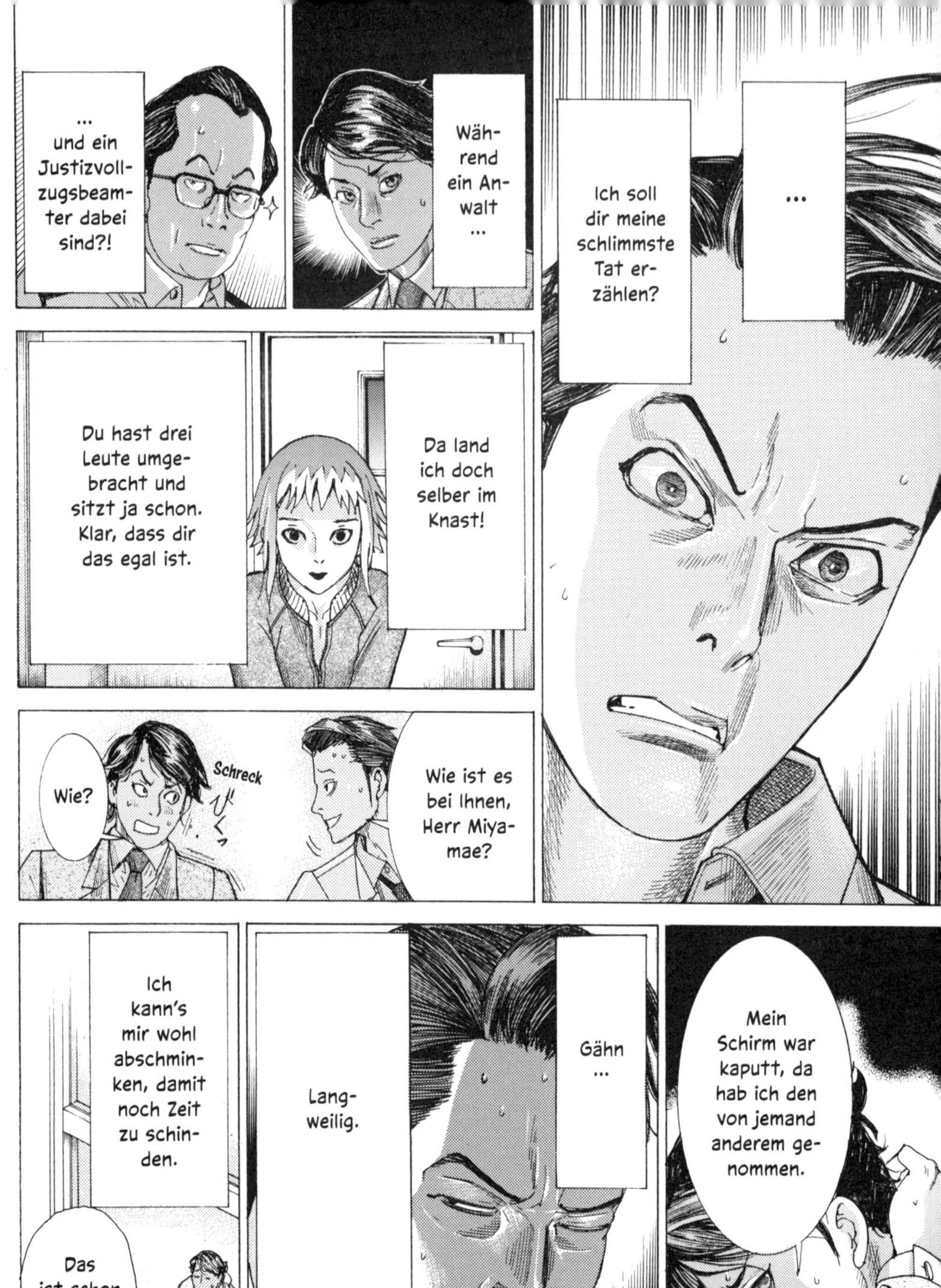

...
Ich soll dir meine schlimmste Tat erzählen?
Während ein Anwalt ...
... und ein Justizvollzugsbeamter dabei sind?!
Da land ich doch selber im Knast!
Du hast drei Leute umgebracht und sitzt ja schon. Klar, dass dir das egal ist.
Wie ist es bei Ihnen, Herr Miyamae?
Schreck
Wie?
Mein Schirm war kaputt, da hab ich den von jemand anderem genommen.
Gähn ...
Langweilig.
Ich kann's mir wohl abschminken, damit noch Zeit zu schinden.
Das ist schon verjährt. Ha ha

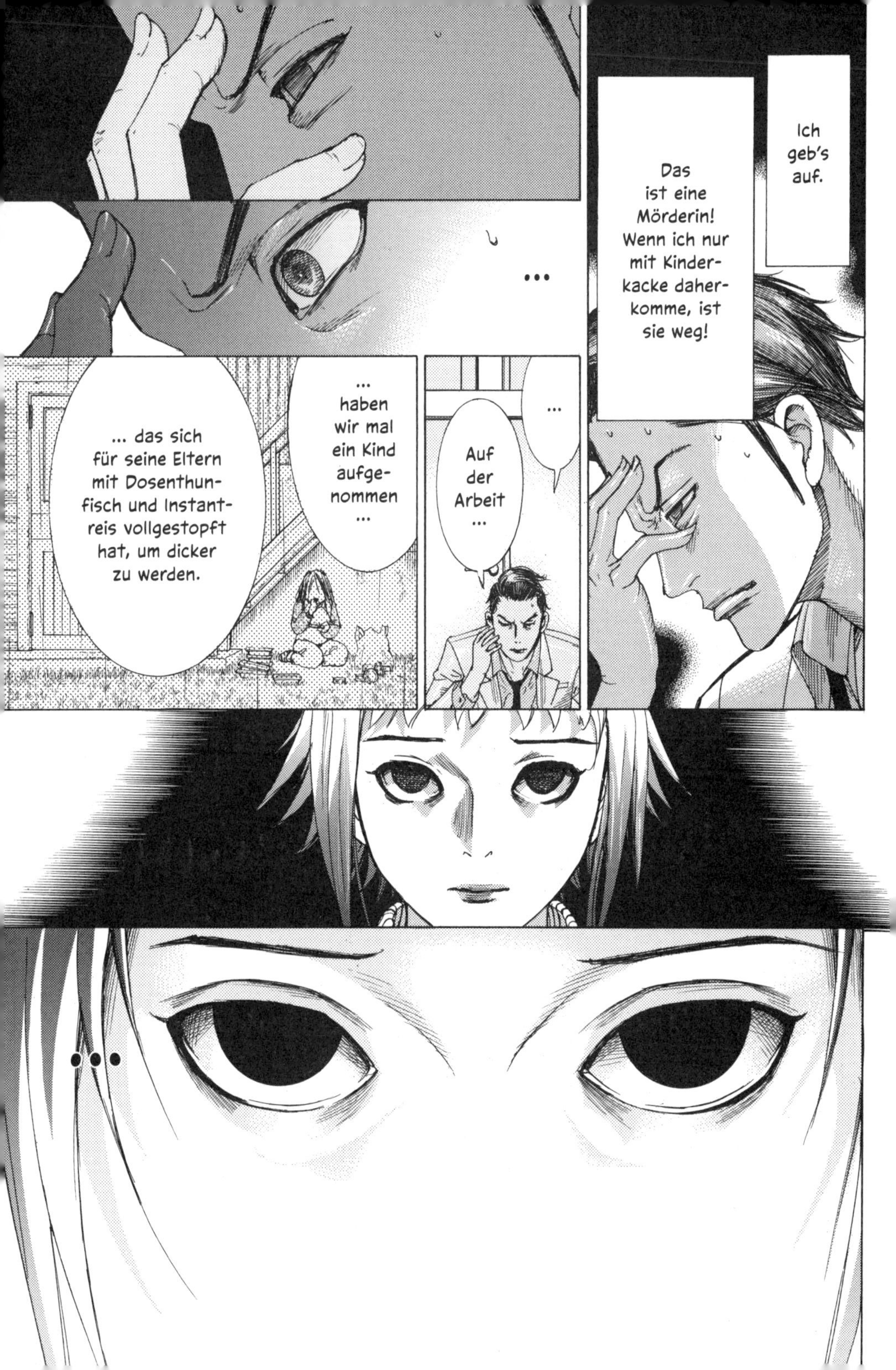
Ich geb's auf.
Das ist eine Mörderin! Wenn ich nur mit Kinderkacke daherkomme, ist sie weg!
...
...
Auf der Arbeit ...
... haben wir mal ein Kind aufgenommen ...
... das sich für seine Eltern mit Dosenthunfisch und Instantreis vollgestopft hat, um dicker zu werden.
...

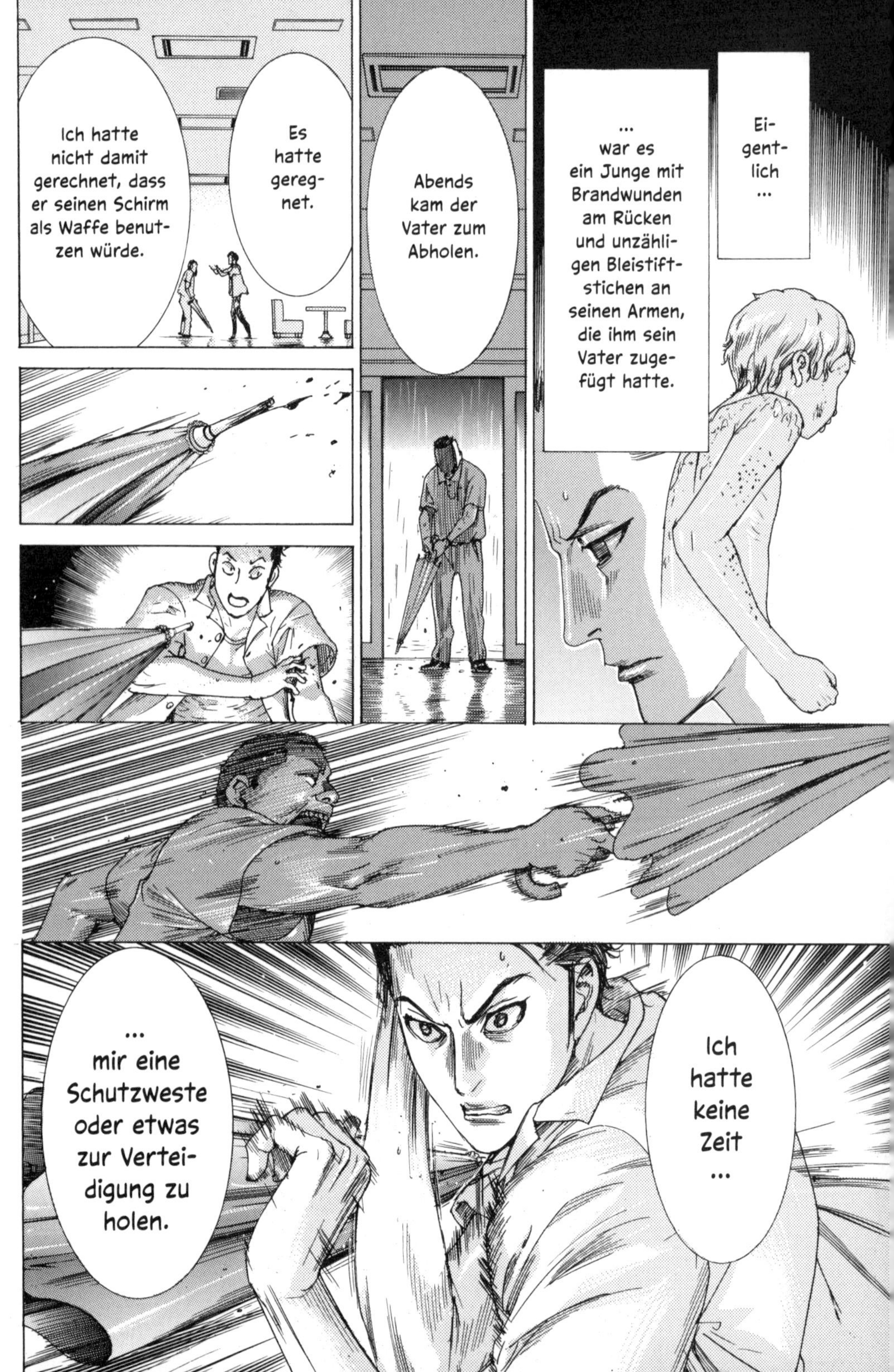
Eigentlich ...
... war es ein Junge mit Brandwunden am Rücken und unzähligen Bleistiftstichen an seinen Armen, die ihm sein Vater zugefügt hatte.
Abends kam der Vater zum Abholen.
Es hatte geregnet.
Ich hatte nicht damit gerechnet, dass er seinen Schirm als Waffe benutzen würde.
Ich hatte keine Zeit ...
... mir eine Schutzweste oder etwas zur Verteidigung zu holen.

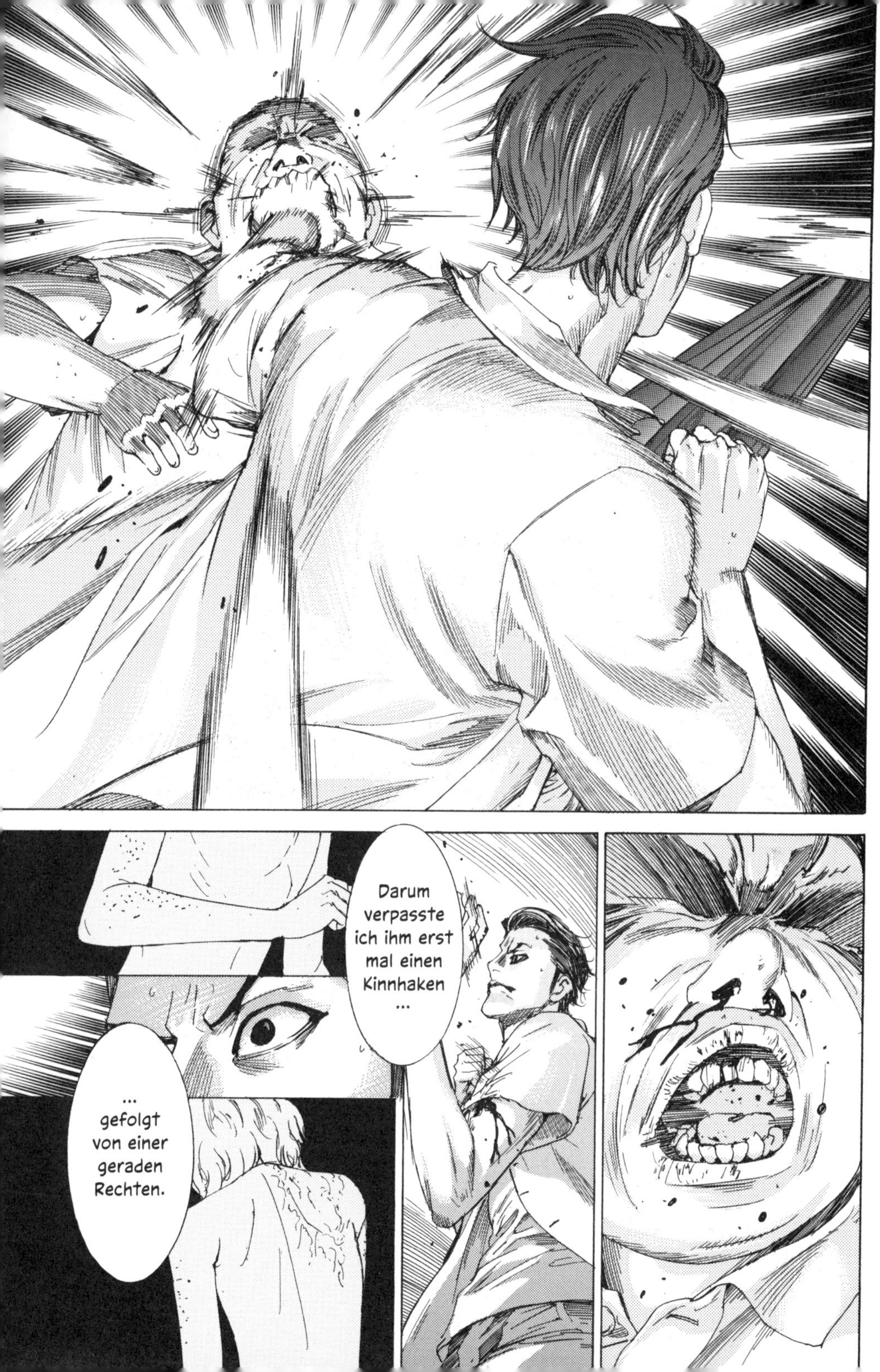

Darum verpasste ich ihm erst mal einen Kinnhaken ...
... gefolgt von einer geraden Rechten.

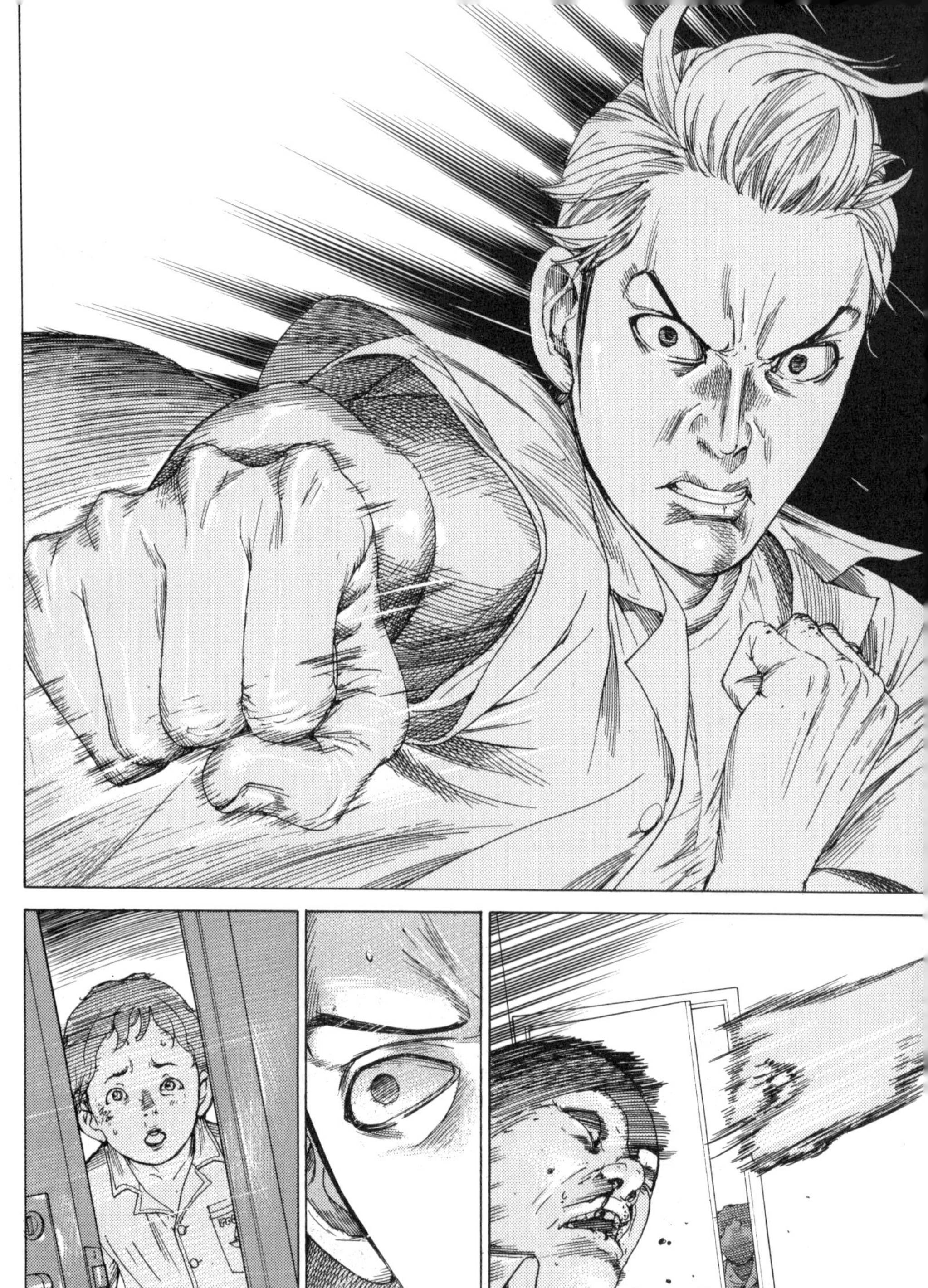

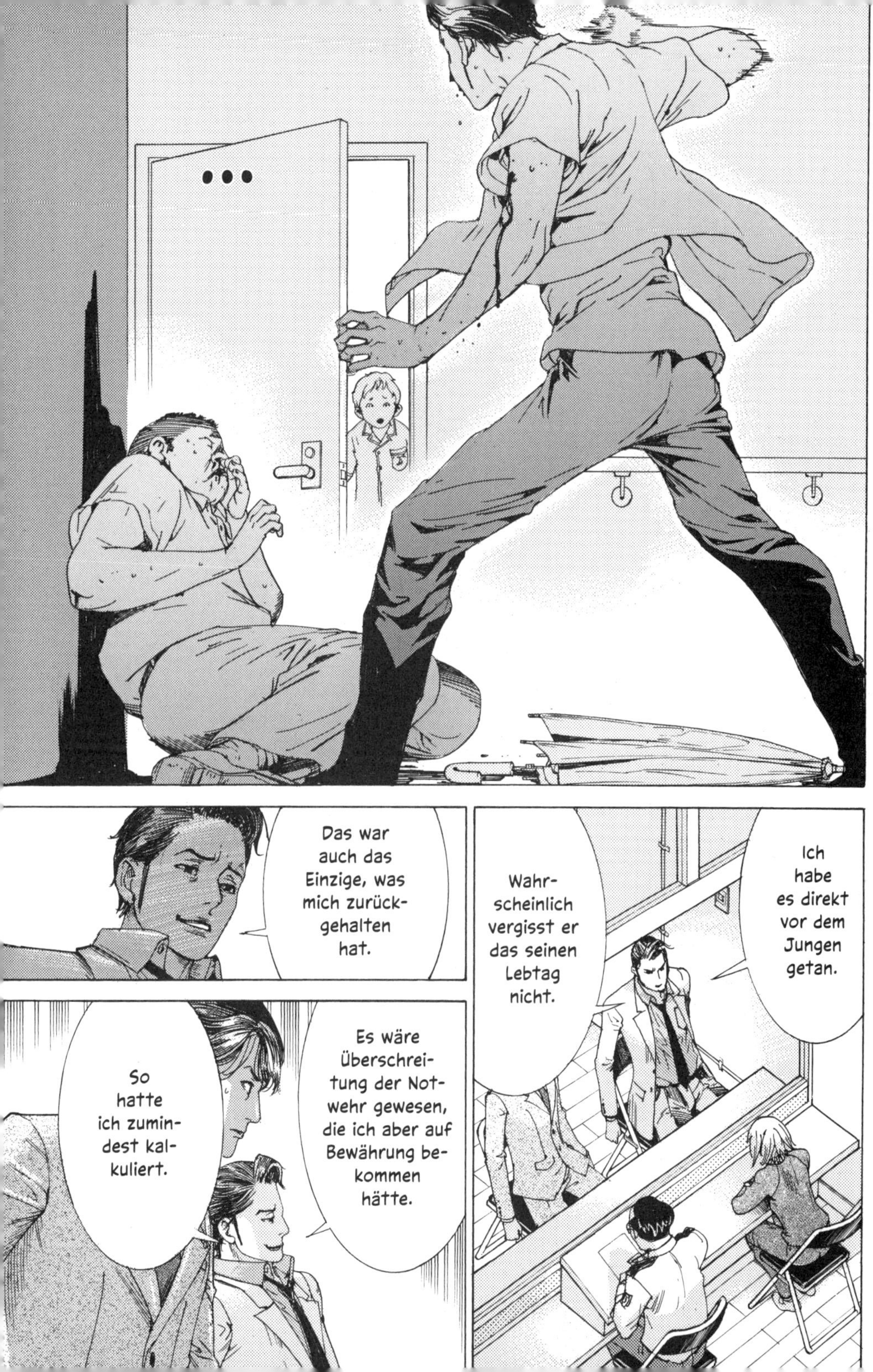

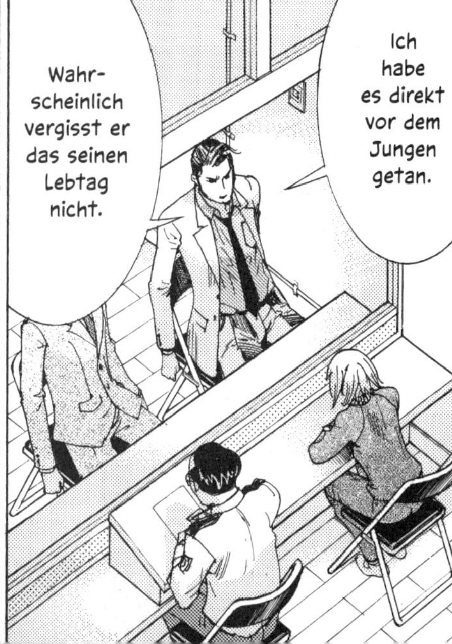
Ich habe es direkt vor dem Jungen getan.
Wahrscheinlich vergisst er das seinen Lebtag nicht.

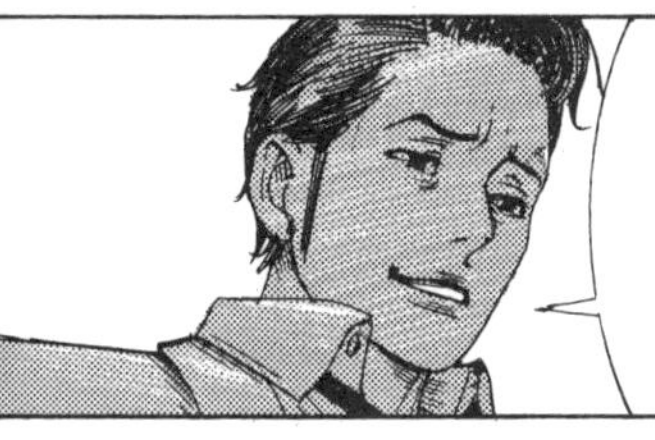
Das war auch das Einzige, was mich zurückgehalten hat.

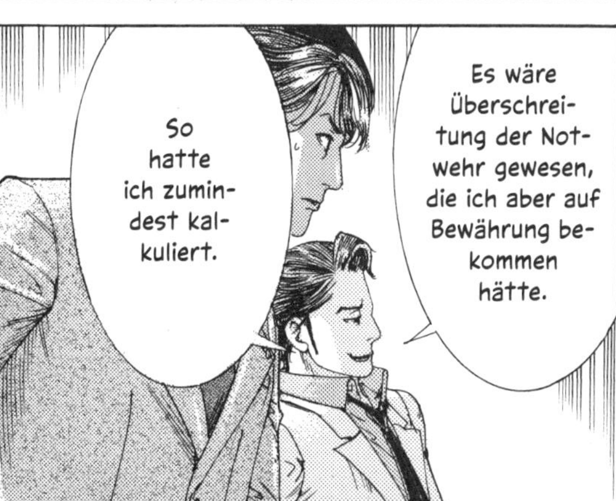
Es wäre Überschreitung der Notwehr gewesen, die ich aber auf Bewährung bekommen hätte.
So hatte ich zumindest kalkuliert.

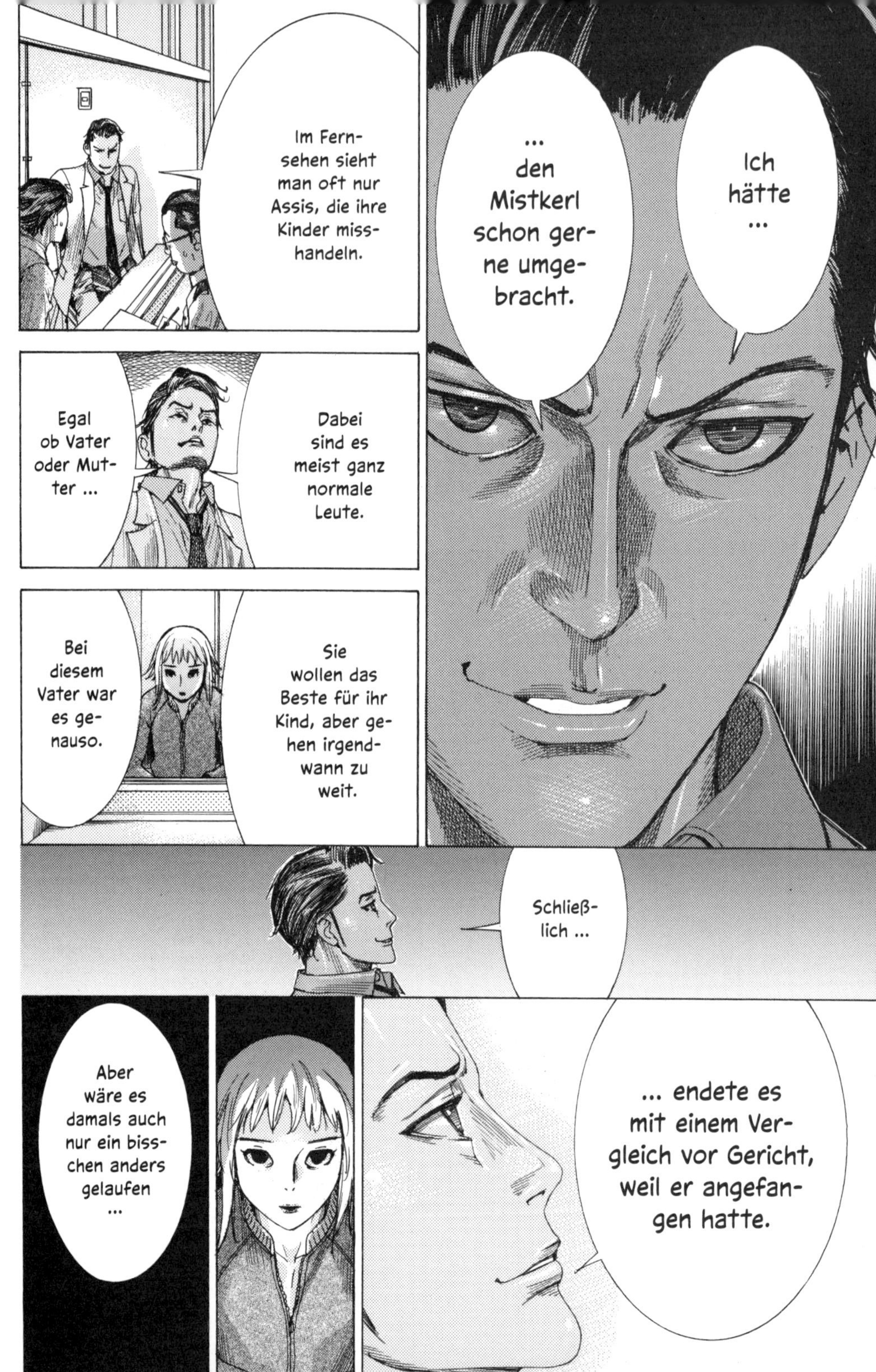
Ich hätte ...
... den Mistkerl schon gerne umgebracht.
Im Fernsehen sieht man oft nur Assis, die ihre Kinder misshandeln.
Dabei sind es meist ganz normale Leute.
Egal ob Vater oder Mutter ...
Sie wollen das Beste für ihr Kind, aber gehen irgendwann zu weit.
Bei diesem Vater war es genauso.
Schließlich ...
... endete es mit einem Vergleich vor Gericht, weil er angefangen hatte.
Aber wäre es damals auch nur ein bisschen anders gelaufen ...

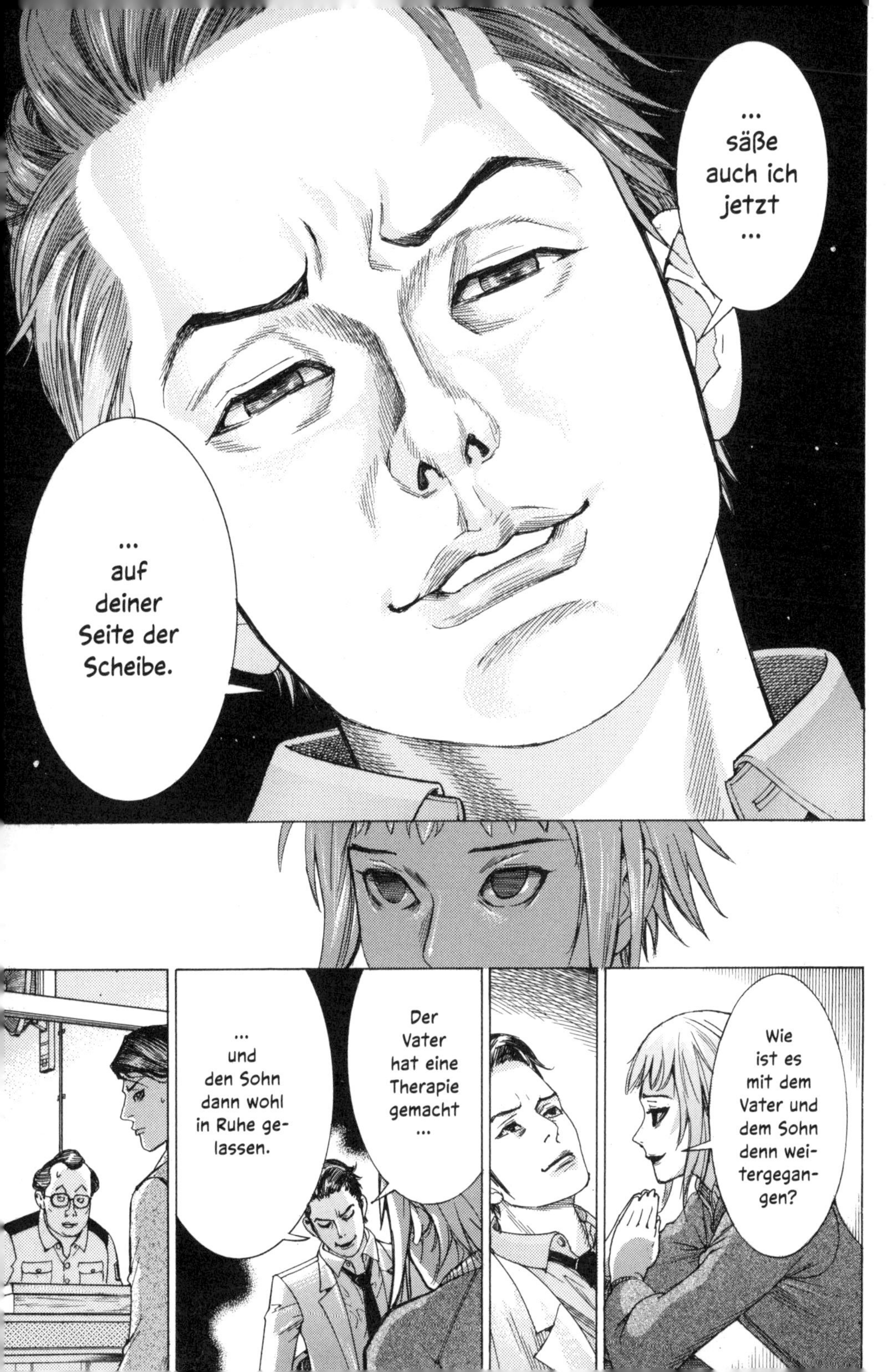
... säße auch ich jetzt ...
... auf deiner Seite der Scheibe.
Wie ist es mit dem Vater und dem Sohn denn weitergegangen?
Der Vater hat eine Therapie gemacht ...
... und den Sohn dann wohl in Ruhe gelassen.

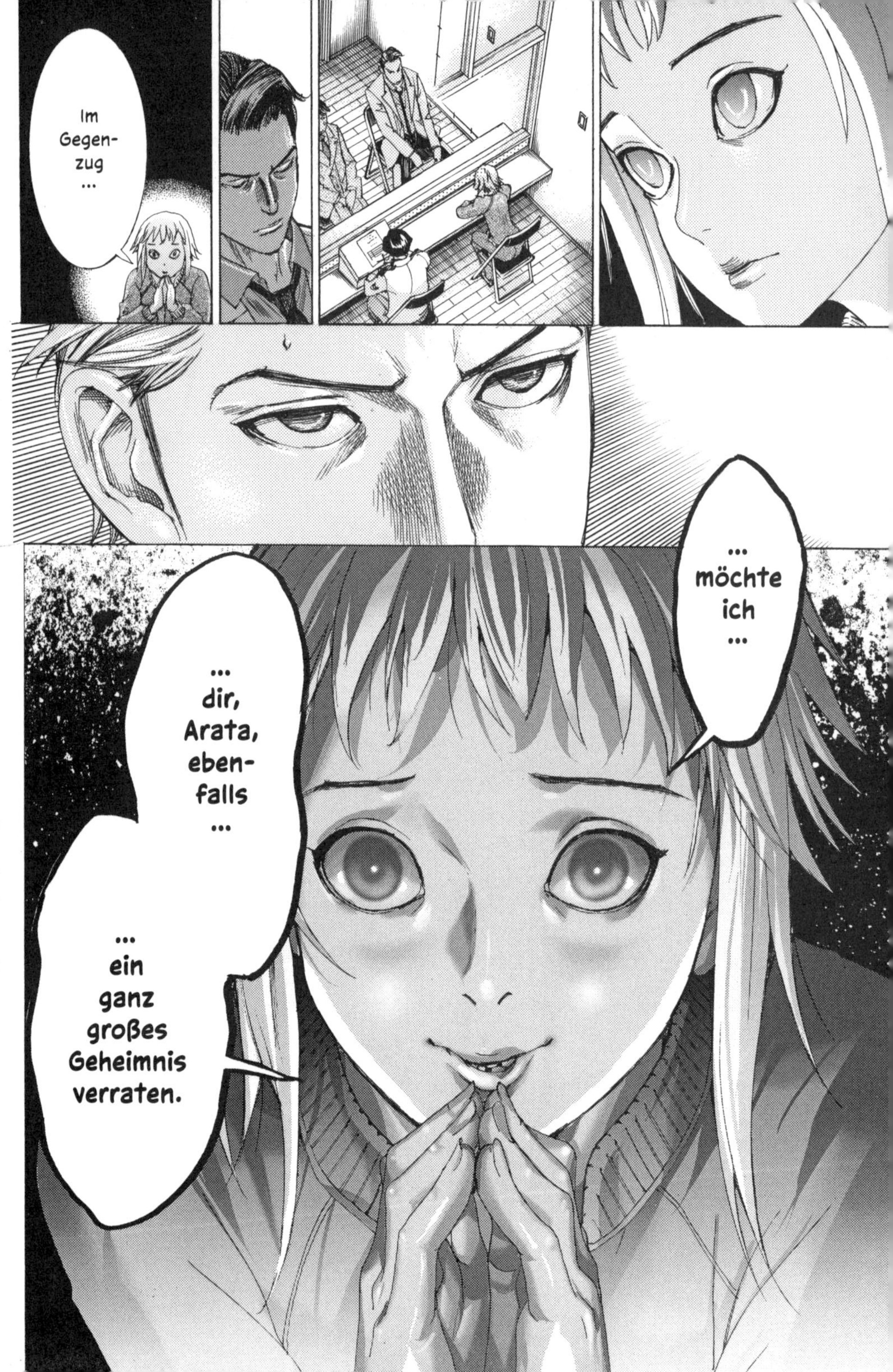
Im Gegen-zug ...
... möchte ich ...
... dir, Arata, eben-falls ...
... ein ganz großes Geheimnis verraten.

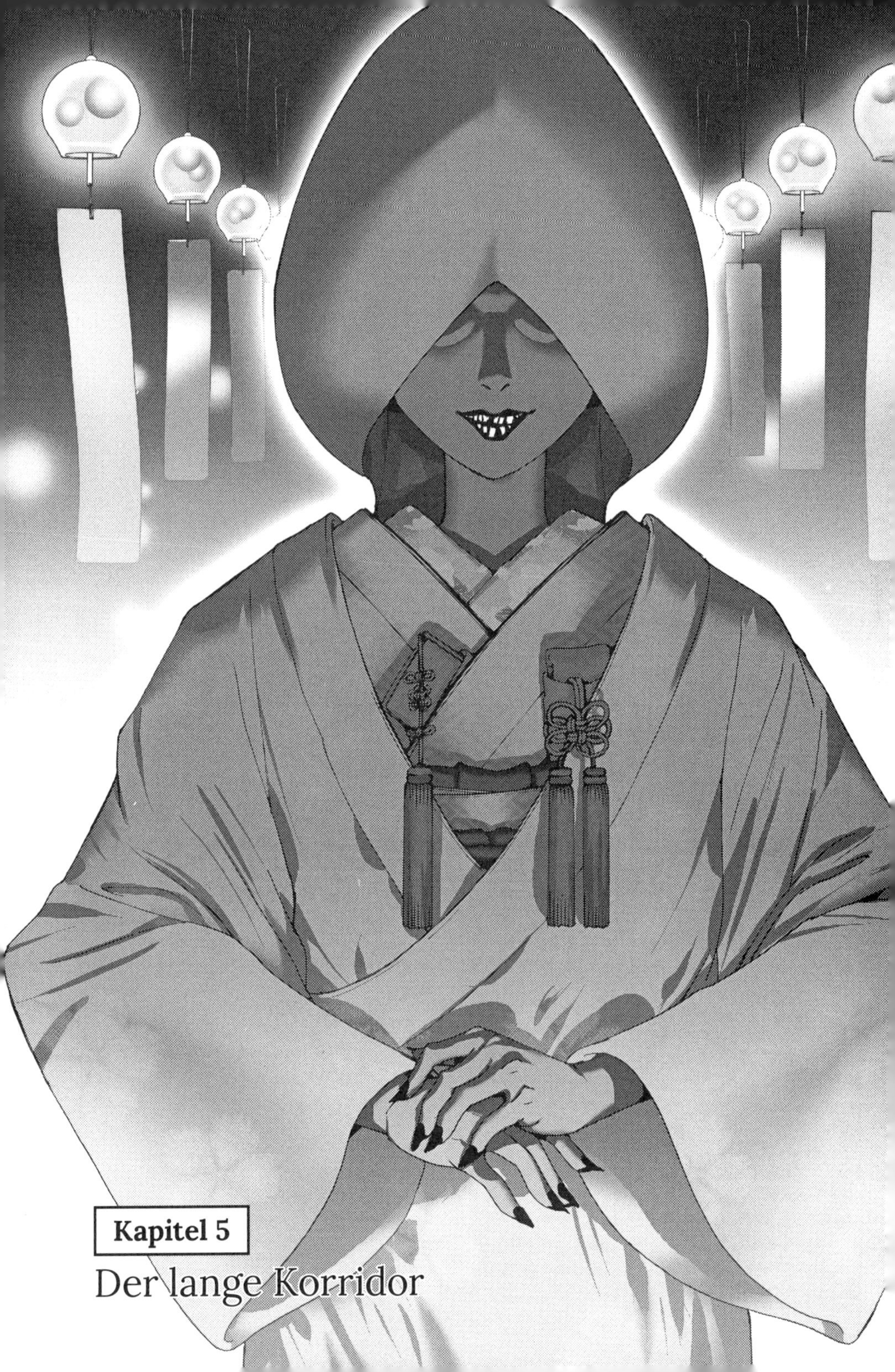
Kapitel 5
Der lange Korridor

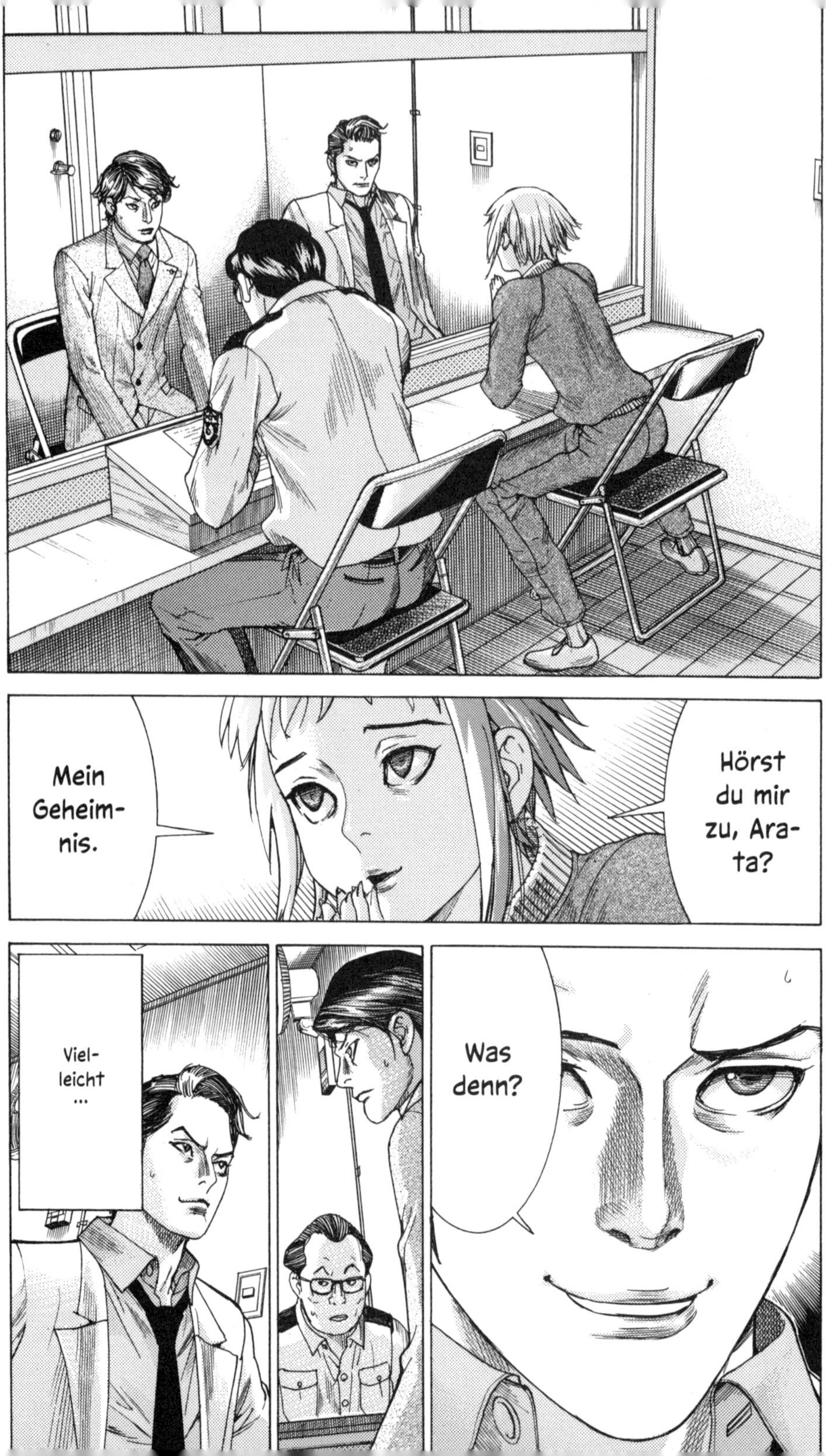

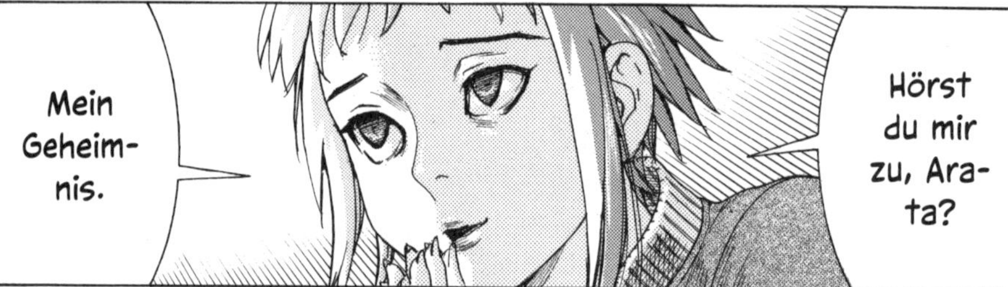
Hörst du mir zu, Arata?
Mein Geheimnis.

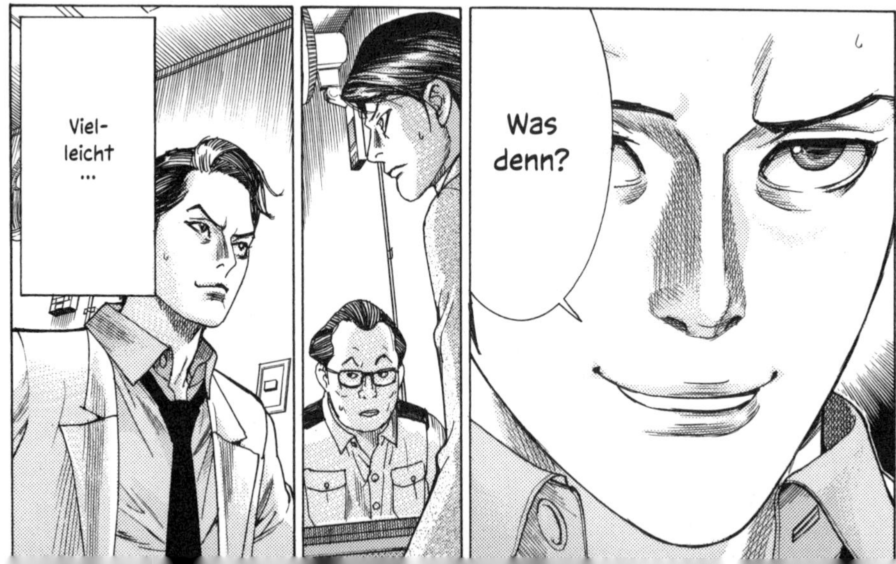
Was denn?
Vielleicht ...

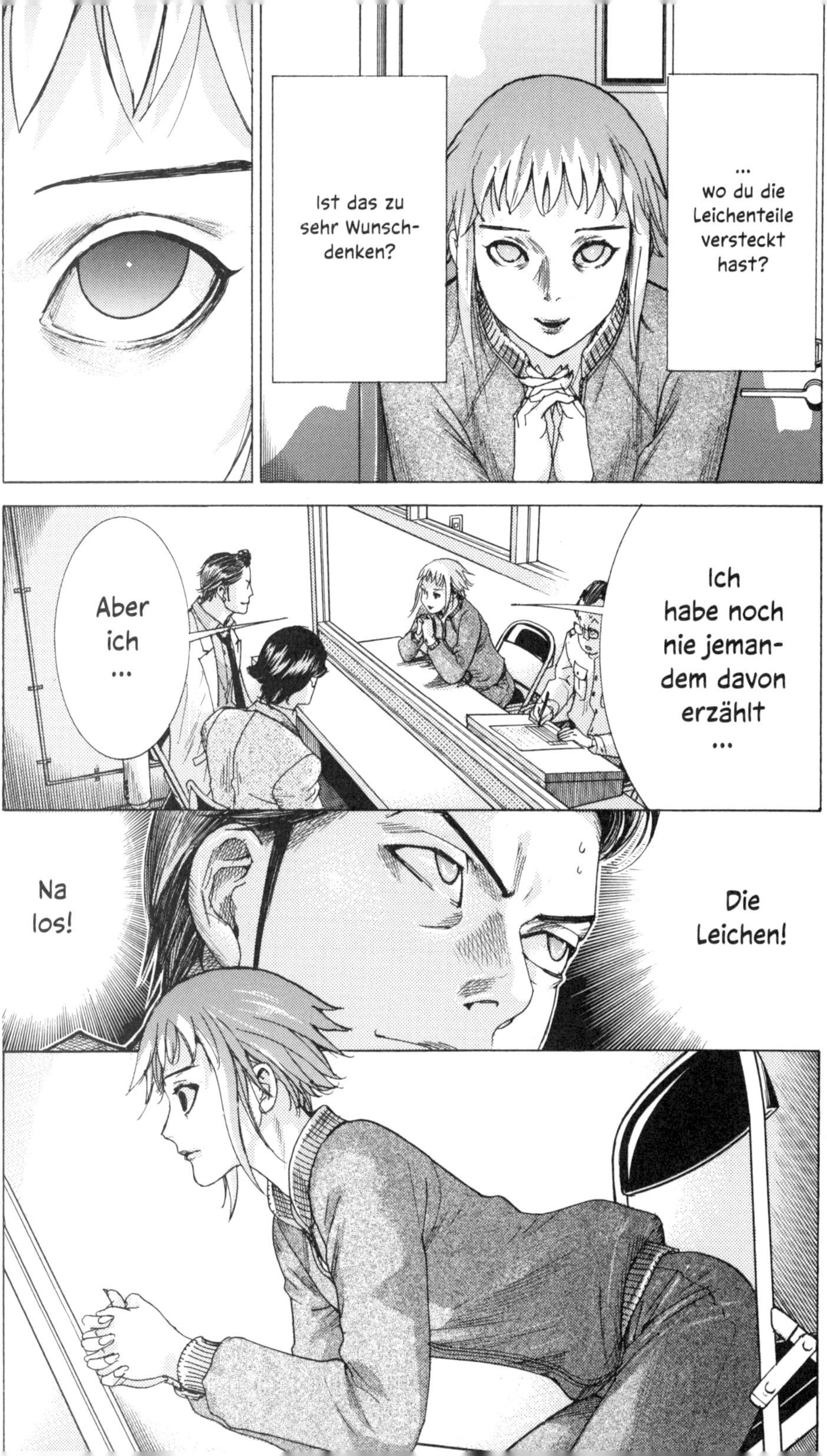

... wo du die Leichenteile versteckt hast?

Ist das zu sehr Wunschdenken?

Ich habe noch nie jemandem davon erzählt ...

Aber ich ...

Die Leichen!

Na los!

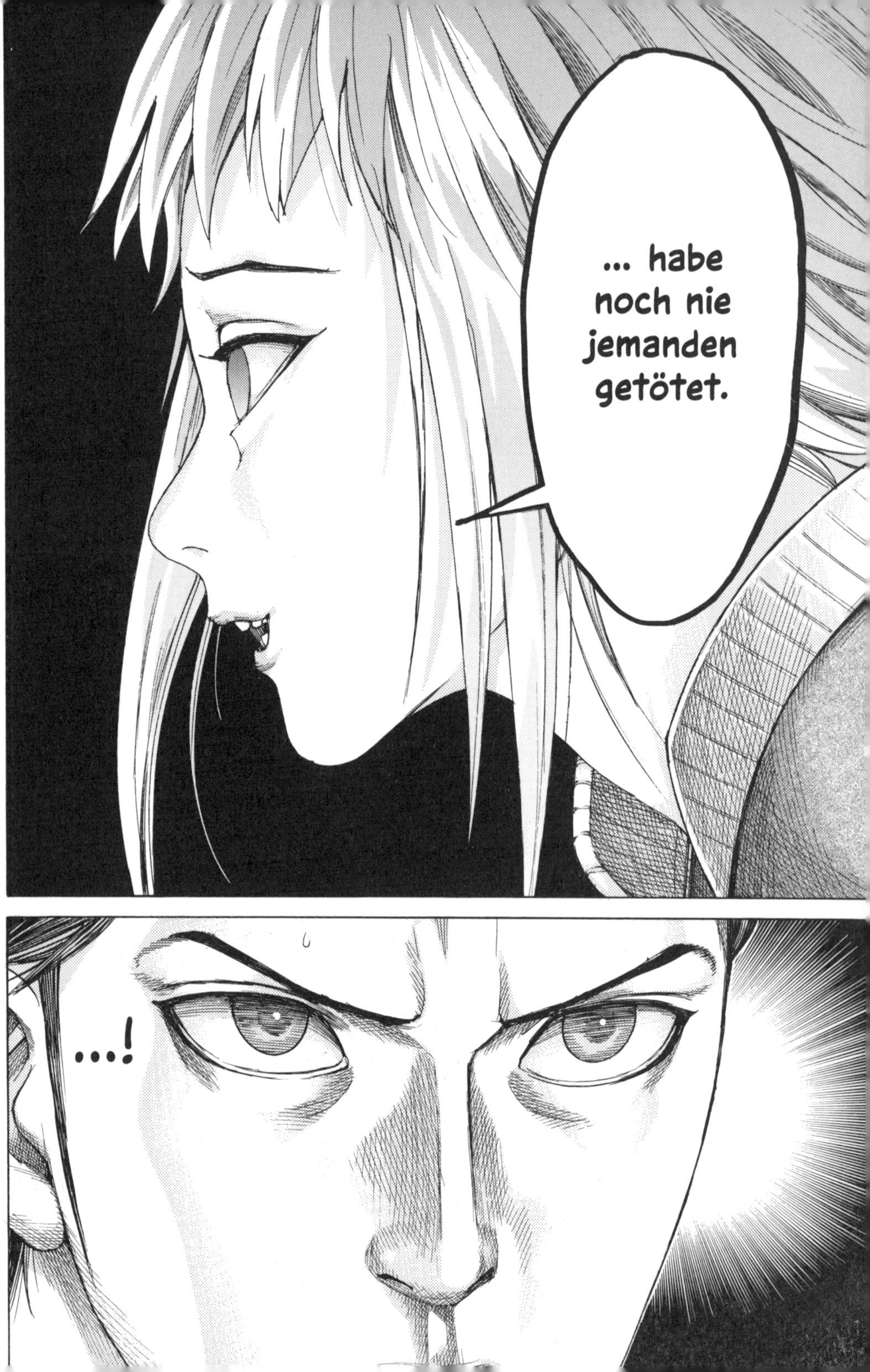

... habe noch nie jemanden getötet.

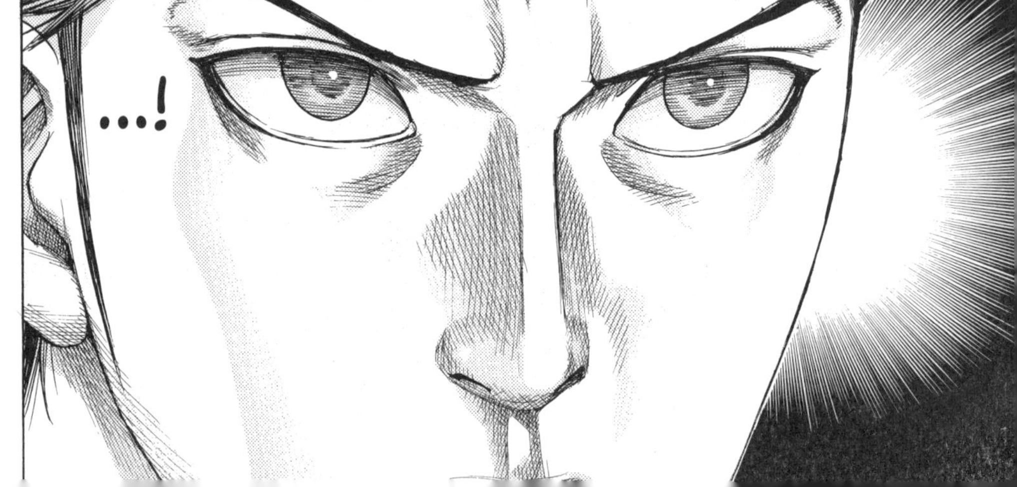

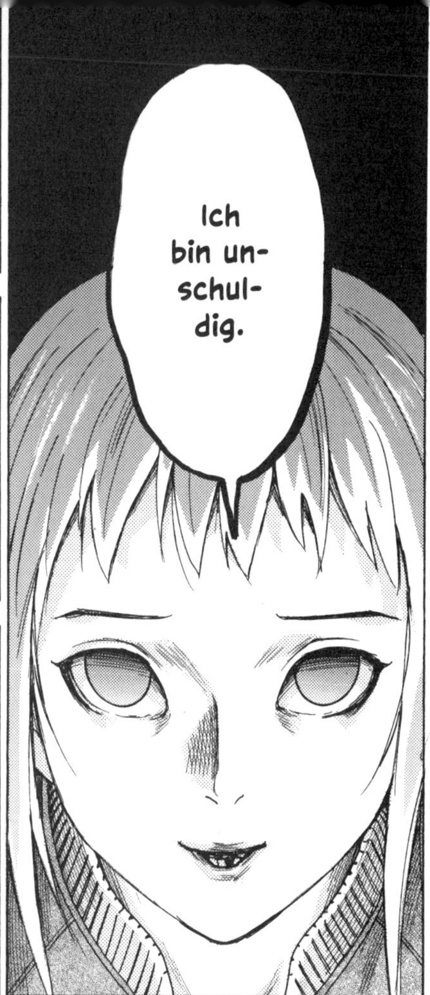
Ich bin unschuldig.

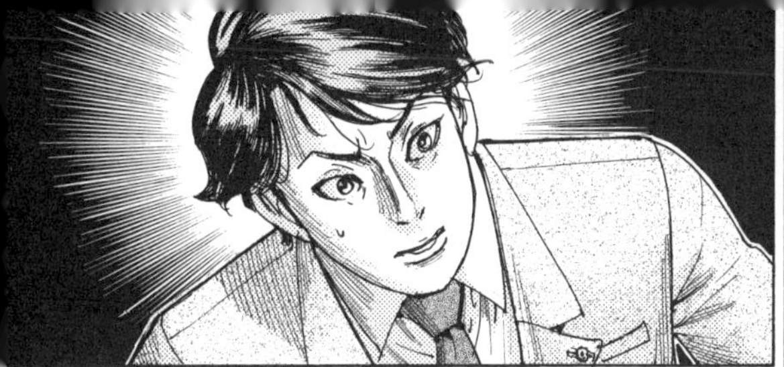

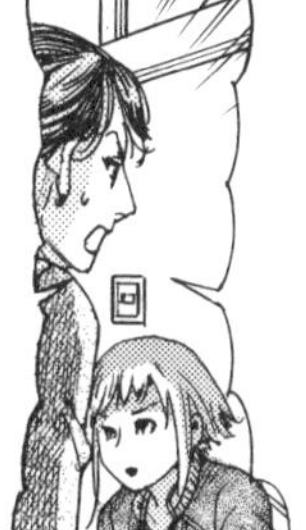
Wie, Sie sind unschuldig?

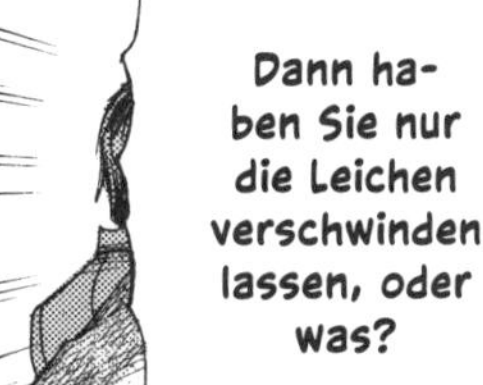
Dann haben Sie nur die Leichen verschwinden lassen, oder was?

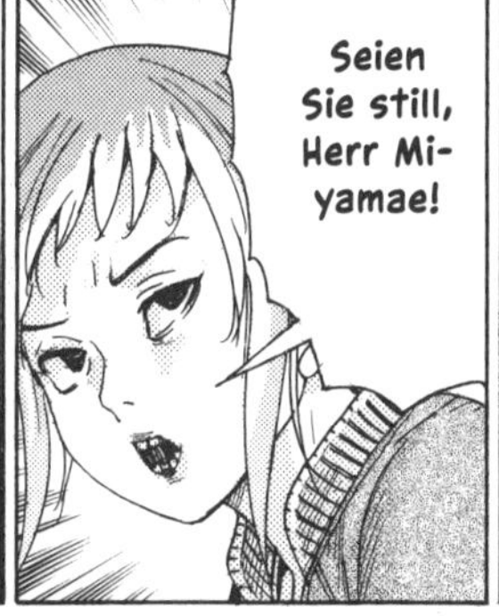
Seien Sie still, Herr Miyamae!

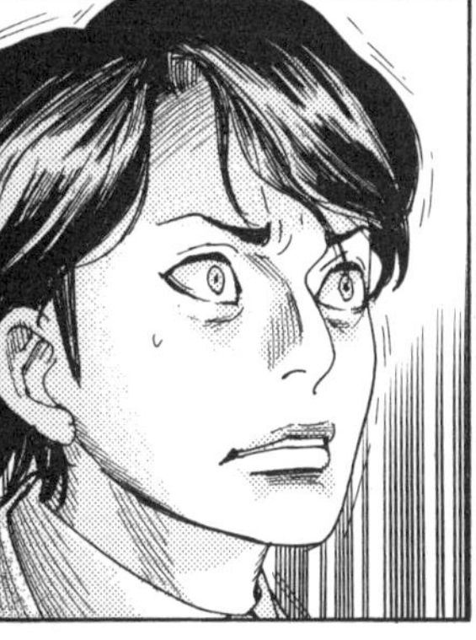

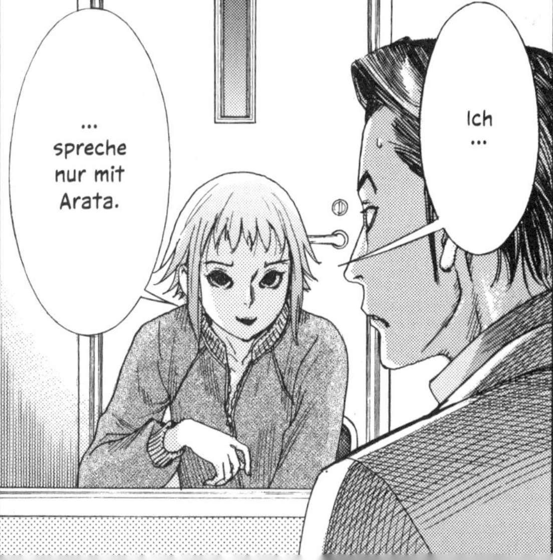
Ich …
… spreche nur mit Arata.

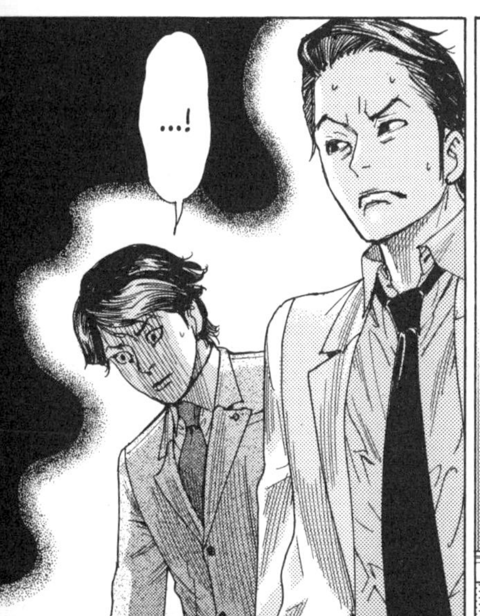
…!

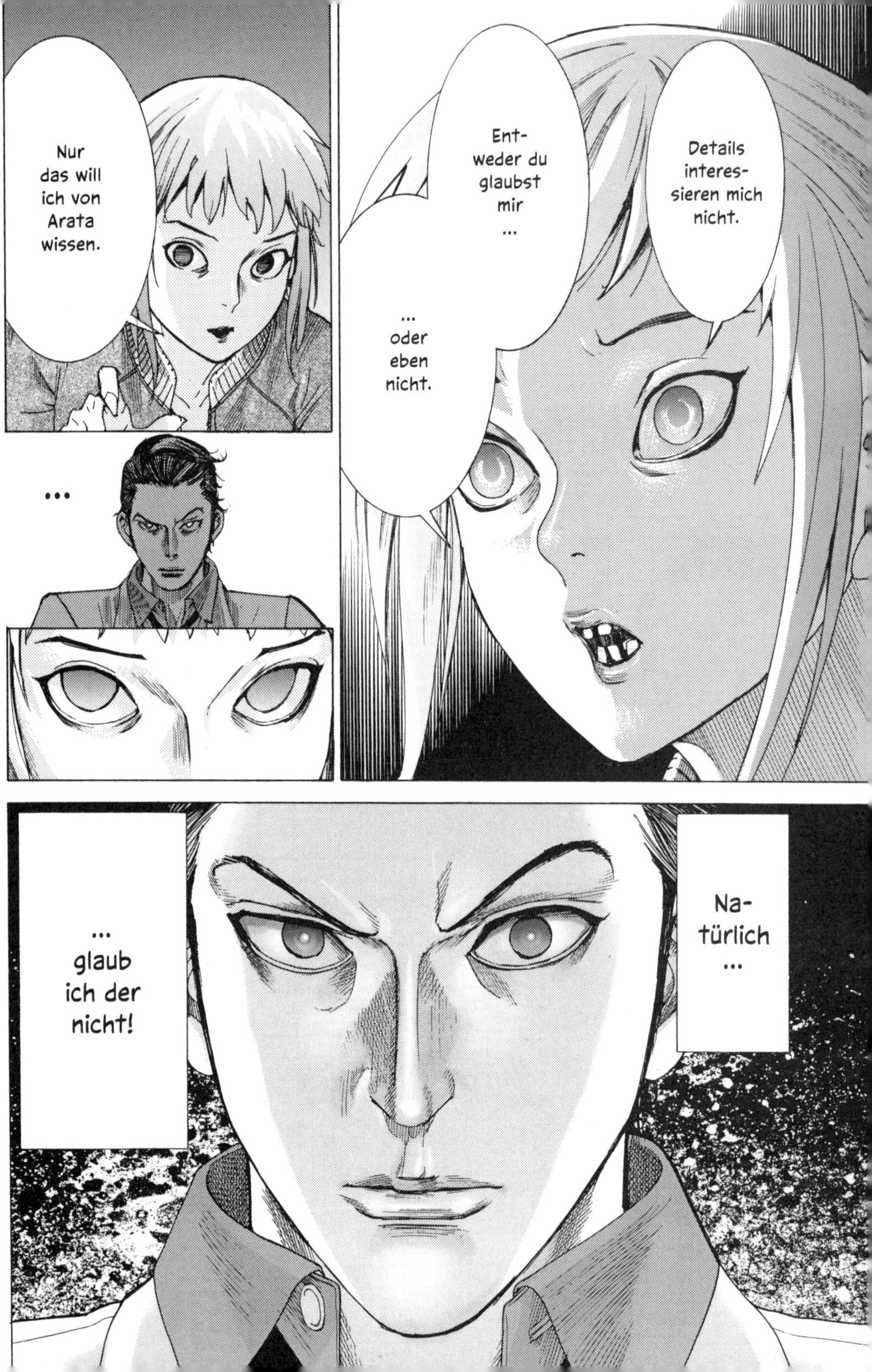

Details interessieren mich nicht.
Entweder du glaubst mir ...
... oder eben nicht.
Nur das will ich von Arata wissen.
...
Natürlich ...
... glaub ich der nicht!

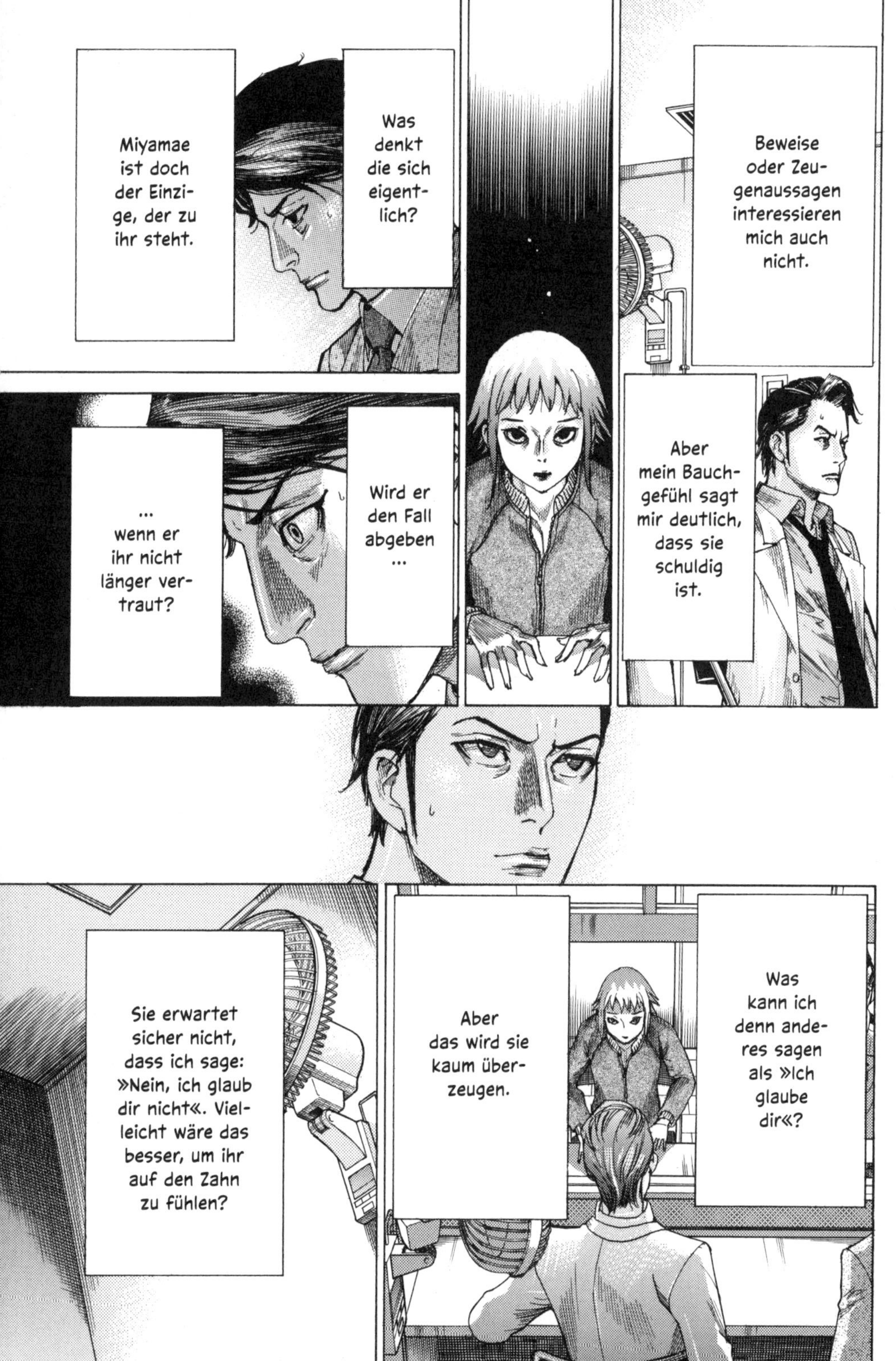
Beweise oder Zeugenaussagen interessieren mich auch nicht.
Aber mein Bauchgefühl sagt mir deutlich, dass sie schuldig ist.
Was denkt die sich eigentlich?
Miyamae ist doch der Einzige, der zu ihr steht.
Wird er den Fall abgeben …
… wenn er ihr nicht länger vertraut?
Was kann ich denn anderes sagen als »Ich glaube dir«?
Aber das wird sie kaum überzeugen.
Sie erwartet sicher nicht, dass ich sage: »Nein, ich glaub dir nicht«. Vielleicht wäre das besser, um ihr auf den Zahn zu fühlen?

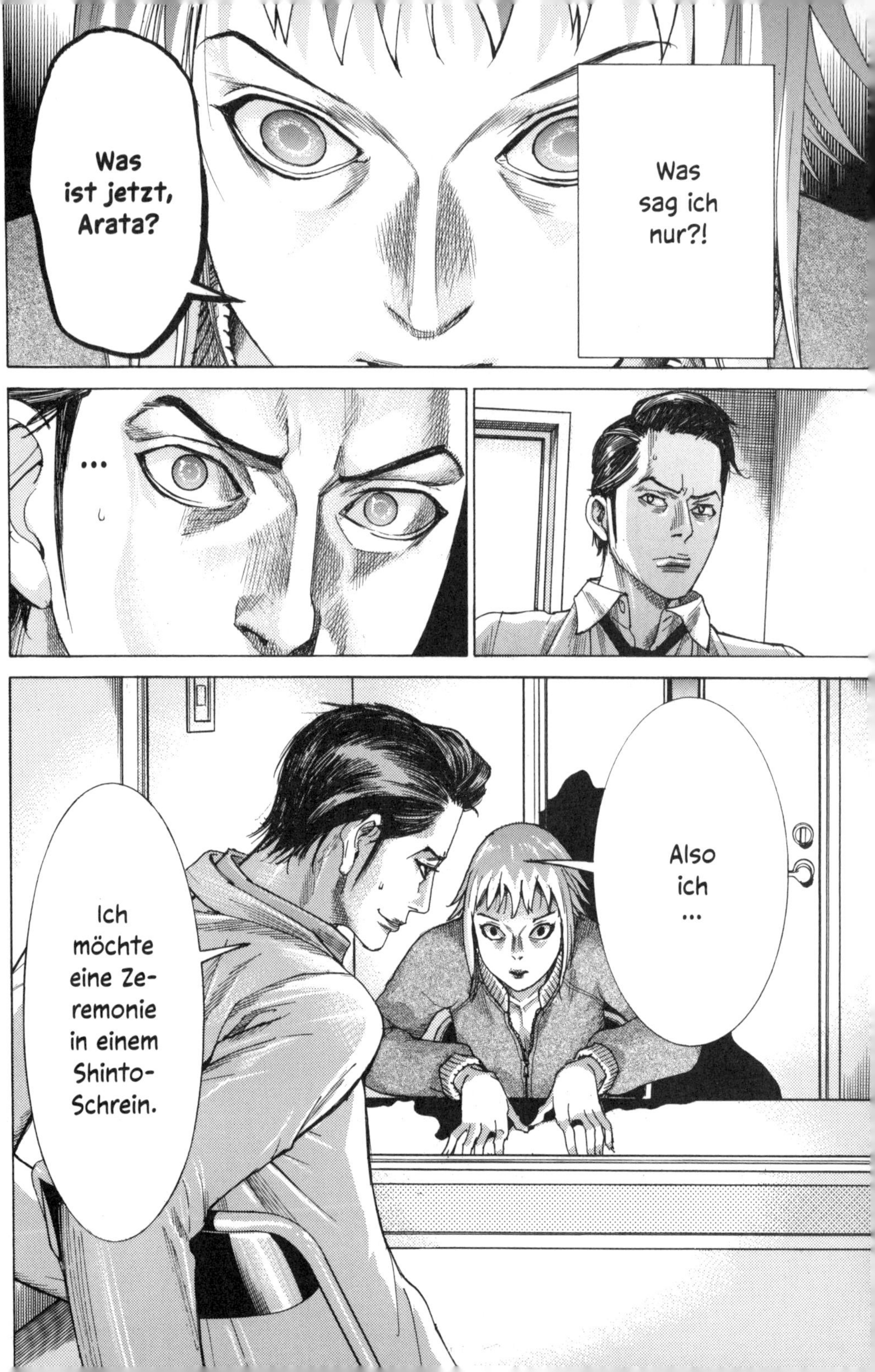

Was sag ich nur?!

Was ist jetzt, Arata?

...

Also ich ...

Ich möchte eine Zeremonie in einem Shinto-Schrein.

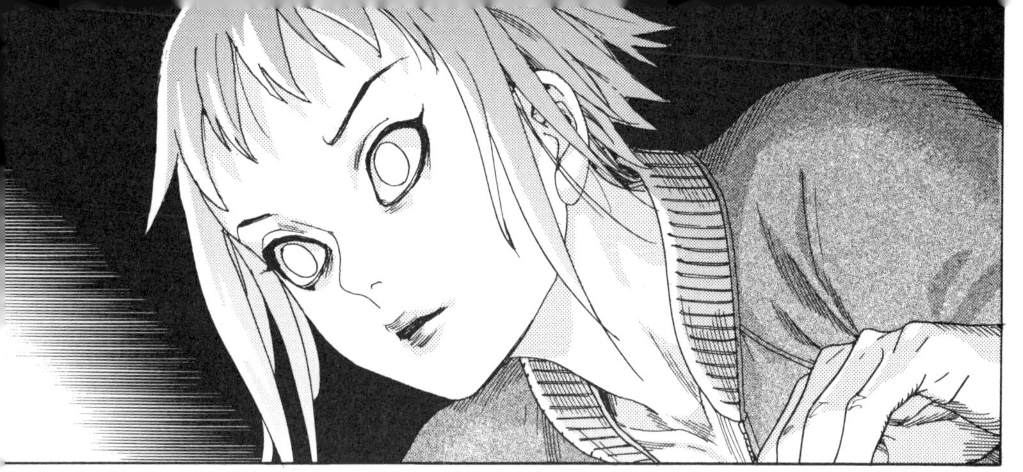

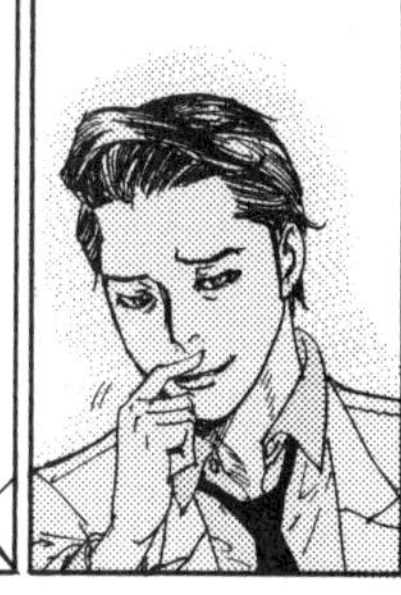

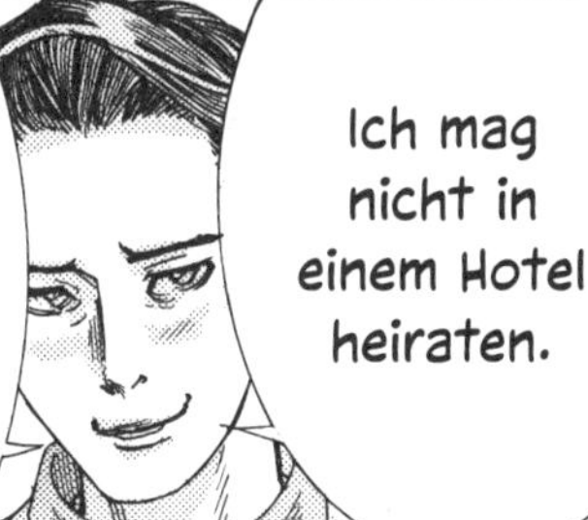
Ich mag nicht in einem Hotel heiraten.
Das ist so billig mit der ganzen künstlichen Deko da.

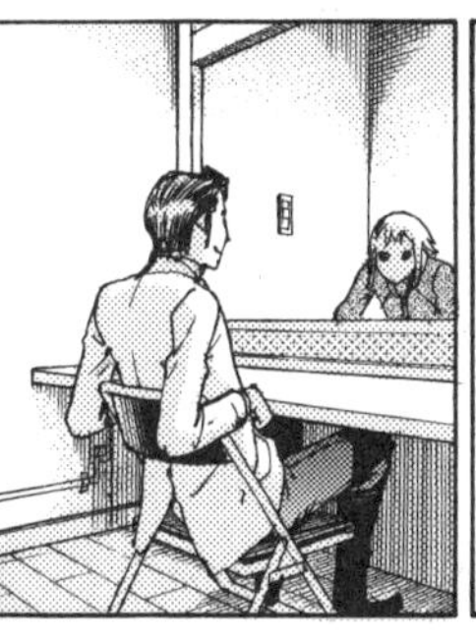

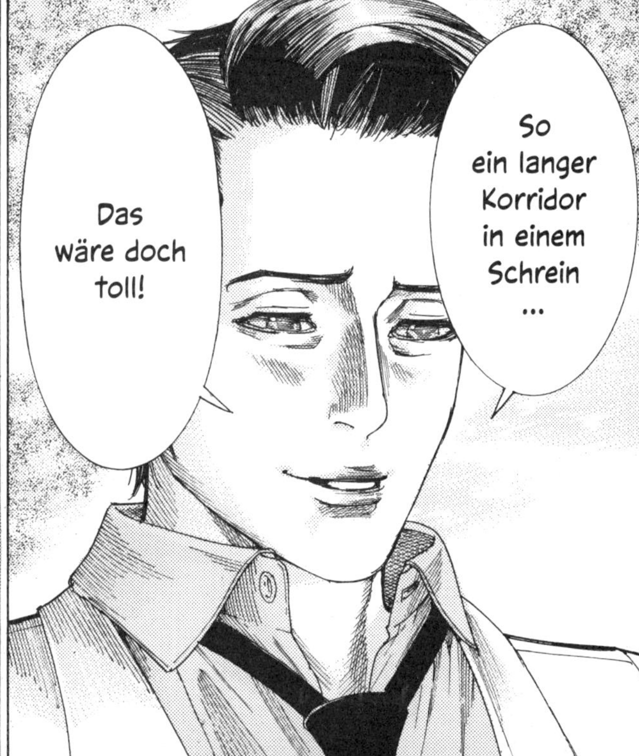
So ein langer Korridor in einem Schrein ...
Das wäre doch toll!

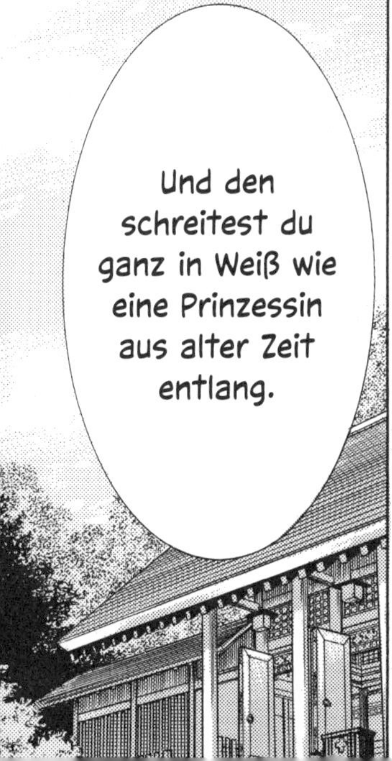
Und den schreitest du ganz in Weiß wie eine Prinzessin aus alter Zeit entlang.

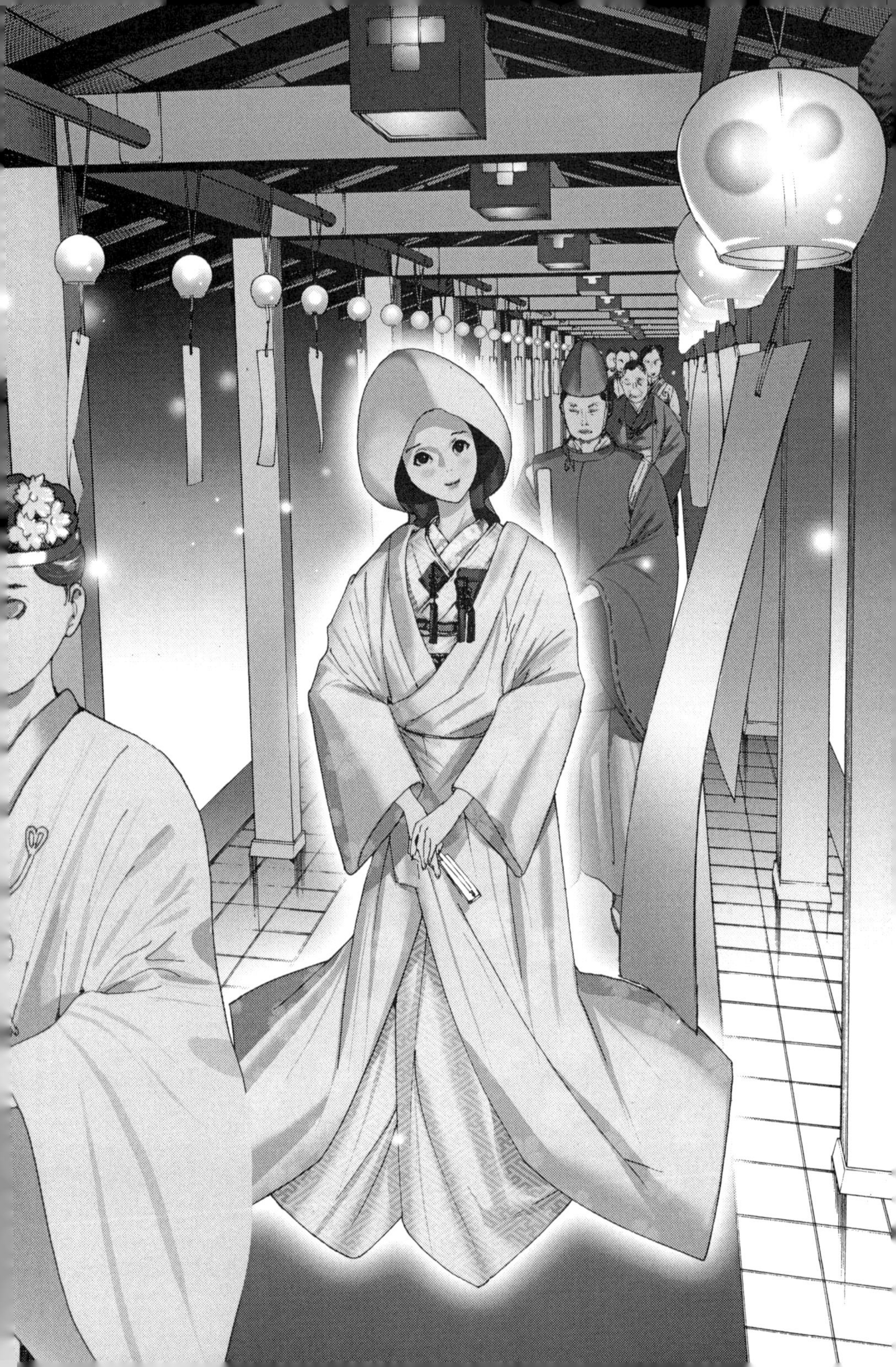

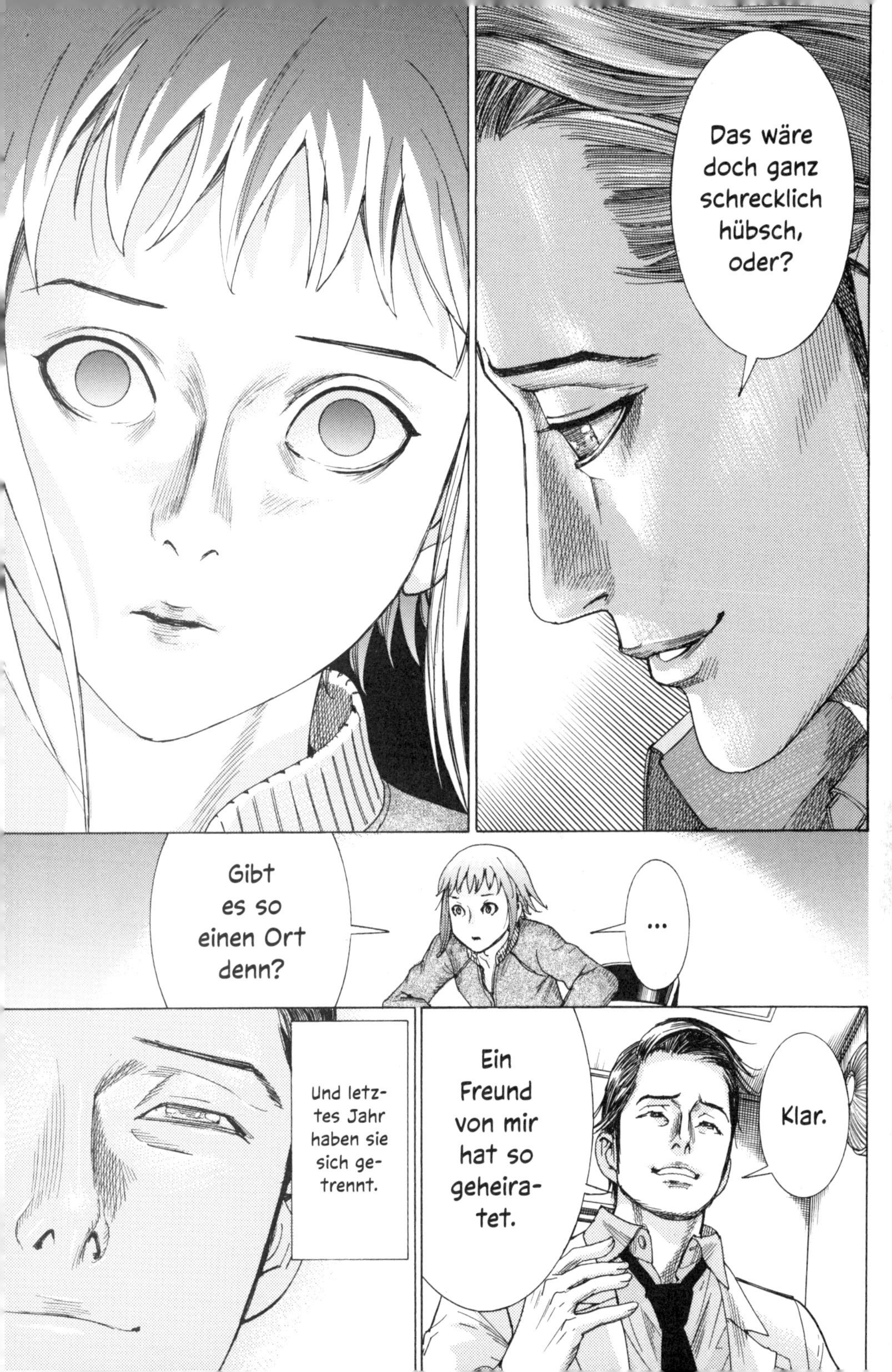
Das wäre doch ganz schrecklich hübsch, oder?
...
Gibt es so einen Ort denn?
Klar.
Ein Freund von mir hat so geheira-tet.
Und letz-tes Jahr haben sie sich ge-trennt.

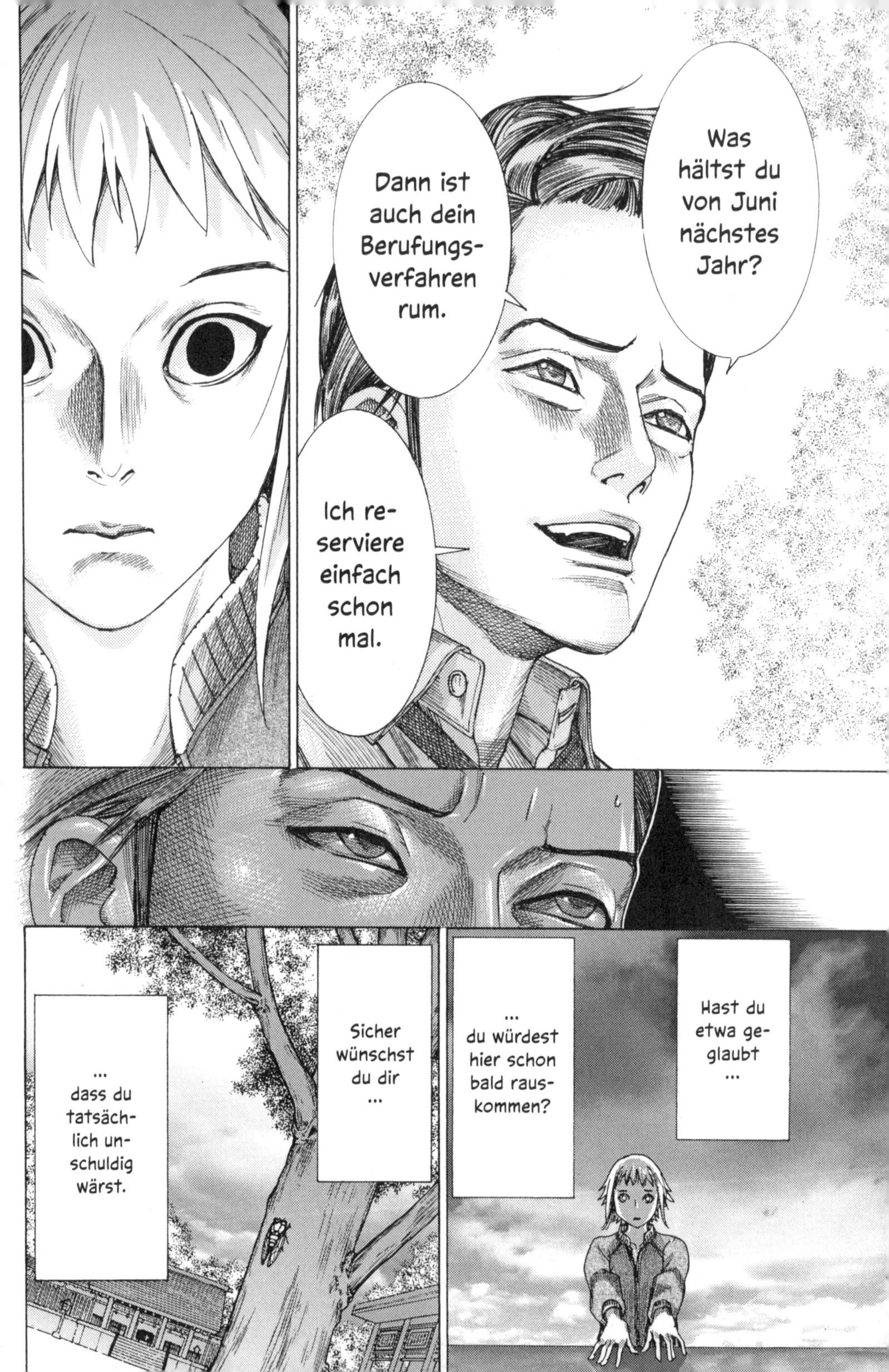
Was hältst du von Juni nächstes Jahr?
Dann ist auch dein Berufungs-verfahren rum.
Ich re-serviere einfach schon mal.
Hast du etwa ge-glaubt …
… du würdest hier schon bald raus-kommen?
Sicher wünschst du dir …
… dass du tatsäch-lich un-schuldig wärst.

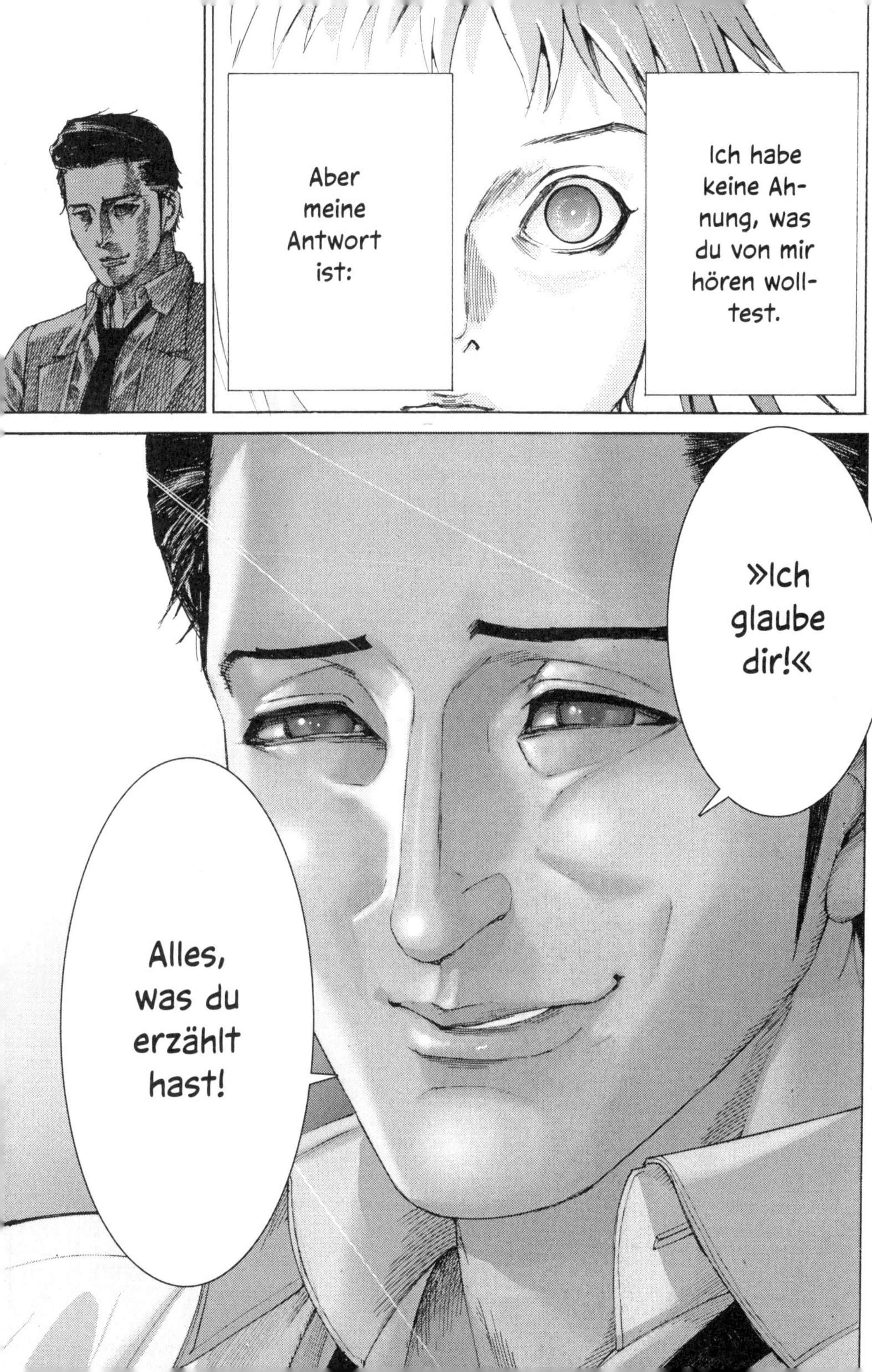

Ich habe keine Ahnung, was du von mir hören wolltest.

Aber meine Antwort ist:

»Ich glaube dir!«

Alles, was du erzählt hast!

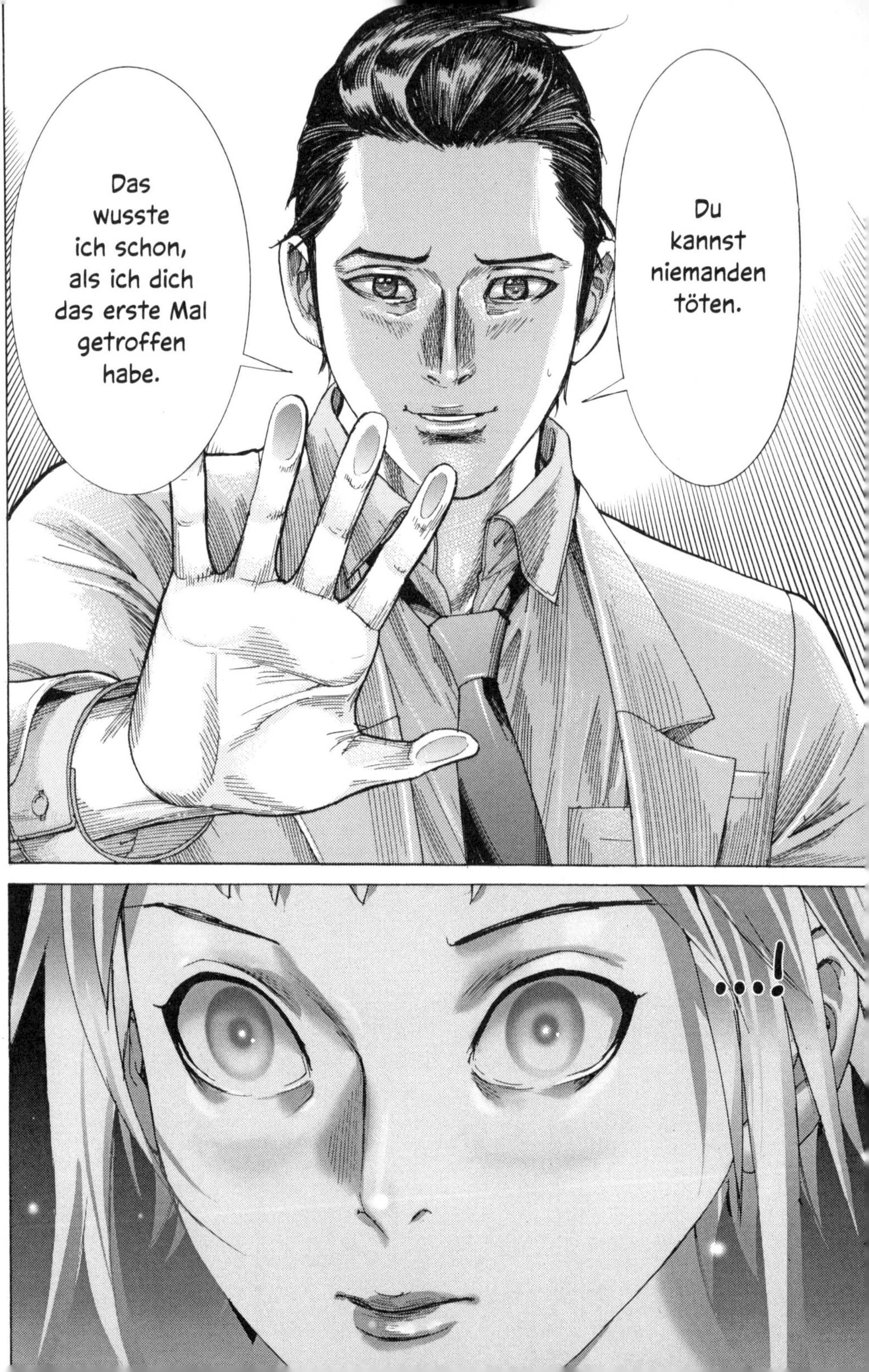

Du kannst niemanden töten.

Das wusste ich schon, als ich dich das erste Mal getroffen habe.

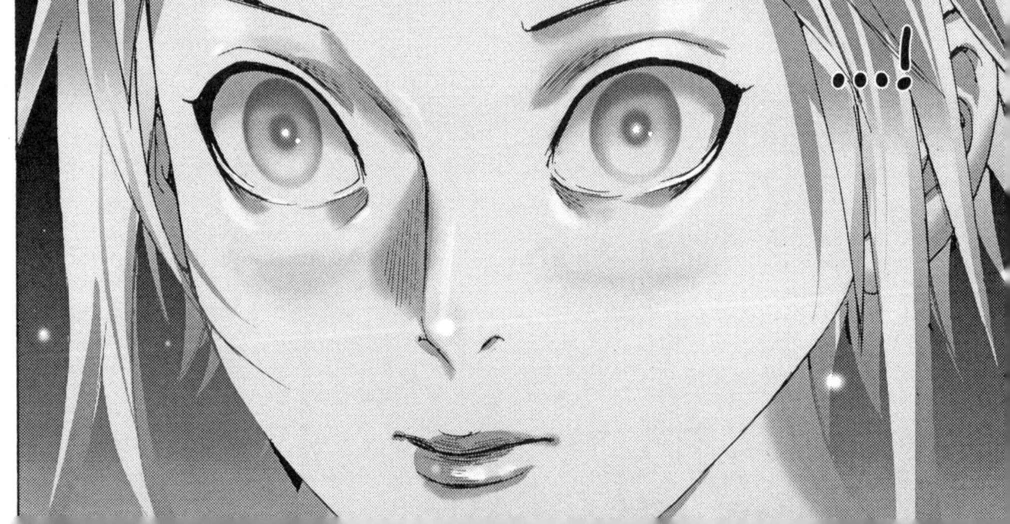

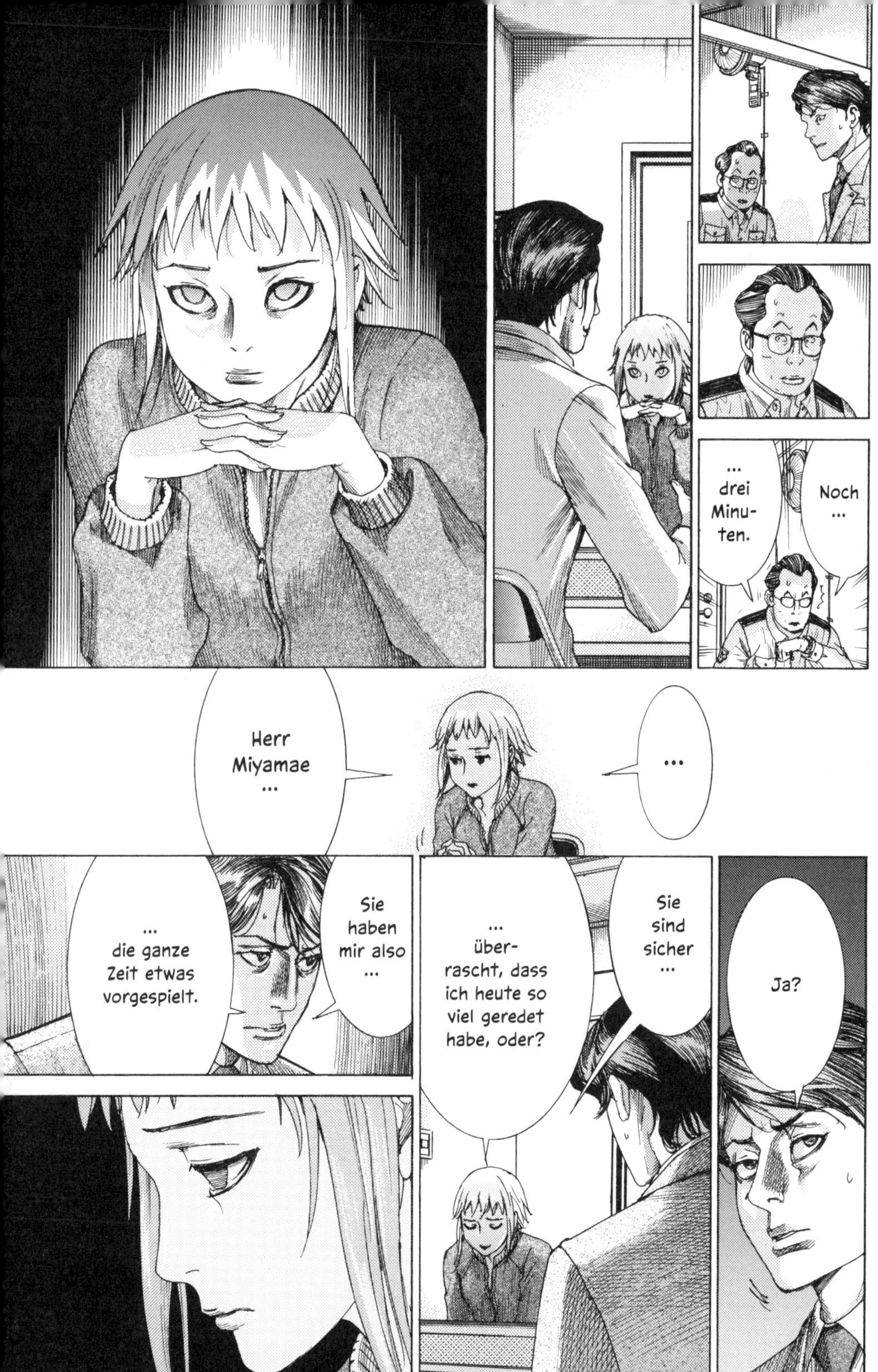

Noch ...
... drei Minu-ten.
...
Herr Miyamae ...
Ja?
Sie sind sicher ...
... über-rascht, dass ich heute so viel geredet habe, oder?
Sie haben mir also ...
... die ganze Zeit etwas vorgespielt.

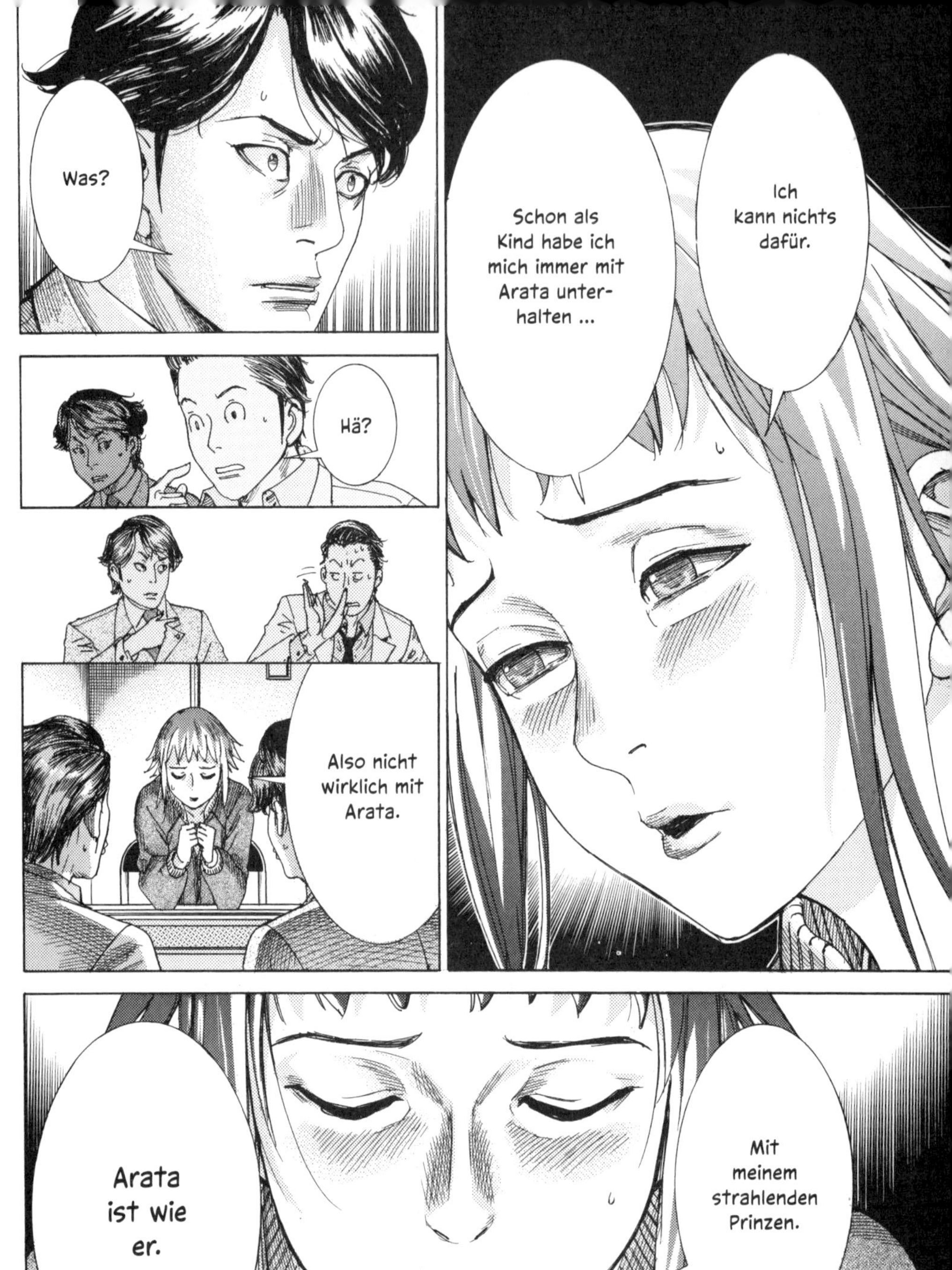
Ich kann nichts dafür.
Schon als Kind habe ich mich immer mit Arata unterhalten ...
Was?
Hä?
Also nicht wirklich mit Arata.
Mit meinem strahlenden Prinzen.
Arata ist wie er.

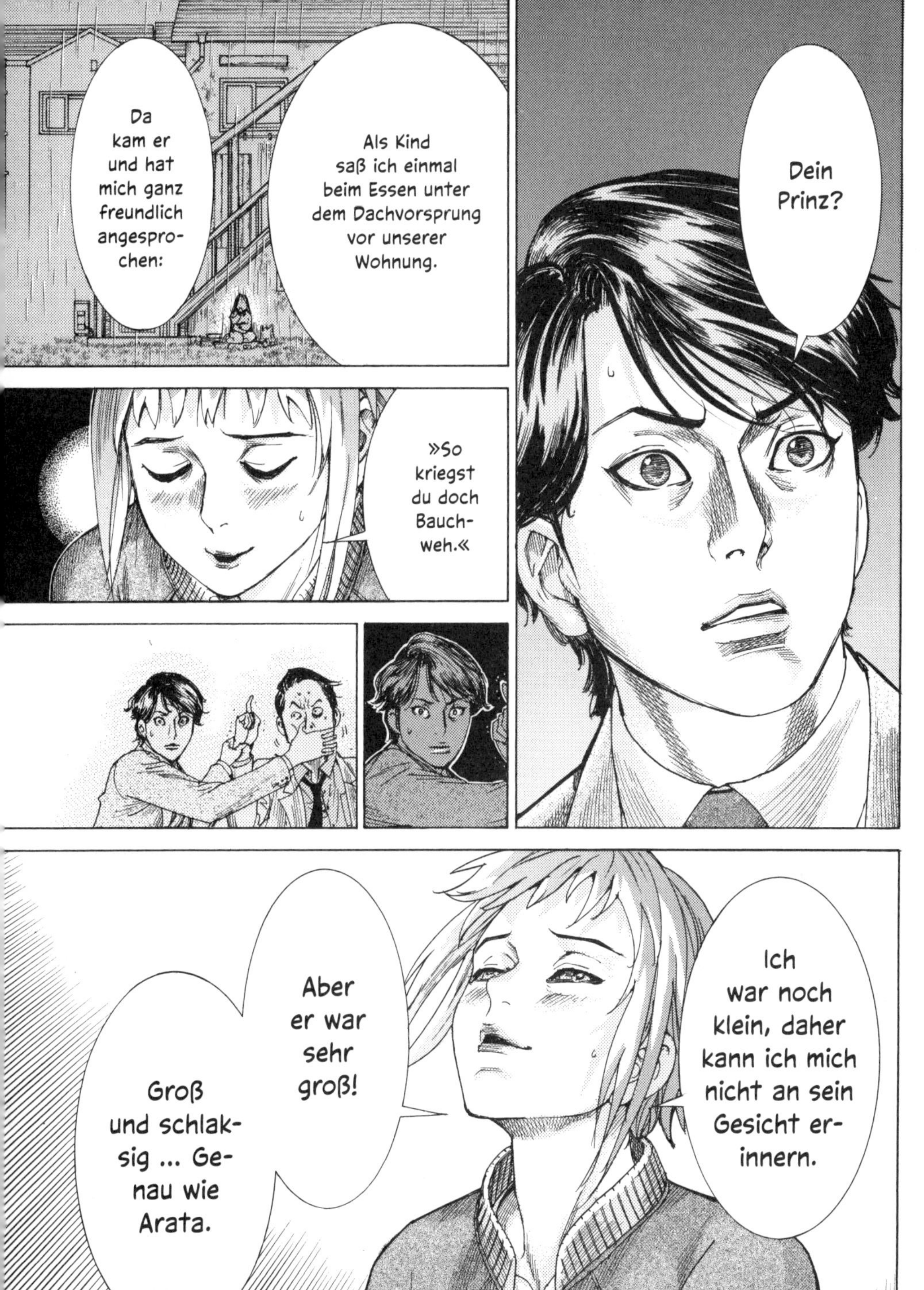

Dein Prinz?
Als Kind saß ich einmal beim Essen unter dem Dachvorsprung vor unserer Wohnung.
Da kam er und hat mich ganz freundlich angesprochen:
»So kriegst du doch Bauchweh.«
Ich war noch klein, daher kann ich mich nicht an sein Gesicht erinnern.
Aber er war sehr groß!
Groß und schlaksig ... Genau wie Arata.

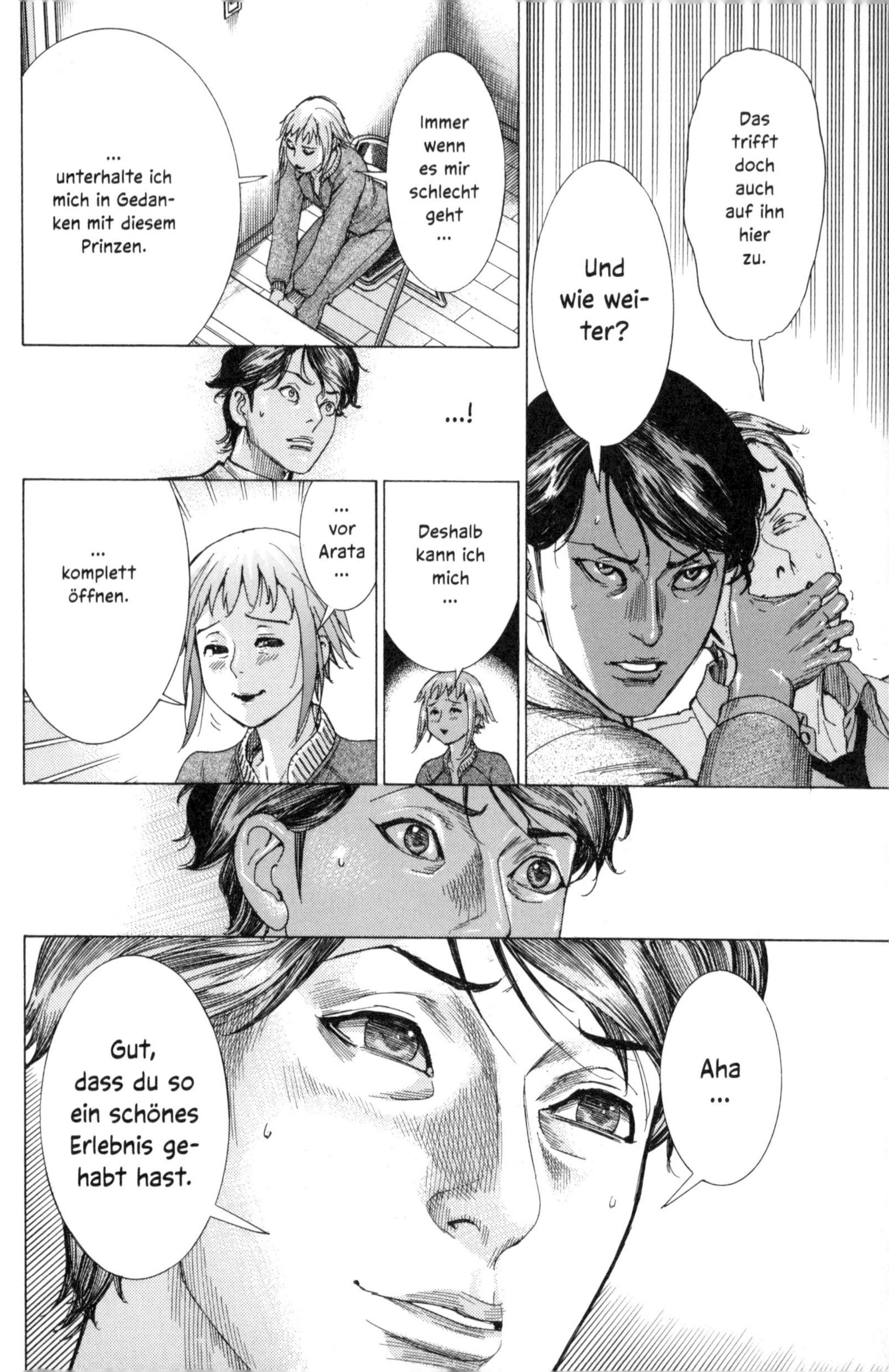
Das trifft doch auch auf ihn hier zu.
Und wie weiter?
Immer wenn es mir schlecht geht ...
... unterhalte ich mich in Gedanken mit diesem Prinzen.
...!
Deshalb kann ich mich ...
... vor Arata ...
... komplett öffnen.
Aha ...
Gut, dass du so ein schönes Erlebnis gehabt hast.

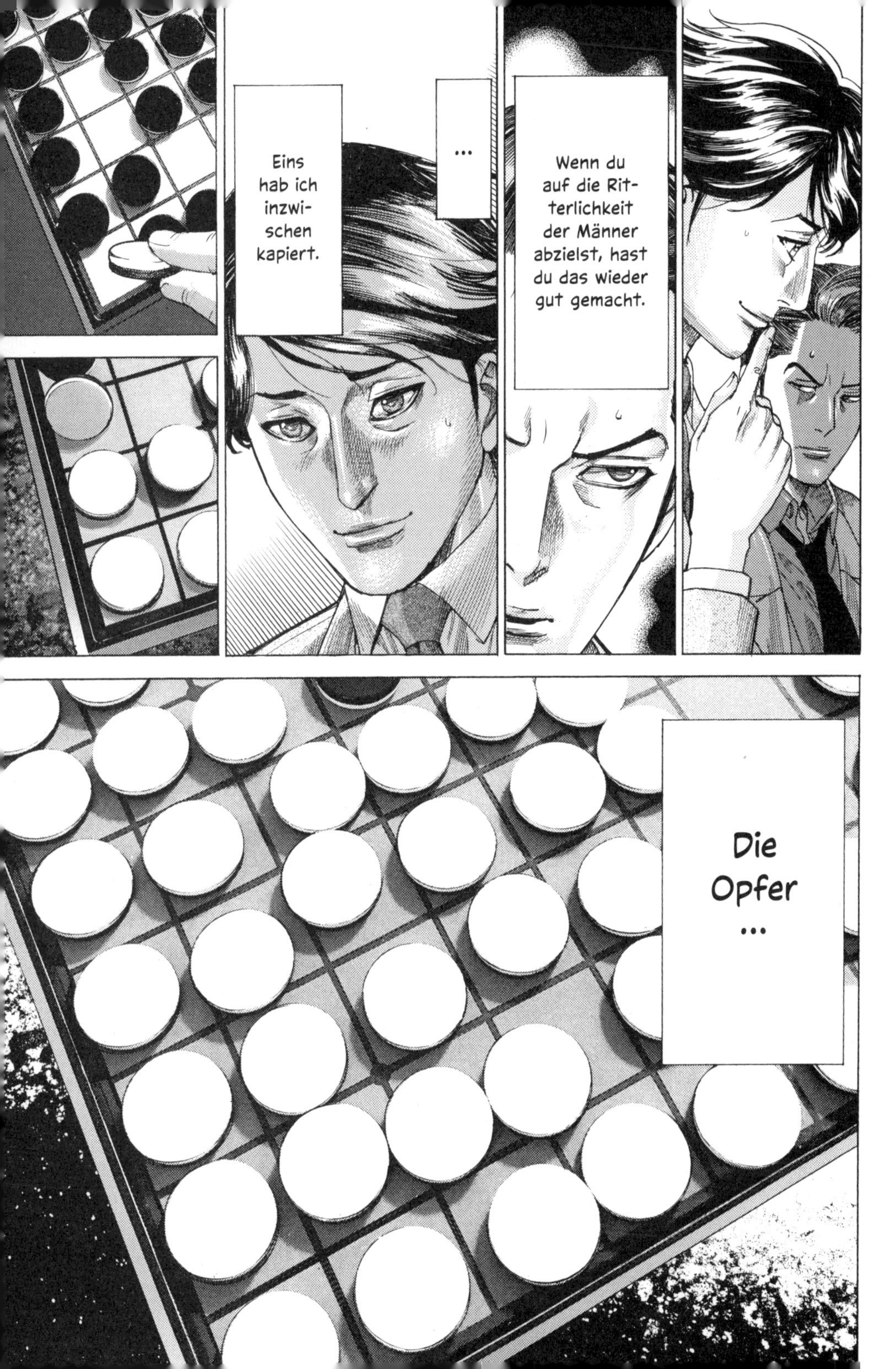

Wenn du auf die Ritterlichkeit der Männer abzielst, hast du das wieder gut gemacht.

...

Eins hab ich inzwischen kapiert.

Die Opfer ...

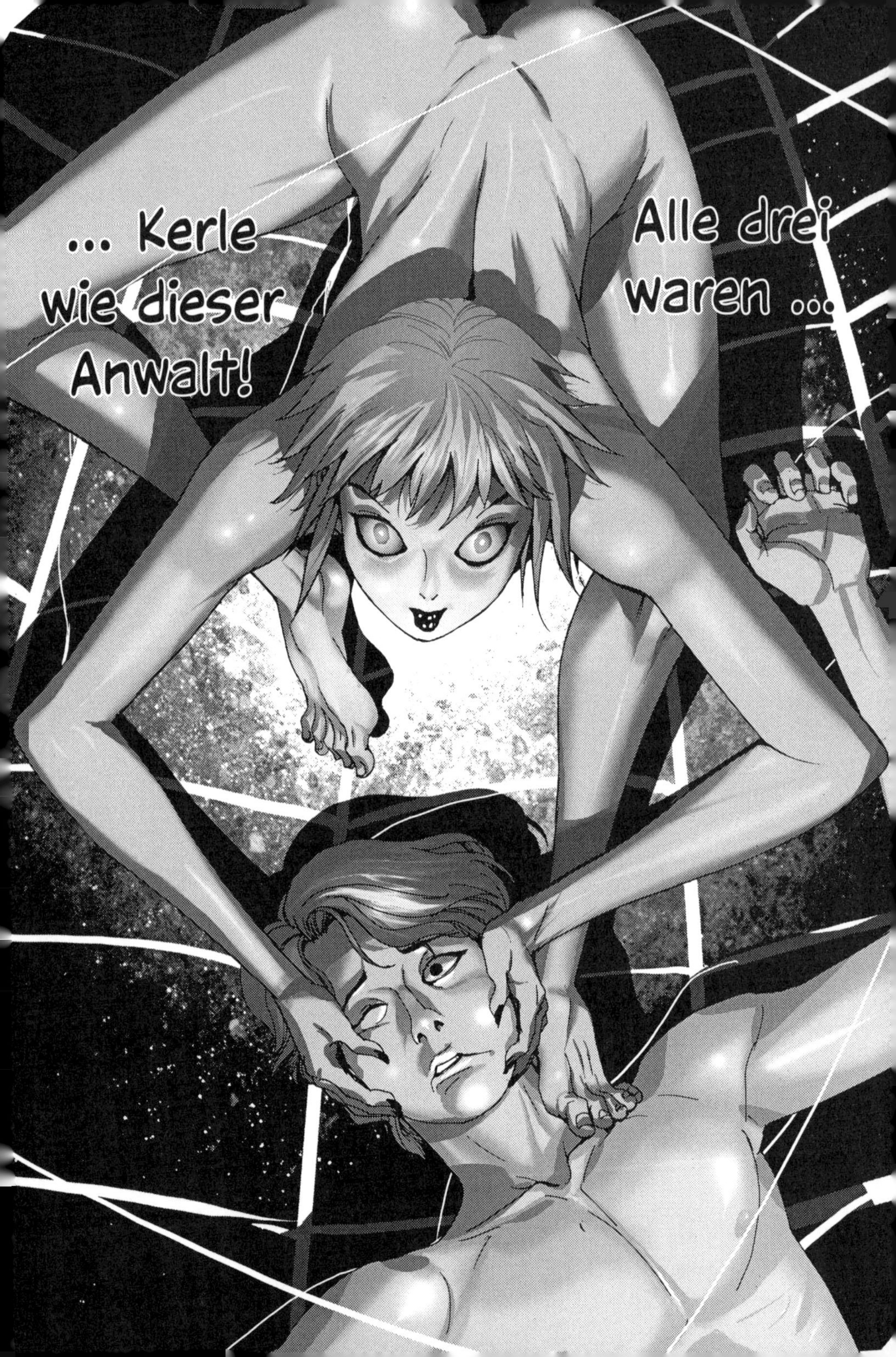
Alle drei waren ...
... Kerle wie dieser Anwalt!

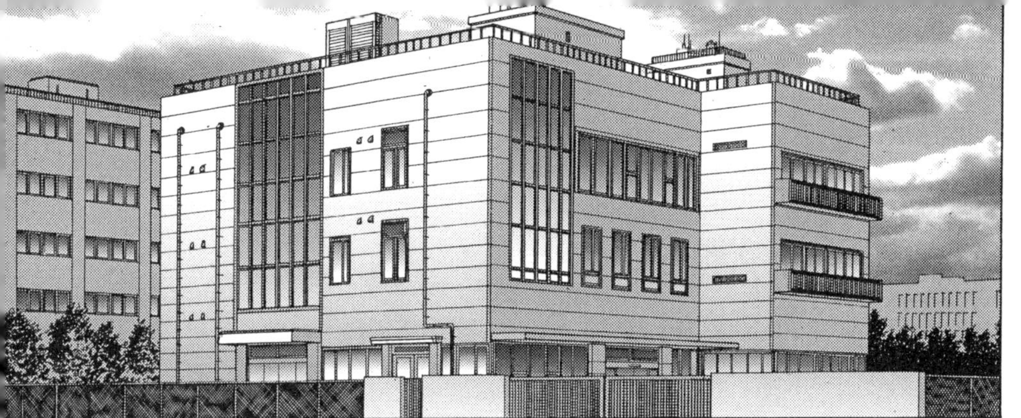

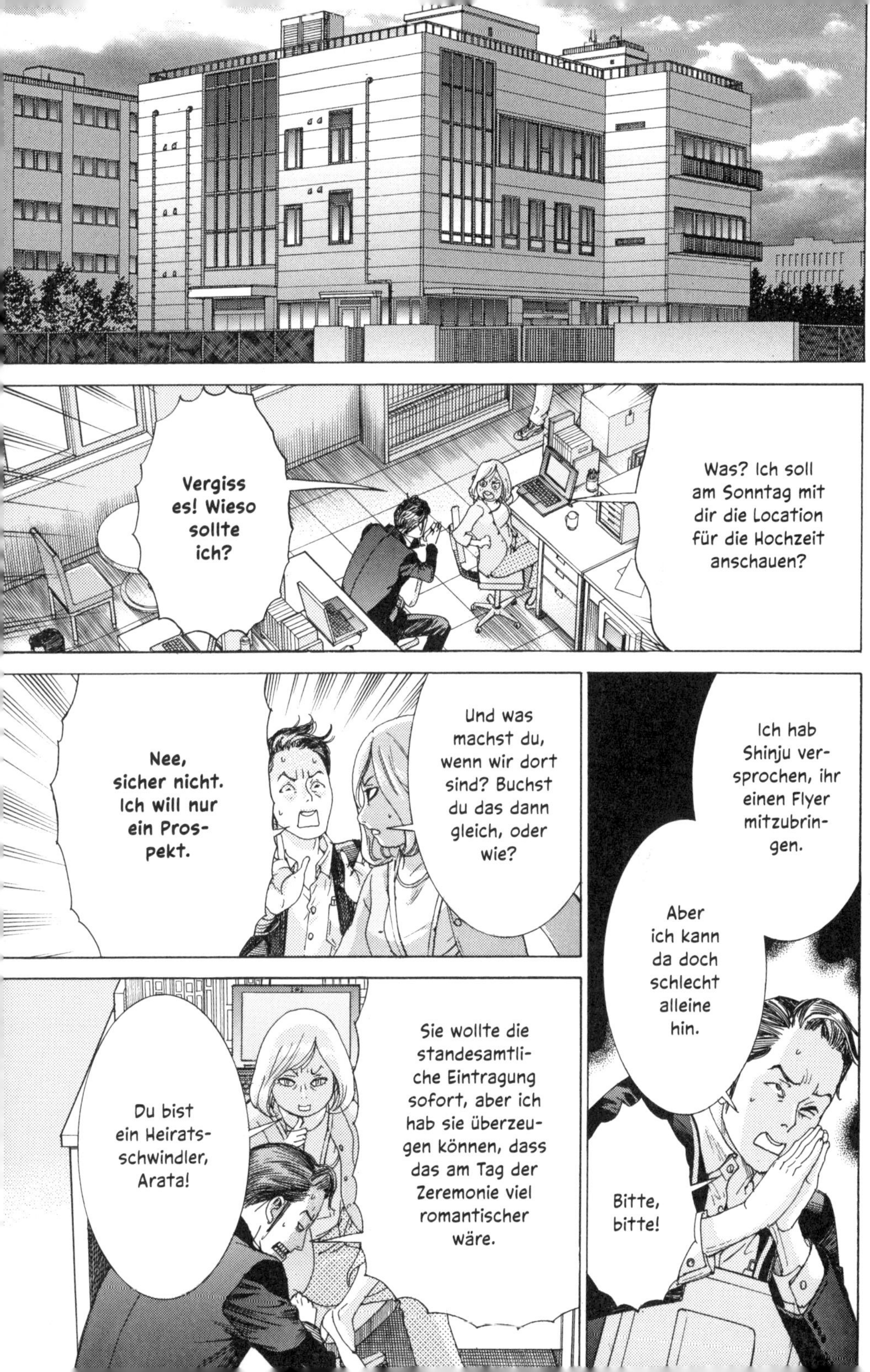

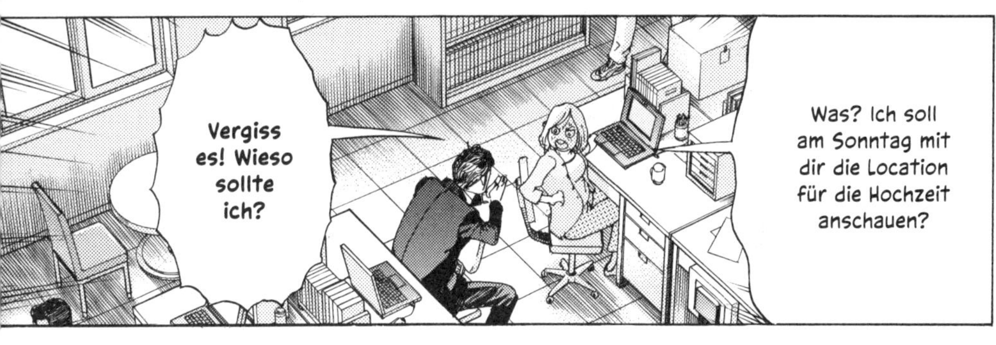

Ich hab Shinju versprochen, ihr einen Flyer mitzubringen.

Aber ich kann da doch schlecht alleine hin.

Bitte, bitte!

Und was machst du, wenn wir dort sind? Buchst du das dann gleich, oder wie?

Nee, sicher nicht. Ich will nur ein Prospekt.

Sie wollte die standesamtliche Eintragung sofort, aber ich hab sie überzeugen können, dass das am Tag der Zeremonie viel romantischer wäre.

Du bist ein Heiratsschwindler, Arata!

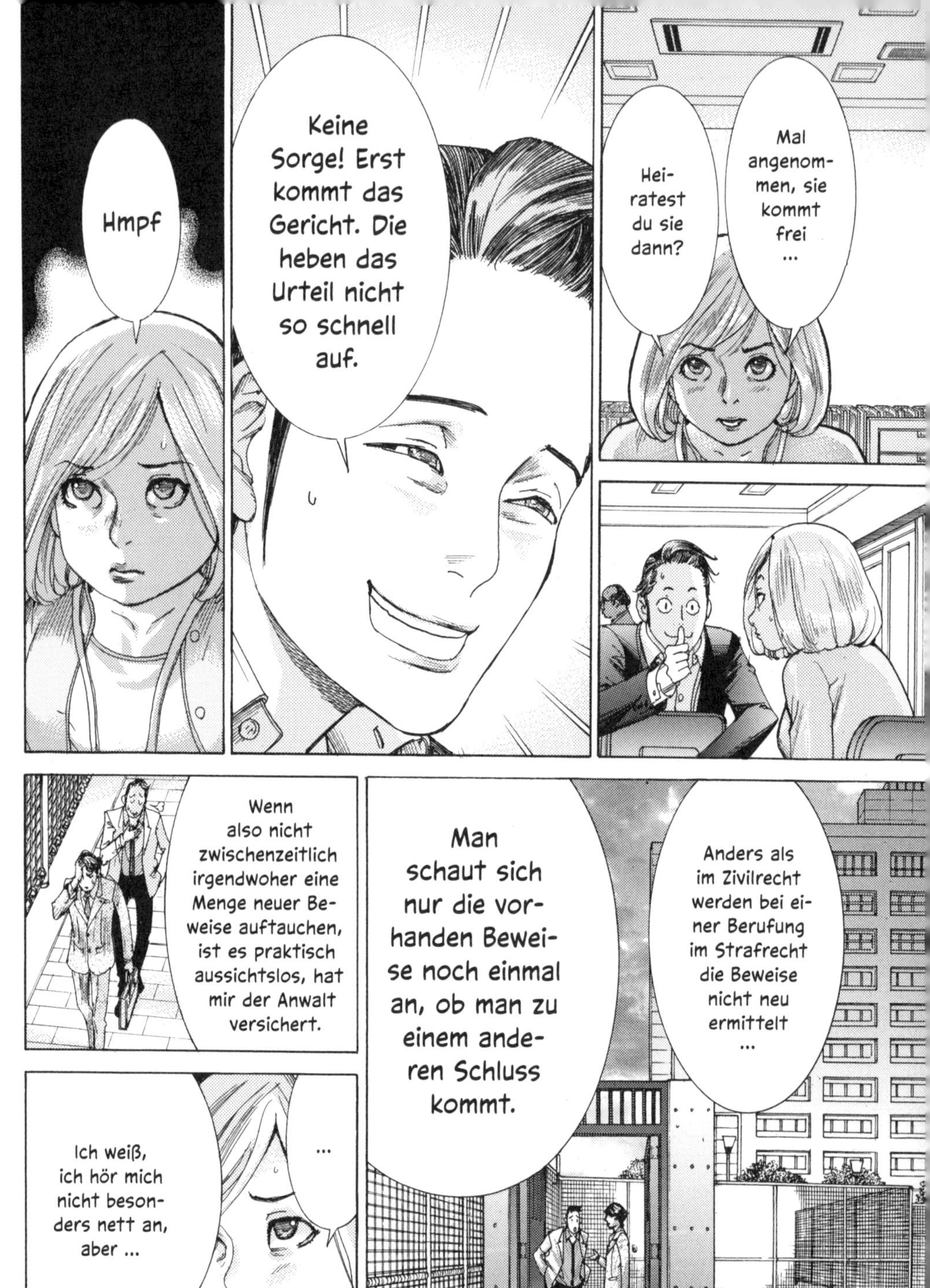
Mal angenommen, sie kommt frei ...
Heiratest du sie dann?
Keine Sorge! Erst kommt das Gericht. Die heben das Urteil nicht so schnell auf.
Hmpf
Anders als im Zivilrecht werden bei einer Berufung im Strafrecht die Beweise nicht neu ermittelt ...
Man schaut sich nur die vorhanden Beweise noch einmal an, ob man zu einem anderen Schluss kommt.
Wenn also nicht zwischenzeitlich irgendwoher eine Menge neuer Beweise auftauchen, ist es praktisch aussichtslos, hat mir der Anwalt versichert.
...
Ich weiß, ich hör mich nicht besonders nett an, aber ...

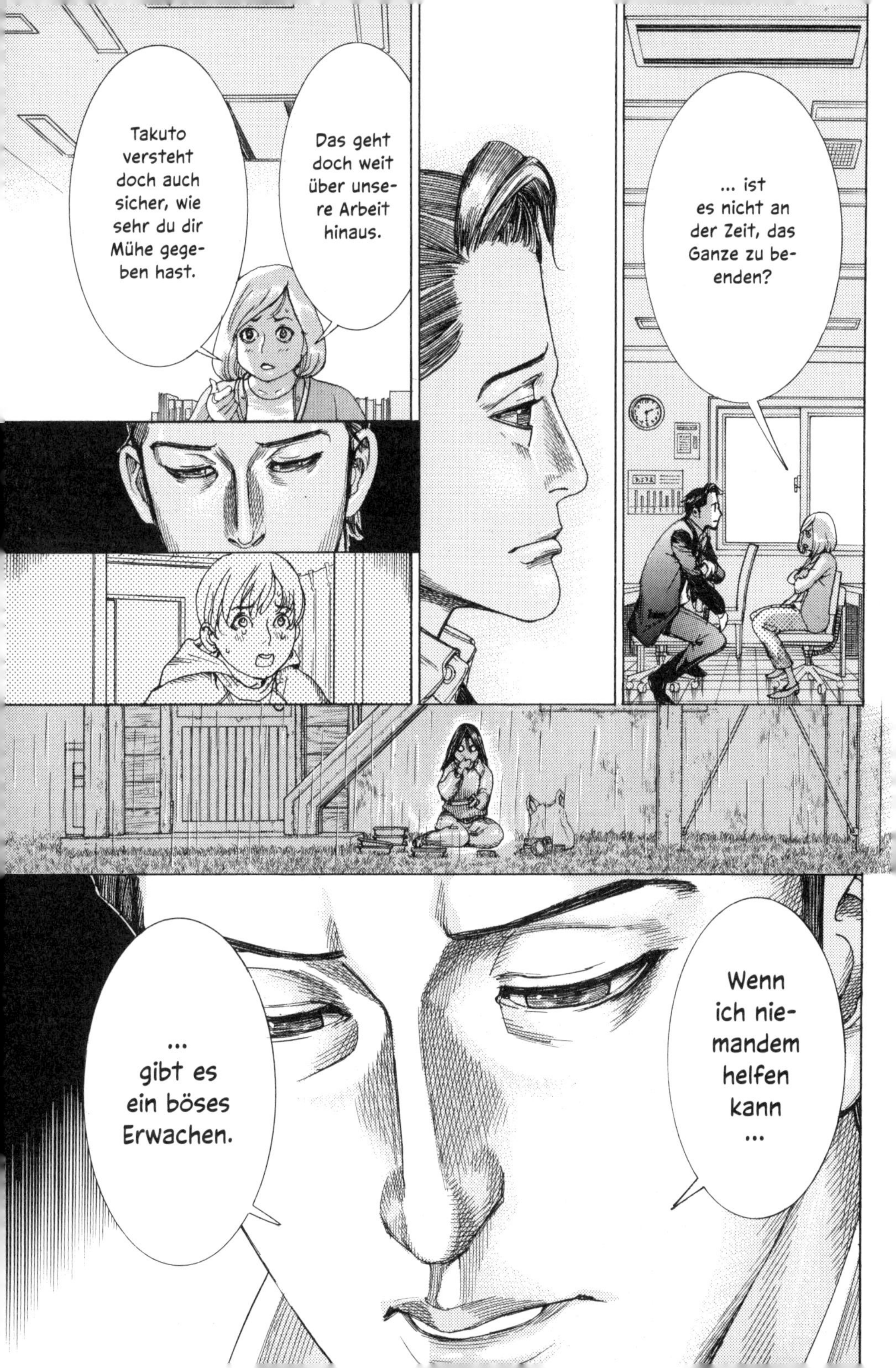
... ist es nicht an der Zeit, das Ganze zu beenden?
Das geht doch weit über unsere Arbeit hinaus.
Takuto versteht doch auch sicher, wie sehr du dir Mühe gegeben hast.
Wenn ich niemandem helfen kann ...
... gibt es ein böses Erwachen.

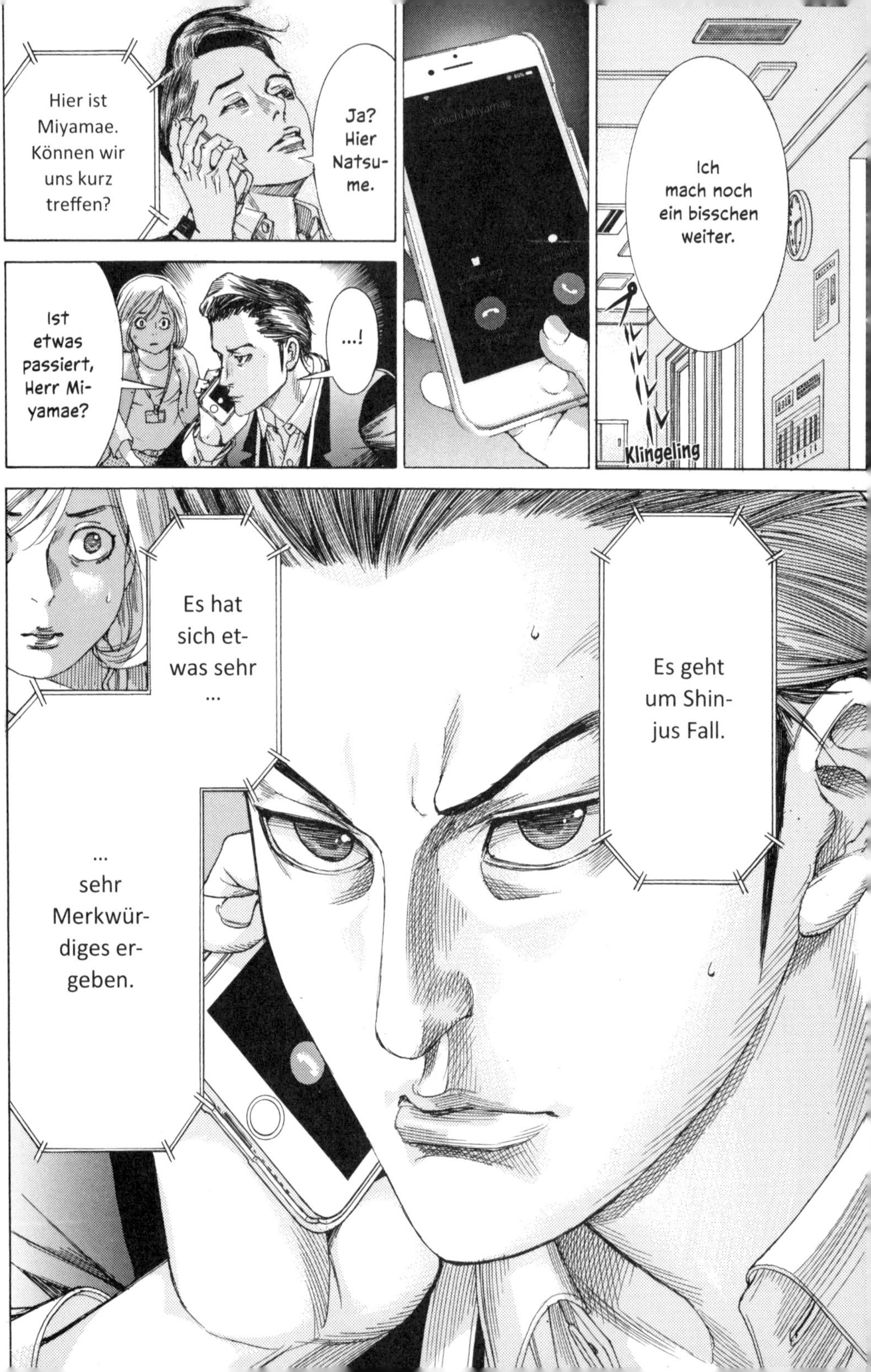

Ich mach noch ein bisschen weiter.

Klingeling

Ja? Hier Natsume.

Hier ist Miyamae. Können wir uns kurz treffen?

...!

Ist etwas passiert, Herr Miyamae?

Es geht um Shinjus Fall.

Es hat sich etwas sehr ...

... sehr Merkwürdiges ergeben.

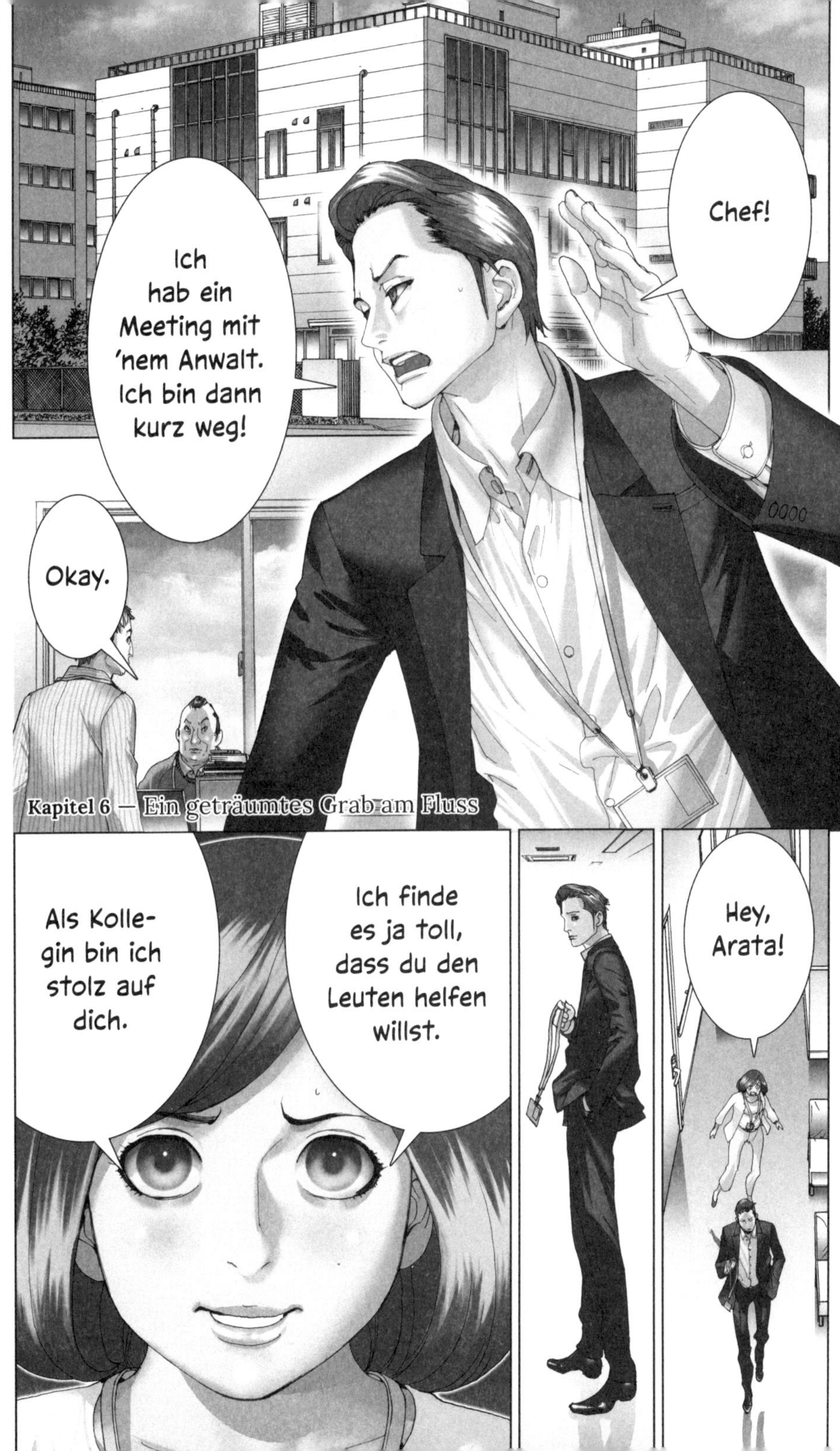

Chef!
Ich hab ein Meeting mit 'nem Anwalt. Ich bin dann kurz weg!
Okay.
Kapitel 6 — Ein geträumtes Grab am Fluss
Hey, Arata!
Ich finde es ja toll, dass du den Leuten helfen willst.
Als Kollegin bin ich stolz auf dich.

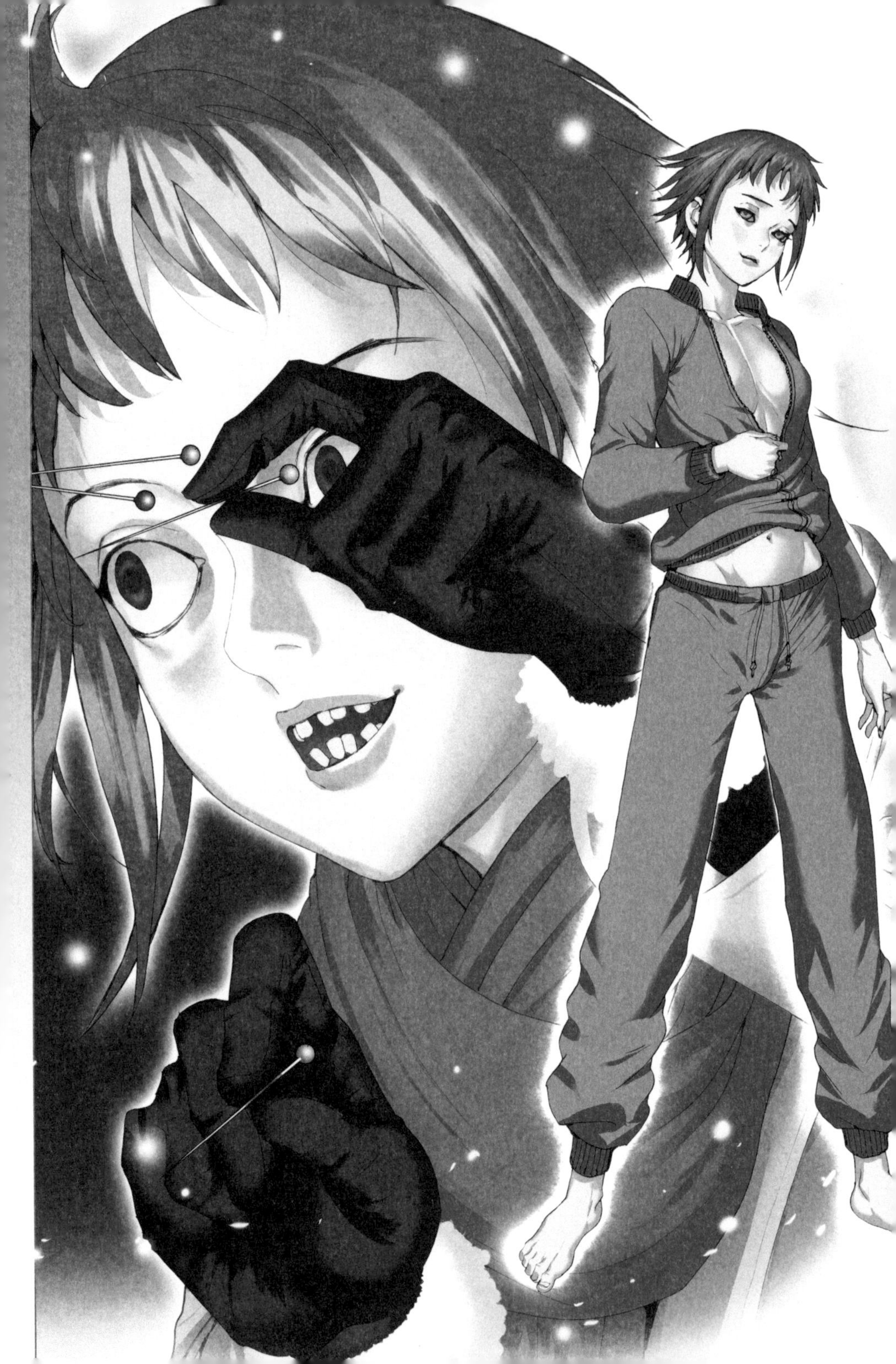

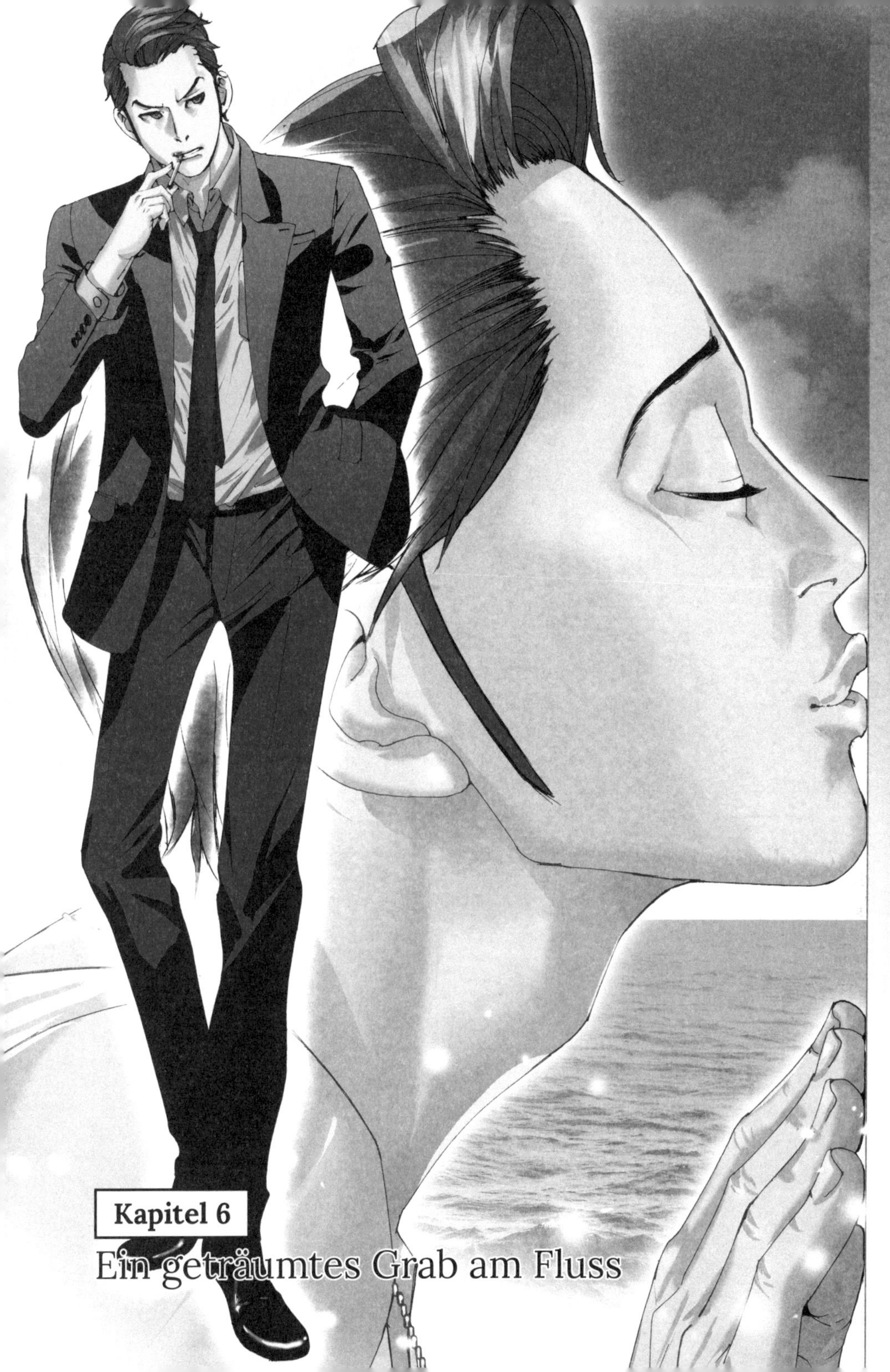
Kapitel 6
Ein geträumtes Grab am Fluss

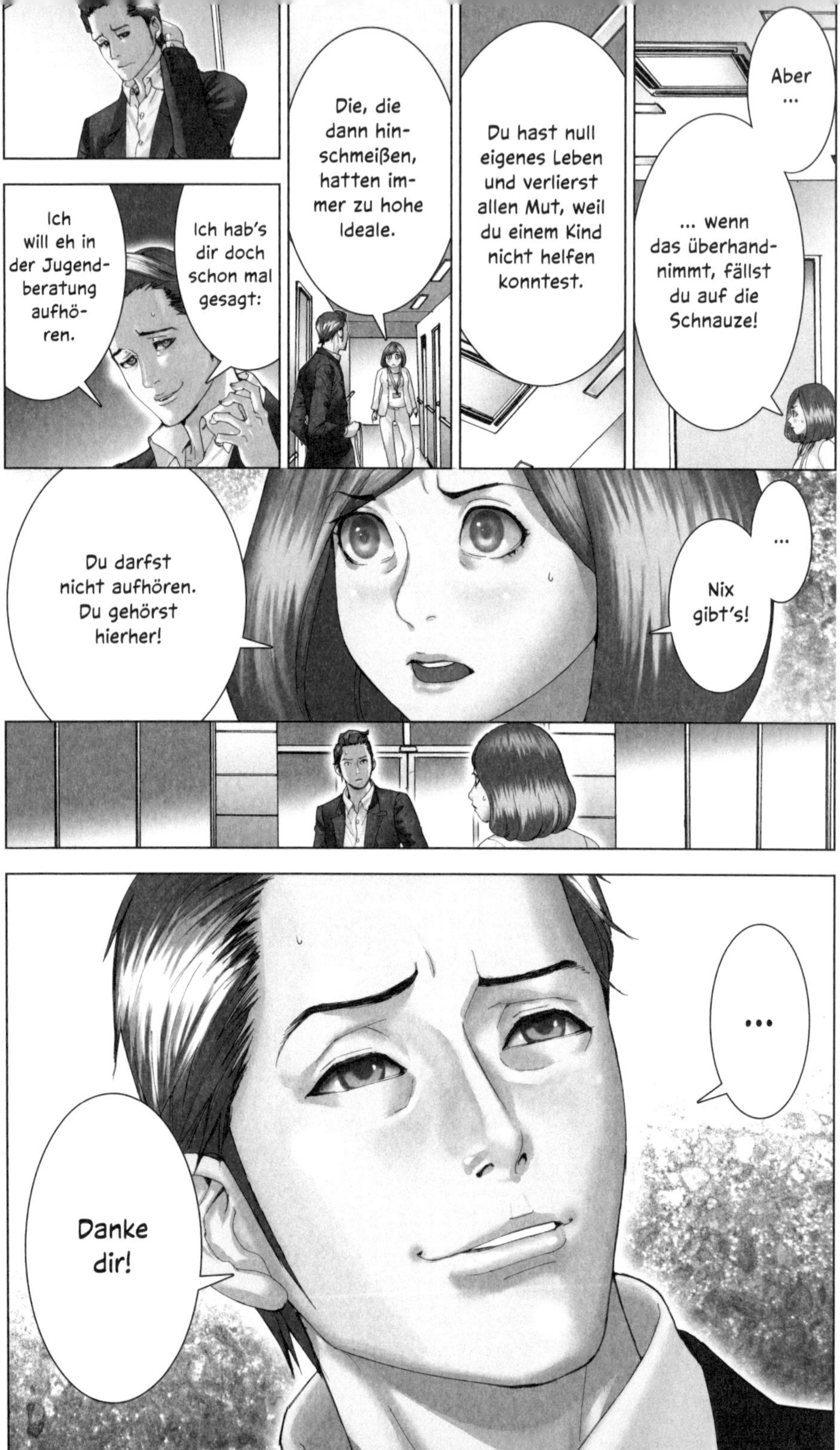

Ich will eh in der Jugendberatung aufhören.
Ich hab's dir doch schon mal gesagt:
Die, die dann hinschmeißen, hatten immer zu hohe Ideale.
Du hast null eigenes Leben und verlierst allen Mut, weil du einem Kind nicht helfen konntest.
Aber ...
... wenn das überhandnimmt, fällst du auf die Schnauze!
Du darfst nicht aufhören. Du gehörst hierher!
...
Nix gibt's!
...
Danke dir!

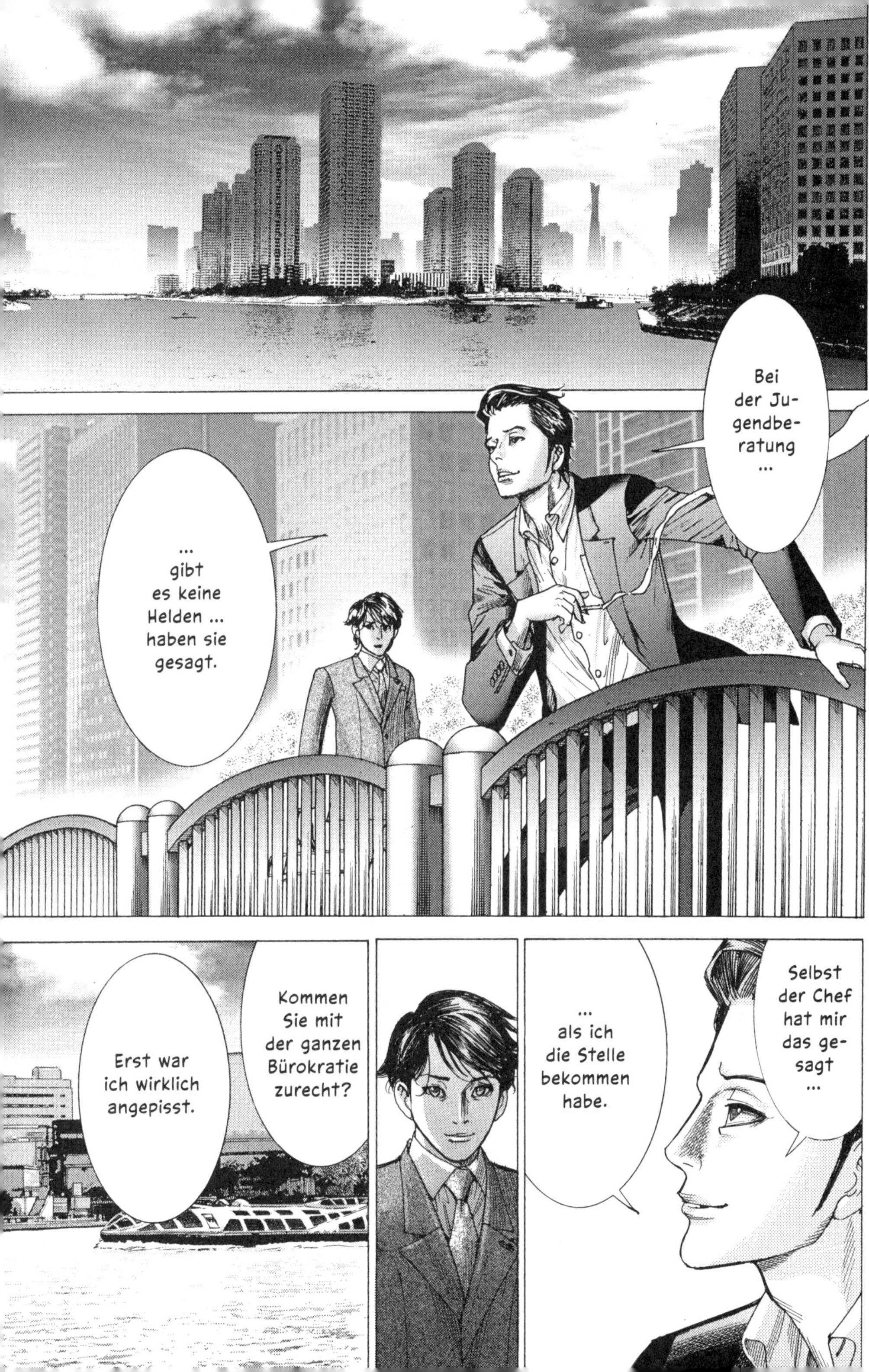

Bei der Jugendberatung ...
... gibt es keine Helden ... haben sie gesagt.

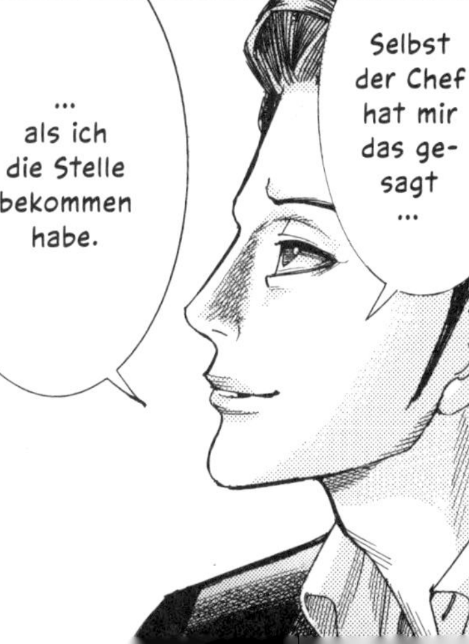

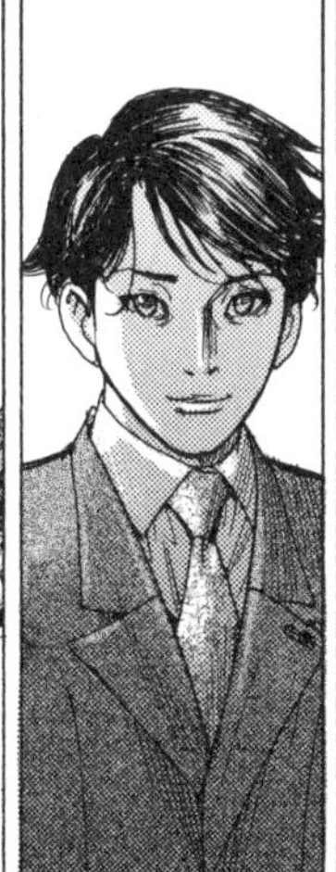

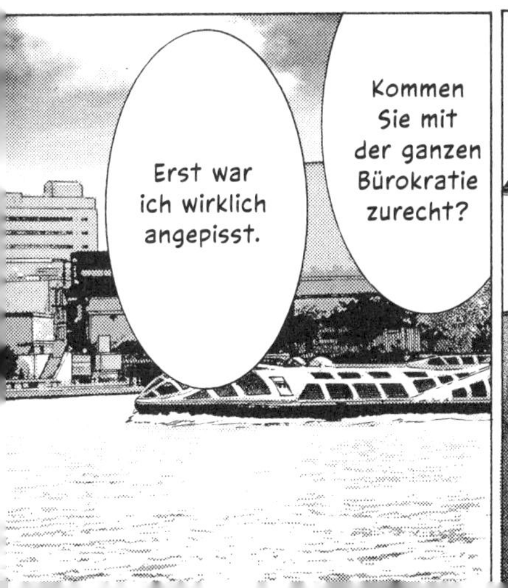

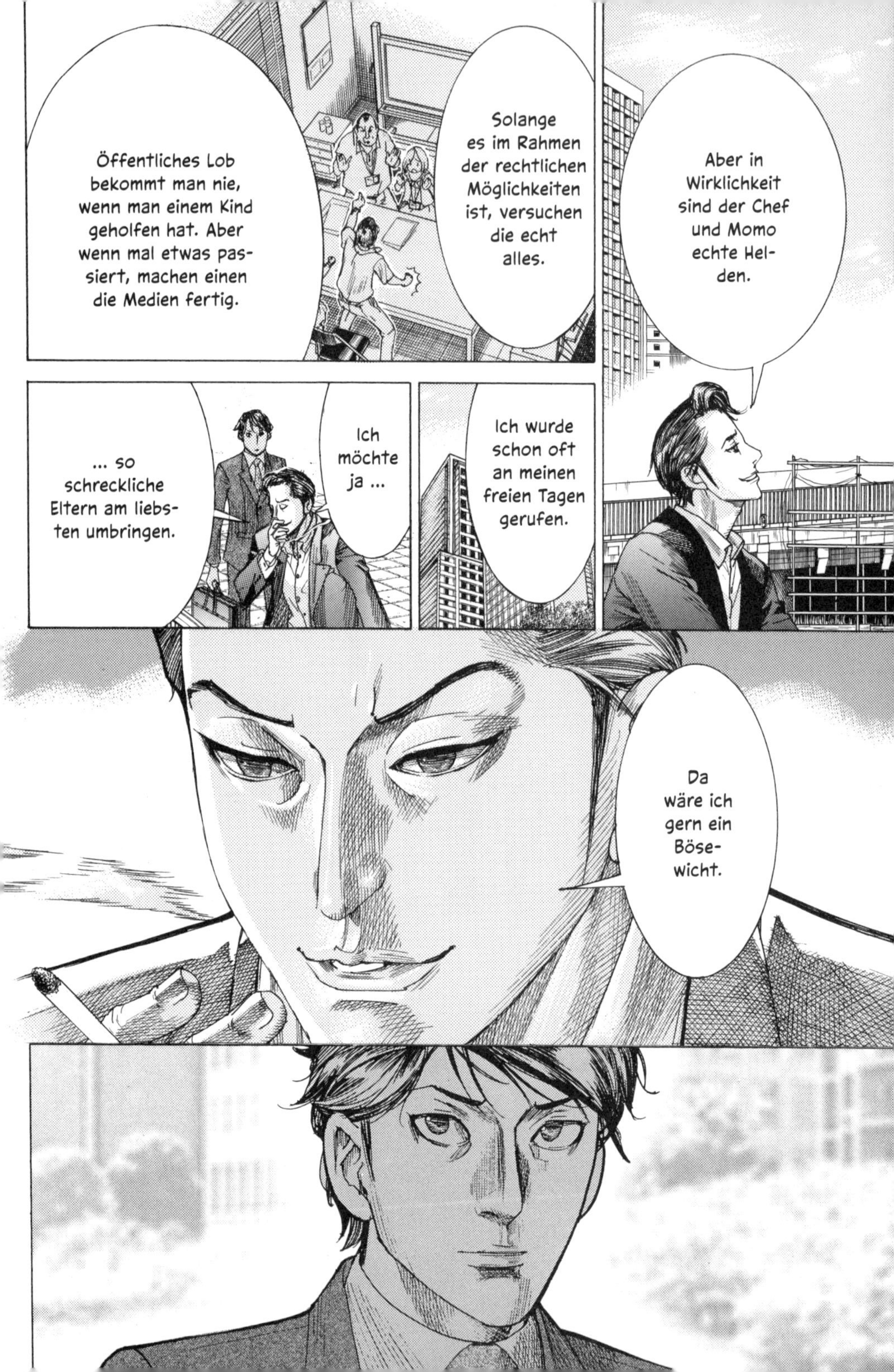
Aber in Wirklichkeit sind der Chef und Momo echte Helden.
Solange es im Rahmen der rechtlichen Möglichkeiten ist, versuchen die echt alles.
Öffentliches Lob bekommt man nie, wenn man einem Kind geholfen hat. Aber wenn mal etwas passiert, machen einen die Medien fertig.
Ich wurde schon oft an meinen freien Tagen gerufen.
Ich möchte ja ...
... so schreckliche Eltern am liebsten umbringen.
Da wäre ich gern ein Bösewicht.

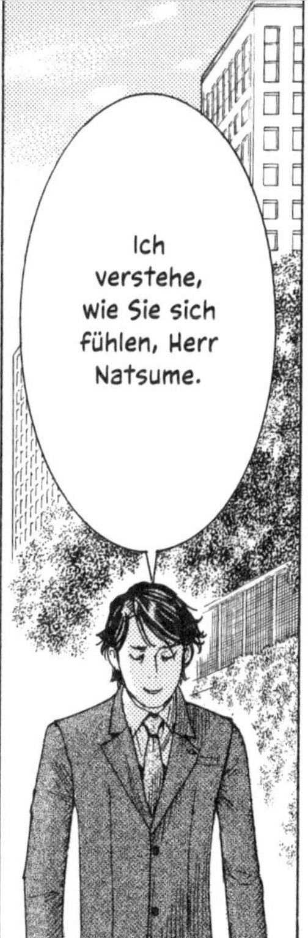
Ich verstehe, wie Sie sich fühlen, Herr Natsume.

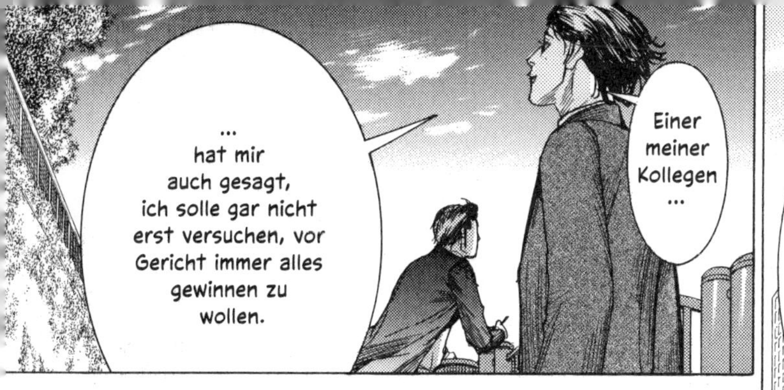
Einer meiner Kollegen ...
... hat mir auch gesagt, ich solle gar nicht erst versuchen, vor Gericht immer alles gewinnen zu wollen.

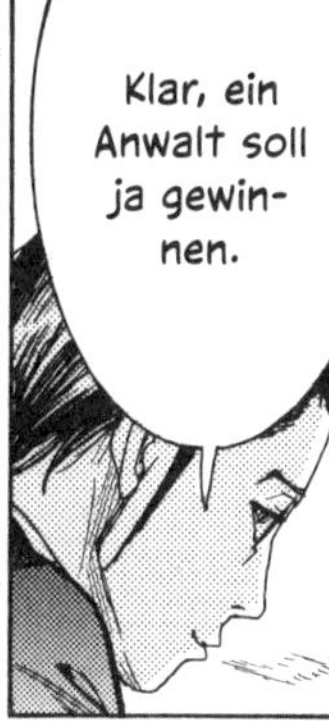
Klar, ein Anwalt soll ja gewin-nen.

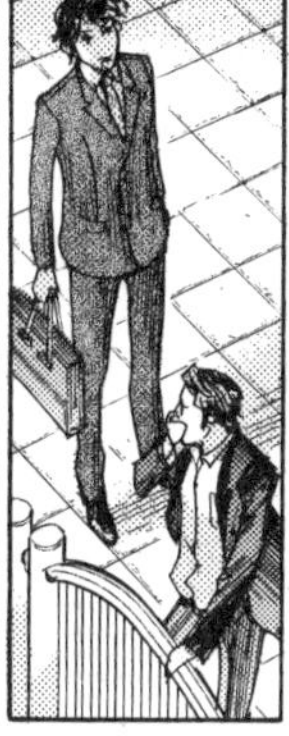

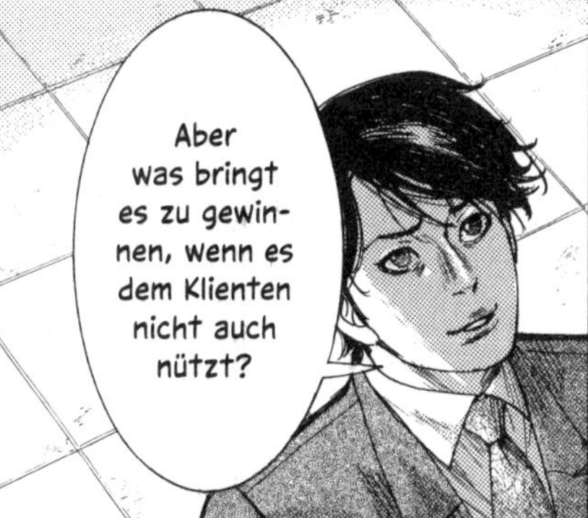
Aber was bringt es zu gewin-nen, wenn es dem Klienten nicht auch nützt?

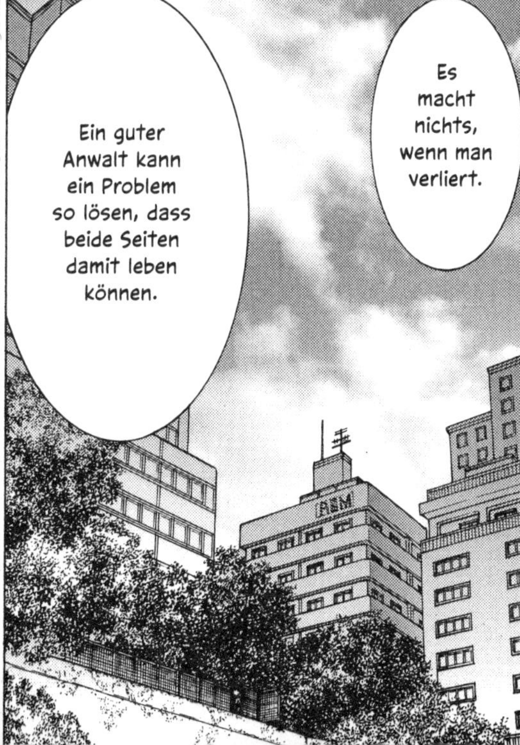
Es macht nichts, wenn man verliert.
Ein guter Anwalt kann ein Problem so lösen, dass beide Seiten damit leben können.

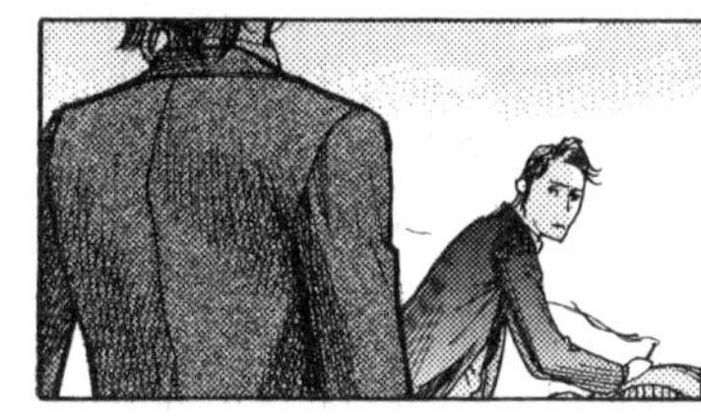

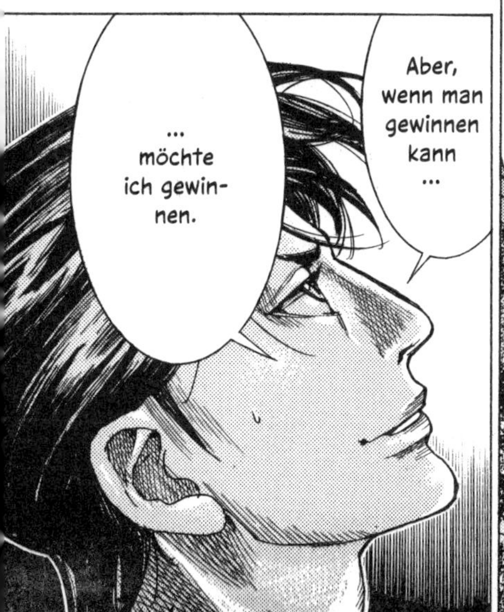
Aber, wenn man gewinnen kann ...
... möchte ich gewin-nen.

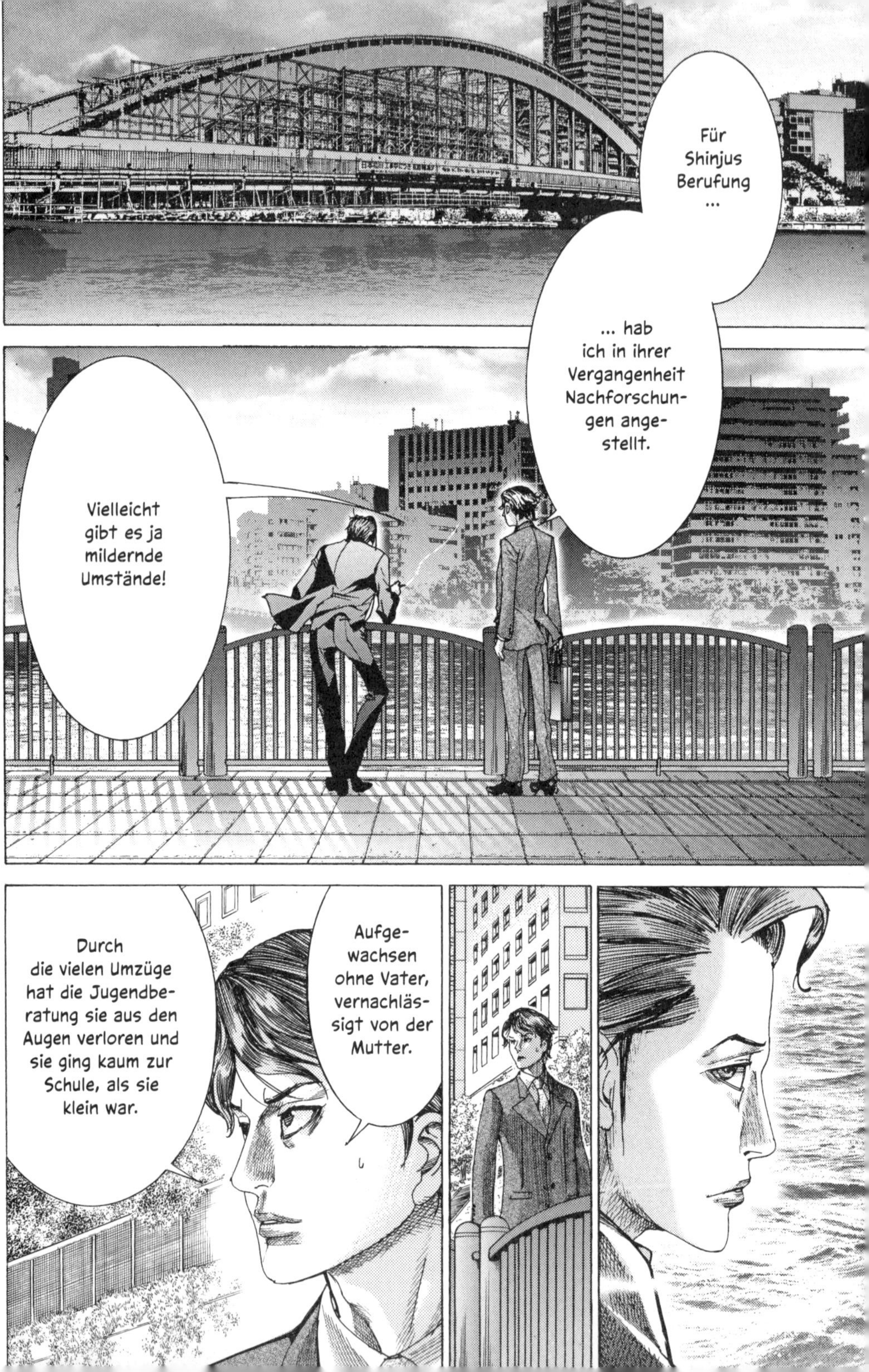

Für Shinjus Berufung ...

... hab ich in ihrer Vergangenheit Nachforschungen angestellt.

Vielleicht gibt es ja mildernde Umstände!

Aufgewachsen ohne Vater, vernachlässigt von der Mutter.

Durch die vielen Umzüge hat die Jugendberatung sie aus den Augen verloren und sie ging kaum zur Schule, als sie klein war.

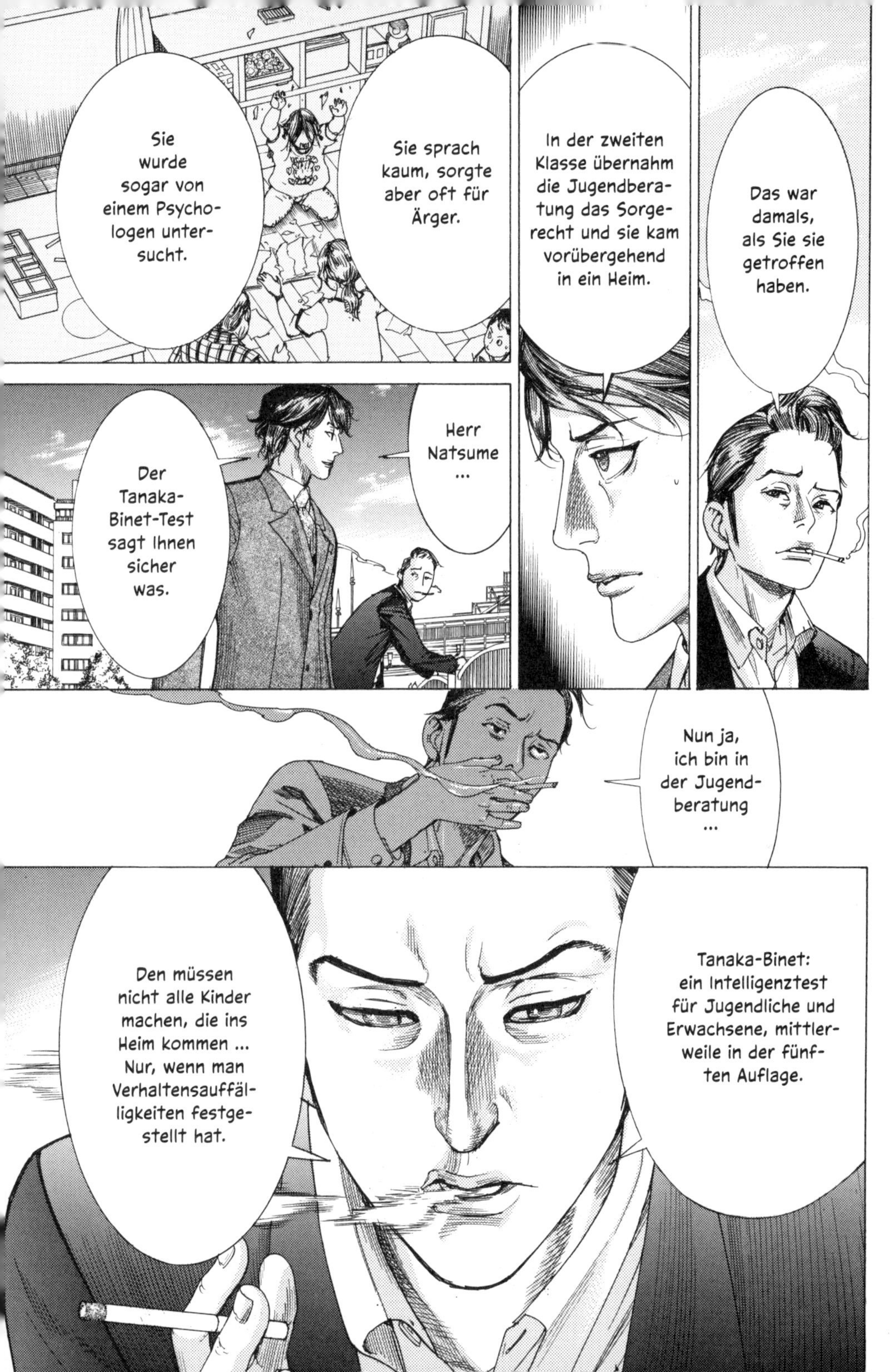
Das war damals, als Sie sie getroffen haben.
In der zweiten Klasse übernahm die Jugendberatung das Sorgerecht und sie kam vorübergehend in ein Heim.
Sie sprach kaum, sorgte aber oft für Ärger.
Sie wurde sogar von einem Psychologen untersucht.
Herr Natsume ...
Der Tanaka-Binet-Test sagt Ihnen sicher was.
Nun ja, ich bin in der Jugendberatung ...
Tanaka-Binet: ein Intelligenztest für Jugendliche und Erwachsene, mittlerweile in der fünften Auflage.
Den müssen nicht alle Kinder machen, die ins Heim kommen ... Nur, wenn man Verhaltensauffälligkeiten festgestellt hat.

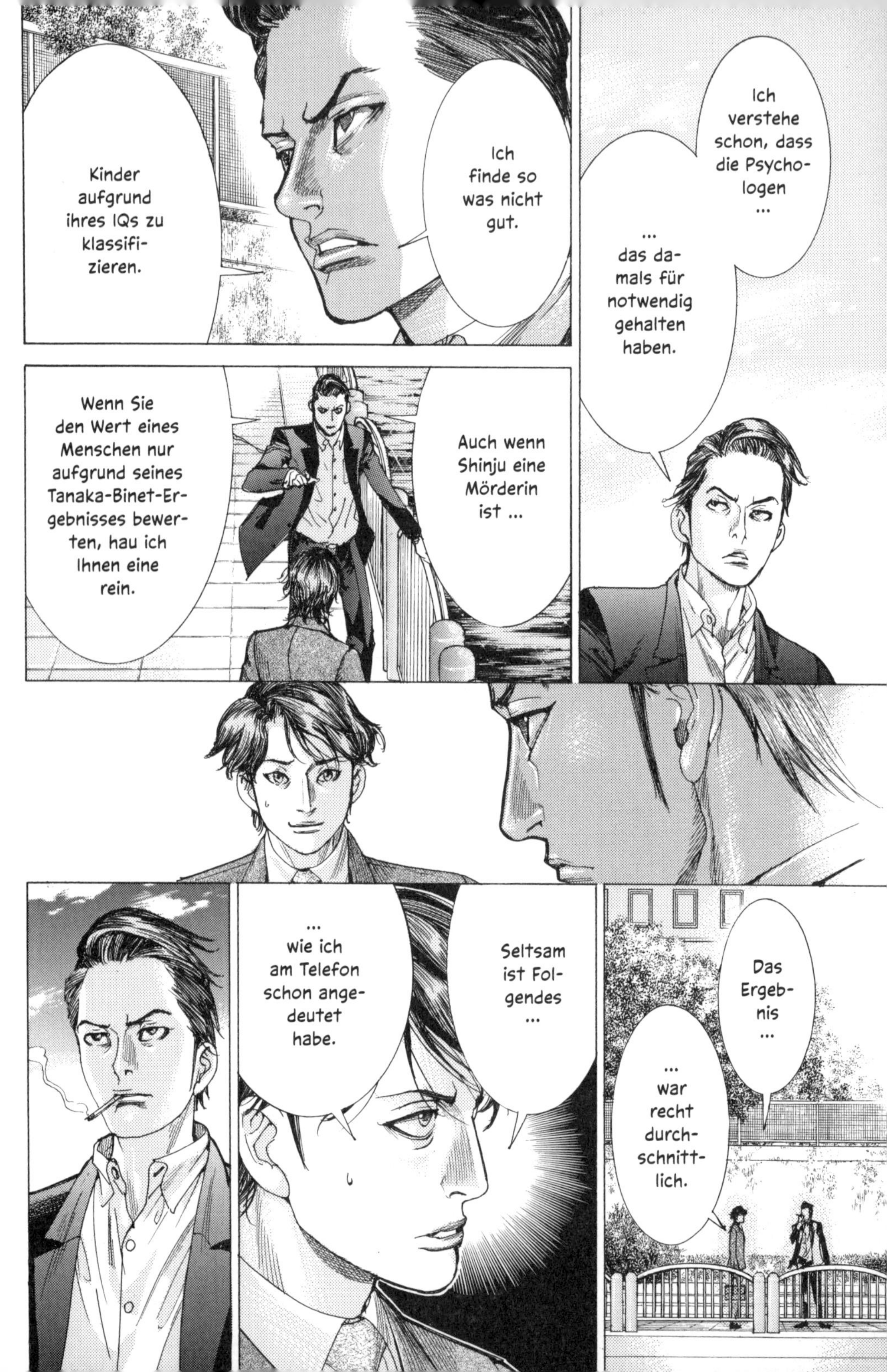
Ich verstehe schon, dass die Psychologen ...
... das damals für notwendig gehalten haben.
Ich finde so was nicht gut.
Kinder aufgrund ihres IQs zu klassifizieren.
Auch wenn Shinju eine Mörderin ist ...
Wenn Sie den Wert eines Menschen nur aufgrund seines Tanaka-Binet-Ergebnisses bewerten, hau ich Ihnen eine rein.
Das Ergebnis ...
... war recht durchschnittlich.
Seltsam ist Folgendes ...
... wie ich am Telefon schon angedeutet habe.

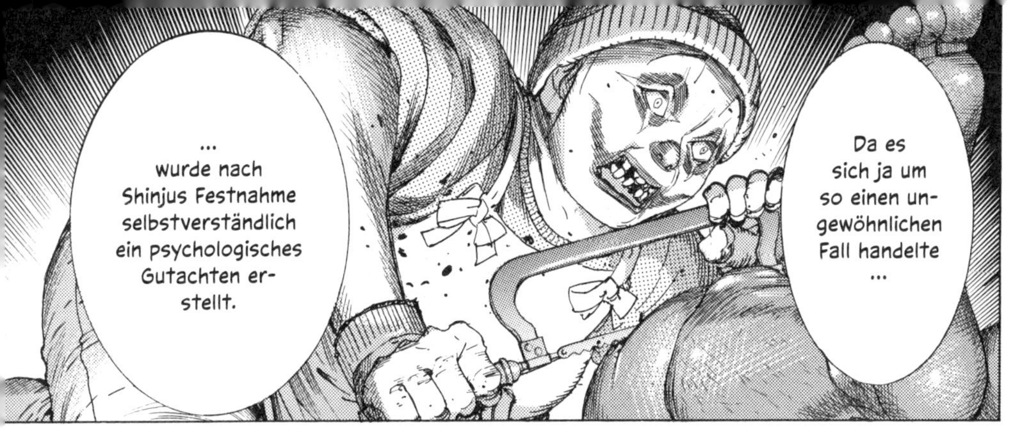

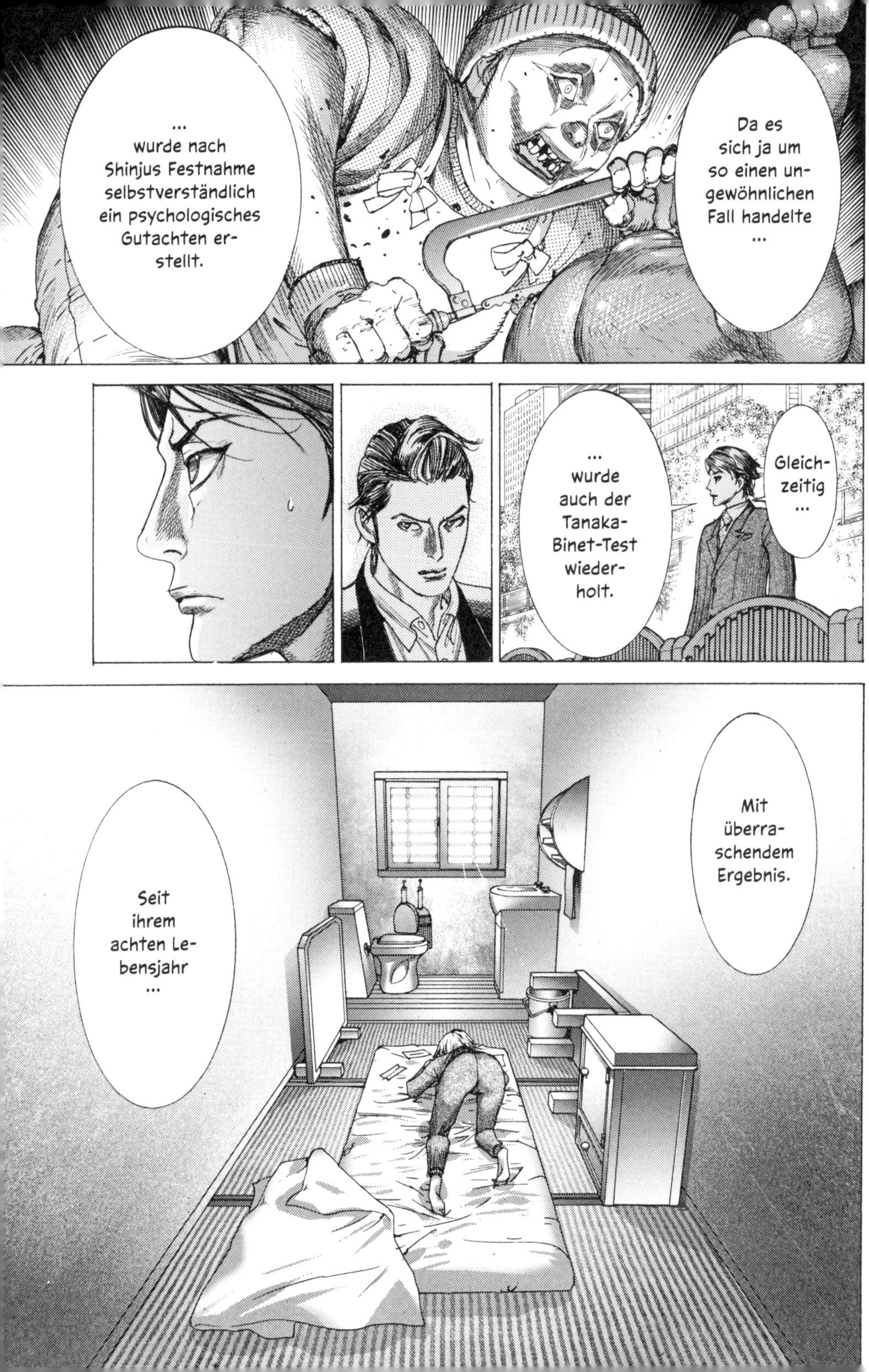

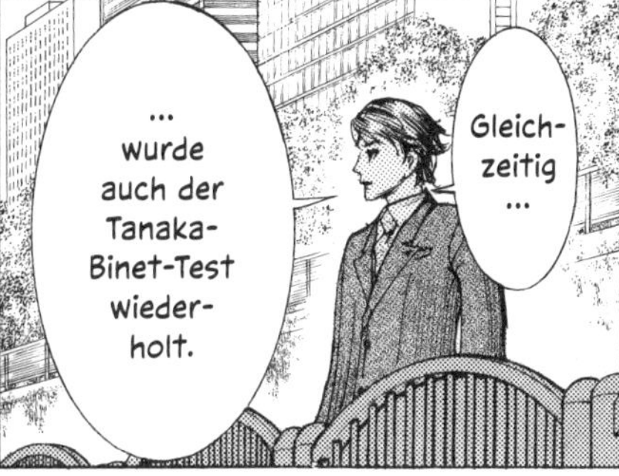

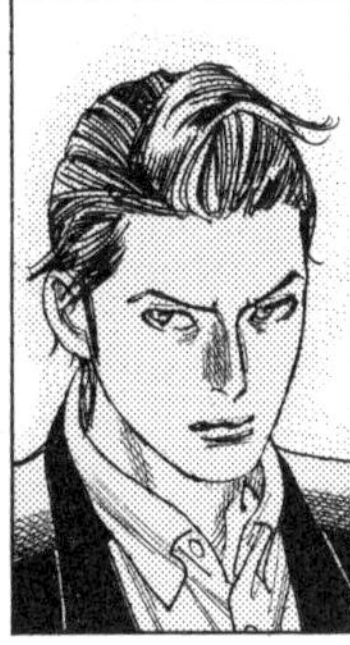

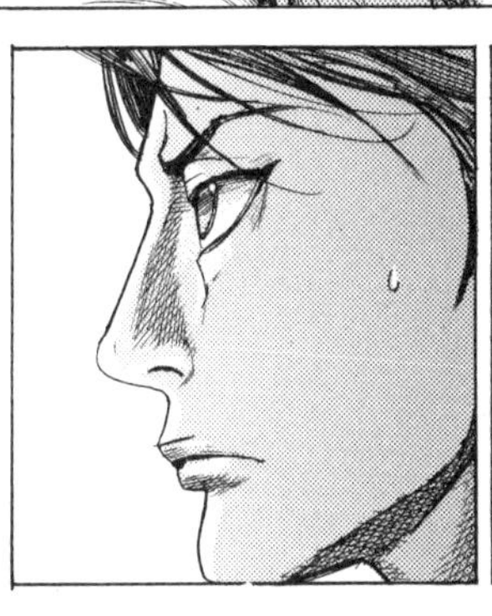

Mit überraschendem Ergebnis.

Seit ihrem achten Lebensjahr ...

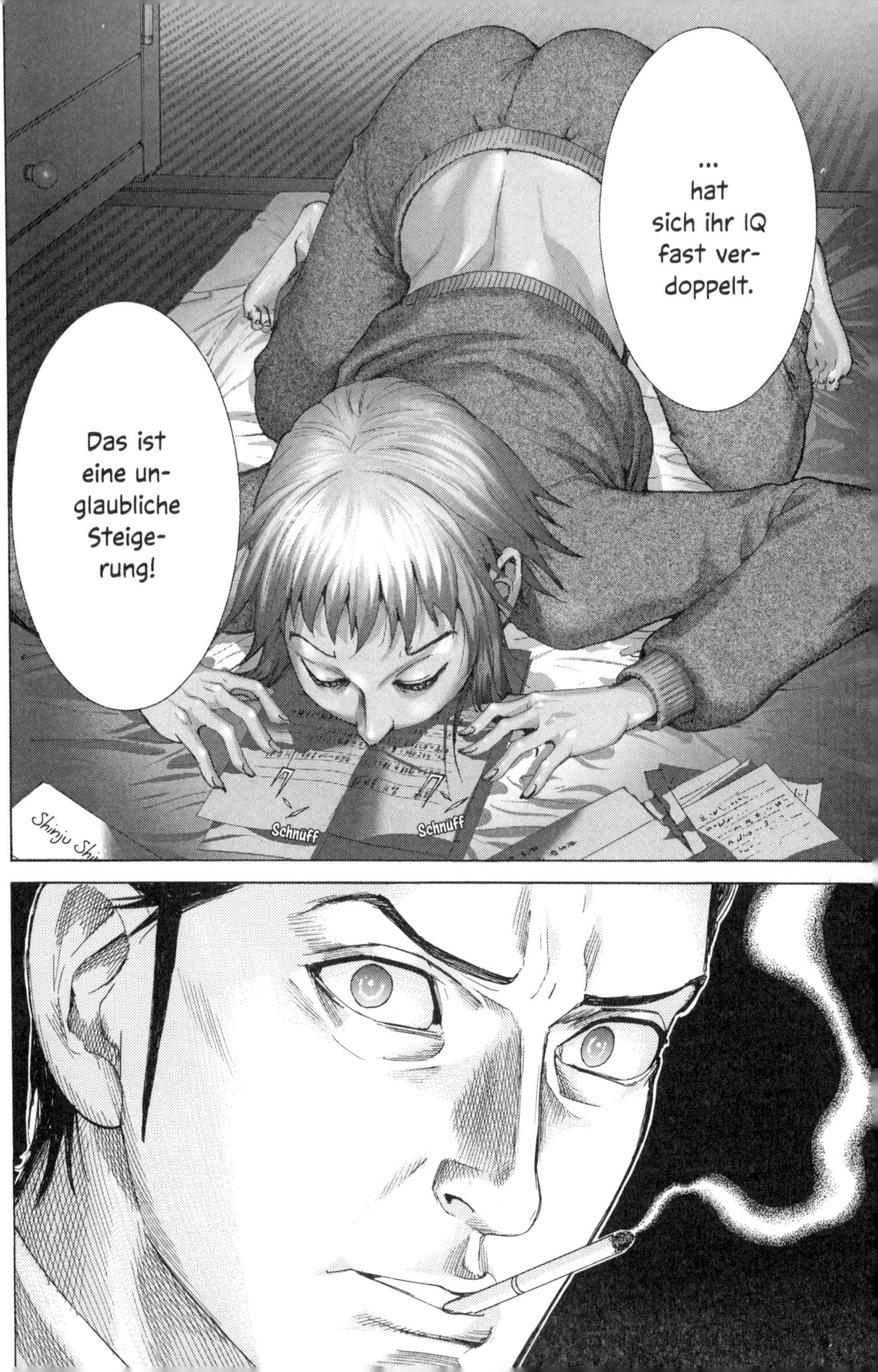

... hat sich ihr IQ fast verdoppelt.

Das ist eine unglaubliche Steigerung!

Schnüff

Schnüff

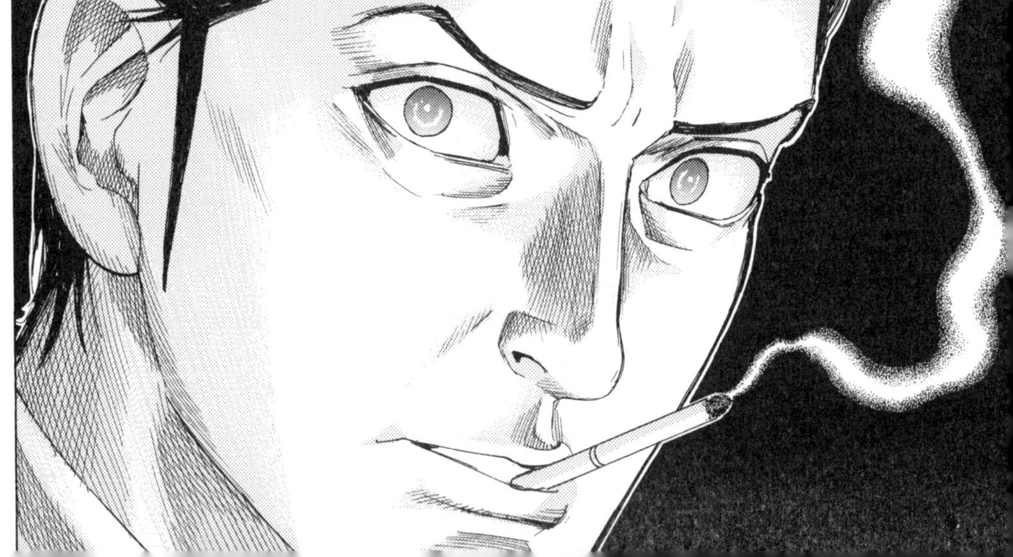

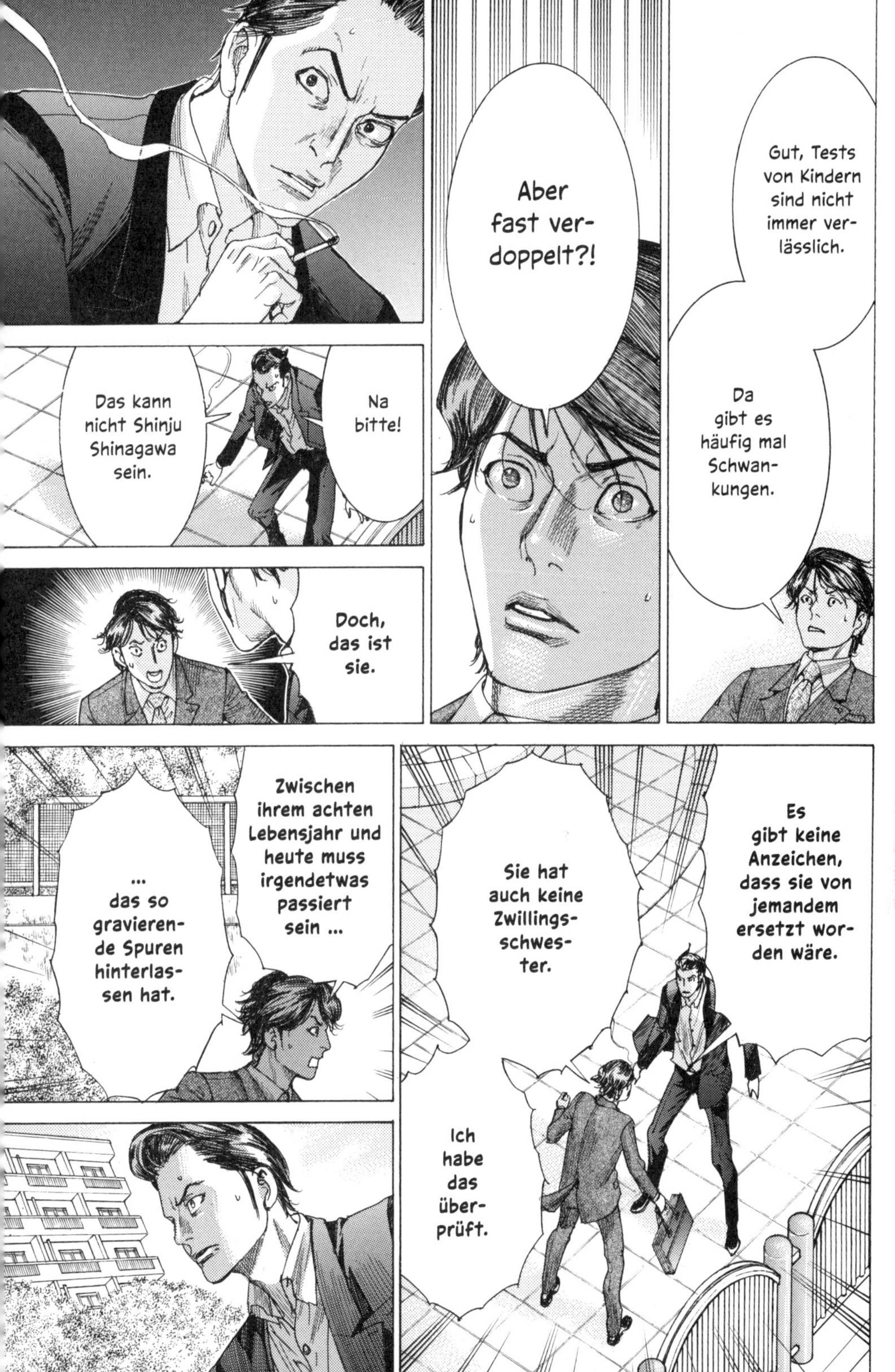

Gut, Tests von Kindern sind nicht immer verlässlich.
Da gibt es häufig mal Schwankungen.
Aber fast verdoppelt?!
Na bitte!
Das kann nicht Shinju Shinagawa sein.
Doch, das ist sie.
Es gibt keine Anzeichen, dass sie von jemandem ersetzt worden wäre.
Sie hat auch keine Zwillingsschwester.
Ich habe das überprüft.
Zwischen ihrem achten Lebensjahr und heute muss irgendetwas passiert sein ...
... das so gravierende Spuren hinterlassen hat.

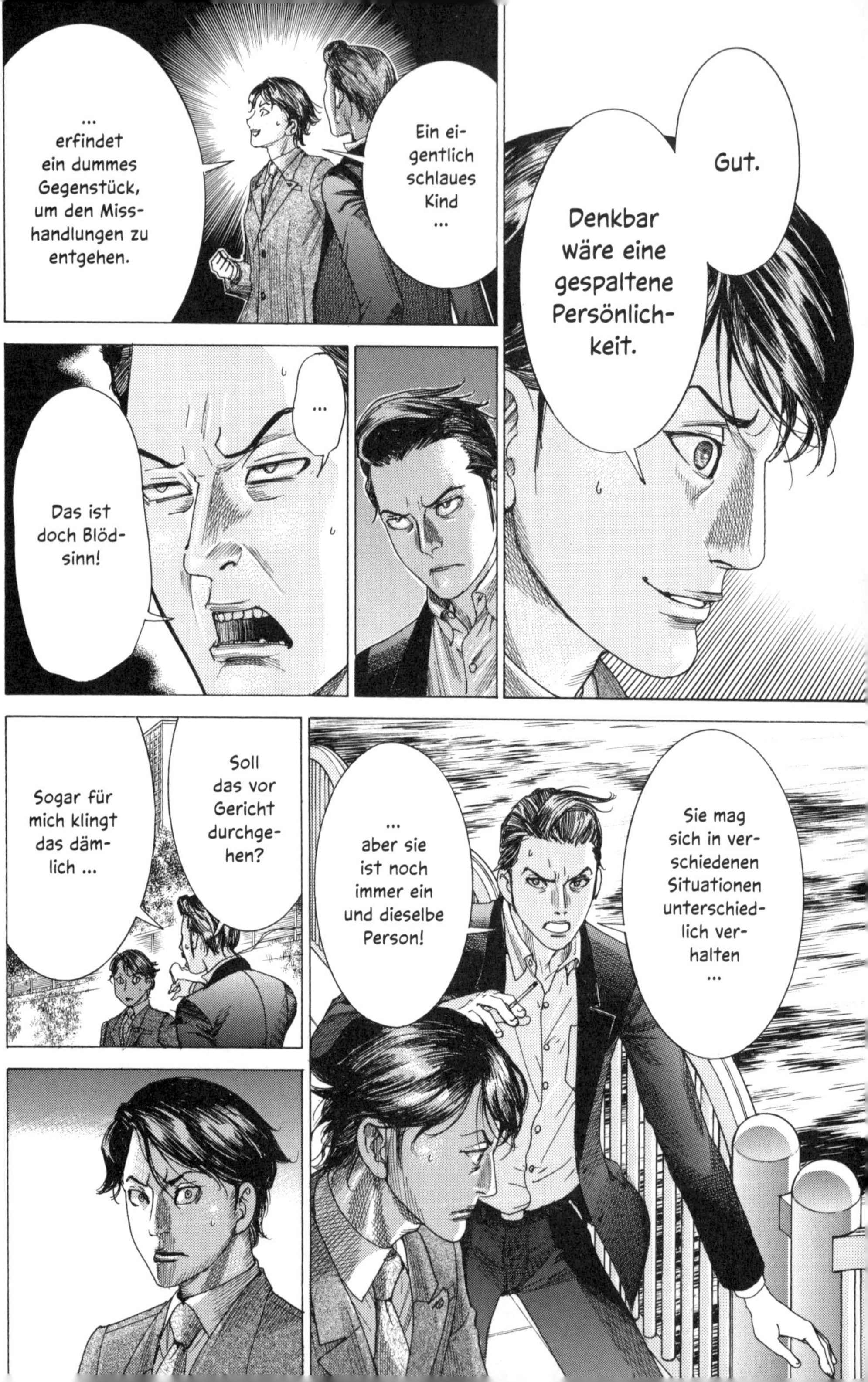

Gut.
Denkbar wäre eine gespaltene Persönlichkeit.
Ein eigentlich schlaues Kind ...
... erfindet ein dummes Gegenstück, um den Misshandlungen zu entgehen.
...
Das ist doch Blödsinn!
Sie mag sich in verschiedenen Situationen unterschiedlich verhalten ...
... aber sie ist noch immer ein und dieselbe Person!
Soll das vor Gericht durchgehen?
Sogar für mich klingt das dämlich ...

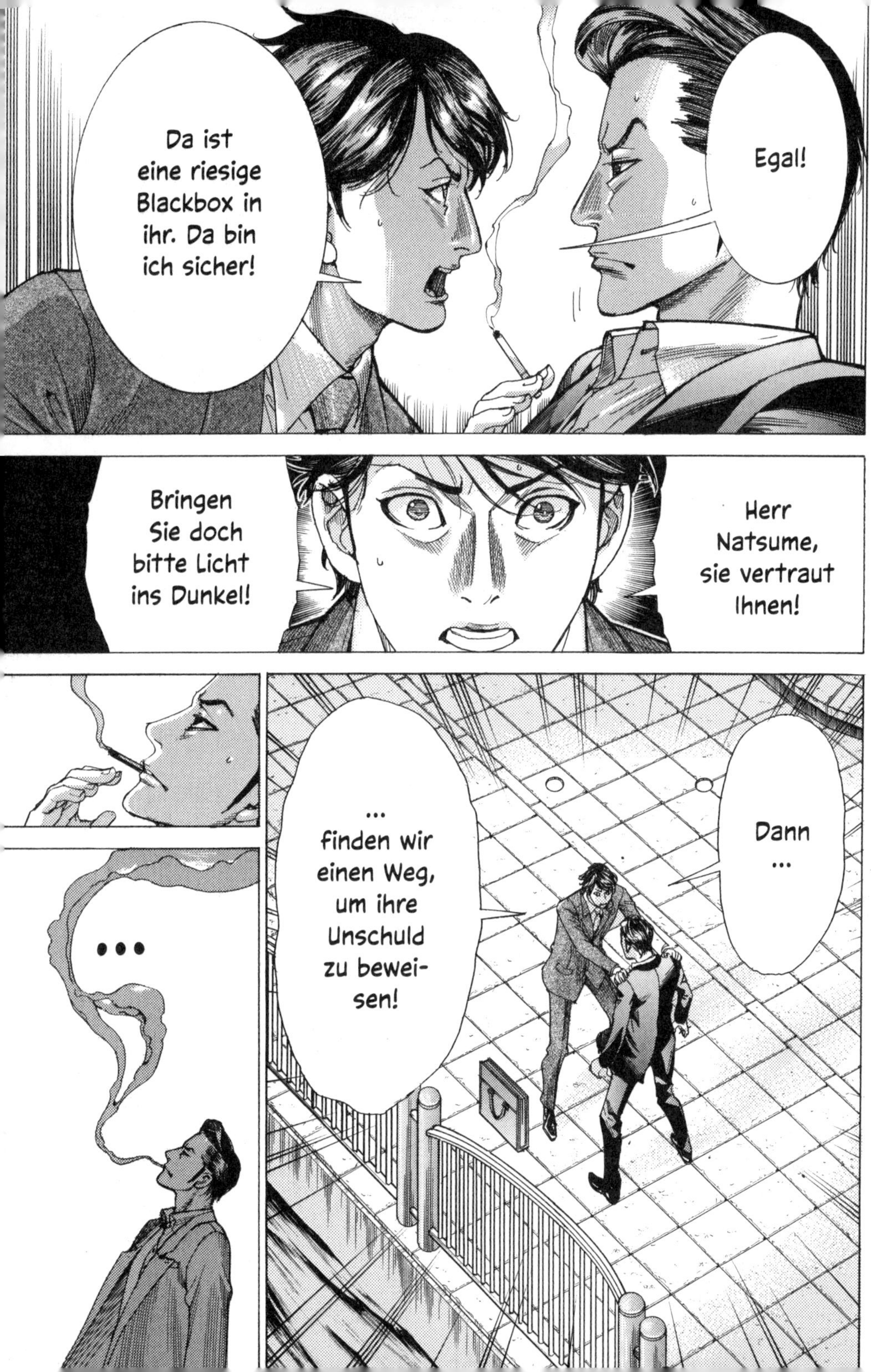

Egal!

Da ist eine riesige Blackbox in ihr. Da bin ich sicher!

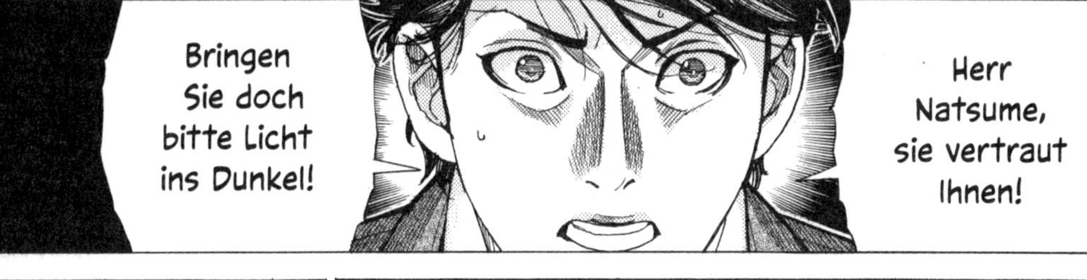

Dann ...

... finden wir einen Weg, um ihre Unschuld zu beweisen!

...

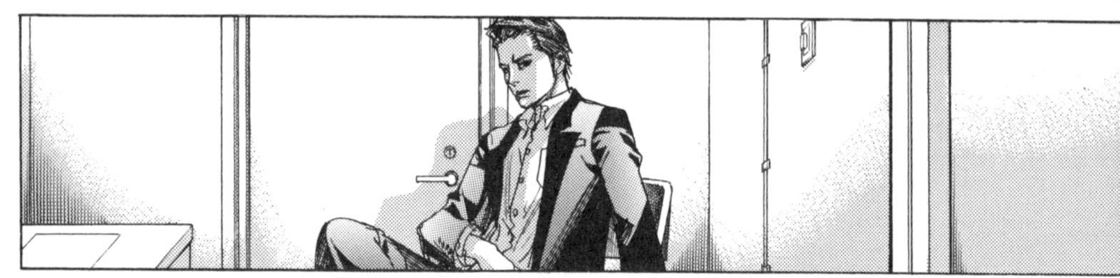

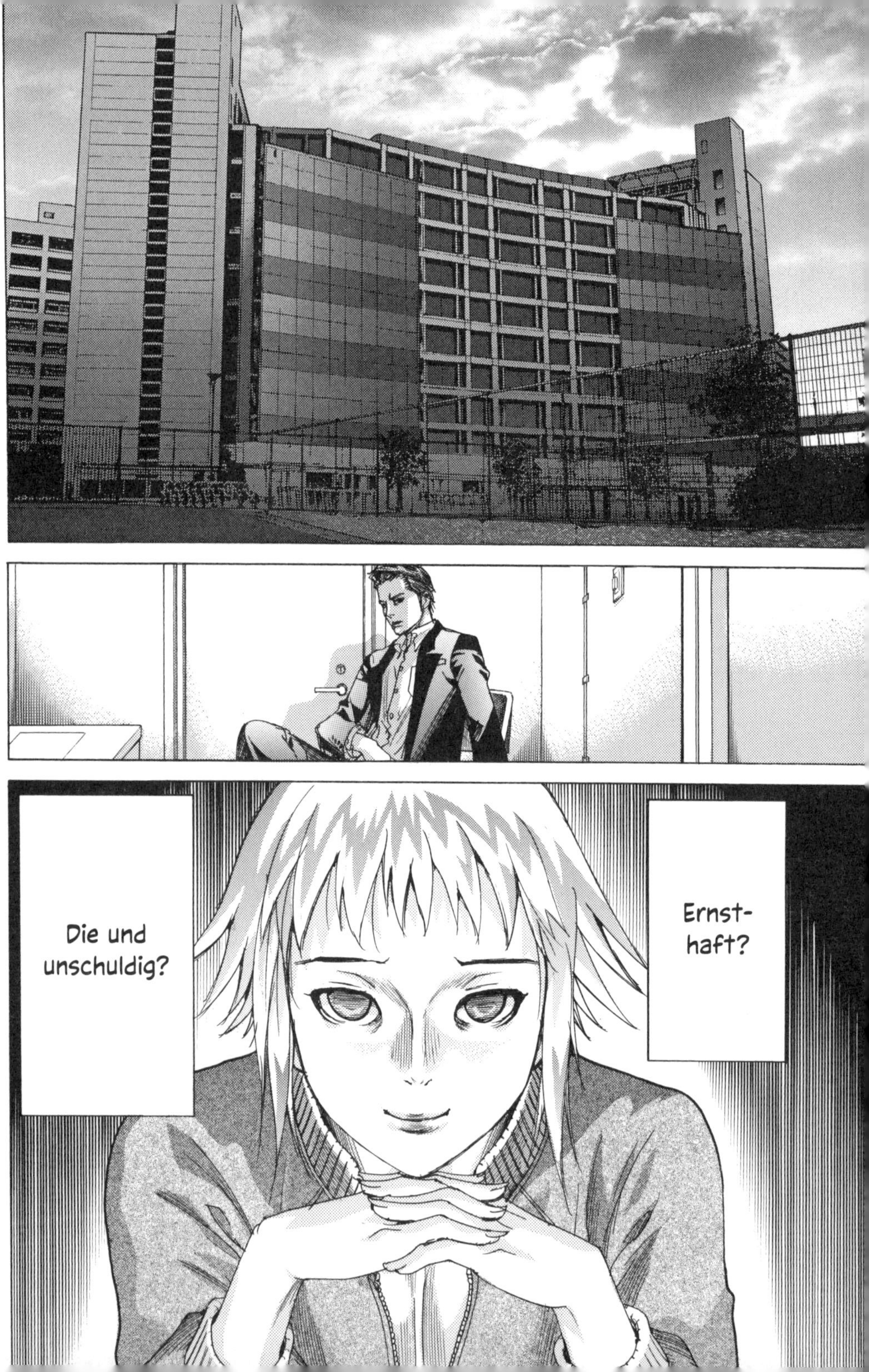

Ernst-
haft?

Die und
unschuldig?

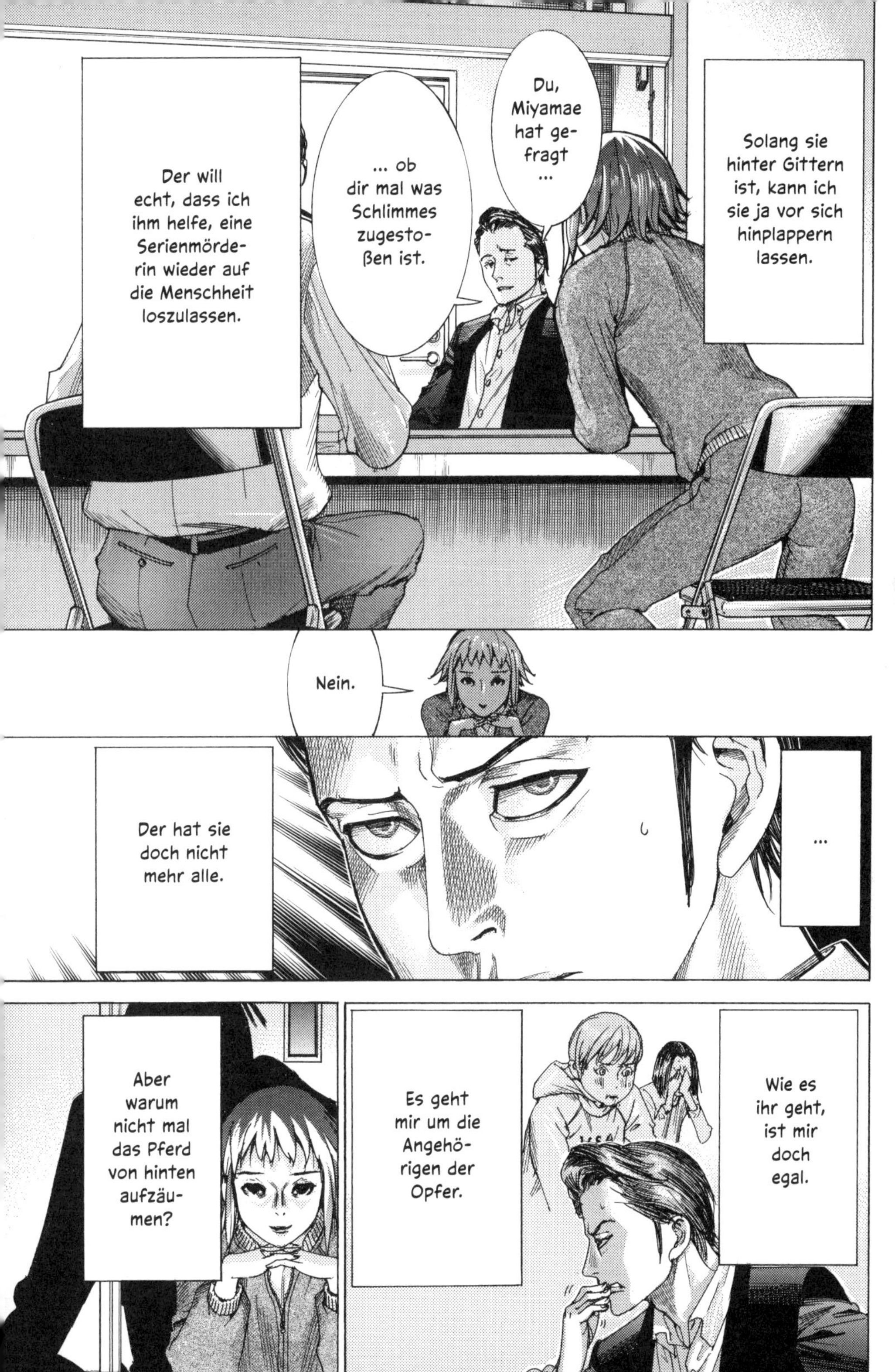

Solang sie hinter Gittern ist, kann ich sie ja vor sich hinplappern lassen.
Du, Miyamae hat gefragt ...
... ob dir mal was Schlimmes zugestoßen ist.
Der will echt, dass ich ihm helfe, eine Serienmörderin wieder auf die Menschheit loszulassen.
Nein.
...
Der hat sie doch nicht mehr alle.
Wie es ihr geht, ist mir doch egal.
Es geht mir um die Angehörigen der Opfer.
Aber warum nicht mal das Pferd von hinten aufzäumen?

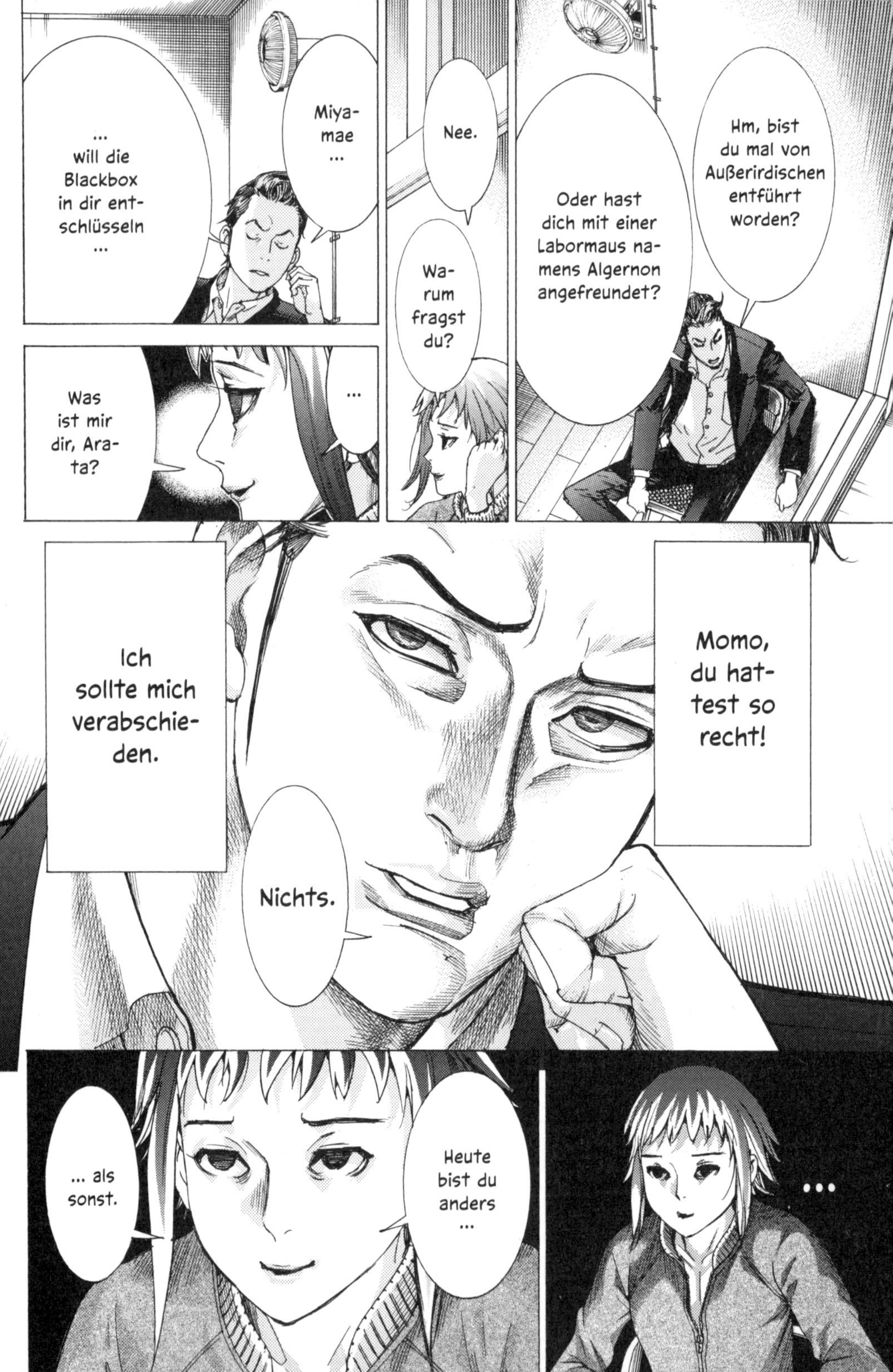
Hm, bist du mal von Außerirdischen entführt worden?
Oder hast dich mit einer Labormaus namens Algernon angefreundet?
Nee.
Warum fragst du?
Miyamae ...
... will die Blackbox in dir entschlüsseln ...
...
Was ist mir dir, Arata?
Momo, du hattest so recht!
Ich sollte mich verabschieden.
Nichts.
...
Heute bist du anders ...
... als sonst.

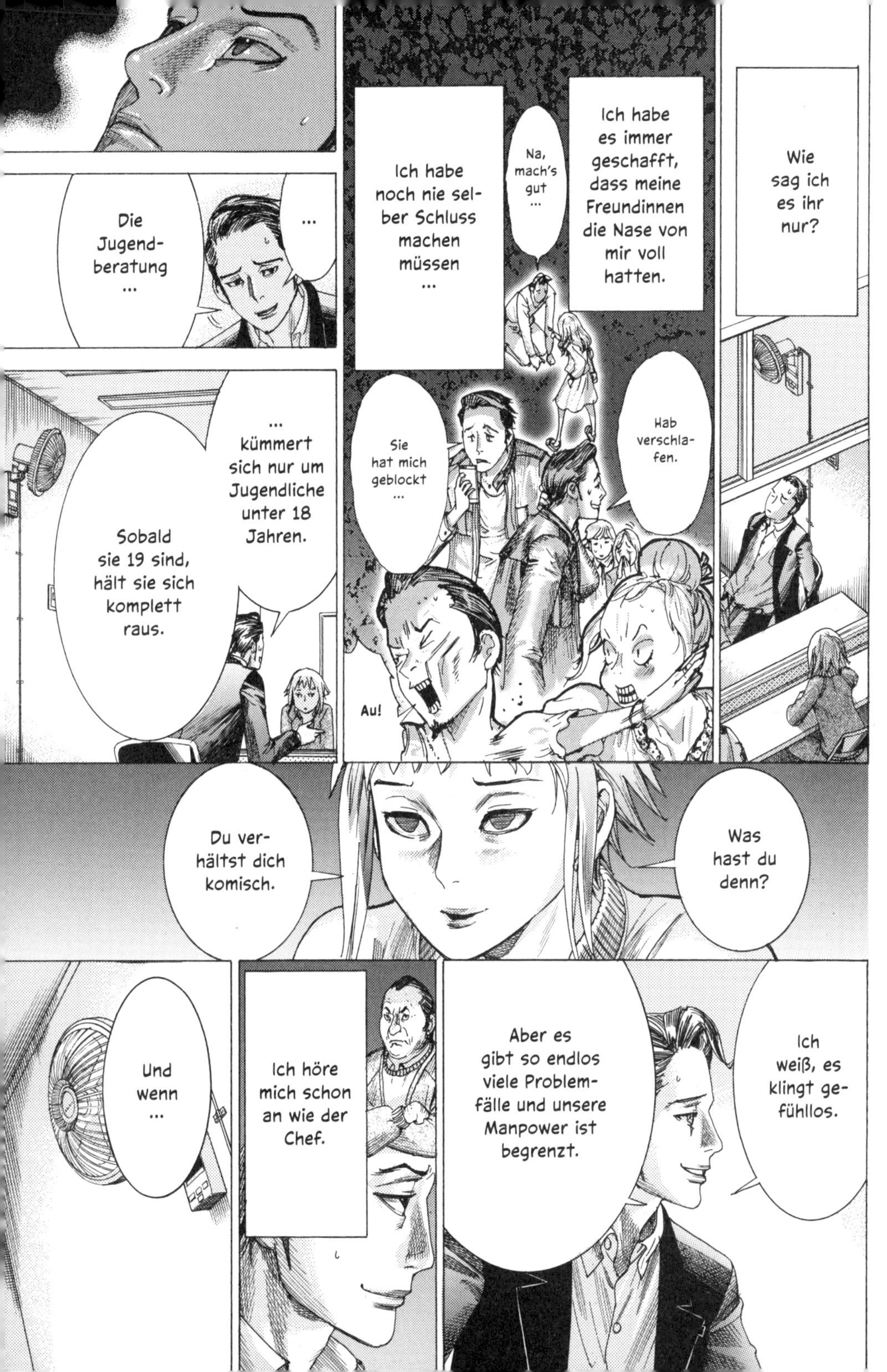
Wie sag ich es ihr nur?
Ich habe es immer geschafft, dass meine Freundinnen die Nase von mir voll hatten.
Na, mach's gut ...
Ich habe noch nie selber Schluss machen müssen ...
Hab verschlafen.
Sie hat mich geblockt ...
Au!
...
Die Jugendberatung ...
... kümmert sich nur um Jugendliche unter 18 Jahren.
Sobald sie 19 sind, hält sie sich komplett raus.
Was hast du denn?
Du verhältst dich komisch.
Ich weiß, es klingt gefühllos.
Aber es gibt so endlos viele Problemfälle und unsere Manpower ist begrenzt.
Ich höre mich schon an wie der Chef.
Und wenn ...

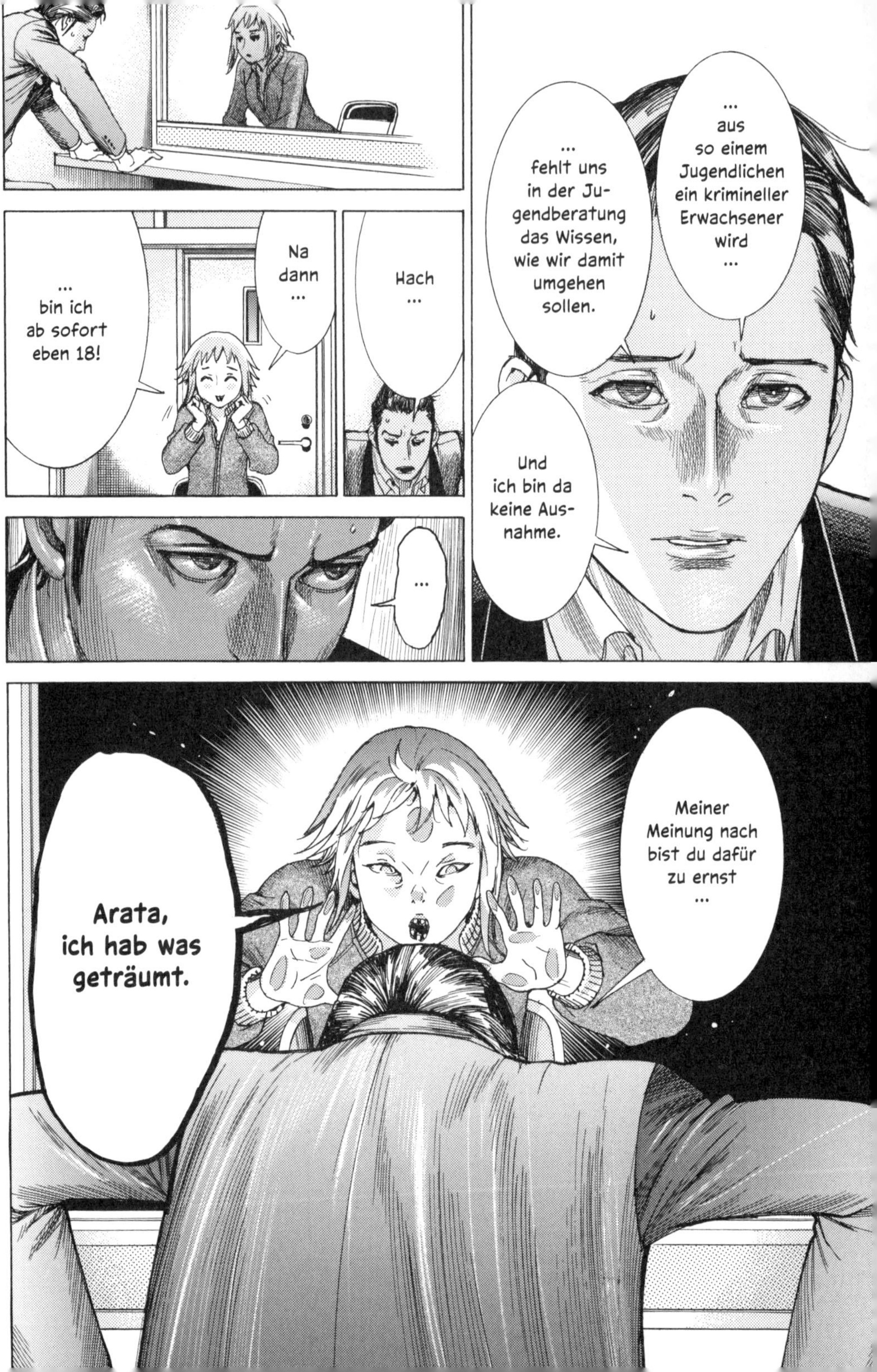

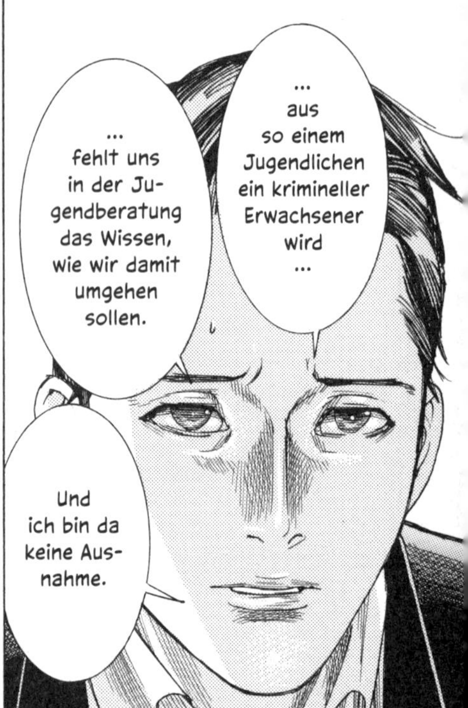

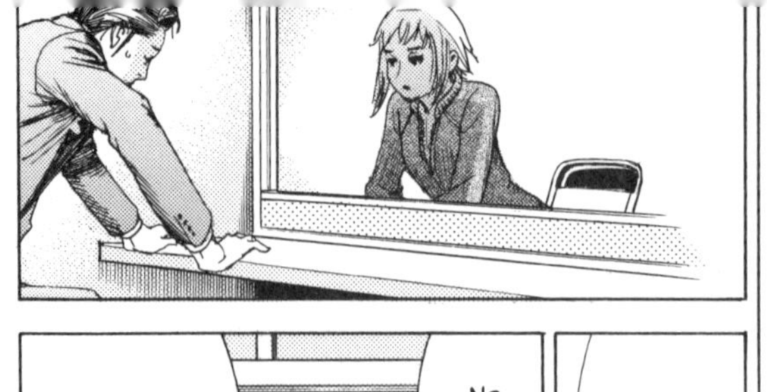

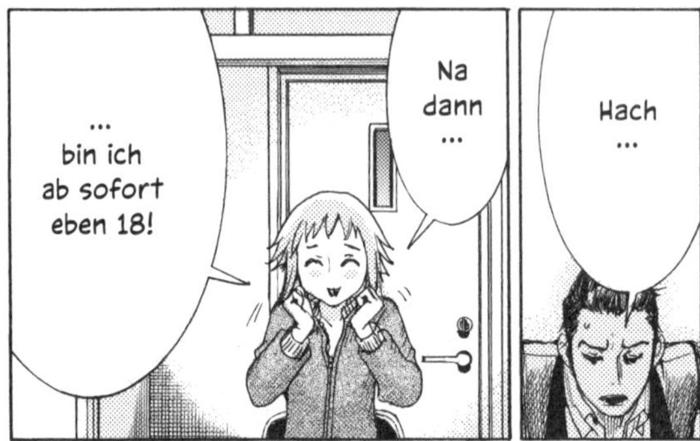

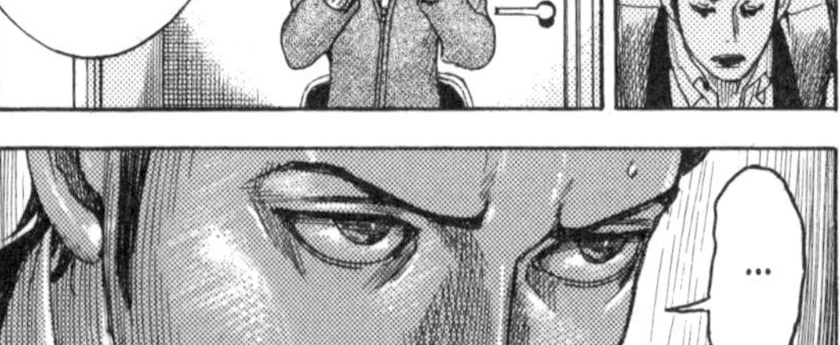

Meiner Meinung nach bist du dafür zu ernst ...

Arata, ich hab was geträumt.

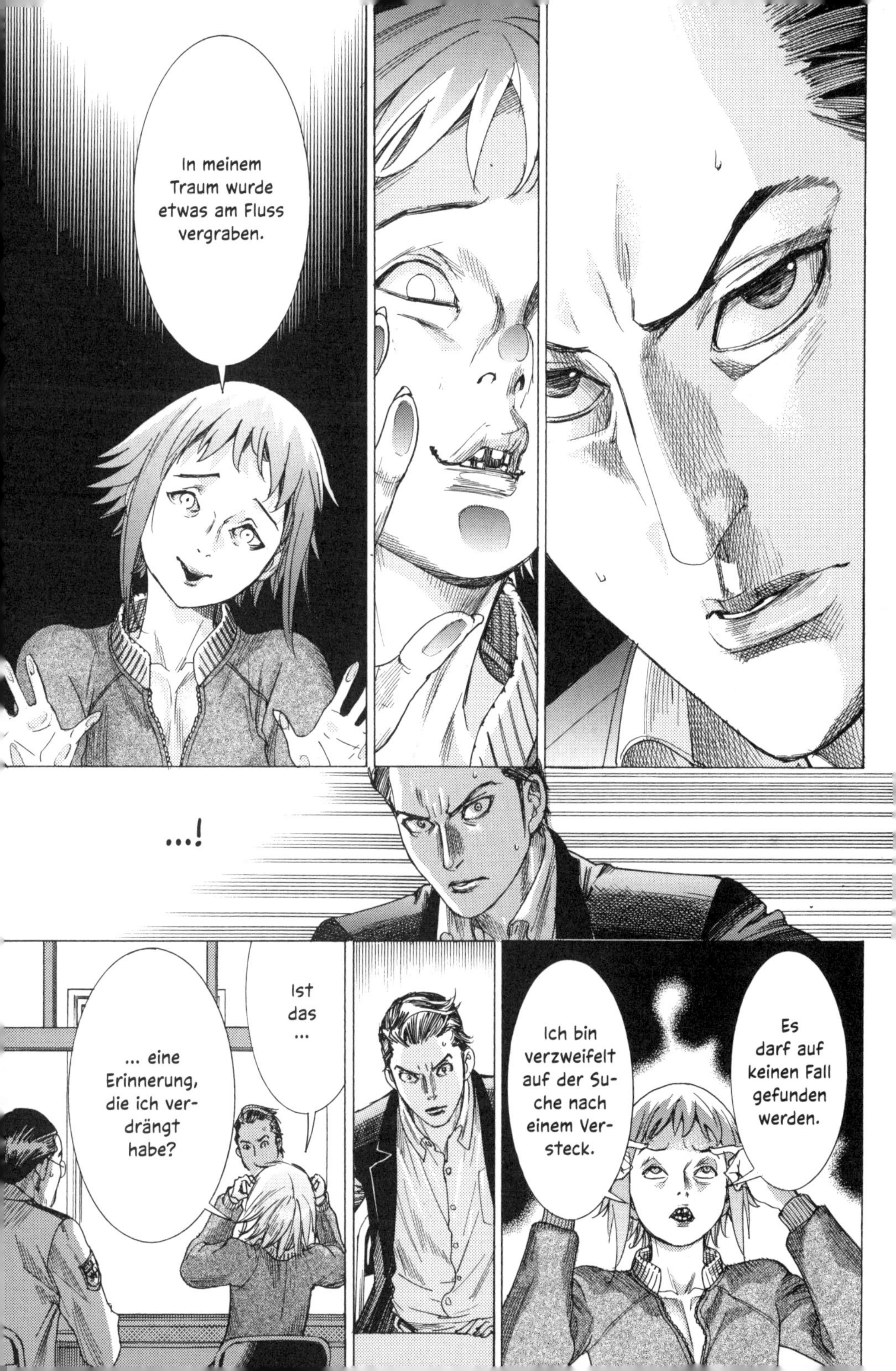
In meinem Traum wurde etwas am Fluss vergraben.
...!
Ist das ...
... eine Erinnerung, die ich verdrängt habe?
Es darf auf keinen Fall gefunden werden.
Ich bin verzweifelt auf der Suche nach einem Versteck.

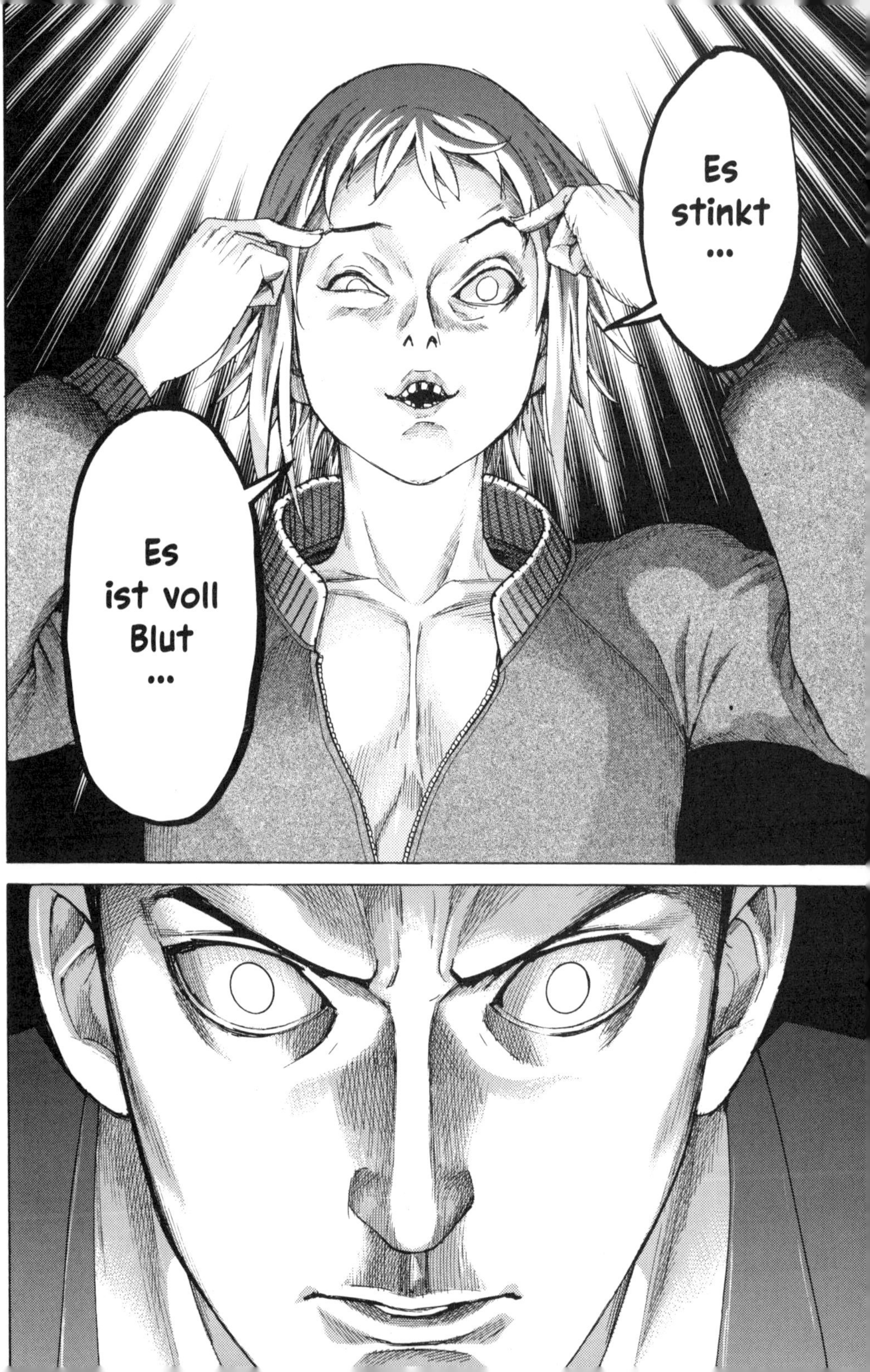

Es stinkt ...

Es ist voll Blut ...

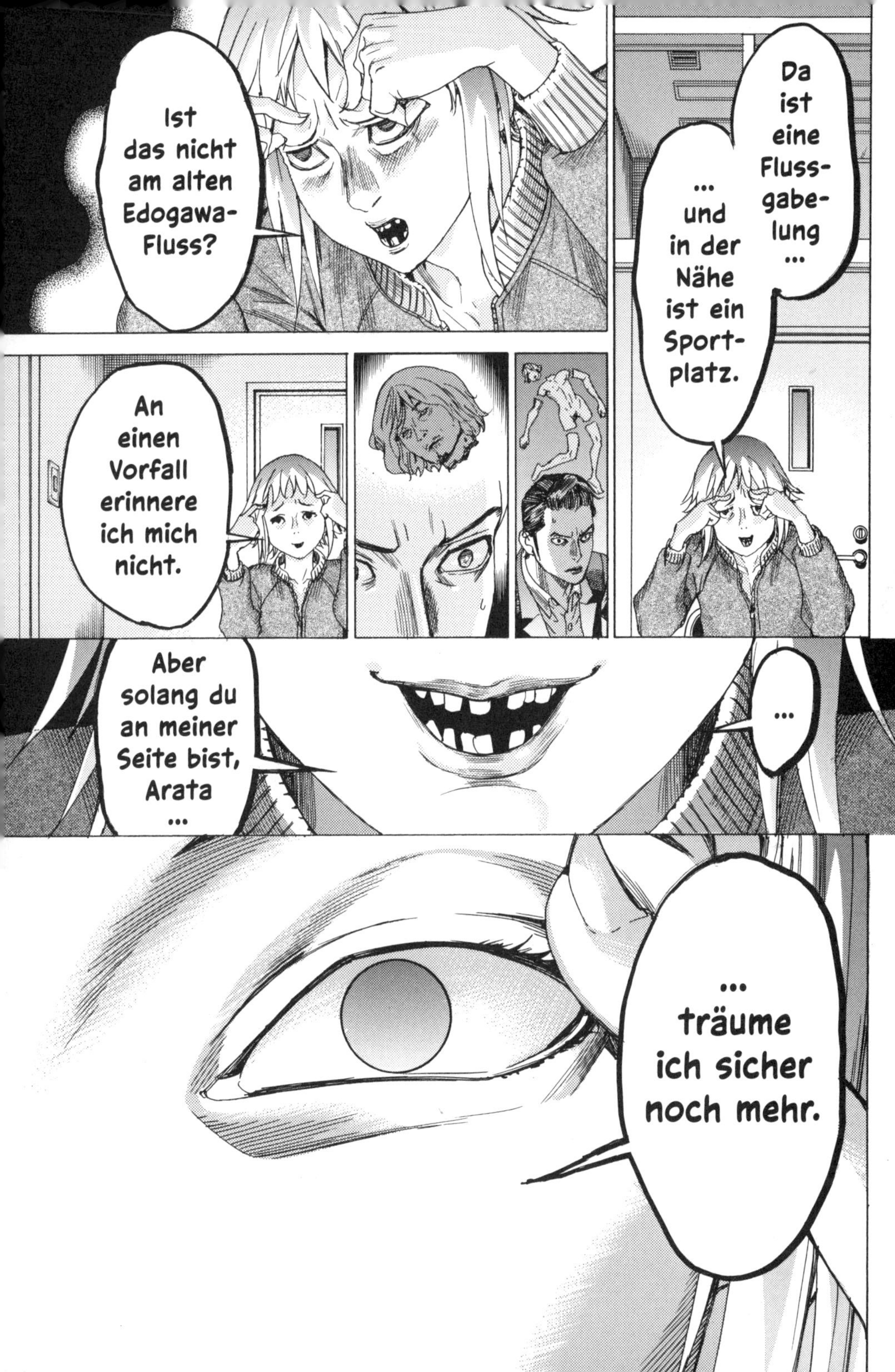
Da ist eine Flussgabelung ...
... und in der Nähe ist ein Sportplatz.
Ist das nicht am alten Edogawa-Fluss?
An einen Vorfall erinnere ich mich nicht.
...
Aber solang du an meiner Seite bist, Arata ...
... träume ich sicher noch mehr.

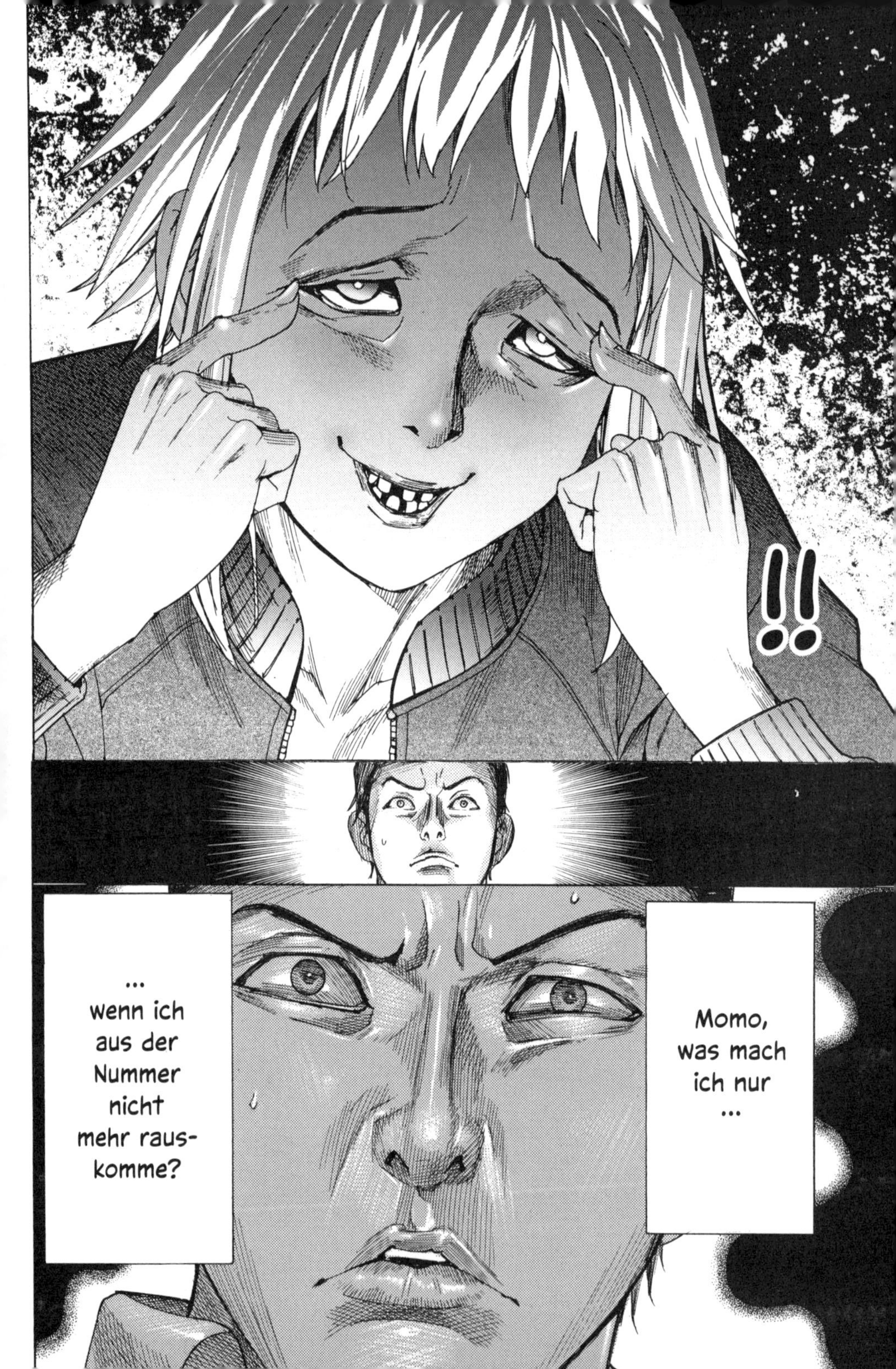
!!
Momo, was mach ich nur ...
... wenn ich aus der Nummer nicht mehr raus-komme?

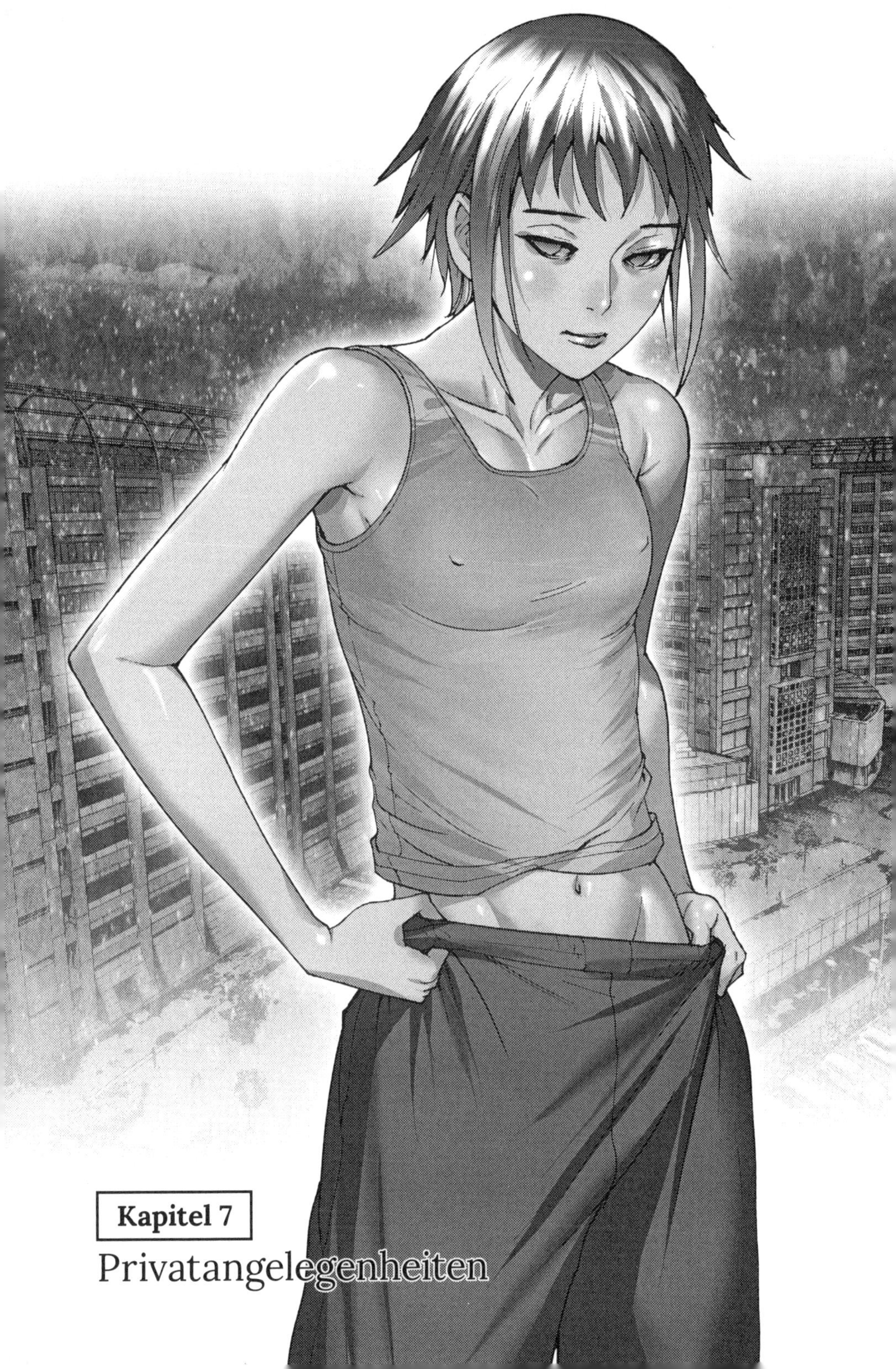

Kapitel 7

Privatangelegenheiten

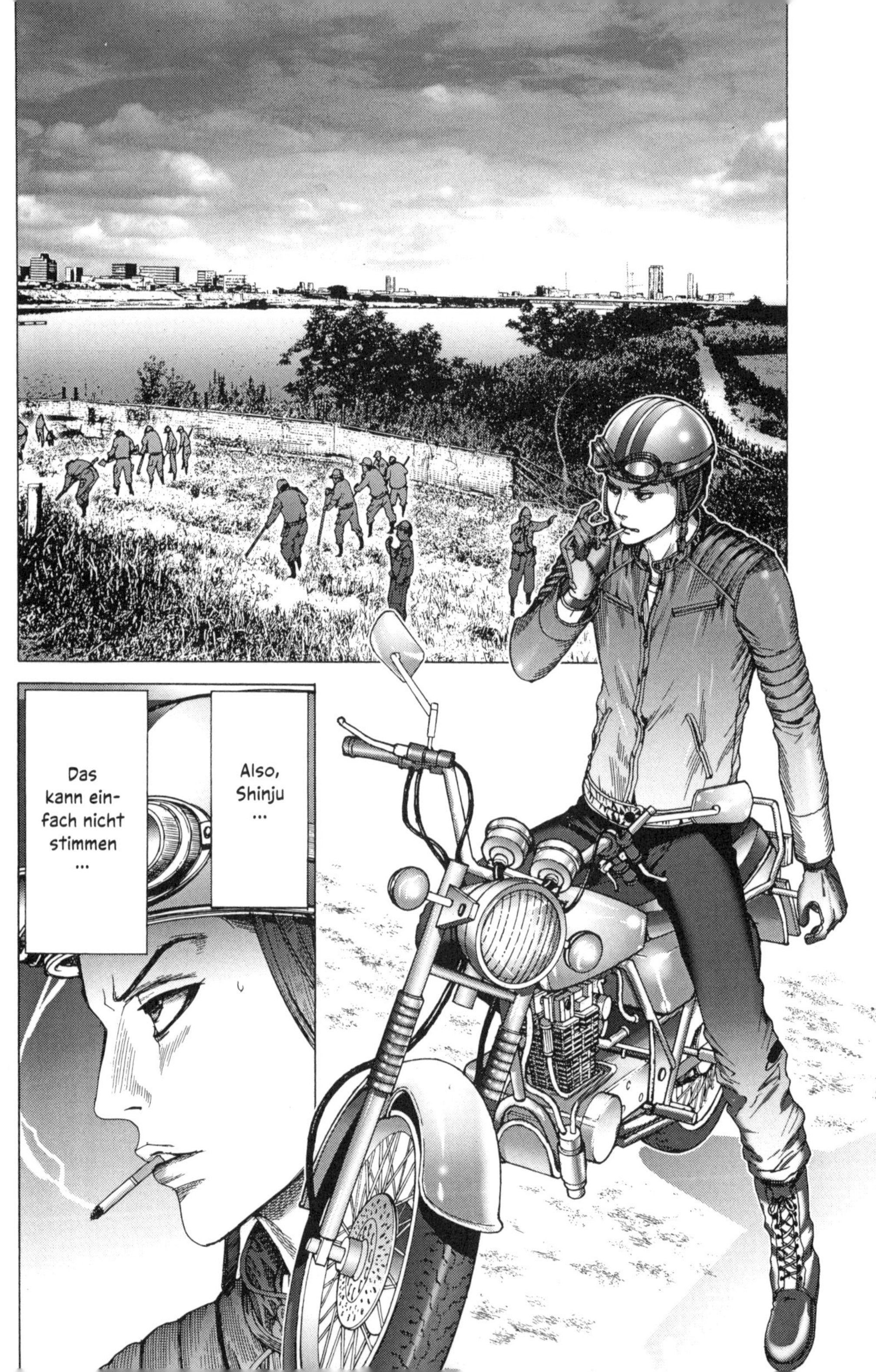
Also, Shinju ...
Das kann ein-fach nicht stimmen ...

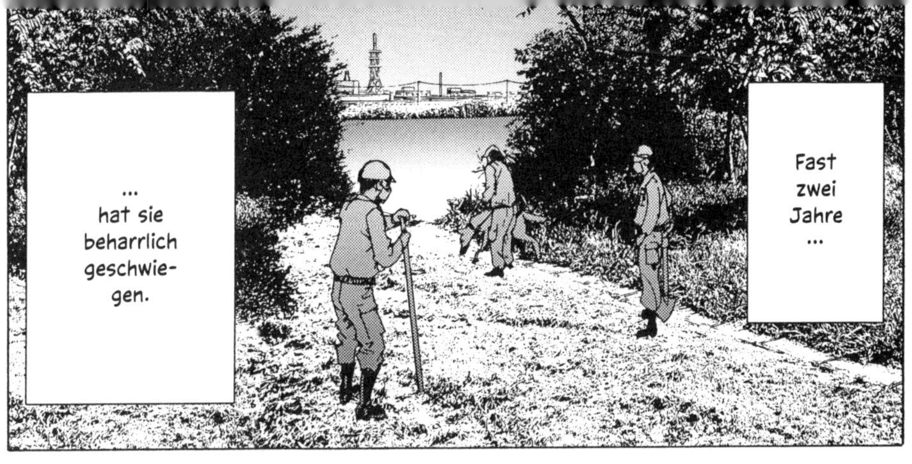
Fast zwei Jahre ...
... hat sie beharrlich geschwiegen.

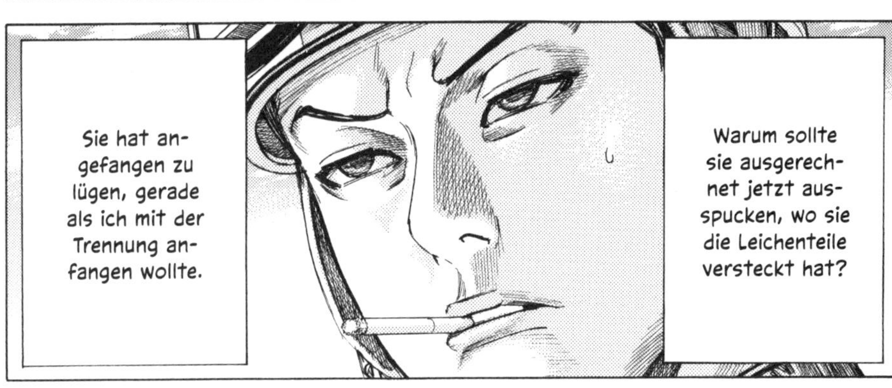
Warum sollte sie ausgerechnet jetzt ausspucken, wo sie die Leichenteile versteckt hat?
Sie hat angefangen zu lügen, gerade als ich mit der Trennung anfangen wollte.

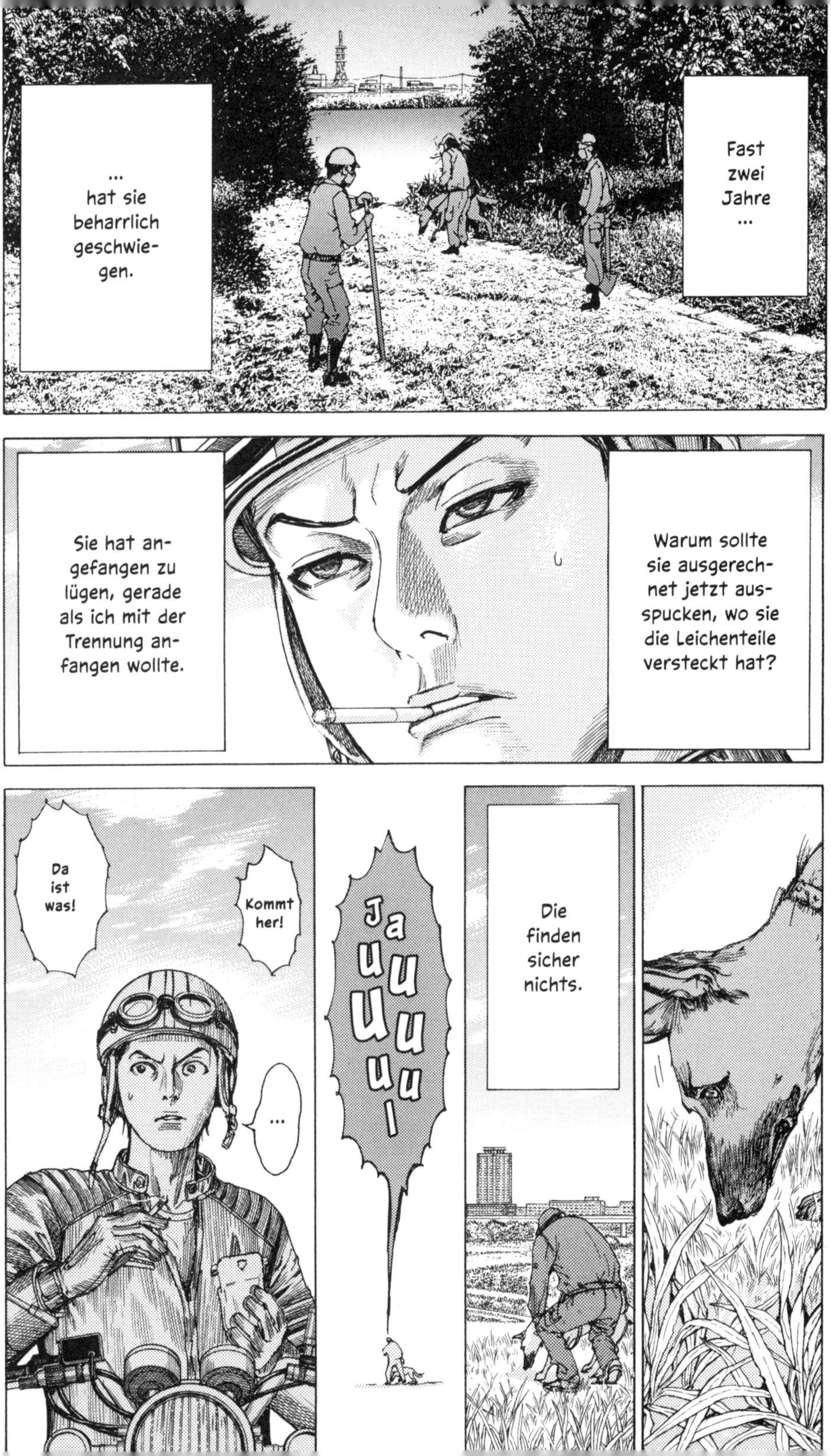

Die finden sicher nichts.
Jauuuuuul
Kommt her!
Da ist was!
...

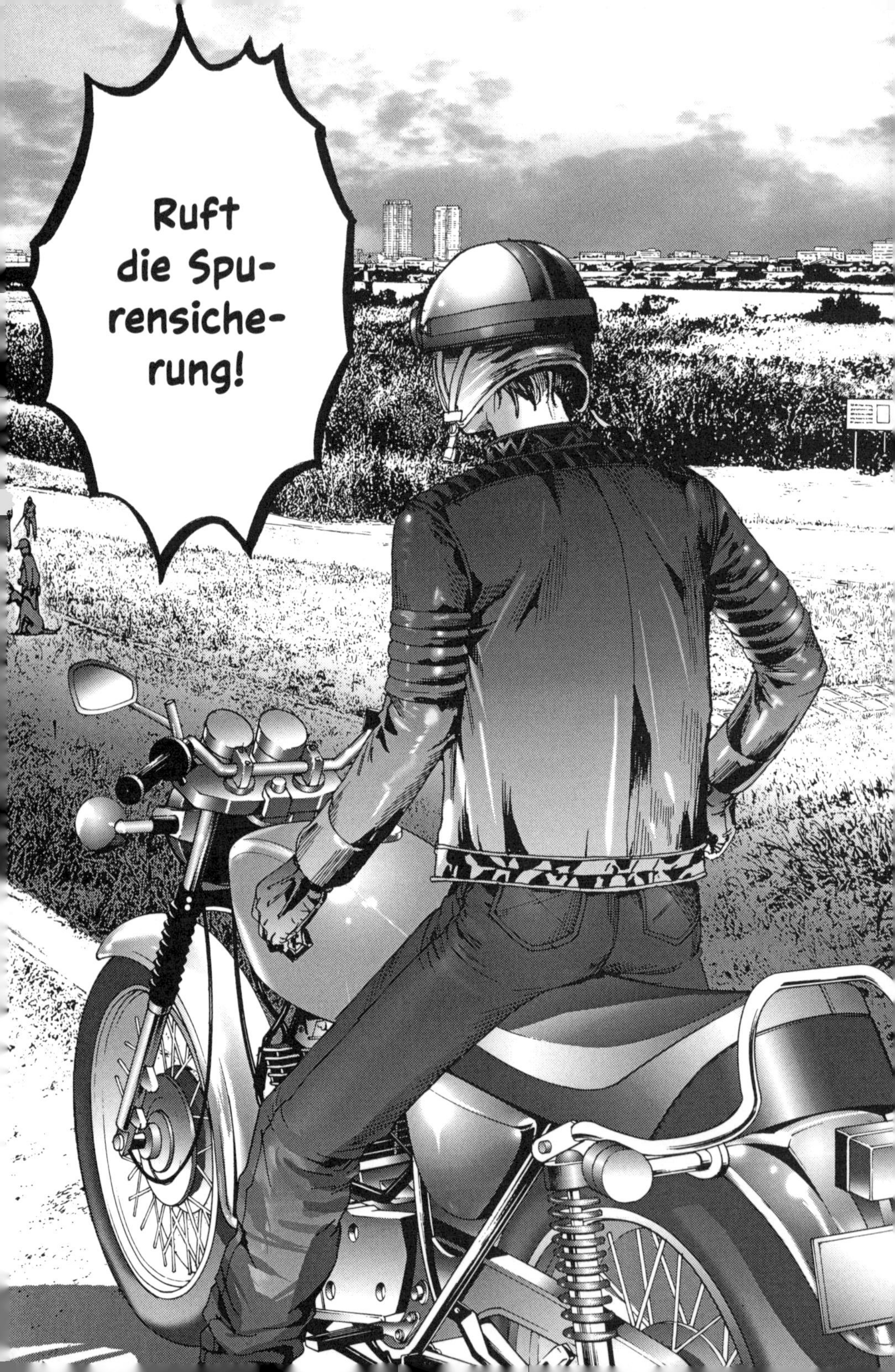
Ruft die Spurensicherung!

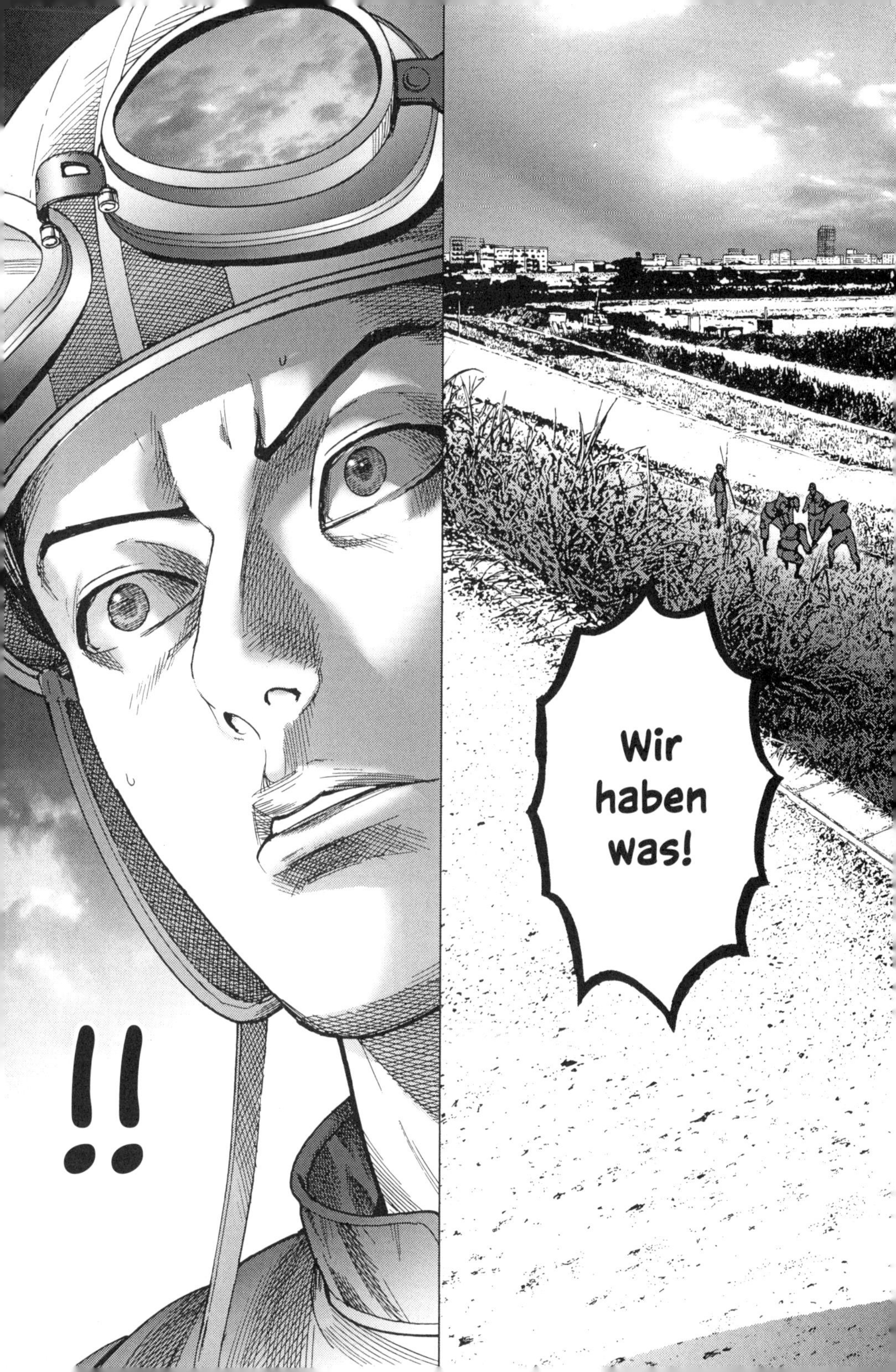
Wir haben was!
!!

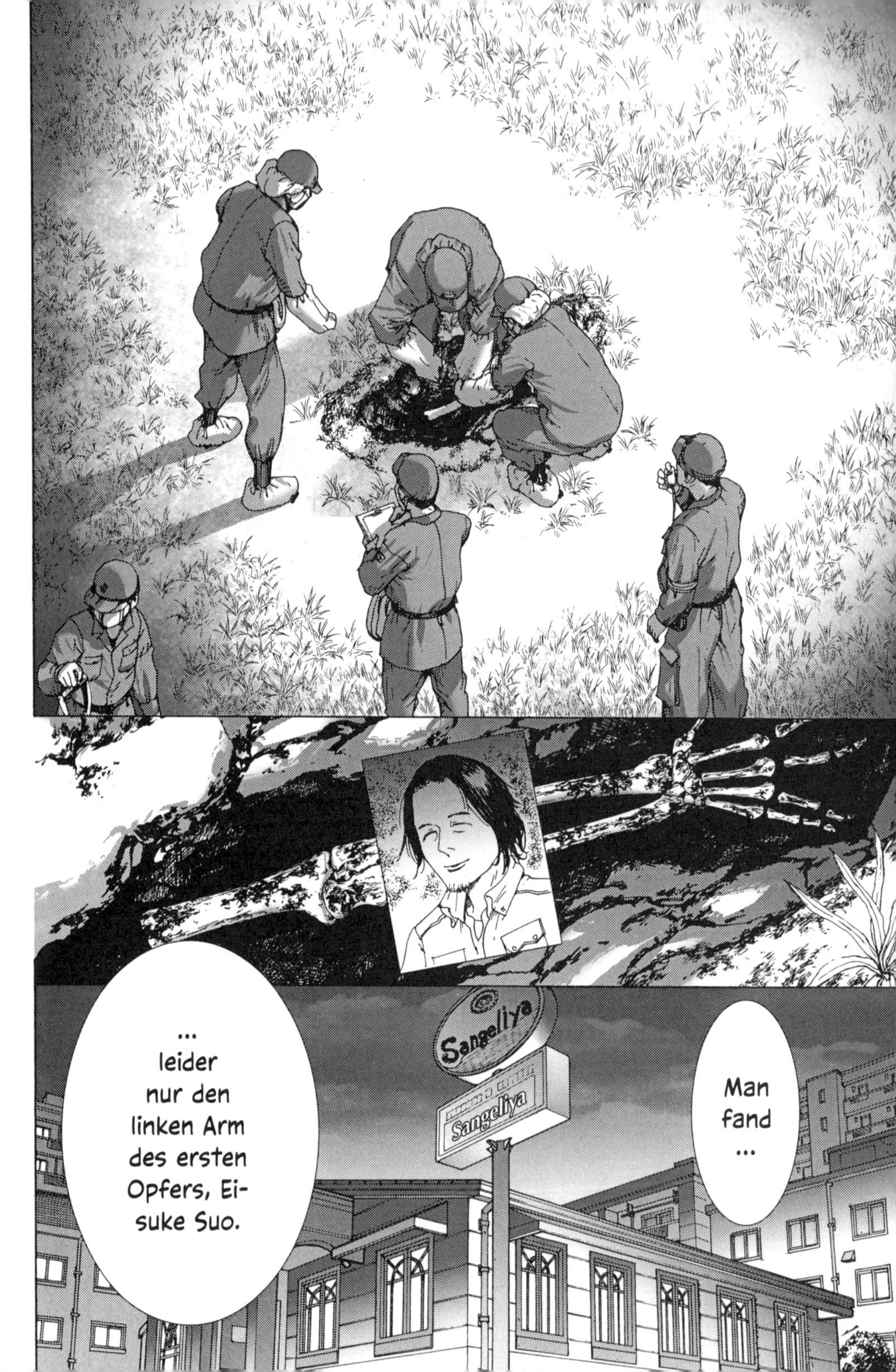
Sangeliya
Sangeliya
Man fand ...
... leider nur den linken Arm des ersten Opfers, Eisuke Suo.

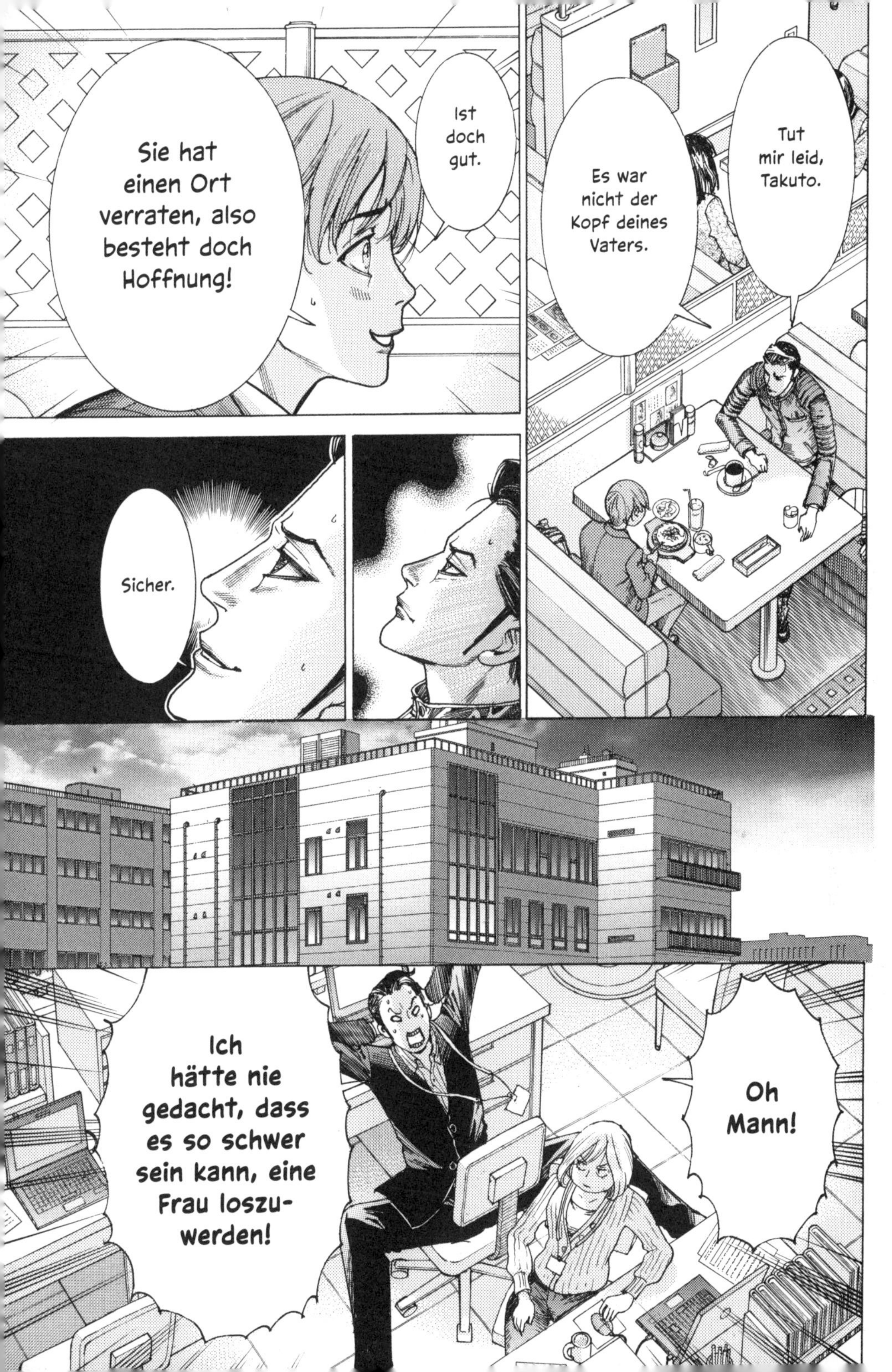
Tut mir leid, Takuto.
Es war nicht der Kopf deines Vaters.
Ist doch gut.
Sie hat einen Ort verraten, also besteht doch Hoffnung!
Sicher.
Oh Mann!
Ich hätte nie gedacht, dass es so schwer sein kann, eine Frau loszuwerden!

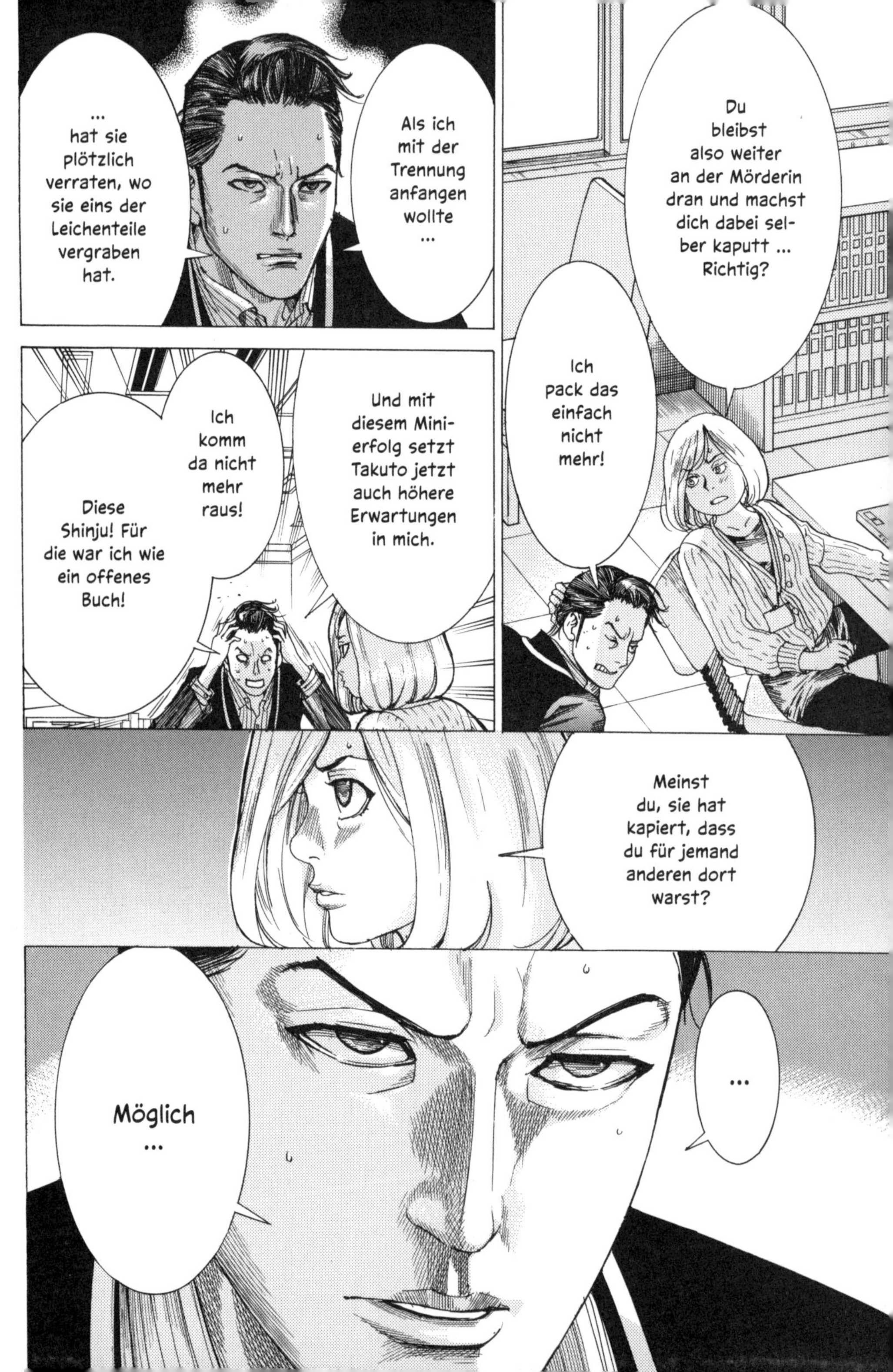
Als ich mit der Trennung anfangen wollte ...
... hat sie plötzlich verraten, wo sie eins der Leichenteile vergraben hat.
Und mit diesem Minierfolg setzt Takuto jetzt auch höhere Erwartungen in mich.
Ich komm da nicht mehr raus!
Diese Shinju! Für die war ich wie ein offenes Buch!
Du bleibst also weiter an der Mörderin dran und machst dich dabei selber kaputt ... Richtig?
Ich pack das einfach nicht mehr!
Meinst du, sie hat kapiert, dass du für jemand anderen dort warst?
...
Möglich ...

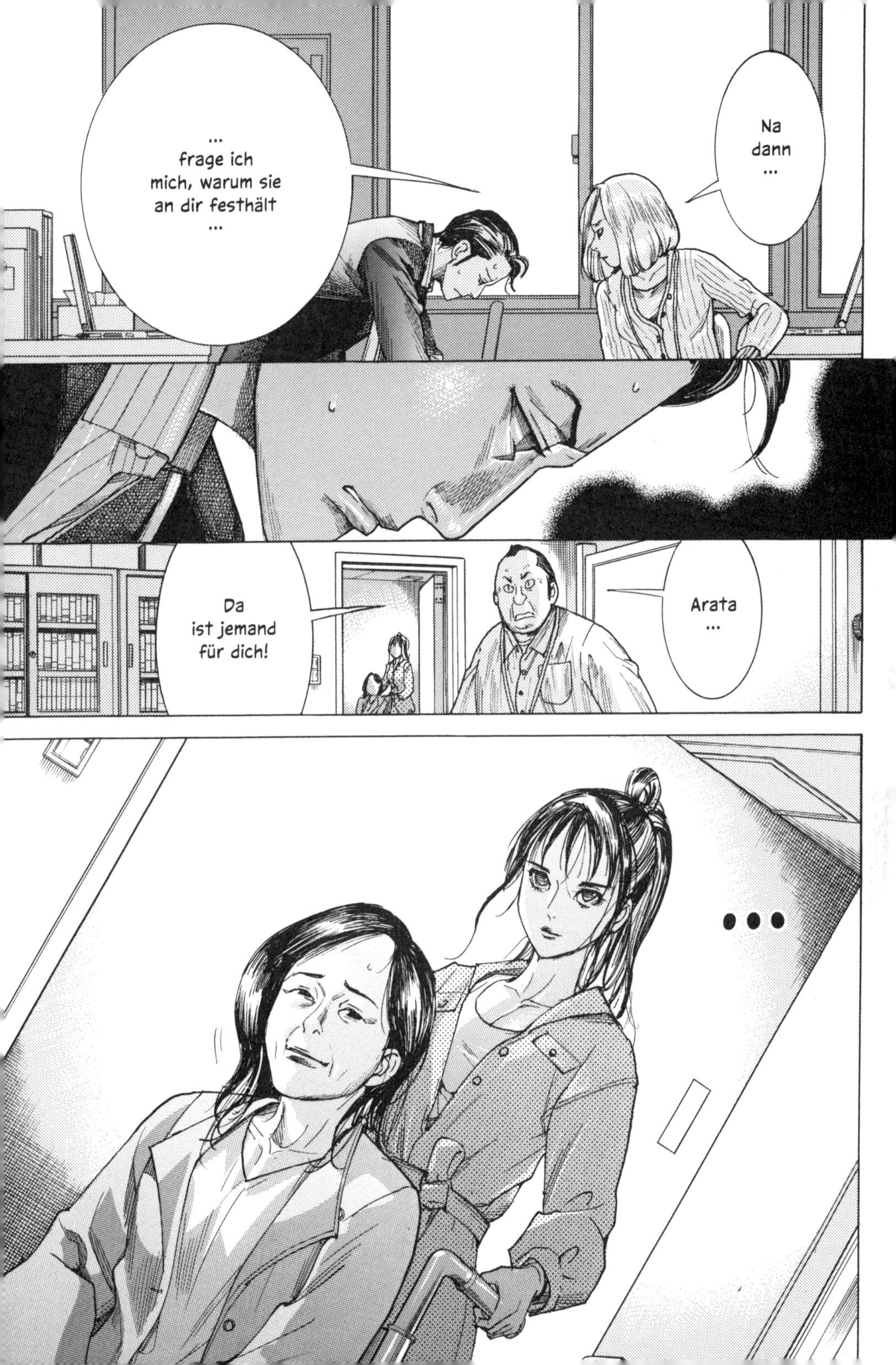
Na dann ...
... frage ich mich, warum sie an dir festhält ...
Arata ...
Da ist jemand für dich!
•••

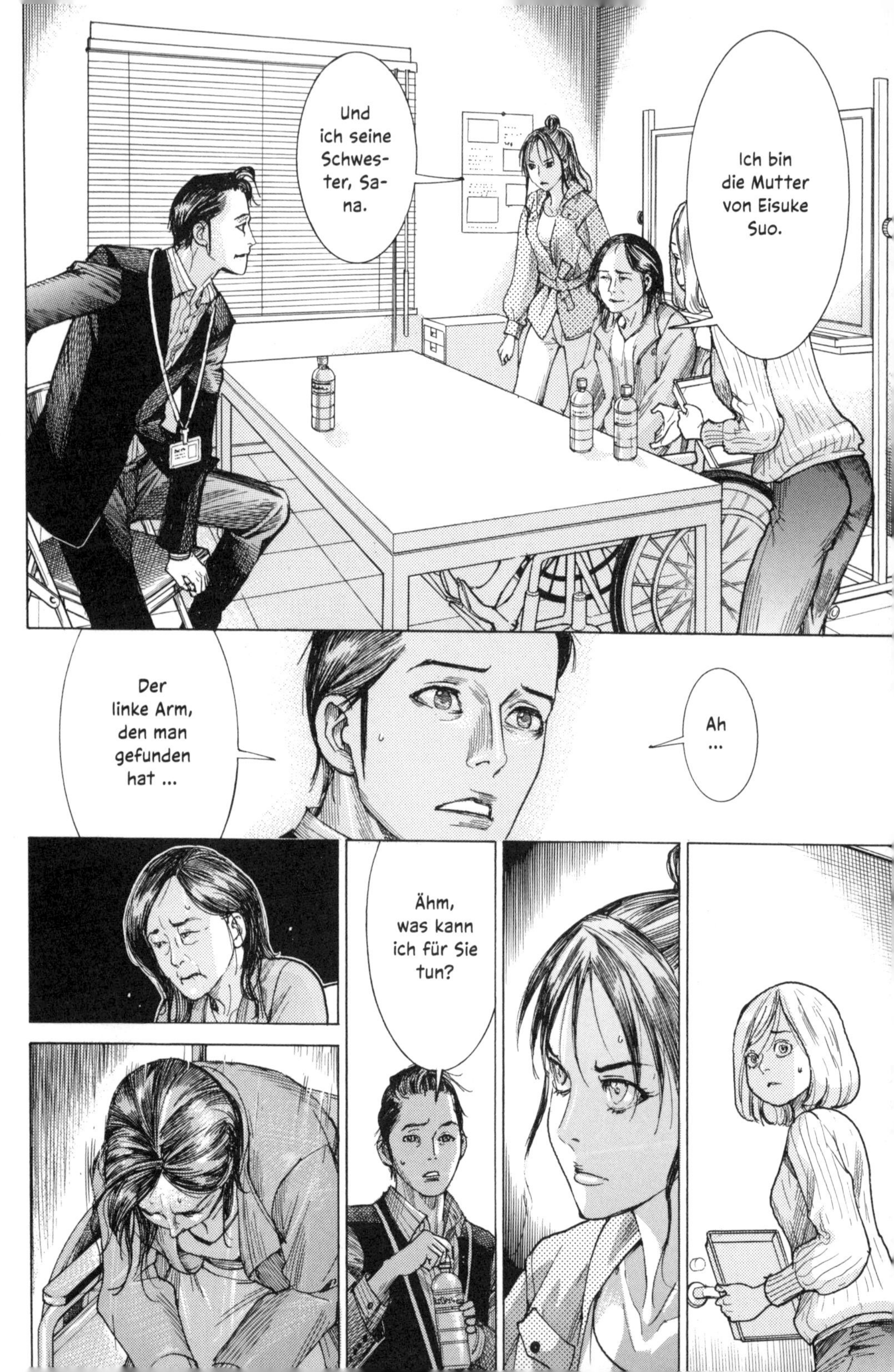
Ich bin die Mutter von Eisuke Suo.
Und ich seine Schwes-ter, Sa-na.
Ah ...
Der linke Arm, den man gefunden hat ...
Ähm, was kann ich für Sie tun?

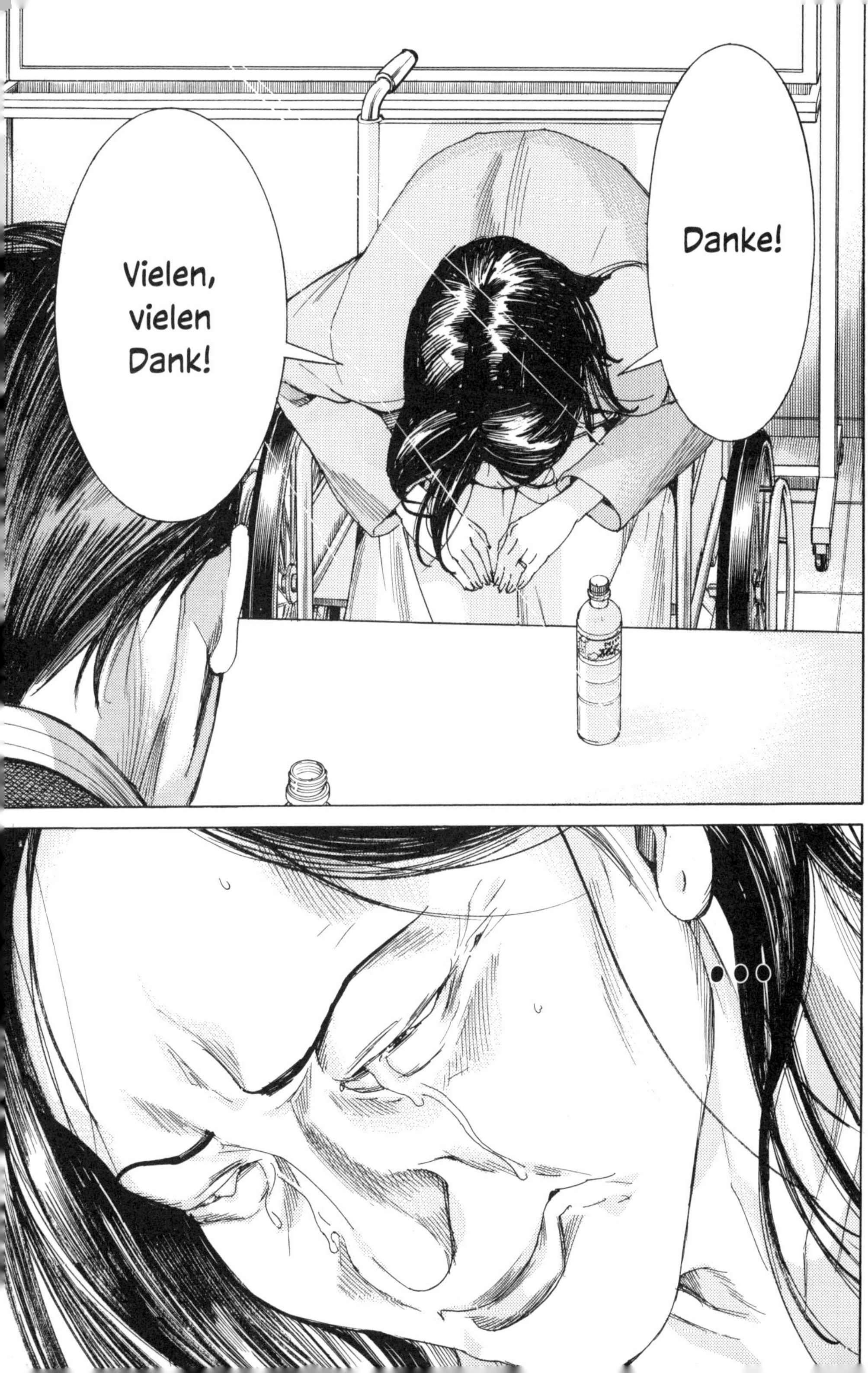

Danke!

Vielen, vielen Dank!

...

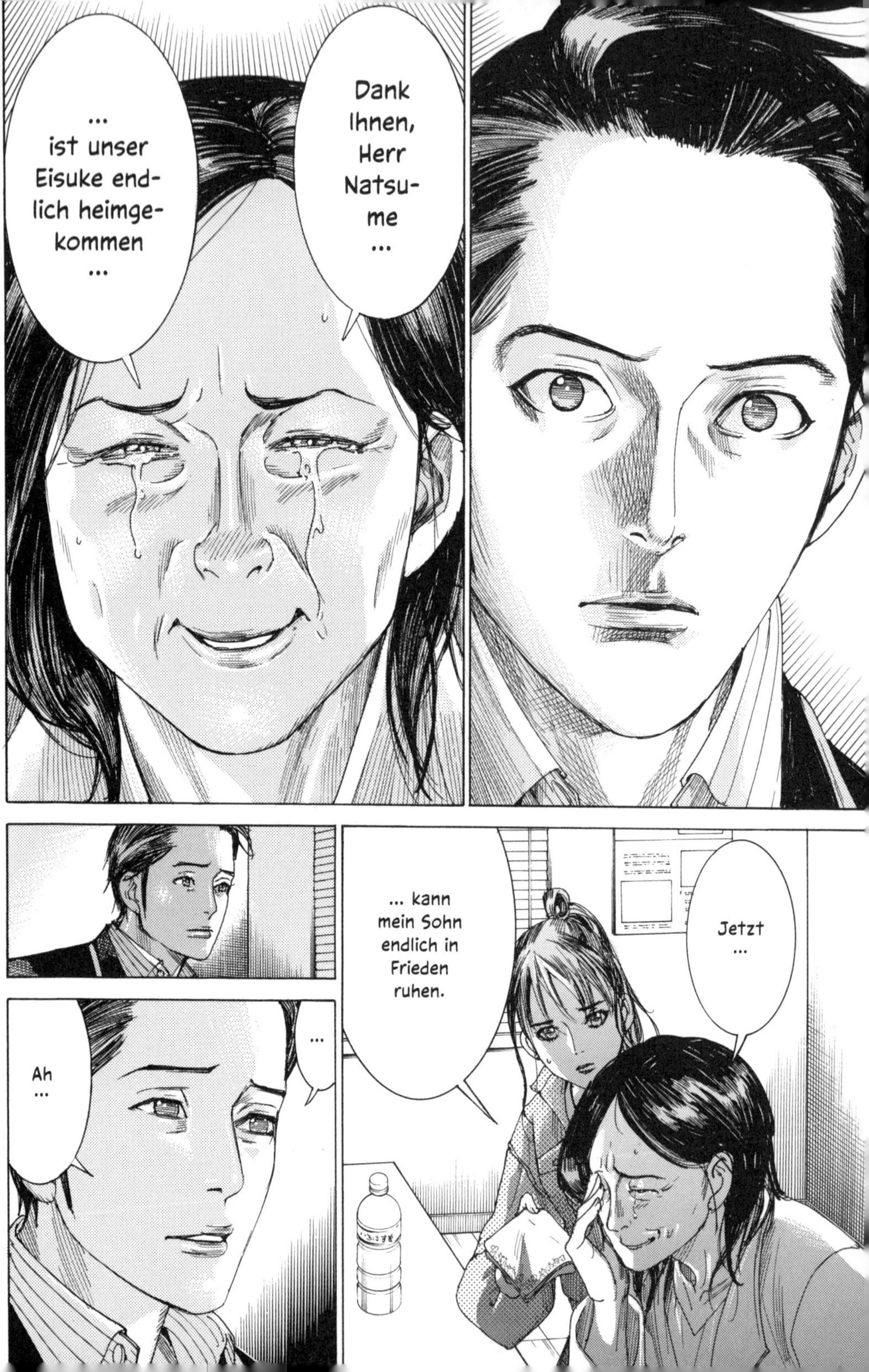

Dank Ihnen, Herr Natsume ...
... ist unser Eisuke endlich heimgekommen ...
Jetzt ...
... kann mein Sohn endlich in Frieden ruhen.
...
Ah ...

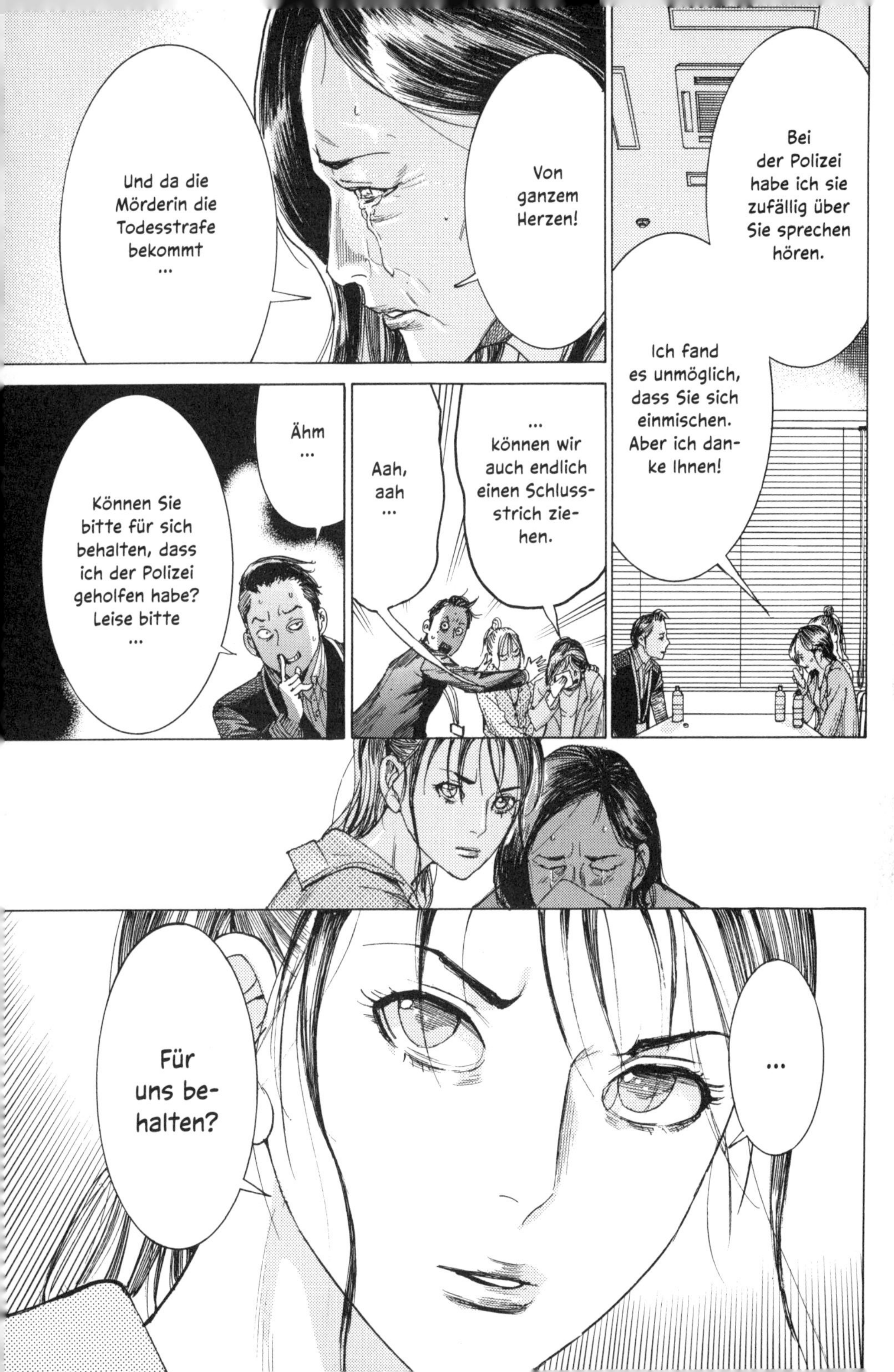
Bei der Polizei habe ich sie zufällig über Sie sprechen hören.
Von ganzem Herzen!
Und da die Mörderin die Todesstrafe bekommt ...
Ich fand es unmöglich, dass Sie sich einmischen. Aber ich danke Ihnen!
... können wir auch endlich einen Schlussstrich ziehen.
Aah, aah ...
Ähm ...
Können Sie bitte für sich behalten, dass ich der Polizei geholfen habe? Leise bitte ...
...
Für uns behalten?

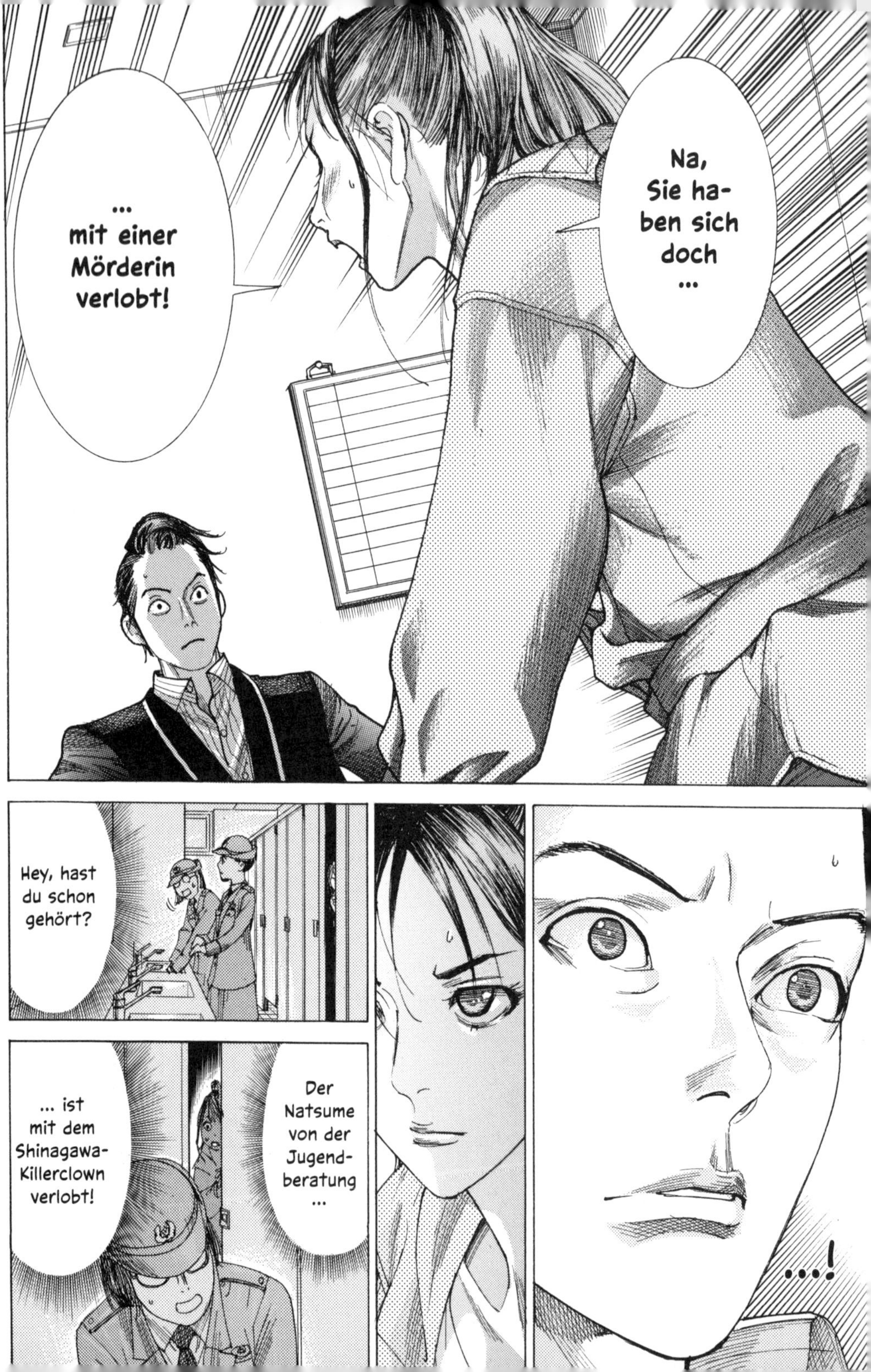

Na, Sie haben sich doch ...

... mit einer Mörderin verlobt!

Hey, hast du schon gehört?

Der Natsume von der Jugendberatung ...

... ist mit dem Shinagawa-Killerclown verlobt!

...!

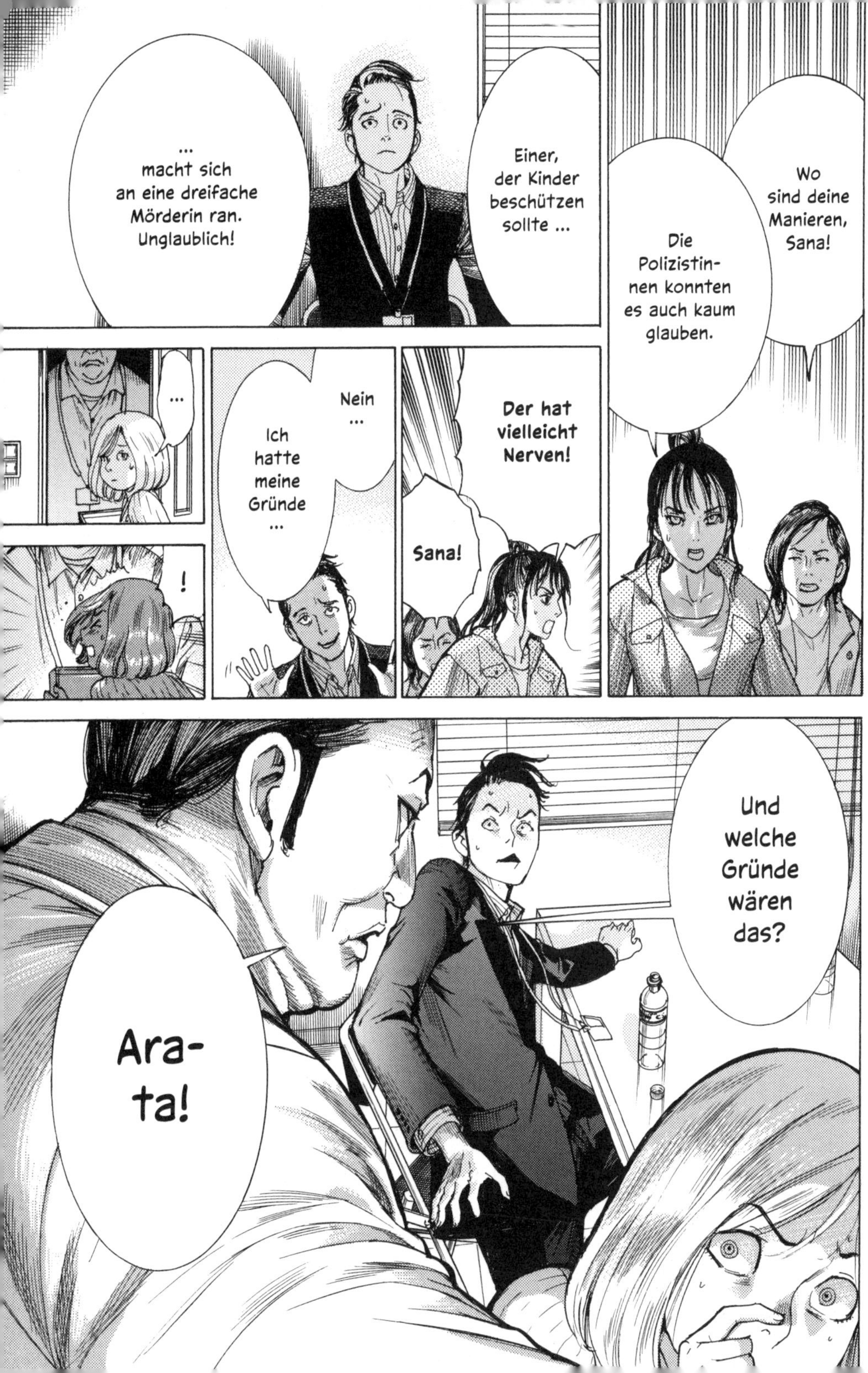

Wo sind deine Manieren, Sana!
Die Polizistinnen konnten es auch kaum glauben.
Einer, der Kinder beschützen sollte ...
... macht sich an eine dreifache Mörderin ran. Unglaublich!
Der hat vielleicht Nerven!
Sana!
Nein ...
Ich hatte meine Gründe ...
...
!
Und welche Gründe wären das?
Arata!

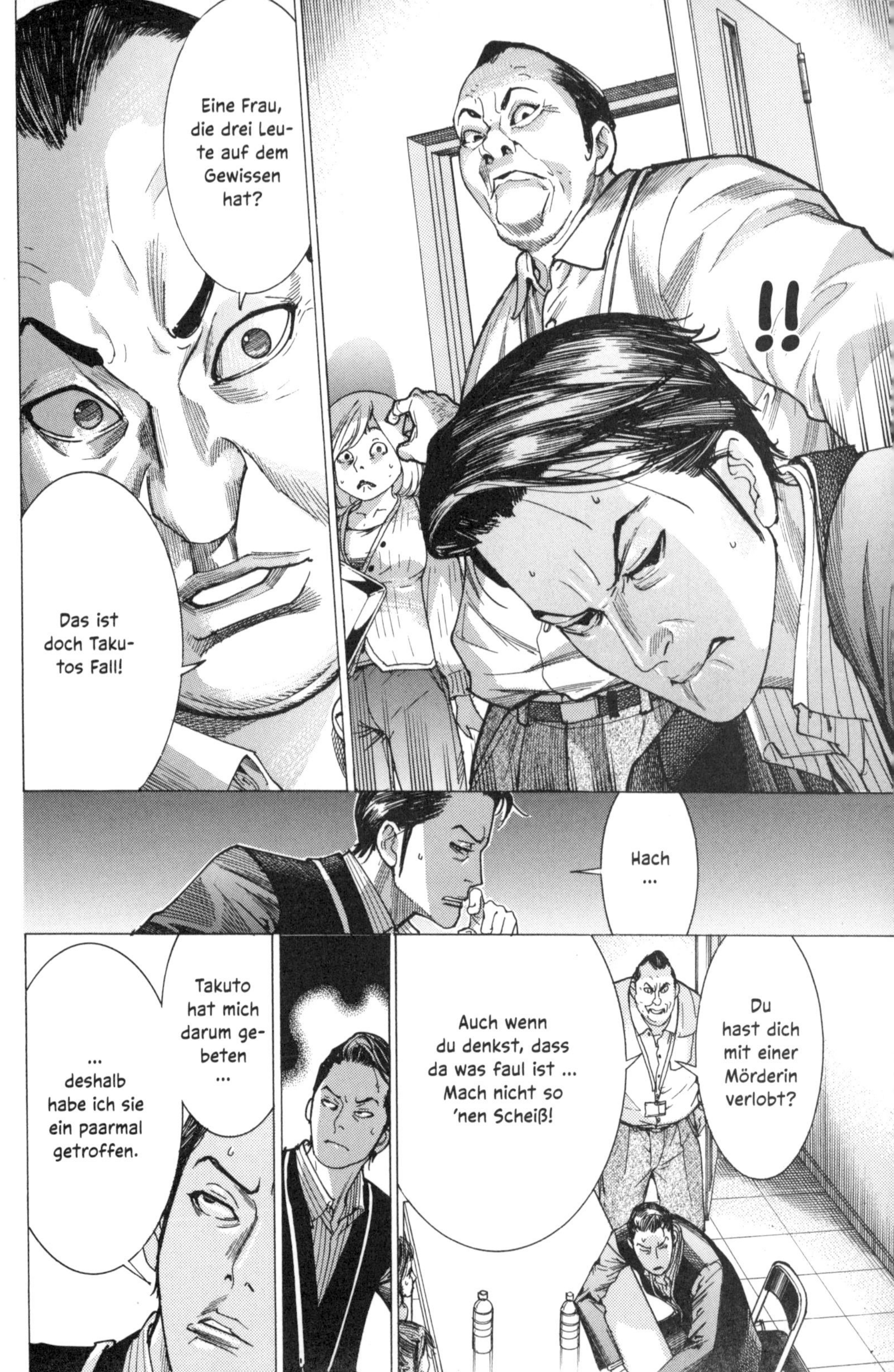
!!
Eine Frau, die drei Leute auf dem Gewissen hat?
Das ist doch Takutos Fall!
Hach …
Du hast dich mit einer Mörderin verlobt?
Auch wenn du denkst, dass da was faul ist … Mach nicht so 'nen Scheiß!
Takuto hat mich darum gebeten …
… deshalb habe ich sie ein paarmal getroffen.

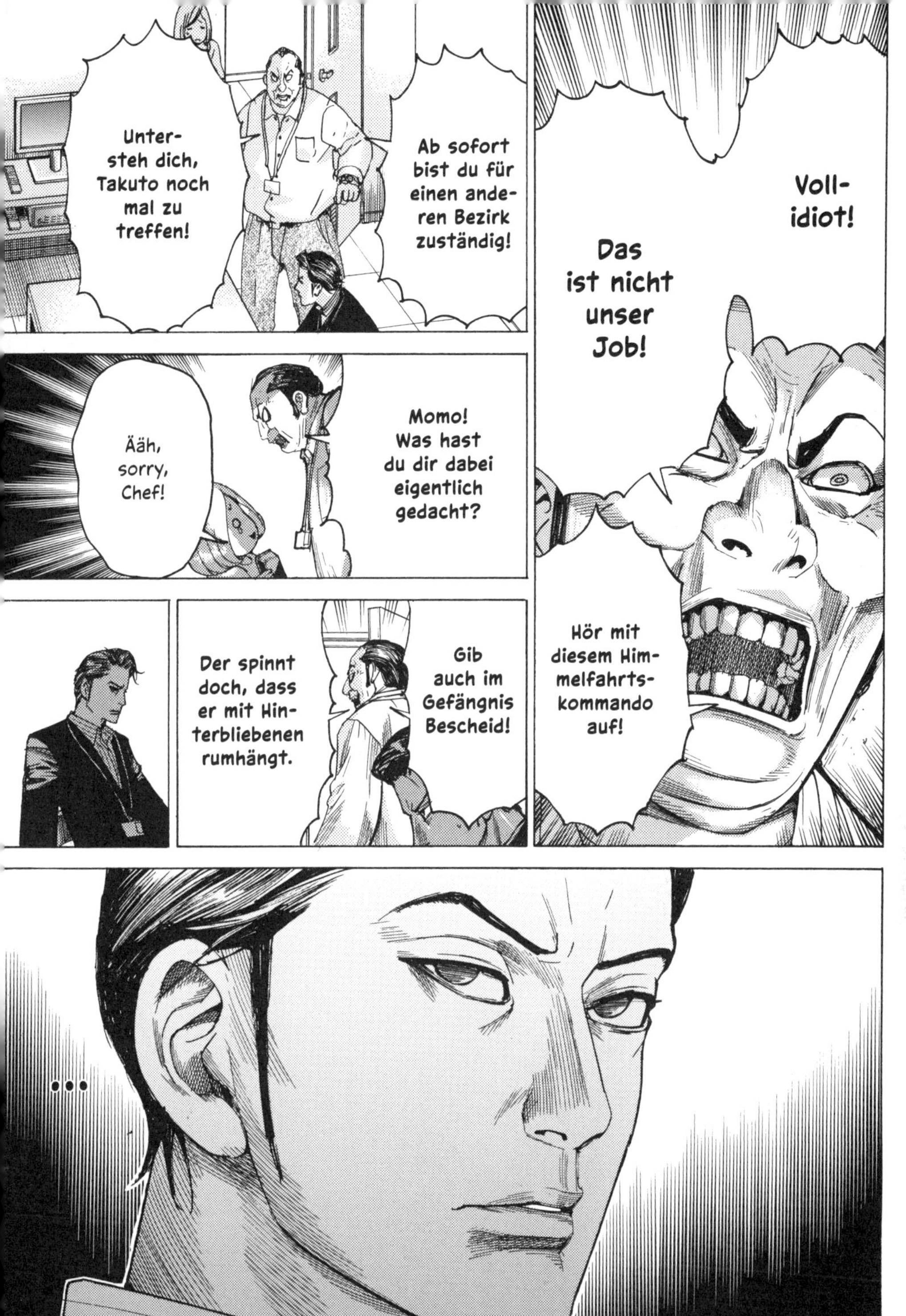
Vollidiot!
Das ist nicht unser Job!
Hör mit diesem Himmelfahrtskommando auf!
Ab sofort bist du für einen anderen Bezirk zuständig!
Untersteh dich, Takuto noch mal zu treffen!
Momo! Was hast du dir dabei eigentlich gedacht?
Ääh, sorry, Chef!
Gib auch im Gefängnis Bescheid!
Der spinnt doch, dass er mit Hinterbliebenen rumhängt.
...

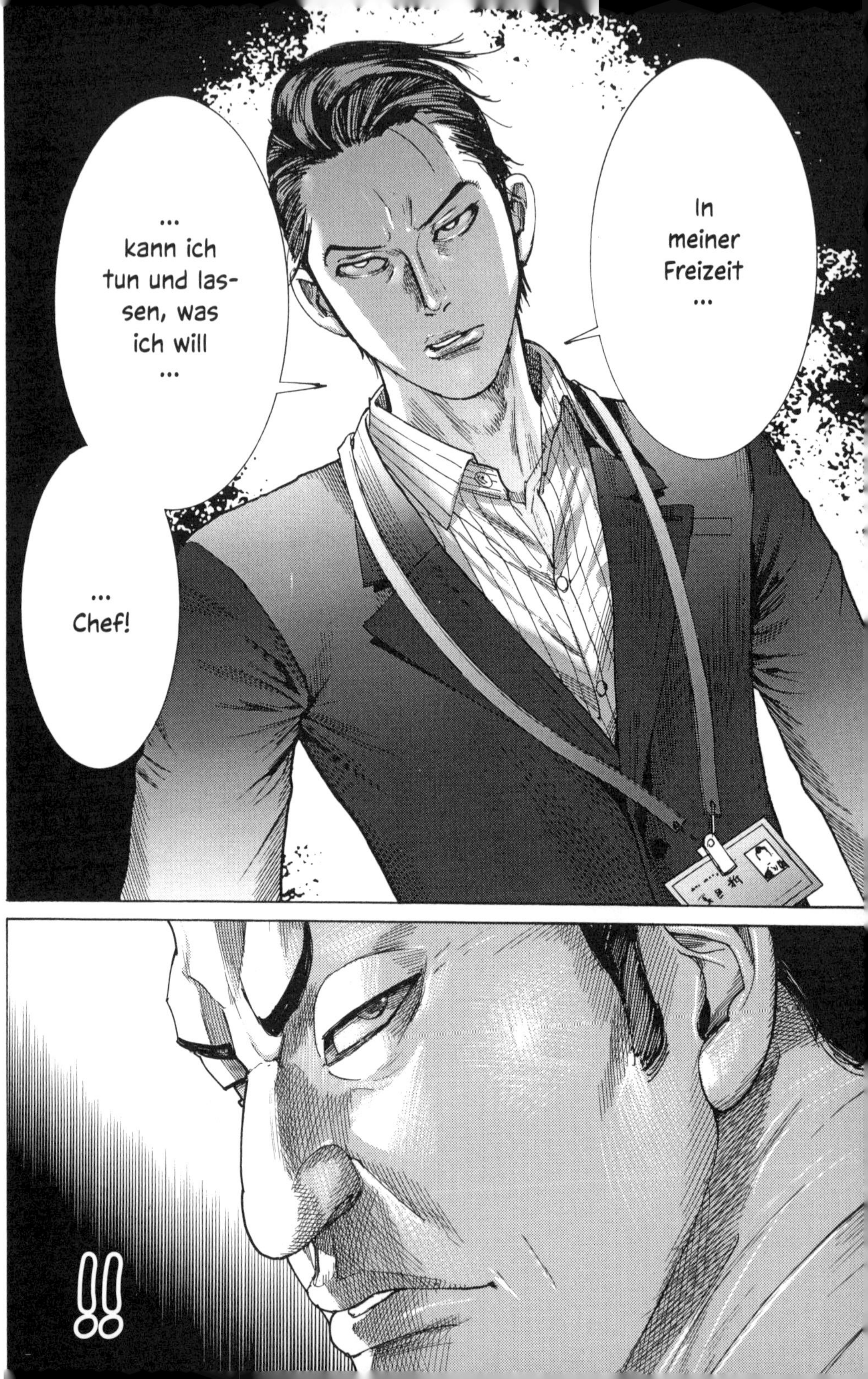

In meiner Freizeit ...

... kann ich tun und lassen, was ich will ...

... Chef!

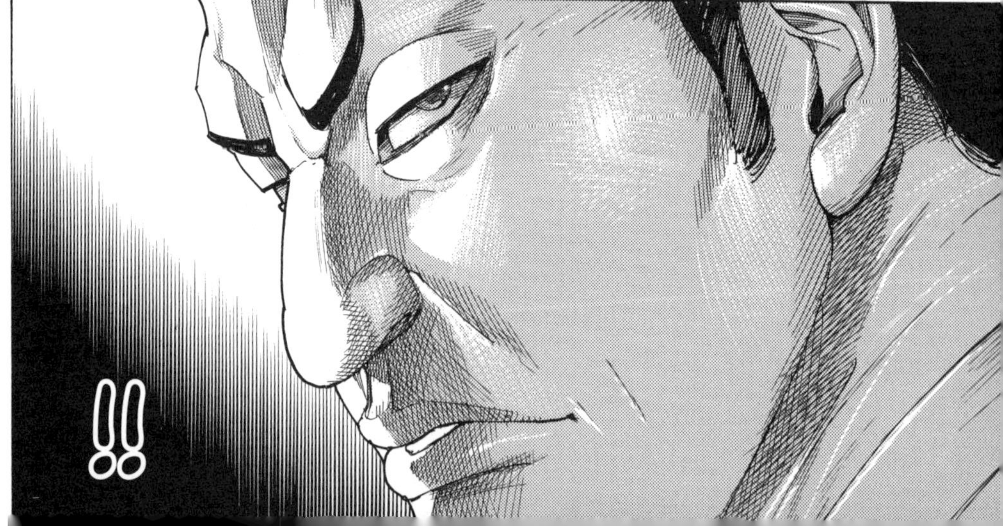

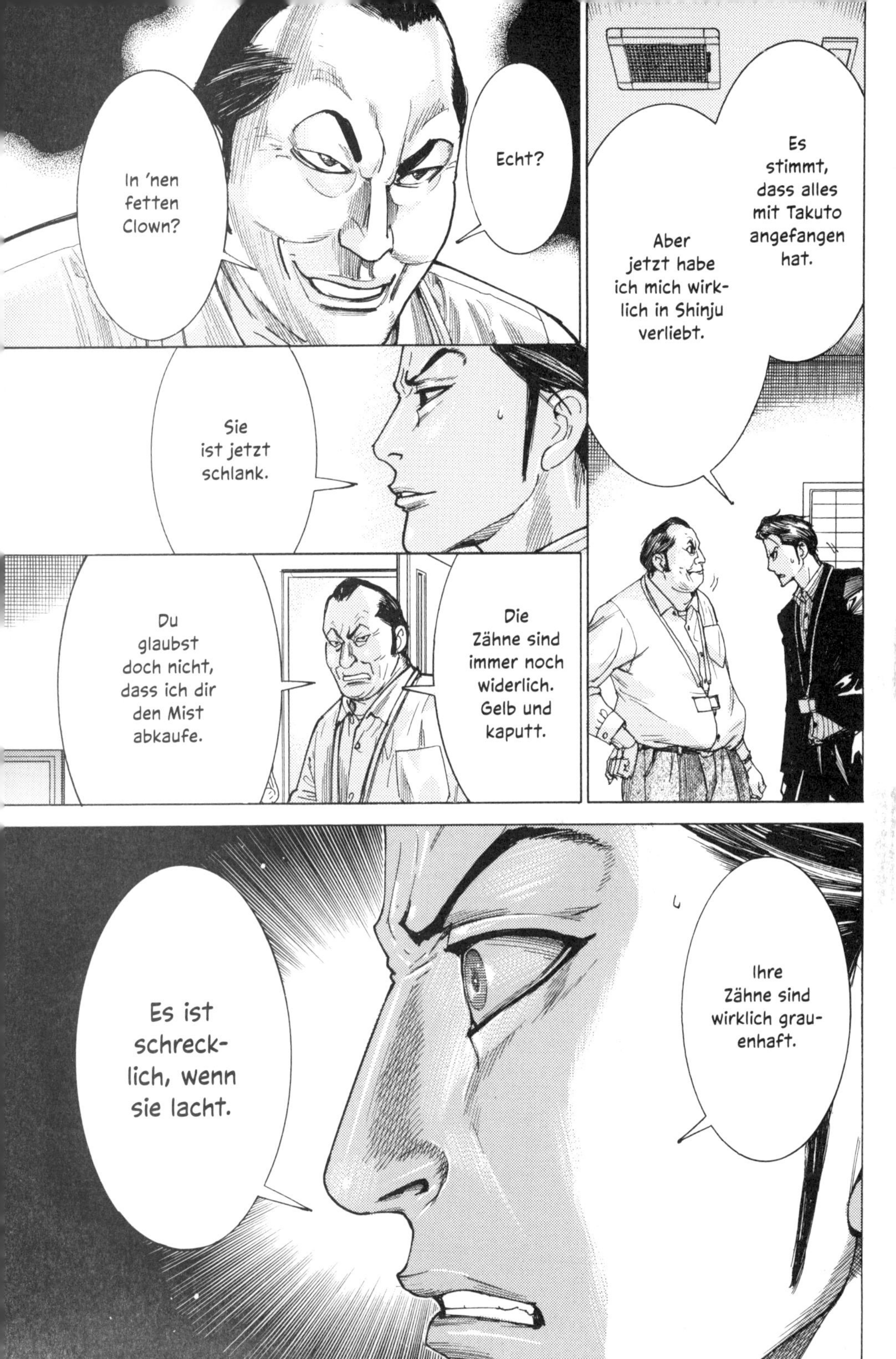

Es stimmt, dass alles mit Takuto angefangen hat.
Aber jetzt habe ich mich wirklich in Shinju verliebt.
Echt?
In 'nen fetten Clown?
Sie ist jetzt schlank.
Die Zähne sind immer noch widerlich. Gelb und kaputt.
Du glaubst doch nicht, dass ich dir den Mist abkaufe.
Ihre Zähne sind wirklich grauenhaft.
Es ist schrecklich, wenn sie lacht.

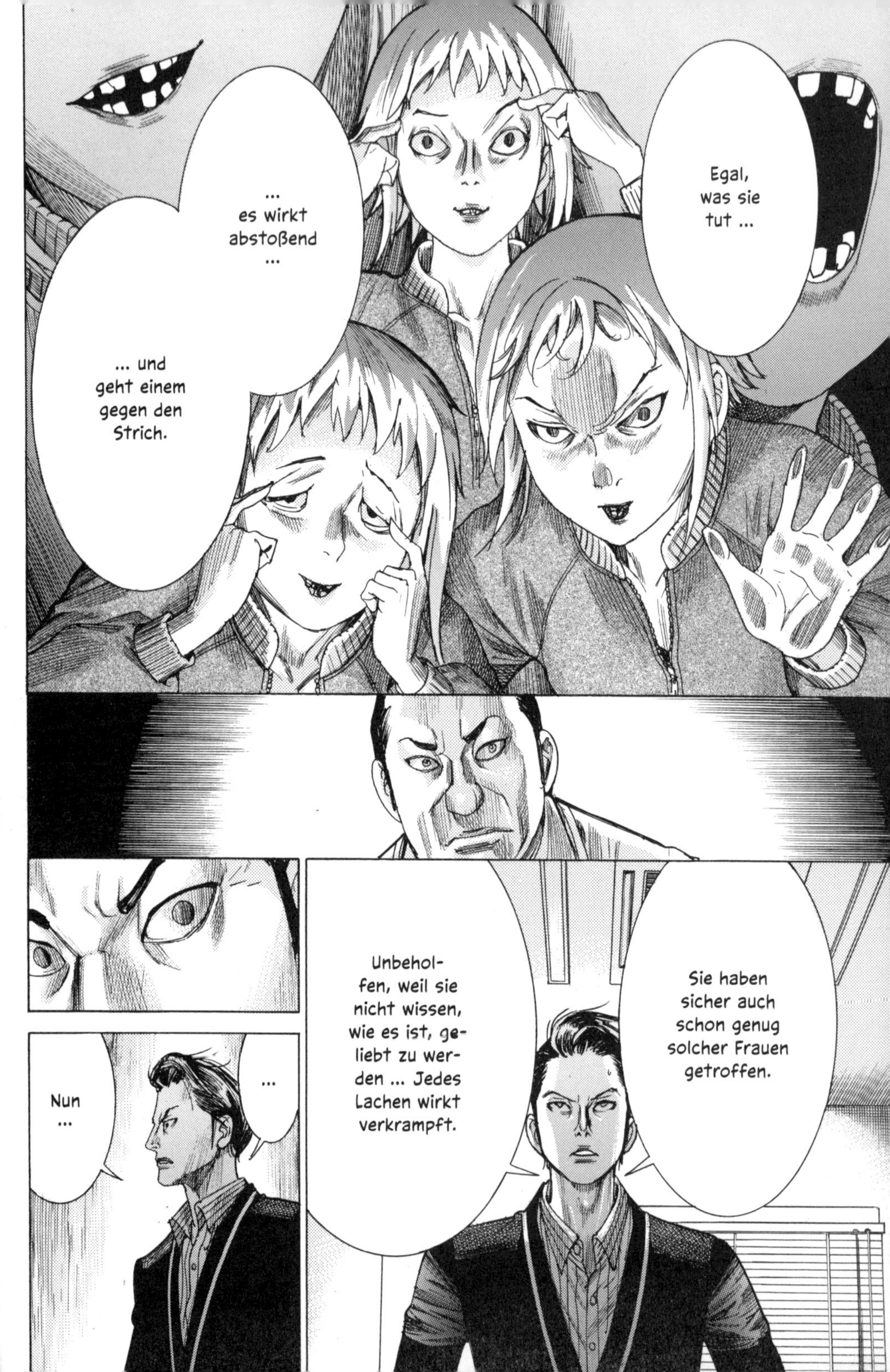
Egal, was sie tut ...
... es wirkt abstoßend ...
... und geht einem gegen den Strich.
Sie haben sicher auch schon genug solcher Frauen getroffen.
Unbeholfen, weil sie nicht wissen, wie es ist, geliebt zu werden ... Jedes Lachen wirkt verkrampft.
...
Nun ...

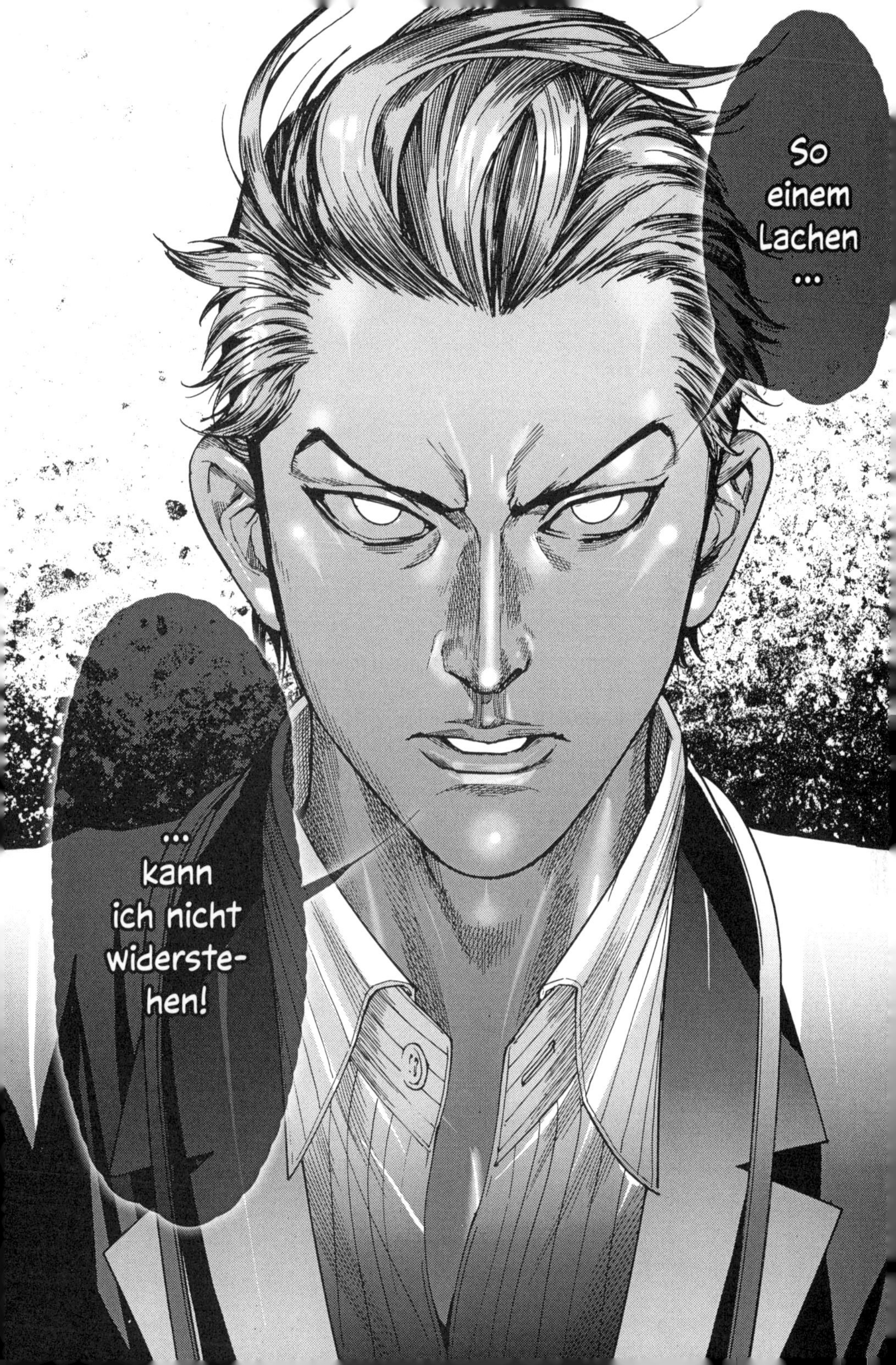
So einem Lachen ...
... kann ich nicht widerste-hen!

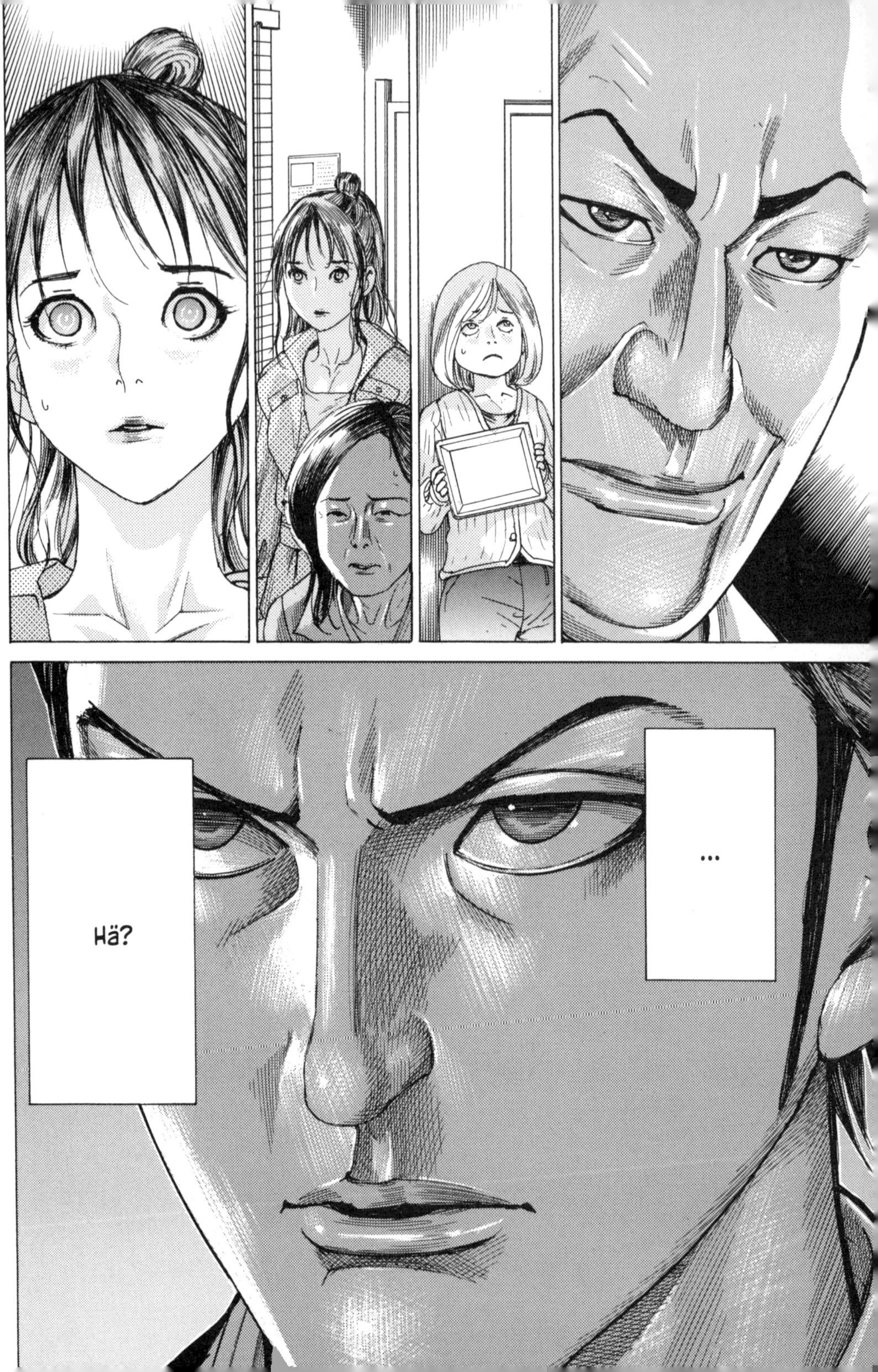

...
Hä?

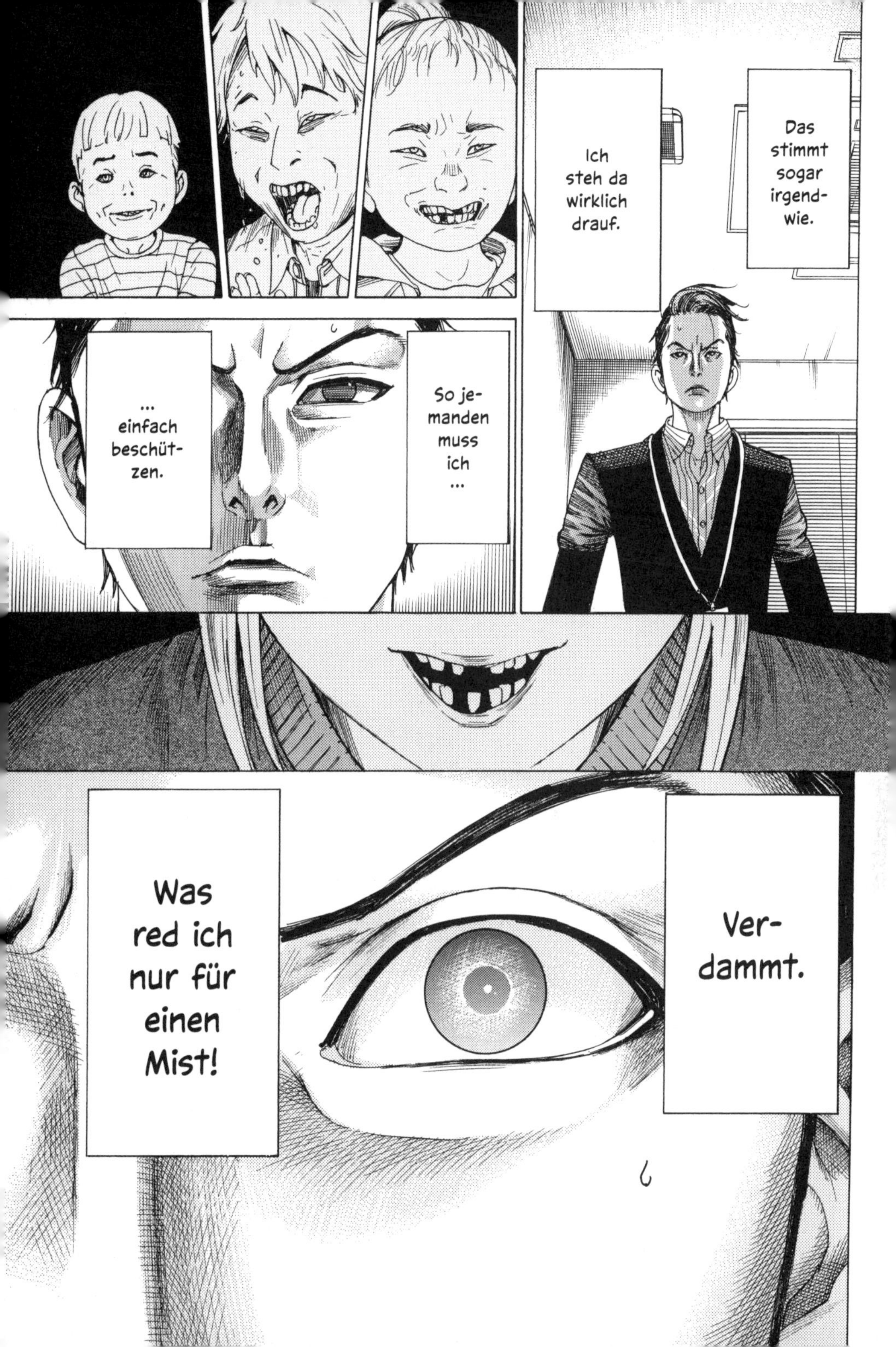
Das stimmt sogar irgend-wie.
Ich steh da wirklich drauf.
So je-manden muss ich ...
... einfach beschüt-zen.
Ver-dammt.
Was red ich nur für einen Mist!

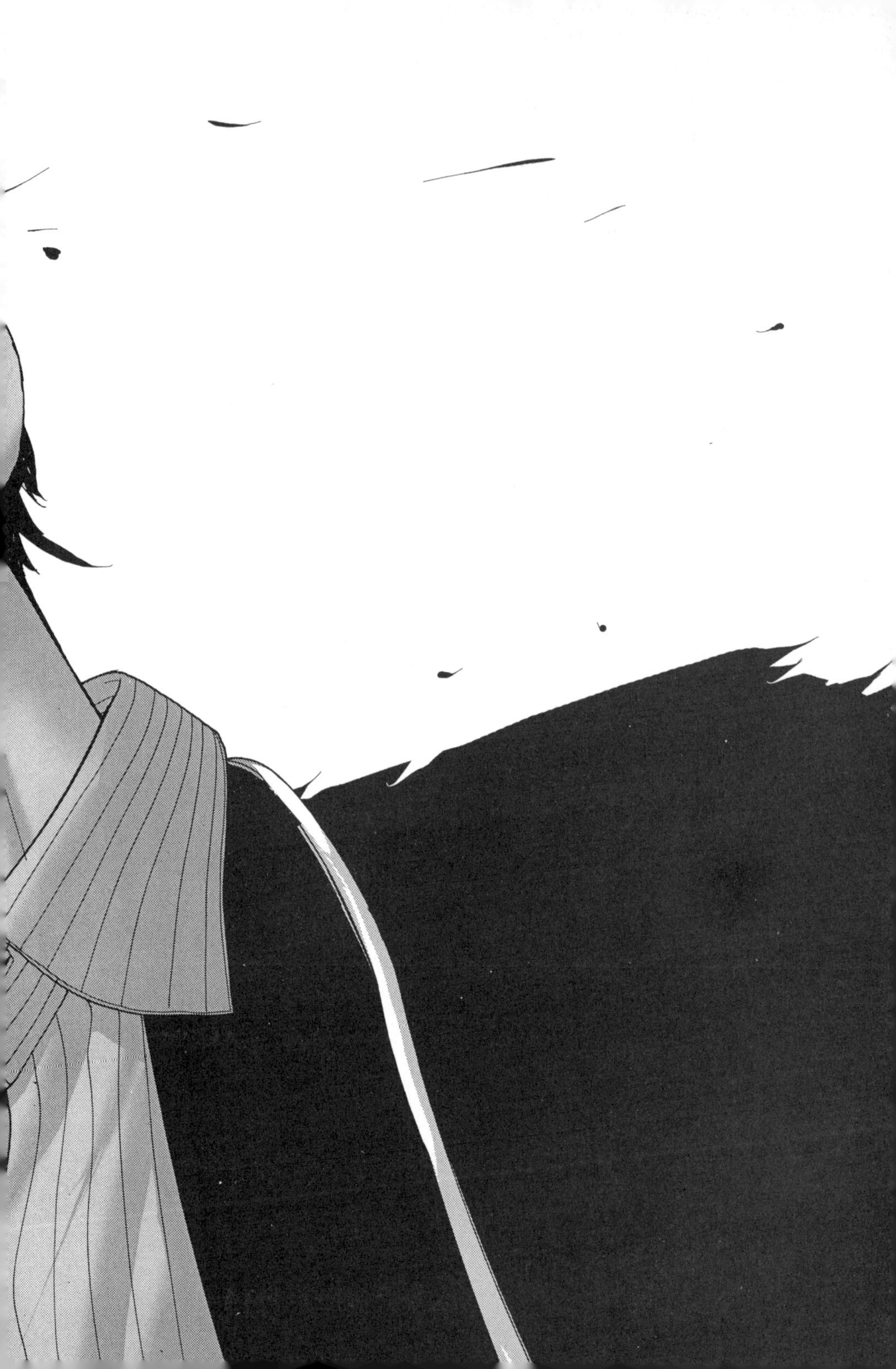

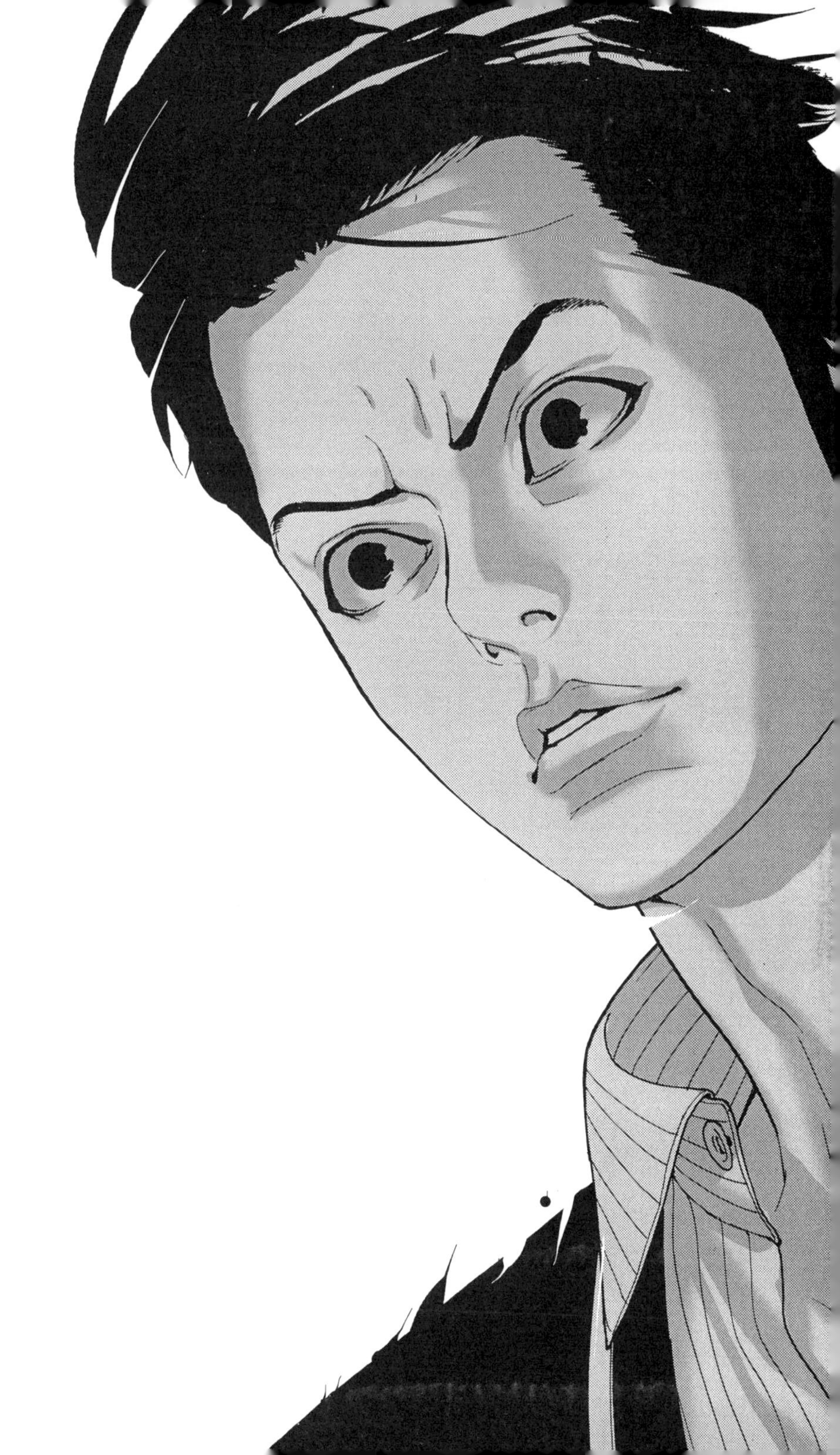

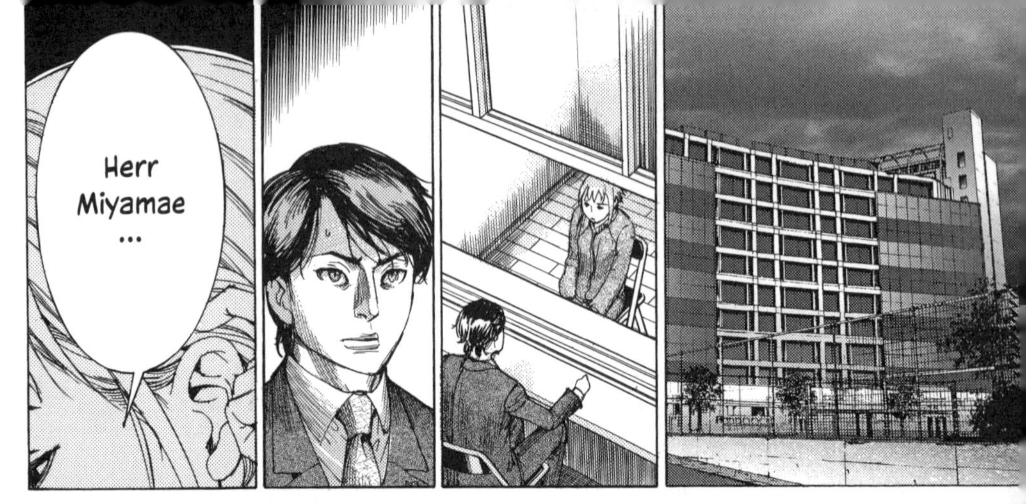

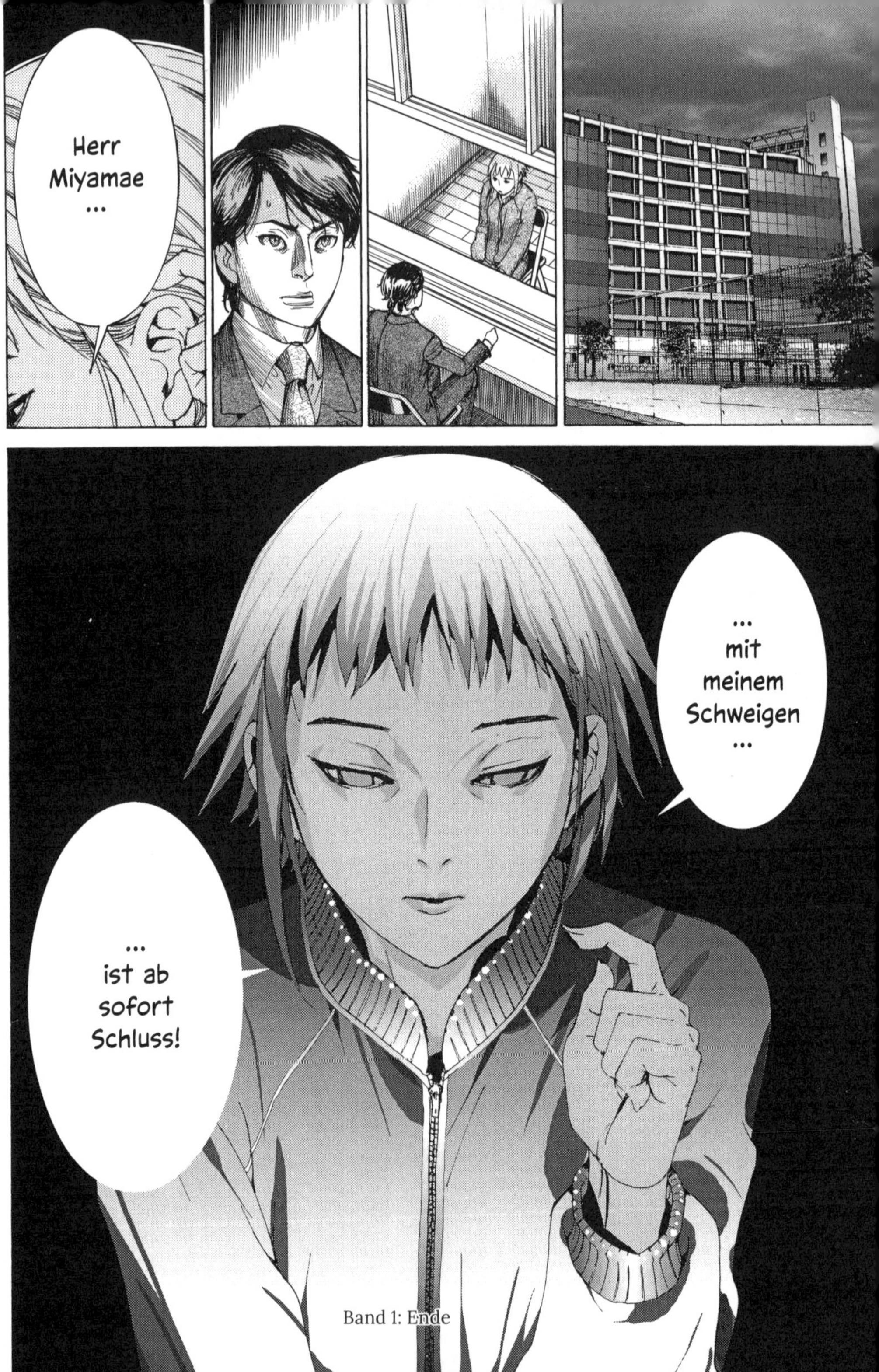

... mit meinem Schweigen ...

... ist ab sofort Schluss!

Band 1: Ende

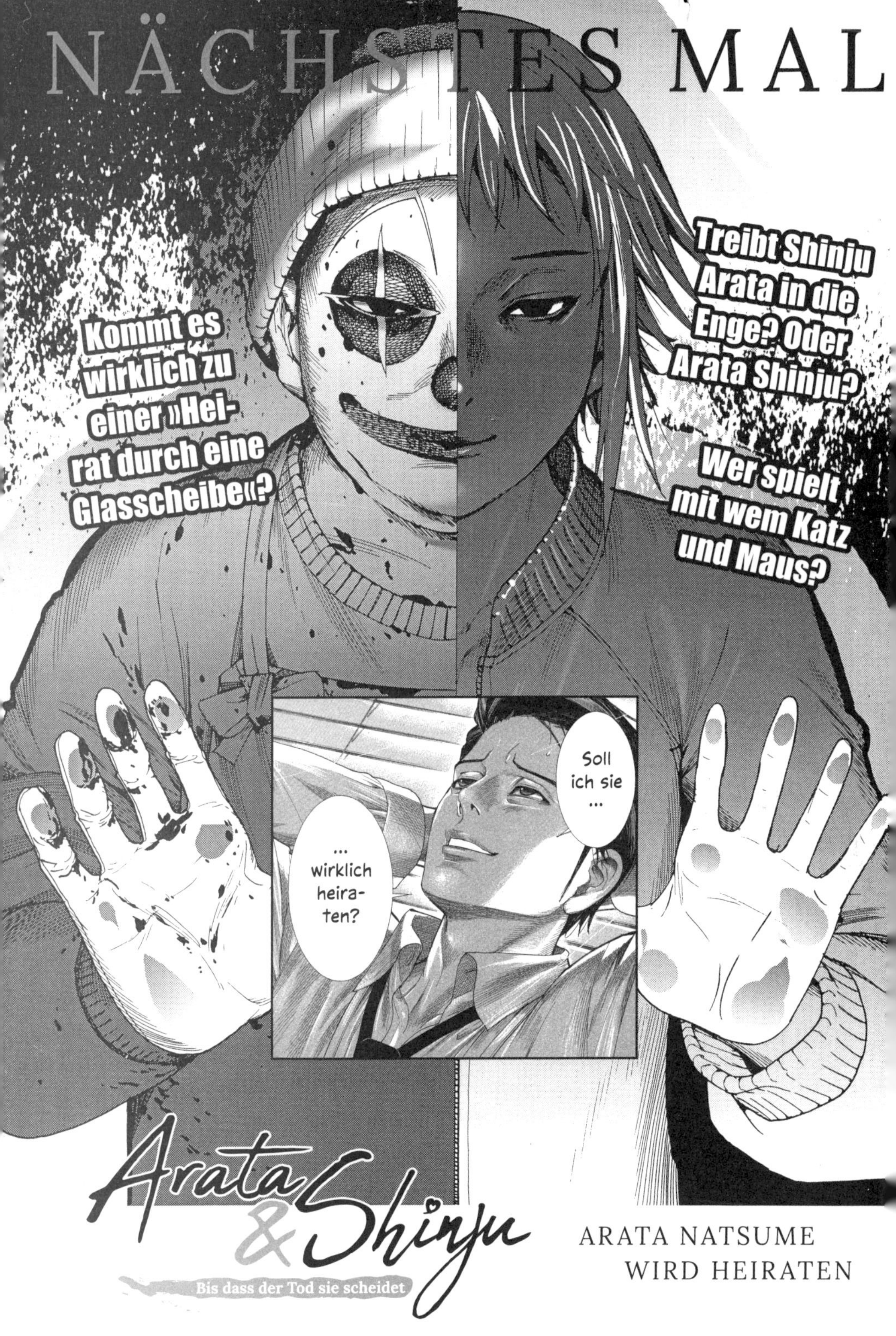
NÄCHSTES MAL
Treibt Shinju Arata in die Enge? Oder Arata Shinju?
Kommt es wirklich zu einer »Hei-rat durch eine Glasscheibe«?
Wer spielt mit wem Katz und Maus?
Soll ich sie …
… wirklich heira-ten?
Arata & Shinju
Bis dass der Tod sie scheidet
ARATA NATSUME WIRD HEIRATEN

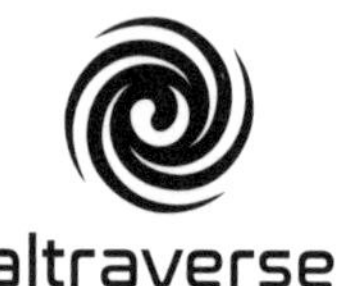

Deutsche Ausgabe / German Edition
Altraverse GmbH – Hamburg 2022
Aus dem Japanischen von Anemone Bauer

NATSUME ARATA NO KEKKON Vol. 1 by Taro NOGIZAKA

Original Japanese edition published by SHOGAKUKAN.
German translation rights in Germany, Austria, Liechtenstein and German speaking area in the Switzerland, Belgium, Italy and Luxembourg arranged with SHOGAKUKAN through VME PLB SAS.
Original Cover Design : Tadashi HISAMOCHI, Seiko TSUCHIHASHI (hive&co.,ltd.)

Redaktion: Jörg Bauer
Herstellung: Vivien Bergau
Lettering: Vibrant Publishing Studio

Druck: CPI books GmbH, Leck
Printed in Germany

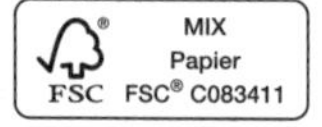

ISBN 978-3-7539-0566-2
1. Auflage 2022

www.altraverse.de